성경과 함께 읽는

성경 1장 칼럼

김명제 지음

4권

| 이사야 2부 ~ 마태복음 |

서 문

강원도 태백에 있는 석탄박물관에 간 적이 있습니다. 아주 오래 전이어서 세세한 기억은 사라졌지만 절대 잊혀 지지 않은 것이 있습니다. 땅 속에 있는 광물이 너무나 많고 아름답다는 것입니다. 한국에서 캐낸 것만 해도 이 정도이니 지구, 나아가 우주에는 내가 알고 있는 광물의 만만배가 있다고 해도 과언이 아닐 것입니다. 우리는 이미 땅 위와 바다 속과 우주가 놀랍고 아름다운 것을 알고 있습니다. 하나님의 창조의 손길이 보이지 않는 땅 아래까지 이렇게 아름다운 것으로 채워 놓은 것에 감동이 밀려옵니다. 현실적으로 우주에 갈 리 없고 바다 속도 여행할 것 같지는 않지만 매일 밟고 사는 땅은 마치 이웃과 같다는 생각이 듭니다. 손 내밀면 닿을 수 있는 곳에 천국의 보화를 놓아두신 원리를 소환합니다.

(마 13:44) "천국은 마치 밭에 감추인 보화와 같으니 사람이 이를 발견한 후 숨겨 두고 기뻐하며 돌아가서 자기의 소유를 다 팔아 그 밭을 사느니라"

석탄박물관에서는 광부가 캐낸 찬란한 광물을 보았지만 그리스도인은 성경에서 보화를 채광 할 수 있습니다. 성경은 영원한 최고의 베스트셀러이고 관련 서적은 홍수처럼 넘치고 있습니다. 한국의 그리스도인에 있어서 성경은 마치 내 몸과 같은 땅처럼 아주 가까이에 있습니다. 경건을 갈망하는 신실한 기독교인은 성경을 사모하며 열심히 읽습니다. 말씀 사역자는 설교와 교육을 위해 성경을 연구하고 교재를 만듭니다. 저 또한 결신 이후 46년을 성경과 씨름하며 진력하였습니다. 2020년 코비드 상황에서 10독을 작정하고 성경에 올 인한 적이 있었습니다. 목표를 달성하고자 TV도 편하게 보지 못하고 눈을 혹사해가며 성경을 읽었습니다. 그 결과 충격적인 결론을 내리게 되었습니다. 소위 성경을 수도 없이 읽은 전문가인 저도 성경이 이토록 어려운데 성도들은 어찌할까라는 질문입니다.

성경을 의무적으로 읽지만 이해하고 적용하기에는 그 벽이 너무 두껍고 높은 현실에 직면해 있습니다. 성경을 해석하는 전문적인 책을 참고하기도 하고 설교 서적을 이용하기도 하지만 지구력에 허점이 생깁니다. 영적 감각은 매일 성경 읽고 기도하고 교제하는 것에서 가다듬어 지는데 여기에 구멍이 생기게 되는 것입니다. 성경을 직면하고 정주행하는 시스템을 위한 긴박성이 요구되었습니다.

(히 3:13) “오직 오늘이라 일컫는 동안에 매일 피차 권면하여 너희 중에 누구든지 죄의 유혹으로 완고하게 되지 않도록 하라”

성경 통독을 위한 가이드와는 다른 성경의 각 장을 짧고 쉽게 해석하며 적용하는 콘텐츠에 눈을 뜨게 되었습니다. 책과 멀어진 디지털 영상시대에 성경 1장을 정독하고 5분 안으로 읽을 수 있는 칼럼이 떠올랐습니다. 도입부를 흥미 있게 시작하고 본문을 이해하며 신구약의 복음적 통찰을 중심으로 저술하였습니다. 나아가 영적인 은혜와 신앙의 활력을 얻는 결론을 내리도록 하였습니다. 본문 내용에 따라 역사신학과 시대성찰의 메시지가 들어간 것도 있습니다. 이 책을 저술하면서 뇌리를 맴돌고 입술에서 나온 말이 있었습니다. “하나님 죄송해요"입니다. 패역한 선민의 회개하지 않는 모습이 우리, 아니 나의 모습이라는 것을 깨달았기 때문입니다. 그럼에도 심판을 늦추시고 '남은 자(The remnant)'를 통한 회복을 섭리하시는 마음을 알아 챌 때 두려운 신앙을 가다듬게 되었습니다. 하나님을 향한 거룩한 긴장과 함께 경외의 사랑을 고백할 수 있었습니다. 유기적 영감설에 의한 성경저자들의 감동을 조금이나마 느낄 수 있었습니다.

신앙생활과 목회현장의 점철된 성패의 경험들이 겸손하게 글을 쓰게 한 것 같습니다. 영적으로 몸부림친 육필의 글이 독자의 성경 보화의 채광도구로 사용되면 참 좋겠습니다. 진리의 보물은 성령님을 모신 내가 손을 내밀면 바로 잡을 수 있는 곳에 도착되어 있습니다.

(신 30:13-14) "이것이 바다 밖에 있는 것이 아니니 네가 이르기를 누가 우리를 위하여 바다를 건너가서 그의 명령을 우리에게로 가지고 와서 우리에게 들려 행하게 하랴 할 것도 아니라 오직 그 말씀이 네게 매우 가까워서 네 입에 있으며 네 마음에 있은즉 네가 이를 행할 수 있느니라 보라 내가 오늘 생명과 복과 사망과 화를 네 앞에 두었나니"

2023년 12월

인천 연수구에서

김명제

일러두기

1. 권별 안내

① 제 1권 : 창세기-룻기

② 제 2권 : 사무엘상-욥기

③ 제 3권 : 시편-이사야 1부(39장) *시편 119편은 4개입니다.

④ 제 4권 : 이사야 2부(40장)-마태복음

⑤ 제 5권 : 마가복음-요한계시록

2. 개인적인 적용

① 기도를 먼저 하고 성경의 각 장을 먼저 읽는 것이 좋습니다.

② 정독을 원칙으로 하고 사정이 되는대로 여러 번 읽으면 좋습니다.

③ 칼럼을 읽고 사정에 따라 참고 성구도 찾아 읽으면 됩니다.

④ 시간이 되면 성경 본문을 다시 정독할 때 본문을 이해하게 됩니다.

⑤ 말씀 사역자가 평생 설교할 수 있는 소스(source)가 담겨 있습니다.

3. 공동체의 적용

① 가족과 교회 공동체에서 함께 사용할 수 있습니다.

② 성경 내용을 주제로 대화와 토론을 하므로 영육간의 성숙을 이룹니다.

③ 기독교 가정의 자녀에게 성경을 읽도록 하는 기능을 줍니다.

④ 교인이었다가 떠난 분과 성경에 관심 있는 비신자에게 선물로 적당합니다.

4. 부록 사용법

책의 마지막에 있는 3가지(성숙, 기도, 전도) 경건의 도구를 사용법대로 성실하게 사용하면 능력 있는 사역자의 길을 갈 것입니다.

목차

이사야 · 18

예레미야 · 68

예레미야 애가 · 164

에스겔 · 174

다니엘 · 264

호세아 · 287

요엘 · 313

아모스 · 319

나훔 · 358

하박국 · 364

스바냐 · 370

학개 · 376

스가랴 · 380

말라기 · 406

마태복음 · 414

부록 · 468

이사야

♦ 이사야 40장 성경칼럼

3절 | 외치는 자의 소리여 이르되 너희는 광야에서 여호와의 길을 예비하라 사막에서 우리 하나님의 대로를 평탄하게 하라
8절 | 풀은 마르고 꽃은 시드나 우리 하나님의 말씀은 영원히 서리라 하라

"가석방, 사면, 복권"

1년에 몇 번씩 나오는 뉴스입니다. 감옥에 있는 자는 감옥에서 나오는 것보다 좋은 것이 없습니다. 그런데 감옥을 같이 나와도 더 좋은 것이 있습니다. 가석방을 받아도 사면과 복권이 안 되면 사회에 나와 정상적인 권리를 누릴 수가 없습니다. 사면과 복권도 차이가 나 형의 면제가 되면 복권되어 본래의 지위에 나설 수 있습니다. 이스라엘을 모델로 하면 가석방이 포로에서의 해방이고 사면은 죄 사함이고 복권은 구원이라고 적용할 수 있습니다. 이스라엘에게 있어서 바벨론 포로로부터의 해방은 최고의 위로입니다. 그러나 이보다 더 깊은 은혜는 죄 사함이며 하나님께서만 하실 수 있는 영역입니다.

그러므로 이 소식을 전하는 이사야의 2부인 후반부(40-66장)는 '구약 안의 신약'으로 불립니다. 이 내용은 이스라엘을 노예 상태에서 구출하는 것과 메시야의 강림과 완성될 하나님 나라의 소개입니다. 40장 1절은 39장(5-7절)의 유다 멸망 예언에 이어지는 본문입니다. 징계 속에서도 절망하지 말고 소망을 가지도록 위로합니다. 포로 생활의 고통과 해방이 현안

이지만 본질적인 것은 죄 사함이고 이것은 메시야의 강림으로 성취됨을 알립니다. 이 메시지의 특징은 메시야가 인간이 볼 수 있는 모습으로 오신다는데 있습니다(3-5절). 성육신의 교리가 선포되어 있고(요 1:14) 세례 요한이 외친 메시지이었습니다(눅 3:3-6).

하나님께서 인간의 몸을 입고 광야 같은 세상에 오심으로 구원 사역은 시작됩니다. 강림하실 하나님의 모습을 강한 용사와 자상한 목자로 묘사함으로서 속죄 사역의 독특한 능력을 계시합니다(10-11절). 하나님의 하나님 되심을 모르면 구원에 대한 믿음을 가질 수 없습니다. 하나님이 만드신 피조세계도 인간은 측량할 수 없는데 무한한 영의 세계와 그 권세는 어떻겠습니까?(12-17절) 인간이 하나님의 절대성과 무한성과 초월성에 대한 곁눈질을 할 수 있는 비결은 계시된 말씀뿐입니다. 말씀 자체가 하나님이시고(요 1:1) 영원성을 가지고 있습니다(8절).

어리석고 나약한 인간의 우상숭배는 창조의 신비를 깨달을 때 깨뜨릴 수 있습니다(18-26절).

(롬 1:20) "창세로부터 그의 보이지 아니하는 것들 곧 그의 영원하신 능력과 신성이 그가 만드신 만물에 분명히 보여 알려졌나니 그러므로 그들이 핑계하지 못할지니라"

하나님의 일관된 거룩성과 긍휼을 경험한 자는 자연 속에서 하나님의 숨결을 알아챌 수 있습니다.

흙을 밟고 바람을 스치며 풀잎을 보고 별을 세며 영원을 생각합니다. 말씀이 의심 없이 믿어지는 나는 하나님의 아들임이 확실합니다. 하나님을 앙망하는 자는 새 힘을 얻고 곤핍함이 없습니다(28-31절).

♦ 이사야 41장 성경칼럼

4절 | 이 일을 누가 행하였느냐 누가 이루었느냐 누가 처음부터 만대를 불러내었느냐 나 여호와라 처음에도 나요 나중 있을 자에게도 내가 곧 그니라

8절 | 그러나 나의 종 너 이스라엘아 내가 택한 야곱아 나의 벗 아브라함의 자손아

"상속자"

그리스도인이라면 구원이라는 단어를 듣는 순간 신비하다는 생각이 들 것입니다. 구원의 내용도 그렇지만 예정론 교리는 설명이 어렵습니다. 나는 택자로서 구원받아 감사한데 불택자의 지옥행을 어찌 대해야 할지 난감합니다. 단순한 계산을 해 봐도 신자보다 불신자가 훨씬 많기 때문입니다. 무신론자인 리처드 도킨스가 주장하는 '하나님이 지옥을 만들 리가 없다'라는 말이 먹히는 시대입니다. 유기된 자들에 대한 궁금증은 보류하는 것이 좋은데 지옥에 가는 것이 하나님 탓이 아니라는 전제가 붙습니다(딤전 2:4). 다행인 것은 나의 구원의 근거를 제대로 알 때 불택자의 유기도 깨달을 수 있다는 것입니다.

41장은 하나님께서 세우신 한 구원자에 대한 예언입니다. 배경은 이스라엘이 포로로 끌려가 극심한 고통을 당하고 있을 때입니다. 여기서 하나님께서 세우신 한 구원자(동방의 사람)는 1차적으로는 고레스입니다(2절, 45:1). 구속사에서는 새로운 구원을 이루실 예수 그리스도입니다(17-20절). 이스라엘을 구원하는 하나님의 방법이 한 구원자에 있음은 예수님 외에는 구원자가 없다는 의미입니다(4절). 육적 이스라엘을 구원하는 원리와 영적 이스라엘인 신약성도의 구원은 같은 맥락임을 강조합니다.

여기서 등장하는 것이 '상속자' 원리입니다. 이스라엘은 야곱의 새 이름

입니다(창 35:10). 이 야곱을 하나님께서 3중적으로 나의 종, 택한 야곱, 아브라함의 후손이라고 부릅니다(8절). 족장의 역사에서 야곱은 최종적인 상속자로 낙점되었다는 선언입니다. 허물 많은 야곱이었지만 상속자로 낙점되었기에 택한 이스라엘이 되었습니다.

상속자를 대하시는 하나님의 마음과 능력을 알 때 41장의 구원과 축복은 당연하게 됩니다. 이방(불신자)이 법정에 소환되어 변론하지만(1절) 한 마디도 못하고 침묵할 수밖에 없습니다. 극도의 편파적인 보호와 승리를 주시는 하나님이 너무나 당연해 보이지 않습니까?(9-13절) 이 상속자의 신분과 능력을 알고 있는 교회사의 인물들이 그동안 축복을 누려 왔습니다. 벌레같이 무가치한 야곱이 상속자가 되었을 때 얻은 능력이 우리에게도 와 있습니다(14절).

이방인은 하나님 자리에 우상을 세우지만 그 허망함이 바람에 흩어지는 쭉정이 같습니다(15-16절). 우리가 이 영역에 안 들어 간 것은 참 다행입니다. 구원의 결과가 '하나님과의 화평(관계, 롬 5:1)'과 '하나님의 자녀(상속자 신분)'라는 실재(exist) 앞에서 감격합니다.

(롬 8:17) "자녀이면 또한 상속자 곧 하나님의 상속자요 그리스도와 함께 한 상속자니 우리가 그와 함께 영광을 받기 위하여 고난도 함께 받아야 할 것이니라"

♦ 이사야 42장 성경칼럼

1절 | 내가 붙드는 나의 종, 내 마음에 기뻐하는 자 곧 내가 택한 사람을 보라 내가 나의 영을 그에게 주었은즉 그가 이방에 정의를 베풀리라

18절 | 너희 못 듣는 자들아 들으라 너희 맹인들아 밝히 보라

"완벽한 종, 악한 종"

종이라고 할 때 떠오르는 이미지는 비천하고 자유와 기쁨이 없다는 것입니다. 종의 신분을 좋아할 사람은 없지만 어떤 사람도 종의 위치를 벗어날 수 없습니다. 왕과 재벌도 무언가의 종이고 궁극적으로는 죄의 종입니다.

(요 8:34) "예수께서 대답하시되 진실로 진실로 너희에게 이르노니 죄를 범하는 자마다 죄의 종이라"

일반적인 종은 주인의 명령에 따라 일하는 자입니다. 주인이 유력자일수록 종의 신분과 능력도 상승합니다. 종들 중에서 최고의 위치에 있는 자는 하나님의 종임이 분명합니다. 42장에는 '여호와의 종'이 등장하는데 이름은 안 나오지만 예수 그리스도입니다(1절). 예수님은 하나님께서 맡겨주신 구속의 사역을 완수하신 충성된 종입니다(막 10:45). 주님께서 이 사명에 충성하기 위해 기도하신 것은 너무나 많이 목격됩니다(마 14:23, 눅 22:39-44).

41장은 큰 용사로 나타나실 구원자가 계시되었다면 42장은 메시야의 또 다른 품성과 사역을 예언합니다. 주님은 목소리를 높이지 아니할 만큼 온유하고 신중하신 분입니다(2절). 고통당하는 어린 양인 대속주의 모습이 떠오릅니다.

(사 53:7) "그가 곤욕을 당하여 괴로울 때에도 그의 입을 열지 아니하였음이여 마치 도수장으로 끌려가는 어린 양과 털 깎는 자 앞에서 잠잠한 양 같이 그의 입을 열지 아니하였도다"

주님을 닮아 일하는 주의 종은 말을 금하고 인내해야 영적인 열매를 거둘 수 있습니다. 주님은 상한 갈대 같은 가장 낮은 자를 찾아 오셔서 치유하고 위로하는 분입니다(3절). 각자 힘들었던 신앙 여정에 찾아오신 주님을 만난 간증이 있을 것입니다. 버림받고 끝이 났어야 할 때가 많았는데 주님의 긍휼로 살아났습니다. 주님은 끝까지 쇠퇴하거나 낙심하지 않는 분입니다(4절). 우리에게 착한 일을 시작하신 주님은 반드시 이루실 것입니다(빌 1:6).

이제 선지자는 은혜를 받았지만 책임을 다하지 못한 종인 이스라엘을 등장시킵니다(18절, 41:9). 그들의 잘못은 하나님 대신 우상을 선택한 것에서 시작되었습니다. 영적으로 눈이 멀고 귀가 멀었으니 매를 맞아도 깨닫지 못합니다(19-21절). 바벨론에서도 영적 암흑 상태이니 선지자는 통곡할 수밖에 없습니다(22-25절). 이 상태를 역전시킬 수 있는 방법은 오직 여호와의 종이 출현해야 합니다. 메시야의 예표인 고레스를 여호와의 기름부은 종이라 부르는 이유가 밝혀졌습니다(대하 36:22, 사 45:1). 악한 종에서 떠나 신실한 종으로 사용되길 진심으로 원합니다.

♦ 이사야 43장 성경칼럼

19절 | 보라 내가 새 일을 행하리니 이제 나타낼 것이라 너희가 그것을 알지 못하겠느냐 반드시 내가 광야에 길을 사막에 강을 내리니

25절 | 나 곧 나는 나를 위하여 네 허물을 도말하는 자니 네 죄를 기억하지 아니하리라

"단계를 거친 초월"

단계를 거친다와 초월한다는 반대 개념입니다. 단계는 이해하도록 하겠다는 의지가 보이고 초월은 상상을 뛰어넘는 세계를 보여 주겠다는 것입니다. 하나님의 세계인 성경을 읽으면 인간이 이해할 수 없는 초월의 영역이 등장합니다. 무한하신 하나님을 유한한 인간이 알 수가 없어 초월로 보일

수밖에 없습니다. 그래서 하나님께서는 인간이 알아들을 수 있도록 단계를 허락하셨습니다. 도약과 비약이 섞인 방법으로 초월 세계를 보여 주시는데 다양한 분야에 적용됩니다.

인간이 영성이 충만하면 구약의 핵심 산맥인 제사와 성전과 율법이 필요 없을 것입니다. 성경의 군데군데에서 이 세 항목이 무슨 소용이 있느냐고 묻는 구절이 있는 이유입니다(대하 6:18).

(삼상 15:22) "사무엘이 이르되 여호와께서 번제와 다른 제사를 그의 목소리를 청종하는 것을 좋아하심 같이 좋아하시겠나이까 순종이 제사보다 낫고 듣는 것이 숫양의 기름보다 나으니"

인간이 하나님께 순종하던 에덴동산은 제사와 율법이 필요하지 않았습니다. 인간의 영성이 타락하여 어두어짐으로서 제사와 성전과 율법의 기능이 들어 온 것입니다. 복음을 전할 때 죄를 인정하는 율법의 단계를 거치는 이유입니다(롬 1:28-32). 영광의 초월적 단계인 십자가의 대속으로 바로 가면 구원의 은혜를 싸구려로 여기기 때문입니다. 구원의 가치를 모르니 후속 신앙생활이 귀할 리가 없습니다.

43장은 복음의 초월적 영역인 하나님 대속의 은혜가 펼쳐집니다. 구약에는 '구주'에 해당되는 원어 '모쉐'가 17회 나타나는데 그 중 5회가 본장에 나와 있습니다. 구주의 대속으로 그동안 보였던 단계가 완성되는 것이니 비약을 넘어 초월이 이루어진 것입니다. 이스라엘 백성들이 생각했던 구원의 역사인 홍해 사건마저 진부한 옛 일로 취급됩니다(17-18절). 포로에서의 해방 사건은 죄를 도말하는 대속 사건에 비하면 아무 것도 아니라는 분위기입니다(19절). 본장의 여러 문맥에서 갑자기 비약하는 느낌이 많은 이유입니다(3, 7, 13, 15, 21, 25절).

예수님께서 용서에 대한 비유를 하신 것을 소환해 봅니다. 구원을 일만 달란트(약 12조원) 빚진 것으로 비유함으로 인간의 노력으로는 못 갚는 초월적 가치에 놓았습니다(마 18장). 갚는 것이 불가능하니 그냥 모두 탕감(용서)하겠다고 하신 것이 십자가의 대속 사건입니다(요 19:30). 십자가는 몸값을 지불하는 속량과 함께 영원한 대제사장이 되신 예수님을 계시합니다.

(히 9:12) "염소와 송아지의 피로 하지 아니하고 오직 자기의 피로 영원한 속죄를 이루사 단번에 성소에 들어가셨느니라"

무지한 우리에게 자상한 단계와 초월적 대속을 통하여 구원을 받게 하셨습니다. 지명하여 부르시고 동행하시어 영광을 돌리게 하심을 감사합니다(1-7절).

♦ 이사야 44장 성경칼럼

6절 | 이스라엘의 왕인 여호와, 이스라엘의 구원자인 만군의 여호와가 이같이 말하노라 나는 처음이요 나는 마지막이라 나 외에 다른 신이 없느니라

15절 | 이 나무는 사람이 땔감을 삼는 것이거늘 그가 그것을 가지고 자기 몸을 덥게도 하고 불을 피워 떡을 굽기도 하고 신상을 만들어 경배하며 우상을 만들고 그 앞에 엎드리기도 하는구나

"변별력"

옳고 그름이나 좋고 나쁨을 가리는 능력입니다. 최고의 수재를 선발할 때 난이도가 높은 시험이 작동되어야 하는데 이 때 사용되는 단어가 변별력입니다. 대화를 할 때 상대에 맞추어 수준을 조절하는 것도 변별력이 동원된 것입니다. 세상의 변별력은 구별이 목적이지만 영적 세계의 변별력은 영생과 연결됩니다.

44장은 구원의 확실성과 그 구원을 이루실 하나님이 참 신이심을 증거합니다. 특별히 하나님과 대척점에 있는 우상숭배의 어리석음에 긴 지면을 할애하고 있습니다(9-20절). 이것은 포로로 잡혀온 이스라엘 백성들의 심적 상태와 연관이 있습니다. 당시의 관념에서 민족이 망한다는 것은 그들이 믿는 신의 무력함을 드러낸 것이었습니다. 선지자는 백성들이 하나님을 의심하는 인식을 깨뜨려야 했습니다. 하나님이 직접 말씀하시는 1인칭 화자의 명령문이 사용된 이유입니다. '속이는 자'를 의미하는 야곱과 '정직한 자'라는 뜻인 여수룬을 함께 부르는 것은 구원의 확신을 위한 것입니다(2절). 죄인이지만 은혜 받은 자라는 것을 알게 함으로서 후속 사명을 깨닫게 합니다.

이 사명은 후손들을 통해 이방인들에게 임하는 성령의 부어주심의 비전으로 나가게 됩니다(3-5절, 욜 2:29, 행 2:1-4). 하나님의 전능성과 유일성과 일관성의 선포는 하나님을 알 수 있는 길을 제공합니다(6-8절). 우상에 대한 긴 설명은 무지한 인간에게 우상의 무력함을 분별하게 하려는 목적을 가지고 있습니다. 광물과 식물로 만든 우상은 그 재료가 인간보다 한참 하위에 있습니다(15-17절). 땔감과 우상이 무엇이 다르냐며 아이들도 알아들을 수 있도록 가르칩니다(18-20절). 보이지 않는 우상들인 돈(소유), 힘(능력), 운(소원), 희(쾌락)도 땔감인 것은 동일합니다. 영원하신 전능성의 하나님과 비교할 수 없는 것이 인간이 만든 없어질 우상입니다.

신약 시대의 진전된 우상은 종교로 가장하여 접근합니다(고후 11:13-15). 이 도전은 대속주이신 예수님을 어찌하든지 흠집을 내어 속죄를 믿지 못하게 하려는 것입니다. 주님이 육체로 오셔서 하신 십자가와 부활 사역을 부인하는 것은 무조건 적그리스도의 영입니다.

(요일 4:3) "예수를 시인하지 아니하는 영마다 하나님께 속한 것이 아니니 이것이 곧 적그리스도의 영이니라 오리라 한 말을 너희가 들었거니와

지금 벌써 세상에 있느니라"

우상의 실체를 드러낸 하나님께서 죄의 도말을 하신 구속주로 자기 계시를 하십니다(21-24절). 영적변별(영분별)의 최고봉은 예수님을 어떤 분으로 믿느냐로 결정됩니다. 구원의 진리가 실현되는 생활 현장이 되기를 소원합니다.

(마 16:16) "시몬 베드로가 대답하여 이르되 주는 그리스도시요 살아 계신 하나님의 아들이시니이다"

♦ 이사야 45장 성경칼럼

1절 | 여호와께서 그의 기름 부음을 받은 고레스에게 이같이 말씀하시되 내가 그의 오른손을 붙들고 그 앞에 열국을 항복하게 하며 내가 왕들의 허리를 풀어 그 앞에 문들을 열고 성문들이 닫히지 못하게 하리라

15절 | 구원자 이스라엘의 하나님이여 진실로 주는 스스로 숨어 계시는 하나님이시니이다

"누가 아군(적군)인가?"

말만 들어도 스릴이 넘칩니다. 스토리가 있는 작품에만 있는 것이 아니라 일반생활 현장에도 있습니다. 한편인 줄 알았는데 적군이고 적인 줄 알았는데 내편일 때가 있습니다. 장기적으로 작용할 때는 역사가 뒤바뀌는 큰일이 될 수도 있습니다. 45장은 그동안 익명의 구원자로 소개되었던 고레스가 실명으로 등장합니다. 44장 마지막에서 나의 목자로 불리며 위로자 역할을 보여 준 그가 이제는 '하나님의 기름 받은 종(도구)'으로 등장합니다(1절). 이방의 왕을 하나님께서 사용하신 것은 하나님의 주권이 모든 열방에 미친다는 것을 증명하는 것입니다.

45장에 수없이 강조하는 '나는 여호와라 나 밖에 신이 없느니라'하신 말씀은 진리입니다. 고레스를 친히 오른손을 붙들고 앞서 가셨다고 하심으로 기쁘게 사용하였음을 선언합니다(1-3절). 고레스가 바사의 왕으로 포로귀환 칙령을 내릴 때는 B.C.538년입니다. 이름까지 기명된 이사야의 예언이 주전 8세기에 주어졌으니 하나님의 전지성은 한이 없습니다. 하나님께서는 이스라엘의 구원을 위해 바벨론을 멸망시키고 고레스와 바사를 준비시켰습니다.

귀환 년도인 70년을 정확히 맞추어 행하신 하나님의 역사는 놀랍습니다. 하나님의 세밀하심은 대국의 식민지 정책에도 작용하였습니다. 바벨론의 식민지 정책은 백성을 흩어서 국가 회복을 못하게 하는 것이었습니다. 바사는 본토에 돌아가 자기 종교를 갖는 유화정책을 펼침으로 이스라엘의 귀환 환경을 조성하였습니다. 이스라엘로 볼 때 한편이 될 수 없는 고레스가 하나님의 역사로 그들의 구원자가 된 것입니다.

여기서 당시의 상황으로 들어갈 필요가 있습니다. 과연 누가 하나님의 신비한 이 섭리를 알고 믿었는가 입니다. 극단적인 악한 사람들이 등장하는데 토기장이 비유에서 시비를 거는 자들입니다. 이방 왕을 왜 사용하느냐고 말하는데 마치 진흙이 토기장이에게 항의하는 것과 같습니다(9절). 반면에 하나님의 예언을 듣고 믿으며 준비한 남은 자들이 있었습니다. 70년 해방의 신실한 언약을 붙들고 살았기에 하나님의 귀환 예언을 접수하고 순종할 수 있었습니다. 이들 중에는 고레스가 그리스도의 예표임을 알고 완전한 구속의 날을 소망하는 자들도 있었을 것입니다(22-25절).

육적 자유는 고레스를 통하여 주어졌지만 영적 자유는 예수 그리스도로 말미암아 주어졌고 수혜자는 바로 우리입니다. 하나님은 숨어 있는 것처럼 보이지만 지금 여기, 내편이 되어 함께 하십니다(15절).

(요 8:31~32) "그러므로 예수께서 자기를 믿은 유대인들에게 이르시되 너희가 내 말에 거하면 참으로 내 제자가 되고 진리를 알지니 진리가 너희를 자유롭게 하리라"

♦ 이사야 46장 성경칼럼

1절 | 벨은 엎드러졌고 느보는 구부러졌도다 그들의 우상들은 짐승과 가축에게 실렸으니 너희가 떠메고 다니던 그것들이 피곤한 짐승의 무거운 짐이 되었도다

3절 | 야곱의 집이여 이스라엘 집에 남은 모든 자여 내게 들을지어다 배에서 태어남으로부터 내게 안겼고 태에서 남으로부터 내게 업힌 너희여

"인간의 짐, 하나님의 짐"

사람은 누구나 자기의 짐을 지고 살아갑니다. 아기들이 작은 가방을 멘 것을 보면 쓴웃음을 짓게 됩니다. 타락은 수고의 땀과 해산의 고통이라는 결과를 가져 왔습니다(창 3:16-19). 주님을 만나기 전의 인생은 수고하고 무거운 짐 진 자입니다(마 11:28). 유대인은 이 짐 안에 율법의 규례가 있고 이방인에게는 우상이라는 짐이 있습니다. 재앙을 피하고 복을 얻고자 만든 우상은 인간의 짐이 되었습니다.

46장은 우상을 정의하고 그 정체를 밝히고 있습니다. 바벨론의 멸망 기사는 저들이 믿던 우상의 몰락부터 시작됩니다. '벨'은 바벨론 수호신 중의 대장이고 수도의 신인 '말둑'의 또 다른 이름으로 히브리어로는 '바알(주)'입니다. '느보'는 말둑의 아들이며 운명을 주관하는 문학과 지혜의 신으로서 왕가의 수호신입니다. 바벨론에 거대하게 세워졌던 우상들이 자빠져서 널 부러져 있습니다(1절).

우상은 금은보석으로 만들 때부터 인간의 고혈을 짜낸 짐이었습니다. 이제 짐짝이 되어 짐승이 끄는 수레에 실려 수송되는 우상은 철저한 무능을 선전하고 있습니다(2절). 바벨론의 신은 자신 형상을 상징하여 만든 우상조차 지킬 힘이 없습니다. 불신자들이 그토록 섬기는 재물과 권력과 인기와 재능의 우상이 생명에 관하여 무력한 것과 똑같습니다. 인간에게 짐이 된 우상과 반대로 하나님은 이스라엘을 자신의 짐이라고 말씀하십니다(3절). 태중에서부터 운반되어 온 짐으로 하나님께 안기고 업힌 자라고 부릅니다.

섬기는 자에게 도리어 짐이 된 이방의 신과 정반대로 하나님은 그 백성의 짐을 지시는 분입니다. 크면서 자기 짐을 지는 인간과 다르게 이 짐은 하나님께서 백성의 노년에 이르기까지 지신다고 하십니다(4절). 우리는 그 짐이 바로 죄의 짐임을 알 수 있습니다. 상대도 안 되는 일개 물질에 불과한 우상과 하나님을 비교하는 것을 아주 불편해 하십니다(5절).

이 마음을 못 읽고 여전히 무력한 우상과 영생의 하나님을 간보며 줄다리기하는 인간들은 지금까지 넘쳐납니다(6절). 하나님을 상징하는 어떤 형상도 만들지 말라는 2계명의 현대적 적용은 무엇일까요? 하나님을 차선으로 미룰 수 있는 그것이 바로 우상임을 판별해야 합니다. 하나님의 유일성에 대한 감각이 둔해진다면 위험 경고를 울려야 합니다(8-9절). 이것이 나라는 짐을 끝까지 지시겠다고 약속하신 하나님에 대한 태도입니다. 사단이 제일 싫어하는 것은 '오직 예수'이며 사단의 최고 모략은 '예수는 믿지만 차선으로 믿자'입니다.

♦ 이사야 47장 성경칼럼

1절 | 처녀 딸 바벨론이여 내려와서 티끌에 앉으라 딸 갈대아여 보좌가 없어졌으

니 땅에 앉으라 네가 다시는 곱고 아리땁다 일컬음을 받지 못할 것임이라
4절 | 우리의 구원자는 그의 이름이 만군의 여호와 이스라엘의 거룩한 이시니라

"엉뚱하게 조롱하다"

상식에 안 맞고 상황과 관계없는 말과 행동을 엉뚱하다고 합니다. 엉뚱함이 기분 좋은 4차원이 아니라 상대를 조롱하는 내용이라면 문제가 생깁니다. 나와 상관없어 보이는 이 모습이 기독교의 이미지라면 납득할 수 있겠습니까? 기독교가 전하는 메시지를 듣고 불신자가 엉뚱하게 조롱받는다고 생각할 수 있지 않느냐는 질문입니다. 20대 초반까지 불신자로 살았던 저의 경험으로 볼 때 이런 사례는 많을 것이라고 생각합니다. 윤리와 행복의 메시지는 세상과 접점이 되지만 심판과 내세의 내용은 간극이 너무 큽니다.

47장은 식민지 경험이 없는 처녀 같은 바벨론(갈대아)의 멸망과 심판에 대한 예언입니다(1절). 이 예언은 주어질 당시의 연대와 환경을 점검할 때 엉뚱함과 조롱조가 들어가 있습니다. 바벨론의 멸망은 B.C.538년인데 이 예언은 이사야의 활동 연대인 B.C.739~680에 주어진 것입니다. 이 시기는 바벨론이 번성하기 전이었고 남유다가 멸망(B.C.586년)하기 훨씬 전입니다. 유다를 멸망시키는 도구로 사용되는 바벨론이 교만으로 말미암아 멸망할 것이라고 정확하게 예언합니다. 후대의 우리는 이 구속사를 알고 있어 의심하지 않지만 당시의 당사자들은 엉뚱한 조롱으로 받아 들였을 것입니다. 이사야의 최후가 톱에 켜서 죽는데 그 이유를 알 것 같습니다.

47장의 구조는 전체의 화자는 하나님이시며 화답자는 이스라엘입니다. 청중은 바벨론이고 조롱조의 6개 연으로 되어 있습니다. 조롱조가 필요한 이유는 바벨론에 멸망되어 슬픔을 당할 이스라엘을 위로하는 목적이 있기

때문입니다. 바벨론 심판의 이유는 약자에게 착취한 재물로 사치하며 태평성대로 갈 수 있다고 자신하는 교만입니다. 이를 위한 장치로 마법, 영매술, 점성술, 천문학 등을 발전시키고 의지했습니다. 하나님께서 의지하는 그것들에게 구원을 요청해 보라며 조롱조로 말씀합니다(12-13절).

그토록 좋아하는 돈과 의지하는 과학이 구원의 길이 되는지 생각해 보라는 주님의 질문과 닮았습니다.

(눅 12:20) "하나님은 이르시되 어리석은 자여 오늘 밤에 네 영혼을 도로 찾으리니 그러면 네 준비한 것이 누구의 것이 되겠느냐 하셨으니"

번개처럼 다가와서 수치스럽게 멸망하는 방식은 부자와 바벨론이 동일합니다(1-3절).

'하나님만이 구원자가 되심'은 보석같이 빛나는 진리의 말씀입니다(4절). 풍년으로 창고를 늘리기에 열심인 부자에게 죽음은 엉뚱한 말 같지만 현실이며 진리입니다. 우리도 복음 전도자로서 잠시 이상한 사람으로 취급받을 수 있습니다. 조롱을 받고 있는 우리를 위로하고자 저들을 조롱하시는 하나님의 마음을 헤아리며 힘을 내 봅니다.

(단 12:3) "지혜 있는 자는 궁창의 빛과 같이 빛날 것이요 많은 사람을 옳은 데로 돌아오게 한 자는 별과 같이 영원토록 빛나리라"

♦ 이사야 48장 성경칼럼

4절 | 내가 알거니와 너는 완고하며 네 목은 쇠의 힘줄이요 네 이마는 놋이라

9절 | 내 이름을 위하여 내가 노하기를 더디 할 것이며 내 영광을 위하여 내가 참고 너를 멸절하지 아니하리라

"안 되는 건데, 하겠다"

'안 되는 건데 해 주겠다'는 것은 절망을 희망으로 바꾸는 말입니다. 사람끼리 할 수 있는 것이지만 상위 레벨로 갈수록 엄격한 감시로 안 되는 속성을 가지고 있습니다. 왕과 대통령이 자기 마음대로 하다간 큰 대가를 치르게 됩니다. 그런데 48장에 하나님께서 안 되는 것인데 하겠다는 표현을 사용하십니다. 하나님의 공의와 공평에 의해서는 있을 수 없는 일이 일어나고 있습니다. 신비롭고 새로운 일인 것이 분명합니다.

이방 나라를 향한 하나님의 심판은 그 죄악에 따라 엄혹한 심판이 이루어집니다. 바벨론의 우상 타파와 완벽한 멸망의 예언을 마치고 이제 이스라엘에 관한 예언이 나옵니다(1-3절). 문제는 이스라엘의 죄악이 이방 나라에 비하여 가볍지 않다는데 있습니다. 율법과 성전을 받은 선민으로 하나님을 경험하였기에 죄의 무게는 이방인보다 무겁습니다. 이방이 섬기는 우상을 섬겼고 하나님 말씀을 대언하는 선지자들을 죽였습니다. 저들을 표현할 때 완고하다고 했는데 이는 그 목을 뻣뻣하게 세우는 황소 같다는 뜻입니다(4절).

영적 무지에서 나온 교만은 하나님도 어찌할 수 없다는 결론을 내리고 있습니다. 이제 이스라엘에게 남은 것은 하나님께서 세운 공의에 의한 철저한 멸망밖에 없습니다. 그런데 하나님께서는 이스라엘을 심판하고 포기할 수가 없습니다. 하나님의 포기는 하나님의 실패인데 하나님은 실패하는 분이 아닙니다. 하나님이 선민을 포기하지 않는 방법은 무엇일까요? 사람을 깨닫게 하고 회개시켜 구원의 백성이 되게 하는 것은 이미 인간의 완악함으로 실패하였습니다.

이제는 하나님의 세계에서 일어나는 것만이 택한 백성을 구원할 수 있습니다(6-7절). 48장에 나오는 새 일(6절), 여호와가 사랑하는 자(14절), 여호와의 영(16절)을 주목해야 합니다. 공통점은 '나(하나님)는 나(하나님)를 위하여 나(하나님)의 방법'으로 구원을 이루겠다는 것입니다(9절). 하나님의 이름을 욕되게 할 수 없어 하나님께서 스스로 영광을 지키겠다고 선언하십니다(11절). 여호와의 뜻인 '나는 나다'가 이루어지고 고레스를 넘어선 새 구원자의 등장을 예고 합니다(12절).

하나님께서 육체가 되신 성육신이 하나님의 새 일이 되었고(요 1:14) 그 중심에는 하나님의 사랑이 있습니다(요 3:16). 성육신하신 독생자는 십자가로 대속을 이루고 부활로 영생을 열었습니다(롬 5:8-10). 죄의 유무로 구원이 결정되는 옛 언약은 지나가고 구주의 속량을 믿는 새 언약이 새 일이 되었습니다(요 16:9). 생명을 내어주신 대속의 사랑 때문에 우리는 살았습니다.

♦ 이사야 49장 성경칼럼

6절 | 그가 이르시되 네가 나의 종이 되어 야곱의 지파들을 일으키며 이스라엘 중에 보전된 자를 돌아오게 할 것은 매우 쉬운 일이라 내가 또 너를 이방의 빛으로 삼아 나의 구원을 베풀어서 땅 끝까지 이르게 하리라
16절 | 내가 너를 내 손바닥에 새겼고 너의 성벽이 항상 내 앞에 있나니

"하나님의 어려운 일?"

나라마다 어려운 일에 대한 격언이 있습니다. 모든 나라에 공통적으로 들어가는 것이 있다면 '자식 농사(양육)가 어렵다'입니다. 부모라면 자식을 잘 키우고 잘 되기를 바라지만 그 성취도는 매우 낮습니다. 세상에서 가장 바람직한 소원이 가장 어렵게 되어 있는 이 원리에 영적 교훈이 담겨 있습니다. 자식 농사의 치열한 실패를 통해 영적 아버지인 하나님의 마음을 읽

게 하셨습니다.

전지전능하신 하나님은 어려운 일이 없는 것이 당연합니다. 하나님의 창조와 섭리는 자기 백성의 양육도 쉽게 성공하셔야 맞습니다. 그러나 하나님은 자기 백성에게 배척을 당했고 예수님은 제자에게 배신을 당했고 성령님은 성도에게 외면을 당하고 있습니다. 삼위일체 하나님의 정성과 노력은 한이 없는데 인간이 받아들이지 않습니다(사 1:2-4). 만약 인간이 패역하는 그때그때 다리몽둥이를 부러뜨리고 눈을 빼버리며 징계하였다면 결과가 달라졌을까요?(마 18:8-9). 그래도 달라지지 않았을 것을 우리는 경험적 직감으로 알고 있습니다(사 1:5-9).

인간을 대하시는 하나님의 방법은 자유의지를 설정해 놓으신 것입니다. 이 자유의지 때문에 전능하신 하나님의 어려운 일이 생겼습니다. 멸망한 이스라엘을 구원자인 고레스를 통해 귀환시키는 것은 아주 쉽다고 말씀하시는 하나님을 기억해야 합니다(6절). 역사를 정확히 섭리하셔서 선민을 살리는 그것이 어려운 게 아니라 순종 안하는 백성이 어렵다고 속마음을 토로하십니다.

49장 전체에서 부모 마음을 알아 달라고 자식에게 애원하는 분위기가 느껴집니다(8-15절). 젖먹이는 어머니의 사랑보다 크고(15절) 지워지지 않는 문신처럼 가까이 계시고(16절) 무적의 용사처럼 이겨 주겠다고 하십니다(24-25절). 이제 이스라엘의 반응에 관계없이 하나님의 구원 계획은 실행됩니다. 대속의 메시야는 1차적으로 이스라엘에게 오지만 궁극적으로 온 인류를 향한 구원의 실행입니다. 1절의 섬들, 먼 곳 백성, 6절의 이방의 구원, 7절의 열왕들의 부복, 12절의 각 방면의 먼 곳 등은 범세계적 구원을 계시합니다. 문법적으로 '화자'와 '인칭'의 변화를 자유자재로 하여 메시야의 사역이 우주적임을 알려줍니다.

구원은 첫 사람 아담의 타락한 계열에서 마지막 아담인 예수님의 계보로 옮겨진 것입니다. 지옥으로 갈 인생이 살려주는 새 영을 받아 하나님 자녀로 등재되었습니다.

(고전 15:45) "기록된바 첫 사람 아담은 생령이 되었다 함과 같이 마지막 아담은 살려 주는 영이 되었나니"

오직 독생자 예수님만 하나님께 순종하였는데 이제 양자인 우리가 효자가 될 차례가 되었습니다(롬 8:15-16). 하나님의 어려운 일은 이제 예수님을 잘 믿는 우리로 말미암아 해결될 수 있습니다. 많이 늦었지만 성령님의 탄식으로 이 영광의 반열에 온 것을 감격하며 기뻐합니다(롬 8:26-28).

♦ 이사야 50장 성경칼럼

1절 | 나 여호와가 이같이 말하노라 내가 너희의 어미를 내보낸 이혼 증서가 어디 있느냐 내가 어느 채주에게 너희를 팔았느냐 보라 너희는 너희의 죄악으로 말미암아 팔렸고 너희의 어미는 너희의 배역함으로 말미암아 내보냄을 받았느니라

4절 | 주 여호와께서 학자들의 혀를 내게 주사 나로 곤고한 자를 말로 어떻게 도와줄 줄을 알게 하시고 아침마다 깨우치시되 나의 귀를 깨우치사 학자들 같이 알아듣게 하시도다

"억울하면 (   )하라"

누구나 괄호 안을 금방 채울 것입니다. 출세하고 부자 되고 성공하고 강해지면 억울함을 풀 수 있을 것이라고 생각합니다. 영적으로 억울하다고 여겨질 때는 어찌해야 할까요? 신앙생활을 잘 하려는 사람에게는 영적인 억울함이 밀려오게 되어 있습니다. 애매한 고난이 생기고 비교의식에서 오

는 열등감도 생기기 때문입니다(벧전 2:19-21). 목회자의 경우 이 억울함의 덫을 제치지 아니하면 슬럼프가 오고 성숙에 장애가 됩니다. 이스라엘이 멸망당하고 포로생활을 하는 현실은 선민으로서 서운함과 억울함이 쌓일 수 있습니다. 이런 배경에서 하나님 탓을 하는 이스라엘에게 본질을 알려 주십니다.

1절의 이혼 증서 이야기는 신명기의 규례를 배경으로 합니다. 율법의 규례는 남편이 아내가 맘에 들지 않을 때 이혼증서를 써 주고 내 보낼 수 있었습니다(신 24:1). 가장이 빚을 못 갚게 되면 자녀들을 종으로 파는 풍토도 있었습니다. 포로로 잡혀간 백성이 하나님이 자신들을 팔았다는 생각을 하며 원인을 하나님께로 돌릴 수 있다는 것입니다. 하나님은 멸망과 포로 됨의 원인이 이스라엘의 죄악 때문임을 알려주십니다. 남편인 하나님과 아내인 이스라엘과의 관계가 잠시 중단되었지만 복구의 기회가 있다고 말씀하십니다.

구속사의 홍해 사건, 요단 도강 사건, 강이 피로 변한 사건, 흑암의 재앙 사건을 소개하면서 구원의 능력을 회상하게 합니다(2-3절). 억울한 마음보다 죄를 깨닫고 회개하는 것이 구원의 길임을 깨닫게 하십니다. 순간적으로 다가오는 하나님께 대한 섭섭함은 회개의 지속이 안 될 때 일어납니다. 신앙생활은 하나님을 바라보는 만큼 나 자신을 점검하고 회개하는 것이 필수입니다.

49장의 강한 능력의 메시야에 이어 본장은 온유하고 겸손한 종의 사역을 예언합니다. 예수님은 이 땅에 오셔서 선동가가 아닌 다정한 선생으로 가르치셨습니다(4절). 우리가 매일 주님께 나가 말씀을 배우고 적용하는 것은 최고의 영적 습관이며 경건의 지름길입니다(10절, 히 3:13). 이 루틴만 잘 지켜도 영적 침체와 신앙을 좀먹는 비교의식은 틈을 타지 못합니다.

5절부터 메시야 사역의 핵심인 대속 사건의 순종이 눈앞에 펼쳐집니다. 주님께서 등에 채찍을 맞고 수염이 뽑히고 빰을 맞으며 침 뱉음을 당하는데 얼굴을 피하지 않고 수욕을 당합니다(6절). 억울한 것으로 따지면 예수님만한 분은 없는데 바로 죄인 된 나 때문에 받으셨습니다. 예수님께 죄송한 마음이 자리 잡으면 평강과 함께 하나님의 사랑이 부어집니다(롬 5:5). 죄에 대한 자각과 회개는 영적 감각을 날카롭게 세우는 첩경입니다.

♦ 이사야 51장 성경칼럼

1절 | 의를 따르며 여호와를 찾아 구하는 너희는 내게 들을지어다 너희를 떠낸 반석과 너희를 파낸 우묵한 구덩이를 생각하여 보라

12절 | 이르시되 너희를 위로하는 자는 나 곧 나이니라 너는 어떠한 자이기에 죽을 사람을 두려워하며 풀 같이 될 사람의 아들을 두려워하느냐

"준비된 자, 알아듣는 자"

같은 예배를 드리고 같은 설교를 들어도 은혜 받는 사람과 못 받는 사람이 확연히 갈라집니다. 이 구분은 웬만해서는 바뀌지 않아 준비된 자는 늘 알아듣고 은혜를 받습니다. 준비가 안 된 자를 향하여서는 인내하며 기도할 수밖에 없습니다. 예배를 드린다는 것은 하나님의 기회가 주어진 것으로 우리도 포기하면 안 될 것입니다. 하나님은 준비하는 과정을 중요하게 여기십니다. 구속사에서 준비 안 된 사람을 사용하신 적이 없고 준비 안 된 조건에서 역사하시지도 않았습니다. 준비하는 것은 강제가 아닌 자원적 헌신이기에 일군은 소수일 수밖에 없습니다.

48, 49장의 불성실한 자들을 향한 선포와 반대로 51장은 신실한 자들에 대한 격려입니다. 52장 13절부터 시작되는 메시야에 대한 구체적 언급

에 대한 준비 작업의 성격이 있습니다. 화자인 하나님께서 생각하라, 들어라, 보라라는 명령어를 사용함으로서 진지한 감정을 전달합니다. 이때에도 준비되고 알아듣는 자가 귀했듯이 주님이 성육신할 때도 같은 패턴이었습니다. 종교 기득권층은 철저히 외면하고 경건을 따르는 소수의 남은 자만이 주님을 알아보았습니다. 마리아와 요셉, 들의 목자들, 안나, 시므온, 사가랴와 엘리사벳, 동방 박사 등은 성경에 기록되는 영광을 누립니다.

준비되어 하나님의 말씀을 알아듣는 비결은 무엇일까요? 구원의 족보와 사건들을 잊지 않고 상기해야 합니다. 아브라함과 사라에게 임한 기적을 기억하여 하나님을 앙망하라고 합니다(2절). 하나님의 것인 시온에 대하여 베푼 긍휼이 실체로 임할 것을 확실히 합니다(3-4절). 선민을 넘어 만민에게 임할 구원의 광대함에 눈을 뜨라고 합니다(5-6절). 하나님을 온전히 알고 섬길 때 대적자들은 아무 권세가 없다는 것을 선포합니다(7-8절).

이사야는 기도를 통하여 출애굽의 구원이 영광스럽듯이 바벨론으로부터 해방의 구원을 확신하며 기뻐합니다(9-11절). 깨어나야만 한다는 절박성의 탄원(9, 17절)은 우리의 신앙에도 급하게 적용해야 합니다. 이사야 시대에 남은 자가 소수이듯이 이 시대도 경건한 신자를 찾기가 힘들다는 것은 저만의 생각이 아닐 것입니다. 새벽이 오기 전 시간이 가장 어둡다고 하듯이 이 시대도 영적 무지를 벗어나는 시간을 갈망하게 됩니다.

대적자들이 무서운 것이 아니라 날선 감각으로 주님을 앙망함이 사라진 것을 두려워해야 합니다(12절).

(롬 12:2) “너희는 이 세대를 본받지 말고 오직 마음을 새롭게 함으로 변화를 받아 하나님의 선하시고 기뻐하시고 온전하신 뜻이 무엇인지 분별하도록 하라”

오직 예수의 본질은 주님이 주시는 선물보다 예수님으로 만족하는 것입니다. 세월이 갈수록 이것이 단단해지면 신앙의 정도를 가고 있다는 증거입니다(딤후 4:7).

♦ 이사야 52장 성경칼럼

11절 | 너희는 떠날지어다 떠날지어다 거기서 나오고 부정한 것을 만지지 말지어다 그 가운데에서 나올지어다 여호와의 기구를 메는 자들이여 스스로 정결하게 할지어다

13절 | 보라 내 종이 형통하리니 받들어 높이 들려서 지극히 존귀하게 되리라

"묘한 함정-미련"

깨끗이 잊지 못하고 끌리는 데가 남아 있는 마음을 '미련'이라고 합니다. 미련을 갖는다는 것은 선과 악의 개념이 아닙니다. 미련을 잘 사용하여 지구력이 되면 좋은 결과를 얻을 수 있습니다. 관건은 미련을 가져서는 안 되는 치명적인 분야가 있다는 것입니다. 대부분의 나쁜 물리적 중독들은 미련을 품다가 이루어집니다. 나쁜 의리와 잘못된 이념과 편집적 종교에 미련을 두면 인생을 망칩니다. 쾌락과 재물에 미련을 두다가 멸망당한 대표적 인물은 롯의 아내로 소금기둥이 됩니다(눅 17:31-32).

아브라함은 기득권과 익숙함의 미련을 떨치고 하나님 소명에 순종하여 믿음의 조상이 되었습니다(히 11:8-10). 복음을 듣고 긴요성은 인정하지만 망설이는 사람들도 세상에 미련을 두기 때문입니다. 이들에게 세상보다 더 좋은 영생복락을 알려주어도 손에 잡히지 않기에 세상을 선택합니다. 열심히 전하고 성령님께서 역사하시기를 기도하는 것이 전도의 왕도입니다(딤후 4:2).

이제 메시야의 생생하고 구체적인 사역에 바짝 다가선 52장이 열립니다. 13절부터 시작되는 메시야 예언은 급전환된 분위기입니다. 메시야 예언은 고난이 핵심인데 최상의 승귀를 먼저 선포합니다. 이사야서에는 '보라'라는 단어는 70여 회에 이르는데 극적인 관심을 가지라는 명령입니다. '형통하리니'라는 것은 성취를 의미하는 것으로 복음의 특징인 이미 완성되었다는 것을 계시합니다. 원시복음부터 사탄의 머리가 깨졌고(창 3:15) 주님의 공생애 첫 사역이 광야에서 마귀를 박살낸 것이었습니다(마태복음 4장 칼럼 참조).

받들어, 높이 들려서, 지극히 존귀하게 되리라는 3중적 선포는 메시야 승귀의 최고 정점을 선언합니다(빌 2:9-11). 여호와의 종인 메시야의 수난의 결과로 이루어지는 구원을 목격하면 세상 미련을 떨칠 수 있습니다. 이것은 1차적으로 이스라엘 백성의 바벨론 포로 귀환에 적용됩니다(11절). 출애굽을 순종한 조상들처럼 익숙한 바벨론의 문화와 우상을 버려야 합니다. 바벨론의 멸망과 고레스의 호의로 정결 의식을 치루고 떠날 수 있는 환경도 주어집니다(12절). 레위인들은 뺏겼던 성전 기구들을 호송하며 돌아오게 될 것을 예언하는데 그대로 성취되었습니다(스 1:7-11).

후대의 귀환자들은 이 예언(11-12절)을 붙들고 순종의 무리가 되었다는 것을 능히 짐작할 수 있습니다. 우리는 예수님의 대속사역의 성취를 목격하며 단호히 주님을 선택한 자들입니다(요 19:30). 세상의 미련이란 묘한 함정을 능히 분별하여 이길 힘을 정확히 받았습니다. 주신 능력을 사용하여 얻는 승리에는 상급이 준비되어 있습니다(계 2:25).

♦ 이사야 53장 성경칼럼

2절 | 그는 주 앞에서 자라나기를 연한 순 같고 마른 땅에서 나온 뿌리 같아서 고운 모양도 없고 풍채도 없은즉 우리가 보기에 흠모할 만한 아름다운 것이 없도다

6절 | 우리는 다 양 같아서 그릇 행하여 각기 제 길로 갔거늘 여호와께서는 우리 모두의 죄악을 그에게 담당시키셨도다

"할 말이 없습니다"

핑계 댈 것이 없고 무슨 말을 해도 소용없을 때 나옵니다. 하지만 할 말이 너무 많아 다 못할 바에는 아예 안하겠다는 의미로도 쓰입니다. 나아가 진짜 할 말의 내용을 전달하기가 힘들 때도 이 말이 나옵니다. 53장을 대하면서 각자 가진 감정이 있다면 어떤 것인지 궁금합니다. 저는 어떤 내용의 칼럼이 나와도 절대 부족할 것이라는 마음입니다.

본장은 40장 이후의 바벨론 포로 해방과 여호와의 종인 메시야 사역의 절정에 해당됩니다. 혈통적 이스라엘과 영적 이스라엘의 구원이 대속주의 고난으로 성취되는 내용입니다. 만약 53장의 대속 내용이 빠진다면 모든 예언은 허사가 됩니다. 이스라엘을 비롯한 전 인류의 죄는 전적 부패로서 구제불능입니다. 오로지 하나님의 방법인 대속주의 속죄로만 해결될 수 있습니다. 그러므로 53장의 대속주의 고난이 빠진다면 다른 길은 없는 것입니다. 그동안 메시야인 예수님을 여호와의 종으로 불리 우는 이유가 밝혀졌습니다. 종이란 주인이 시키는 일을 절대 순종함으로 해야 한다는 전제에서 부르는 호칭입니다.

53장에 나오는 메시야에 대한 묘사는 '종'입니다. 53장의 구속주는 종으로 오셨기에 흠모할 만한 외모가 아니었습니다(2절). 성화에 나오는 예

수님의 모습은 잘 생긴 유대 청년이지만 실제 모습이 아닙니다. 연한 순 같고 마른 땅에서 나온 뿌리 같다는 것은 주님께서 이 땅에 오실 때 처한 비천한 상황을 가리킵니다(2절). 종으로 오신 메시야의 특징은 고난 속에서 침묵하는 것입니다. 이를 도살장으로 끌려가는 어린 양과 털 깎는 자 앞에 잠잠한 양으로 비유합니다(7절).

예수님은 힘과 논리로 싸움을 하러 오신 것이 아니라 죄를 담당하여 죽으러 오셨습니다. 메시야를 대하는 이스라엘의 죄악은 온 인류의 모습을 대변하는데 내가 거기 들어가 있습니다. 하나님이신 예수님을 멸시하고 조롱하고 채찍을 치며 죄를 씌우고 나무에 달아 죽입니다. 내 죄를 담당하여 죽으셨는데(6절) 내가 죽였다는 이 아이러니를 어찌 받아들여야 하는지요? 성경은 내가 그리스도와 함께 십자가에 죽고 함께 살아 새 세계로 들어왔다고 선언합니다(갈 2:20).

고난의 대속을 통해 승귀를 이루신 그리스도 안(10-12절)에 사는 은혜가 주어졌습니다.

(갈 6:17) "이 후로는 누구든지 나를 괴롭게 하지 말라 내가 내 몸에 예수의 흔적을 지니고 있노라"

대속의 복음을 전하는 자는 그 인생에 예수의 흔적이 새겨집니다.

♦ 이사야 54장 성경칼럼

5절 | 이는 너를 지으신 이가 네 남편이시라 그의 이름은 만군의 여호와이시며 네 구속자는 이스라엘의 거룩한 이시라 그는 온 땅의 하나님이라 일컬음을 받으실 것이라

15절 | 보라 그들이 분쟁을 일으킬지라도 나로 말미암지 아니한 것이니 누구든지 너와 분쟁을 일으키는 자는 너로 말미암아 패망하리라

"대속 이후 달라진 것들"

인과율이란 결과에는 원인이 있다는 것입니다. 물리학에서는 원인이 결과보다 시간적으로 먼저 일어나야 하는 조건이 붙습니다. 영적인 세계는 물리학과 달라 결과가 먼저 있을 수 있습니다. 미래 예언의 시제가 과거완료로 되어 있는 경우가 대부분이기 때문입니다. 이사야서는 주전 7-8세기에 예언되어 주전 5세기와 그 이후와 종말까지 완료형으로 예언합니다. 그 중심에 메시야의 대속 사건이 있고 그 능력과 영향을 모든 세대가 받습니다.

수난의 종이 대속을 이루신 53장에 이어 54장에는 어떤 결과가 있을 것인지가 나옵니다. 분위기가 급격히 바뀌는 이유는 대속 사건은 구속사의 가장 큰 산맥이기 때문입니다. 신약으로 유비(비교)하면 십자가와 부활 사건 후에 영육간의 세계가 바뀌는 것과 같습니다. 대속 사건 이후 엄청난 결과는 남은 자에 대한 것입니다. 그 동안의 '남은 자(그루터기)'는 소수이고 약자이며 숨어 있는 이미지이었습니다.

그러나 대속 이후 남은 자를 상징하는 잉태치 못하고 출산하지 못한 자가 활기를 띠게 됩니다(1절). 과부의 자식이 남편 있는 여인의 자식보다 많을 것이라고 상식을 뛰어넘는 표현을 합니다. 메시야의 구속 사역으로 남은 자에 해당되는 구원의 숫자가 늘어난다는 의미입니다. 이방에게서 들어오는 개심자들이 폭발적으로 늘어 수용할 장막을 준비하라고 합니다(2-3절).

예루살렘의 회복과 영광이 메시야의 공로로 이루어지는데 교회를 가리킵니다. 종말의 완전 영화가 이루어질 때까지 이 지상의 영적질서는 흔들립니다. 중간 중간 나오는 두려움(4, 14절)과 곤고하며 요동하는 자(11절)라는 언급은 완전한 안식을 찾지 못하는 현실을 보여줍니다. 하지만 신약

교회를 향하여 본질적으로 난공불락의 요새와 같은 존재임을 선언합니다(5절). 보석으로 만들어진 찬란한 건물을 비유하며 교회의 소중함을 나타냅니다(11-12절). 신앙의 광맥을 이어가는 후손의 축복과 보호를 약속합니다(13-14절). 교회의 견고함은 교회를 공격하는 자들이 오히려 패망함으로 증명된다고 선언합니다(15-17절).

허물 많은 언약 백성을 긍휼히 여기시는 하나님께서 몸 된 교회에 대한 사랑을 확증하십니다. 이 원리는 주님께서 교회의 속성에 해당된다고 친히 말씀하셨습니다(마 16:18-19). 바울은 교회의 본체인 성도에 대한 실재론으로 이 원리를 확인합니다.

(롬 8:39) "높음이나 깊음이나 다른 어떤 피조물이라도 우리를 우리 주 그리스도 예수 안에 있는 하나님의 사랑에서 끊을 수 없으리라"

성도는 온갖 혜택을 받지만 믿음과 비례하여 누릴 수 있음도 깊이 새겨야 합니다(막 5:34).

♦ 이사야 55장 성경칼럼

1절 | 오호라 너희 모든 목마른 자들아 물로 나아오라 돈 없는 자도 오라 너희는 와서 사 먹되 돈 없이, 값없이 와서 포도주와 젖을 사라

11절 | 내 입에서 나가는 말도 이와 같이 헛되이 내게로 되돌아오지 아니하고 나의 기뻐하는 뜻을 이루며 내가 보낸 일에 형통함이니라

"자세히 보아야 한다"

상품을 사면 매뉴얼(manual)이 따라옵니다. 내용과 사용법 등을 미리 잘 알아야 온전히 이용할 수 있습니다. 주의사항도 있어 자세히 살펴보지 않으면 낭패를 당할 수도 있습니다. 그렇다면 인생에서 가장 위대한 상품

을 고른다면 무엇일까요? 금생에서 내세로 이어지는 '구원(영생)'이라는 상품입니다. 구원을 상품이라고 해서 비하한 표현 같지만 55장에는 상품으로 칭하고 있습니다.

40장부터 이어진 메시야 사역의 마지막 장면이 구원의 초청장입니다. 발신자는 하나님이시고 수신자는 이스라엘(1-5절)과 온 인류(6-13절)입니다. 초청장의 내용은 인간의 상식으로 쉽게 이해할 수 없는 성격을 가지고 있습니다. 무한한 하나님의 세계에 유한한 인간이 초대된 것이기 때문입니다. 일반 초청도 꼼꼼히 살피고 준비해야 하는데 하나님의 초청장이니 매우 신중해야 합니다.

감탄사로 시작된 초청장은 심상치 않다는 것을 직감합니다. '오호라'로 번역된 히브리어 '호'는 집중을 해야 할 중대함이 이어질 때 사용되는 단어입니다. 인생에서 꼭 필요한 물과 포도주와 젖을 사라고 하는데 가격은 무료입니다(1절). 물이 생명의 근원이라면 포도주와 젖은 활기와 영양을 공급하는 것입니다. 육적 생활에만 해당되는 것이 아니라 영적세계의 복락을 드러냅니다. 선지자는 이것을 모르는 우매한 자들이 너무나 많다며 통탄합니다(2, 7절).

이스라엘에게 이 구원은 다윗 언약의 성취로서 그 영광은 비교할 수 없을 정도로 탁월합니다(4-5절). 위대한 초청장에서 절대 놓치면 안 되는 항목은 유효시간입니다. 여호와를 만날 만한 때에 찾고 가까이 계실 때에 불러야 합니다(6절). 종말에 기한이 있다는 것은 메시야의 초림처럼 강력한 메시지입니다(마 9:15, 히 10:37, 계 19:7). 일정한 시기가 지나면 더 이상의 기회가 없는데 종말의 때는 아무도 모릅니다(마 24:41-44).

경건한 신앙을 가꾸려면 지금 여기에서 은혜를 꼭 붙들어야 합니다(고후 6:1-2). 초청장의 절정은 언약 성취의 확정성에 있습니다. 누구나 알아들을 수 있도록 비와 열매의 비유를 통해 확정하십니다(10-11절). 하나님의 말씀을 받은 자는 반드시 그 열매를 거둔다는 불변의 원리를 선포합니다. 가진 자들이 바쁘다는 핑계로 잔치에 불참하는 광경은 팽창하여 지금도 재현되고 있습니다.

(마 22:5) "그들이 돌아보지도 않고 한 사람은 자기 밭으로, 한 사람은 자기 사업하러 가고"

♦ 이사야 56장 성경칼럼

2절 | 안식일을 지켜 더럽히지 아니하며 그의 손을 금하여 모든 악을 행하지 아니하여야 하나니 이와 같이 하는 사람, 이와 같이 굳게 잡는 사람은 복이 있느니라

11절 | 이 개들은 탐욕이 심하여 족한 줄을 알지 못하는 자들이요 그들은 몰지각한 목자들이라 다 제 길로 돌아가며 사람마다 자기 이익만 추구하며

"새 지평이 열리다"

지평이란 대지의 평평한 면을 말합니다. 새 지평을 연다는 것은 과거를 딛고 남보다 먼저 미래의 한 획을 그은 것을 의미합니다. 고정관념과 편견을 넘어 새 생각이 구현되어 열매를 맺을 때 칭찬하는 문장으로 사용됩니다. 그리스도인의 정체는 엄청난 새 지평을 연 사람입니다. 성경은 '거듭났다(요 3:3-8)'고 하고 '새로운 피조물(고후 5:17)'이라고 칭합니다. 구원을 경험한 그리스도인에게 새로운 가치관과 생활이 주어지는 것은 당연합니다.

55장까지 구원의 사역과 영광과 초청이 있었습니다. 56장은 구원받을 대상의 본질과 책임에 대하여 다루고 있습니다. 이 과정에서 이전과 다른

영적 새 지평이 펼쳐집니다. 구원의 준비는 정의를 지키고 의를 행하는 것인데 교리적으로 회개를 의미합니다(1절). 주님의 사역이 시작되기 전에 세례 요한이 외친 메시지입니다.

(마 2:1-2) "그 때에 세례 요한이 이르러 유대 광야에서 전파하여 말하되 회개하라 천국이 가까이 왔느니라 하였으니"

구원받은 자들이 해야 할 일은 수없이 많지만 선지자는 한 가지를 콕 집어 강조합니다. 안식일을 지켜 더럽히지 말라는 것입니다(2절). 구원받은 것이 원인 절이고 안식일을 지키는 것을 결과 절로 하여 3번을 반복합니다(2, 4, 6절). 안식일을 지키는 것이 구원받은 표식이고 이 기본이 안 되면 구원의 관계가 이어지지 않음을 강조합니다. 안식일 강조의 1차 목적은 포로생활에서 무너진 안식일 훼손을 회복시키는 것입니다. 그러나 안식일의 본질은 일을 쉬는 기본과 함께 적극적인 신앙 행동에 있습니다. 은혜를 받아 의를 행하고 악을 금하며 하나님이 기뻐하시는 선을 행하는 것입니다(1-4절).

제사의 회복을 말하지 않는 것은 대속 후에 이방인에게 개방된 구원의 영역에서 제사의식이 사라지기 때문입니다. 또 다른 새 지평은 율법에 의하여 회막 출입이 금지된 이방인과 고자(신 23:1-6)가 안식일에 참여하는 축복을 받게 된 것입니다(3-5절). 광야 교회의 율법적 지평이 신약 교회의 만민적인 지평으로 바뀌고 있습니다(6-8절).

여기에서 신약 교회가 적용해야 할 교회관이 나옵니다. 하나님께서 가장 기뻐하시는 것은 약한 자들이 주눅 들지 않고 출입하고 위로받으며 은혜를 누리는 교회입니다. 이를 외면하고 자기 이익을 위해 사는 지도자들은 구원 계획에서 제외되고 엄한 심판을 예고합니다. 맹인, 무지한 자, 벙어리 개, 꿈꾸는 자, 누운 자, 몰지각한 목자, 술 취한 자의 길은 절대 따라

가면 안 됩니다(10-12절). 교회의 새 지평을 주신 하나님께서 성도 개인에게도 경건의 새 지평을 허락하실 것입니다.

♦ 이사야 57장 성경칼럼

1절 | 의인이 죽을지라도 마음에 두는 자가 없고 진실한 이들이 거두어 감을 당할지라도 깨닫는 자가 없도다 의인들은 악한 자들 앞에서 불리어가도다

15절 | 지극히 존귀하며 영원히 거하시며 거룩하다 이름하는 이가 이와 같이 말씀하시되 내가 높고 거룩한 곳에 있으며 또한 통회하고 마음이 겸손한 자와 함께 있나니 이는 겸손한 자의 영을 소생시키며 통회하는 자의 마음을 소생시키려 함이라

"버킷리스트(bucket-list)"

죽기 전에 해 보고 싶은 일들을 적은 목록을 말합니다. 의미로 볼 때 바람직하지만 내용에 따라 달라질 수 있습니다. 하고 싶었는데 사정이 안 되어 못한 일을 적고 실현 가능성도 감안하여 작성합니다. 그리스도인이 버킷리스트를 적는다면 꼭 들어가야 할 항목은 무엇일까요? 성경의 정신으로 볼 때 회개는 꼭 하고 죽어야 합니다. 만약 죽고 나서 주변인들이 '저 사람은 틀림없이 지옥 갔을 거야'라고 한다면 큰일입니다. 그 말 때문에 지옥 가는 것은 아니지만 그리스도인으로서 잘못 산 것은 확실합니다.

여기에서의 도전적 질문은 회개하고 죽을 기회가 누구에게나 주어지는가입니다. 갑자기 죽는 것만은 피하게 해 달라고 소원하며 회개를 늦출 수는 없습니다. 우리는 회개(메타노니아-방향을 바꾸다)가 자백을 넘는 행동의 수준이라는 것을 알고 있습니다. 그렇다면 살아 있는 동안에 회개를 생활화하는 수밖에 없습니다.

57장의 시작은 의인의 죽음에 대한 해석으로 시작합니다. 이사야 말기 사역 때의 남유다 왕은 유명한 므낫세입니다. 히스기야의 아들로 최장기인 55년을 통치하면서 얼마나 악했는지 망국의 원인으로 지목됩니다. 그가 죽인 무죄한 자의 피가 예루살렘에 창궐했다고 기록되어 있습니다.

(왕하 21:16) "므낫세가 유다에게 범죄하게 하여 여호와께서 보시기에 악을 행한 것 외에도 또 무죄한 자의 피를 심히 많이 흘려 예루살렘 이 끝에서 저 끝까지 가득하게 하였더라"

의인의 죽음에 대한 의문을 선지자에게 질문하는 분위기가 느껴집니다. 대답은 재앙 전에 불리어간 것이며 평안에 들어가 쉬고 있다고 정리해 줍니다(1-2절). 이를 극적으로 보여주는 장면이 초대교회 스데반 집사의 순교 장면입니다. 의인의 순교는 주님께서 일어나 보시고 마중 나오는 극적 영광을 나타냅니다(행 7:55-56).

이사야는 이스라엘의 극도로 타락한 실태에 회개를 촉구합니다. 우상숭배의 종교적 죄악과 간음의 윤리적 타락과 하나님을 떠난 교만이 하늘을 찌릅니다(3-13절). 징벌은 필연적으로 임하는데 살 길은 오직 회개뿐입니다. 겸손하게 돌아와 회개하면 용서해 주시는 하나님의 자비를 전합니다(15-16절).

(시 34:18) "여호와는 마음이 상한 자를 가까이 하시고 충심으로 통회하는 자를 구원하시는도다"

회개가 구원을 시키는 것이 아니라 하나님의 한없는 사랑이 회개하는 자를 구원합니다. 위로부터 내려진 평강이 사라졌다면 회개의 경고등으로 받고 비상을 걸어야 합니다(19-21절).

♦ 이사야 58장 성경칼럼

5절 | 이것이 어찌 내가 기뻐하는 금식이 되겠으며 이것이 어찌 사람이 자기의 마음을 괴롭게 하는 날이 되겠느냐 그의 머리를 갈대 같이 숙이고 굵은 베와 재를 펴는 것을 어찌 금식이라 하겠으며 여호와께 열납될 날이라 하겠느냐

8절 | 그리하면 네 빛이 새벽 같이 비칠 것이며 네 치유가 급속할 것이며 네 공의가 네 앞에 행하고 여호와의 영광이 네 뒤에 호위하리니

"금식은 칼(knife)이다"

금식은 인간의 근본적 욕구 중의 첫 번째인 식욕을 단절하는 것입니다. 음식을 끊는다는 것은 엄청난 육체적, 정신적 고통을 초래하기에 웬만해서는 할 수가 없습니다. 성경에서 '금식(히:촘)'은 음식에 대한 철저한 통제를 통해 '영혼을 괴롭힌다(히:아나 네페쉬)'는 뜻으로 쓰여 집니다. 이토록 힘든 금식을 하는 것은 당면한 환난을 하나님의 도우심으로 극복하고자 하는 것입니다.

인간에게 가장 중요한 음식을 끊고 하나님만 바라보는 금식은 하나님께서 기뻐하십니다. 구속사에서 금식을 통해 하나님의 진노가 멈추고 용서가 주어진 적이 많은 이유입니다. 이스라엘에게는 율법에 정한 대속죄일 외에 사후에 4번의 정기 금식일이 만들어졌습니다(슥 8:19). 각각 예루살렘 함락, 성전 파괴, 그달리야 살해, 예루살렘이 최초 공략된 것을 기억하는 금식일입니다. 참된 금식이 안 될 때의 금식은 나쁜 칼이 됩니다.

58장에 나오는 두 종류의 금식이 마치 칼처럼 선과 악의 도구로 사용될 수 있다는 의미입니다. 칼은 요리사와 의사가 쓰면 유용하고 능력 있는 도구입니다. 그러나 살인강도의 손에 들려진 칼은 사람을 해치는 흉기가 됩

니다. 이와 같이 하나님께 나아가서 날카롭게 영혼을 다듬었던 본래의 금식이 다른 모습으로 변질되었습니다. 금식의 정신은 사라지고 외형적 금식만 남아 하나님의 진노의 대상이 되었습니다. 금식이 유용한 칼에서 위선적 종교를 포장하여 믿음을 해치는 칼이 되었습니다.

거짓 금식은 회개와 성결이 아닌 보이는 축복을 받으려는 동기에서 시작됩니다. 영혼의 겸비한 자세를 잃고 오락의 즐거움과 이익을 위한 이웃 착취와 자기 자랑으로 나아갔습니다. 경건의 모양은 있지만 능력을 상실한 바리새적인 신앙으로 흘러갔습니다(마 15:7, 딤후 3:5). 거짓 금식을 분별한 선지자는 이제 참된 금식의 능력을 선포합니다. 악행을 금지하고 사회적 선행을 하는 자들의 생활 방식이 참된 금식이라고 정의합니다(6-7절). 이 금식을 실천한 자는 유용한 칼의 사용권과 함께 완벽한 축복이 수여됩니다. 위로와 평안을 허락하시고 하나님의 영광을 체험하도록 인도합니다(8-9절).

압제의 금지(6, 9절)와 주린 자를 돌보는(7, 10절) 참된 금식의 실천은 율법의 완성이기도 합니다.

(갈 5:14) "온 율법은 네 이웃 사랑하기를 네 자신 같이 하라 하신 한 말씀에서 이루어졌나니"

참된 금식의 실천은 최종 심판 때에 상급을 받는 기준이 됩니다.

(마 25:40) "임금이 대답하여 이르시되 내가 진실로 너희에게 이르노니 너희가 여기 내 형제 중에 지극히 작은 자 하나에게 한 것이 곧 내게 한 것이니라 하시고"

까마득했던 참된 금식은 바로 내 옆에 있었습니다.

♦ 이사야 59장 성경칼럼

7절 | 그 발은 행악하기에 빠르고 무죄한 피를 흘리기에 신속하며 그 생각은 악한 생각이라 황폐와 파멸이 그 길에 있으며

12절 | 이는 우리의 허물이 주의 앞에 심히 많으며 우리의 죄가 우리를 쳐서 증언하오니 이는 우리의 허물이 우리와 함께 있음이니라 우리의 죄악을 우리가 아나이다

"총체적 절망 속에서"

총체적 절망이란 모든 것을 모아 하나로 묶어 보니 절망뿐이라는 뜻입니다. 실존주의 신학자 쇠렌 키르케고로는 절망을 '죽음에 이르는 병'이라고 정의하였습니다. 사람에게 희망이 가장 중요하다는 것은 누구나 동의할 것입니다. 메시야 예언을 마치고 현실로 돌아 온 이사야서는 59장에서 절망적 현실의 절정을 찍고 있습니다. 다행인 것은 이 절망의 끝에 구원의 희망을 이야기한다는 점입니다.

57장의 음란한 우상숭배와 58장의 가증스러운 금식을 고발한 후에 이제 사회적 악행을 지적합니다. 신인 동형론적 표현을 사용하여 하나님의 사정과 유다 백성의 죄악을 설파합니다. 죄악은 마치 거대한 철벽과 같아 인간이 아무리 애를 써도 하나님께 나아갈 수 없도록 합니다(1-2절). 하나님과 단절된 인간은 전 방위적으로 죄에 포위되어 죄를 짓고 있습니다. 얼굴과 손과 혀와 발이 열심으로 죄를 짓습니다(3절). 은밀하게 짓는 죄를 이제는 공개적으로 하고 연령과 지위에 상관이 없습니다. 나라의 행정과 사법 시스템에도 부패 카르텔이 형성되어 억울한 일들이 난무합니다(4절).

어차피 옳은 재판을 기대할 수 없기에 악의 집단에 동참해 버리는 분위

기가 팽배합니다(15절). 독사의 독과 같은 죄는 치명적이어서 사람을 죽이고 그 전파력은 거미줄같이 급속히 퍼집니다(5절). 이 죄악의 근원은 부패한 마음과 사상입니다(7절). 바울은 죄의 뿌리를 하나님을 마음에 두기 싫어하는 것이라고 선언합니다.

(롬 1:28) "또한 그들이 마음에 하나님 두기를 싫어하매 하나님께서 그들을 그 상실한 마음대로 내버려 두사 합당하지 못한 일을 하게 하셨으니"

충격적인 것은 하나님을 거부하는 자들을 그대로 버려두었다는 사실입니다(롬 1:24, 26, 28). 지금도 지독하게 복음을 거부하는 자들이 가진 지구력의 배후를 알 수 있습니다. 하지만 성경은 절망 속에서 그냥 끝나지 않는 역전이 있습니다. 총체적 죄의 절망 상태에서 이사야의 중보적인 회개 기도가 올려 집니다(12-14절). 백성의 죄악을 객관화하지 않고 자기를 묶어 '우리의 죄'로 기도하고 있습니다.

남 탓을 하는 나의 기도는 속히 고쳐야 합니다. 구원의 길은 인간에게는 전무하기에 이제 하나님의 개입이 시작됩니다. 하나님의 준비와 공의의 심판이 계시되고 등장이 예고됩니다(15-20절). 이 문단에 표현되는 자기 팔(16절)과 구속자(20절)는 메시야의 능력과 수난을 계시합니다. 절망의 터널을 지난 구원의 희망은 우리의 소망이 됩니다.

♦ 이사야 60장 성경칼럼

1절 | 일어나라 빛을 발하라 이는 네 빛이 이르렀고 여호와의 영광이 네 위에 임하였음이니라

17절 | 내가 금을 가지고 놋을 대신하며 은을 가지고 철을 대신하며 놋으로 나무를 대신하며 철로 돌을 대신하며 화평을 세워 관원으로 삼으며 공의를 세워 감독으로 삼으리니

"반사(reflection) 원리"

아기를 제외하고 반사를 이해하지 못할 사람은 없습니다. 하루에도 몇 번씩 보는 거울만 생각해도 됩니다. 형상이나 에너지가 어떤 면에 부딪혀 다시 오는 반사는 인간관계와 언어유희로 사용되기도 합니다. 영어에서 많이 쓰는 미투(me-too, 나도)는 대표적인 반사 언어입니다. 신앙생활에서 반사의 원리는 아주 쉽지만 심오한 은혜를 선사합니다. 반사 원리의 핵심은 반사체는 반드시 본체가 있어야 한다는 것입니다. 본체가 없는데 반사체가 있다면 허상이고 거짓말입니다.

60장은 시온(예루살렘)이 받을 구원의 영광이 선포되고 있습니다. '일어나라 빛을 발하라'라는 힘찬 명령이 떨어지는데 의아함이 솟아오릅니다. 지금까지 시온은 일어날 힘도 없었고 빛을 발할 수도 없는 존재였기 때문입니다. 전적부패하고 하나님을 거역한 백성이 이 명령을 받았다면 어떤 기적이 일어났다는 뜻입니다.

빛의 본체인 하나님을 반사할 수 있는 그 일은 무엇일까요? 여호와의 영광이 시온에게 임하였다고 선포합니다(1절). 시온 자체는 빛도 영광도 발할 수 없지만 하나님께로부터 온 것을 반사하라는 것입니다. 반사할 곳은 열방이며 그들도 구원에 참여하는 영광을 누릴 것이라고 합니다(4-14절). 이 예언은 1차적으로 바벨론 포로 귀환의 구원과 이방인들의 동참을 보여줍니다(스 1:1-4). 실제적으로는 메시야의 죽음과 부활 후에 일어날 이방인의 구원 참여입니다(행 10:44-46).

궁극적으로는 종말의 어린 양 혼인 잔치에 만국이 모여들 것을 계시합니다(계 21:22-24). 신구약을 통해 하나님과 예수님을 상징하는 빛이 이제 믿는 자들에게 임한 것이 구원입니다(요 1:4-12). 성도는 빛의 반사체로서 이제 열방과 이웃에게 비추는 복음이 되었습니다.

(고후 4:6) "어두운 데에 빛이 비치라 말씀하셨던 그 하나님께서 예수 그리스도의 얼굴에 있는 하나님의 영광을 아는 빛을 우리 마음에 비추셨느니라"

물리적 빛이 아닌 성도의 선행의 빛은 자연인에게 하나님의 영광을 목격하게 합니다(마 5:16). 빛과 영광이 반복되는 가운데 복음(시온)이 임하는 곳에 기적이 일어납니다(15-22절). 금이 놋을, 은이 철을, 놋이 나무를, 철이 돌을 대신하는 변화가 일어납니다(17절). 기독교회가 바르게 정착되는 곳에 정치, 경제, 사회, 문화가 번영한다는 것은 역사는 증명합니다. 개인적으로도 비천이 존귀로, 빈곤이 부요로, 혼돈이 진리로 전환됩니다(요삼 1:2-4). 진리의 빛인 말씀을 풍성히 받고 반사하는 우리는 영광스런 일군입니다(고후 3:6-11).

♦ 이사야 61장 성경칼럼

1절 | 주 여호와의 영이 내게 내리셨으니 이는 여호와께서 내게 기름을 부으사 가난한 자에게 아름다운 소식을 전하게 하려 하심이라 나를 보내사 마음이 상한 자를 고치며 포로 된 자에게 자유를, 갇힌 자에게 놓임을 선포하며

9절 | 그들의 자손을 뭇 나라 가운데에, 그들의 후손을 만민 가운데에 알리리니 무릇 이를 보는 자가 그들은 여호와께 복 받은 자손이라 인정하리라

"아웃사이더(out-sider) 원리"

아웃사이더라는 단어부터 탐탁치가 않은 이유는 그렇게 살고 싶지 않아서입니다. 중심에서 벗어난 변두리 인생을 좋아할 사람은 별로 없습니다. 이와 반대인 인사이더와 셀럽(celebrity, 유명인)이 되고 싶어 온갖 노력을

다하는 것이 현실입니다. 수저 론이 태생과 밀접하다면 위의 예는 현실적 결과로 판단하는 것입니다.

성경의 인물에 있어서 아웃사이더 원리는 매우 중요합니다. 하나님의 인물 사용에 '차자 원리'와 함께 적용됩니다. 믿음의 조상 아브라함과 민족의 시조 야곱(이스라엘)과 왕국의 적통인 다윗까지 아웃사이더이었습니다. 이스라엘을 선민으로 선택한 이유도 약했기 때문이라고 분명히 말씀합니다.

(신 7:7) "여호와께서 너희를 기뻐하시고 너희를 택하심은 너희가 다른 민족보다 수효가 많기 때문이 아니니라 너희는 오히려 모든 민족 중에 가장 적으니라"

주님께서 이 땅에 오셨을 때 얼마나 빈천했는지 가축 구유에 뉘일 정도이었습니다. 예수님의 제자들은 업신여김을 받는 지방이었던 갈릴리 출신이 대부분입니다. 본래의 바울은 최고의 스펙을 자랑하였지만 회심 후에는 철저한 아웃사이더로 취급되었습니다. 영광스런 초대교회의 성도들이 약하고 천하여 멸시받은 것을 우리는 알고 있습니다(고전 1:26). 그러면 하나님께서 이 약하고 천한 자들을 선택하고 구원하시는 이유는 무엇일까요? 약한 상태와 가난한 마음만이 복음이 들어갈 수 있기 때문입니다. 자기가 잘 나서 구원에 공로가 있다면 하나님께 영광을 돌리지 않고 자랑하며 교만해집니다(고전 1:28-29).

61장은 메시야의 사역 대상을 정확히 적시함으로 이를 증명합니다. 가난한 자, 상한 자, 포로된 자, 갇힌 자에게 구원과 해방이 주어집니다(1절). 이 대상은 일단 육적인 면으로 볼 수 있지만 영적인 상태로도 적용됩니다. 최고의 왕권을 구가하던 다윗이 가장 겸손하게 가난한 자가 된 것을 보면 알 수 있습니다(시 51:17). 구원이 심령이 가난한 자이여야 되듯이 구원생활도 하나님만 의지하는 약한 자가 될 때 온전할 수 있습니다.

우리가 받은 의는 겉옷과 같아서 주님이 허물을 잠시 가려 주신 것입니다(10절). 주님의 공로를 잊는 순간 의의 옷은 벗겨져 수치가 드러날 것입니다. 이스라엘이 메시야의 공로로 영광과 부러움을 받았듯이(4-9절) 우리도 주님 덕분에 존귀한 자로 인정됩니다. 신부가 신랑을 위해 사모를 쓰고 보석으로 단장함같이 우리의 신앙도 일편단심이어야 합니다(마 6:21). 기름 부음을 받으신(메시야, 마솨흐) 주님께서 구속사역을 완수하셨습니다(3절, 엡 2:4-6). 아웃사이더 같은 우리에게 성령이 임하셔서 구원을 확증하였습니다!(고전 12:3).

♦ 이사야 62장 성경칼럼

6절 | 예루살렘이여 내가 너의 성벽 위에 파수꾼을 세우고 그들로 하여금 주야로 계속 잠잠하지 않게 하였느니라 너희 여호와로 기억하시게 하는 자들아 너희는 쉬지 말며

12절 | 사람들이 너를 일컬어 거룩한 백성이라 여호와께서 구속하신 자라 하겠고 또 너를 일컬어 찾은바 된 자요 버림받지 아니한 성읍이라 하리라

"함께 해서 영광이었습니다!"

이 세상에서 멋지고 아름다운 멘트를 뽑는다면 저는 이 말을 추천하고 싶습니다. 임무를 마치고 헤어지는 상황에서 나오는 말이지만 쉽게 할 수 없는 무게가 실려 있습니다. 영광스러운 사역을 함께 한 사이에서만 주고받을 수 있습니다. 일반적인 감사 차원을 뛰어넘는 진정한 가치와 신실한 의리가 담겨 있습니다. 이 과정에서 좋은 일만이 아닌 갈등 요소를 극복한 사연도 있었을 것입니다.

성경을 읽을 때 힘든 이유는 하나님과 인간의 관계가 원만하지 않은 내용이 너무 많기 때문입니다. 하나님은 완전하신데 인간의 패역이 문제였다는 것은 확실합니다. 하나님의 더 강력한 드라이브가 필요하다고 느껴질 때도 많지만 그렇게 하지 않으십니다. 하나님께서 인간을 로봇처럼 대하지 않으시고 자유의지를 가진 동역자로 부르셨기 때문입니다.

(고전 3:9) "우리는 하나님의 동역자들이요 너희는 하나님의 밭이요 하나님의 집이니라"

나아가 주님은 제자들을 친구로까지 격상시킵니다.

(요 15:15) "이제부터는 너희를 종이라 하지 아니하리니 종은 주인이 하는 것을 알지 못함이라 너희를 친구라 하였노니 내가 내 아버지께 들은 것을 다 너희에게 알게 하였음이라"

하나님의 최종 목적은 자기 백성을 사역의 파트너(벗) 수준으로 올리는 것이었습니다(사 41:8). 우리가 금생을 마감하고 주님 앞에 가는 날 이 말을 할 수 있다면 참 좋겠습니다. "주님과 함께 해서 영광이었습니다"

이 고백이 나올 수 있는 근거가 62장에 펼쳐집니다. 이사야는 메시야의 사역으로 성취된 이스라엘의 새 미래를 위한 기도를 시작합니다(1-5절). 진실하고 헌신적인 기도는 하나님의 마음을 아는 자의 의무입니다. 인간이 하나님의 구속사역에 도와 줄 것은 전혀 없지만 기도는 꼭 해야 합니다. 인간의 기도가 없다는 이유로 하나님의 사역이 실패하지는 않습니다. 하지만 인간이 기도를 함으로서 하나님께서 하시는 사역을 알 수 있고 그 영광을 맛보게 됩니다(렘 29:10-14).

성도의 두 번째 사명은 파수꾼으로서 말씀 전파를 해야 합니다(6-7절). 구속의 사역이 전도자들을 통해 전해지도록 하신 이유는 영광에 참여할 기회를 주신 것입니다(고전 1:21). 이스라엘이 하나님과의 관계에 실패하여 바벨론 포로 상태인 것은 이혼한 모습과 같습니다. 이스라엘에게 이제 다시 결혼한 여자라는 뜻인 '뿔라'가 새 이름이 주어지며 회복을 확증하십니다(4, 8-11절). 하나님의 긍휼은 이제 새로운 지평을 열어 신약성도인 우리에게도 새 신분을 수여합니다. 거룩한 백성, 여호와께서 구속하신 자, 찾은바 된 자, 버림받지 아니한 성읍입니다(12절).

♦ 이사야 63장 성경칼럼

10절 | 그들이 반역하여 주의 성령을 근심하게 하였으므로 그가 돌이켜 그들의 대적이 되사 친히 그들을 치셨더니

16절 | 주는 우리 아버지시라 아브라함은 우리를 모르고 이스라엘은 우리를 인정하지 아니할지라도 여호와여, 주는 우리의 아버지시라 옛날부터 주의 이름을 우리의 구속자라 하셨거늘

"이사야의 마음"

칭찬 한 마디만 들어도 힘이 나고 살맛도 솟습니다. 내 마음을 알아주며 공감하는 사람이 있다면 행복할 것입니다. 이 이론은 정확하지만 현실은 반대여서 내 마음을 알아 줄 사람은 없다고 보는 것이 편합니다. 극단적으로 보자면 나도 내 진짜 마음을 모르고 살고 있습니다. 그렇다면 길은 하나입니다. 내 마음을 다 아시고 내가 찾을 때 만나 주시는 주님에게 나가는 길밖에 없습니다.

(시 40:1) "내가 여호와를 기다리고 기다렸더니 귀를 기울이사 나의 부르짖음을 들으셨도다"

그렇다면 하나님의 마음을 알아주는 사람이 있을까요? 이를 이사야서에

붙여 적용한다면 하나님의 마음을 아는 자는 이사야 정도가 아닐까하는 생각이 듭니다. 이사야가 잘 나고 열심이 있어서가 아니라 하나님의 예언을 대언하였기 때문입니다. 구원의 영광을 선포할 때에 이사야의 마음은 설레고 기뻤을 것입니다. 그러나 성경의 구원은 동전의 양면처럼 항상 심판과 함께 이루어집니다.

62장은 종말론적인 시온(교회)의 회복을 예언함으로 영광과 기쁨이 넘쳤는데 63장에는 분위기가 반전됩니다. 하나님을 대적하는 원수를 상징하는 에돔(보스라)에 대한 심판이 선포됩니다(1-6절). 에돔에 대한 심판은 이미 21장과 34장에 구체적으로 나와 있습니다(34:5-6). 본장은 에돔을 반하나님적인 상징으로 묘사하며 대적자는 반드시 심판받는다는 당위성을 부각시킵니다. 심판주를 전쟁터의 군대 장관의 모습으로 비유하며 정한 날(4절)에 단독 심판(5절)할 것을 계시합니다.

이사야가 하나님께 받은 묵시의 내용은 당시의 기준을 넘어서는 표현을 하고 있습니다. 9장에서 이미 아기 예수님을 향해 '영존하시는 아버지'라고 소개를 하였습니다(사 9:6). 10-14절에 나오는 성령님의 대한 정확한 언급은 구약시대에도 동일하게 역사하신 성령님을 밝히는 것입니다. 하나님의 이름을 부르지 못해 아도나이(나의 주님)라는 별칭으로 불렀던 시대에 아버지라고 부르며 기도합니다(16절). 하나님의 긍휼에 멀찌감치 떨어져 있는 백성을 보며 하나님의 자비를 붙들고 역설적인 내용으로 기도합니다(15-19절).

하나님을 떠난 결과인 성소의 유린을 예언하며 괴로워하는 선지자의 마음이 올곧이 전해집니다(18절). 지금 우리가 사는 세상의 상태와 교회의 실상을 보며 어떤 마음이 드십니까? 말씀의 분별과 영안이 열릴수록 이사야의 마음을 공감할 수 있습니다. 이 마음이 하나님의 마음이라는 것을 눈치 챌 때 우리도 이사야와 같은 기도를 드릴 수 있습니다.

(마 9:36) "무리를 보시고 불쌍히 여기시니 이는 그들이 목자 없는 양과 같이 고생하며 기진함이라"

♦ 이사야 64장 성경칼럼

5절 | 주께서 기쁘게 공의를 행하는 자와 주의 길에서 주를 기억하는 자를 선대하시거늘 우리가 범죄 하므로 주께서 진노하셨사오며 이 현상이 이미 오래 되었사오니 우리가 어찌 구원을 얻을 수 있으리이까

9절 | 여호와여, 너무 분노하지 마시오며 죄악을 영원히 기억하지 마시옵소서 구하오니 보시옵소서 보시옵소서 우리는 다 주의 백성이니이다

"원죄를 알 때 대속이 보입니다"

방에 들어가려면 문턱을 넘어야 하듯이 신앙에도 여러 문턱이 있습니다. 성경의 첫 문턱은 창세기 1장 1절로서 창조주 하나님을 믿어야 시작될 수 있습니다. 신학의 첫 문턱은 원죄입니다. 원죄는 영어로 오리지널 신(original sin)인데 일반적 죄들(sins)과 구별하여 대문자를 써서 'Sin'으로 표기합니다. 어떤 신학이든 인간의 원죄를 시인하지 않고는 한 걸음도 나갈 수 없습니다. 칼빈의 5대 교리중의 첫 번째인 '인간의 전적 타락'은 모든 인간은 원죄가 있다는 것입니다, 나머지 4가지는 무조건 선택, 제한 속죄, 불가항력적 은혜, 성도의 견인입니다.

신학 사조에 따라 다른 교리가 있지만 이 첫 교리를 거부하면 이단이 됩니다. 그 이유는 성경의 전체 내용이 인간은 전적 부패하여 스스로는 구원받을 수 없음을 확증하기 때문입니다. 인간이 지독하게 예수님을 안 믿는 것은 원죄를 인정하는 첫 단계를 넘지 못해서입니다. 원죄 교리는 자신이

사는 실존이 지옥이라는 것을 확인하는 것인데 의식할 리가 없습니다.

(엡 2:1) "그는 허물과 죄로 죽었던 너희를 살리셨도다"

여기에서의 죄는 원죄를 뜻하며 이것을 해결하지 않으면 영적으로 '죽었던(과거완료형)' 지옥 상태입니다. 원죄는 인류의 시조인 아담으로부터 시작되어 그 후손인 모든 인간이 물려받게 됩니다. 이것을 대표원리라고 하는데 인간은 누구도 빠져 나갈 수 없습니다(롬 3:23).

64장은 이스라엘 백성들이 과거의 상태를 돌아보며 용서를 바라는 간구를 싣고 있습니다. 주의 강림을 기도하며 자신들의 영적 상태를 고백합니다. 이 내용에서 원죄를 알고 믿는 모습을 선명하게 표현하고 있습니다. 죄가 이미 오래된 현상(5절)이라고 하며 우리(5, 6, 7절)와 다(6절)가 반복되며 모두가 구제 불능적인 죄인임을 고백합니다. 인간은 어느 누구도 하나님 앞에서 죄 없다 하면 거짓말하는 자가 됩니다(요일 1:8, 10).

원죄를 알고 인정하면 지옥의 절망이 오는데 이 절망으로부터 구원의 길이 열립니다. 이제 죄를 이기려는 자기 노력은 포기되고 하나님의 구원 방법만을 받아들이게 됩니다. 그 방법이 바로 대속이고 이 대속의 결과로 아담의 사망 족보에서 예수님의 생명 계보로 옮겨집니다.

(롬 5:17) "한 사람의 범죄로 말미암아 사망이 그 한 사람을 통하여 왕 노릇 하였은즉 더욱 은혜와 의의 선물을 넘치게 받는 자들은 한 분 예수 그리스도를 통하여 생명 안에서 왕 노릇 하리로다"

이스라엘의 남은 자들이 한 기도는 언약을 기억해 달라는 내용입니다. 언약에 근거하여 하나님의 백성임을 기억해 달라는 기도는 응답하실 것이 분명합니다(8-9절). 원죄의 문턱을 넘으면 대속이 보이고 대속을 믿을 때 하나님의 자녀가 됩니다.

(시 2:7) "내가 여호와의 명령을 전하노라 여호와께서 내게 이르시되 너는 내 아들이라 오늘 내가 너를 낳았도다"

♦ 이사야 65장 성경칼럼

6절 | 보라 이것이 내 앞에 기록되었으니 내가 잠잠하지 아니하고 반드시 보응하되 그들의 품에 보응하리라

24절 | 그들이 부르기 전에 내가 응답하겠고 그들이 말을 마치기 전에 내가 들을 것이며

"행위가 기록되다"

대중교통을 이용하다가 통장과 카드와 지갑이 든 가방을 분실했다면 어떻겠습니까? 옛날 같으면 큰일이었겠지만 지금은 신고하고 느긋하게 기다리면 됩니다. 바로 cctv와 블랙박스가 바꾼 일상 때문입니다. 전국 방방곡곡 실내외를 수 천 만개의 카메라가 찍고 있으니 이를 피하여 할 수 있는 일이 없을 정도입니다. 과거에 성경을 볼 때 하나님께서 인간의 모든 것을 감찰하신다고 했을 때 실감이 나지 않았습니다. 하지만 지금은 인공지능까지 발명되어 인간의 실력으로도 다 볼 수 있으니 하나님의 전지전능하심을 의심할 여지가 없습니다.

하나님께서는 인간의 외형만이 아니라 마음과 영혼까지 세밀하게 감찰하십니다(시 7:9, 히 4:12-13). 65장에 드러나는 하나님의 심판은 선악 간에 이의를 달 수 없도록 정확히 임합니다. 악인이 한 행위는 그 동기까지 기록되어 있다고 말씀하십니다(6절). 적극적으로 우상숭배를 한 것(11절)은 물론이고 외식으로 거룩을 포장한 것까지 숨길 수가 없습니다. 종교적으로 외식을 한 자에게는 '내 코의 연기'라고 표현하며 큰 진노가 임할 것을 말씀하십니다(5절).

신앙생활에서 모범적으로 칭찬받는 중직자는 외식적인 경건을 경계해야 합니다(마15:7-11). 이어서 남은 자들의 구원의 기쁨(8-9절)과 상반된 악인의 비참한 심판이 열거됩니다. 칼에 붙여지고(12절) 먹을 것에 주리고(13절) 슬퍼 통곡하며(14절) 저주의 이름으로 불리어집니다(15절). 선민에 대한 엄혹한 심판 예언은 이제 구원의 역사가 특별하게 전개될 것임을 선언합니다. 우상숭배에 빠진 이스라엘은 더 이상 민족 전체로서 하나님의 긍휼의 대상이 될 수 없다는 것입니다.

유대인의 구원은 남은 자를 중심으로 이루어지고 구원의 촛대는 이제 이방인에게 옮겨집니다. 이방인에게 열린 구원의 경륜은 은혜로 된 것이기에 넓고 많을 것은 분명합니다. 하지만 적당하게 믿는 다수가 구원받는다는 뜻은 아닙니다(눅 13:24). 남은 자와 좁은 문을 선택한 신자에게 주어지는 천국은 신비한 주제입니다. 흔히 입신과 임사체험으로 경험하는 천국의 모습은 실상은 아니고 그림자 정도로 보면 됩니다. 바울이 3층천으로 표현되는 천국을 경험했음에도 설명을 극히 자제한 것은 오해를 방지하는 깊은 생각이었습니다(고전 12:1-6).

이사야는 천국을 새 하늘과 새 땅으로 부르며 모습이 아닌 속성을 계시합니다. 구약 안에서 천국을 가장 많은 분량으로 알려 줌으로 견디는 자에게 소망을 주고 있습니다. 지상과 구별되는 영원한 기쁨이 있고 하나님과 인간과 피조물간의 온전한 회복이 일어납니다(18-23절). 지상에서 그토록 힘들었던 필요가 하나님의 자비로 어느새 이루어집니다(24-25절). 구원은 존귀성과 희귀성을 알 때 감격스럽고 그리워하게 됩니다.

2절 | 나 여호와가 말하노라 내 손이 이 모든 것을 지었으므로 그들이 생겼느니라 무릇 마음이 가난하고 심령에 통회하며 내 말을 듣고 떠는 자 그 사람은 내가 돌보려니와

10절 | 예루살렘을 사랑하는 자들이여 다 그 성읍과 함께 기뻐하라 다 그 성읍과 함께 즐거워하라 그 성을 위하여 슬퍼하는 자들이여 다 그 성의 기쁨으로 말미암아 그 성과 함께 기뻐하라

"떨어 보았습니까?"

인간의 본성으로 볼 때 떨지 않는 사람은 없습니다. 대중 앞에서 말을 할 때와 높은 사람과 만날 때 떨 수밖에 없습니다. 결정적인 면접을 볼 때와 사랑하는 사람과 만날 때도 자신도 모르게 떨게 됩니다. 떠는 것이 약하게 보일 수는 있지만 결코 나쁜 것이 아님을 알 수 있습니다. 이 세상에서 가장 귀한 떨림은 하나님의 말씀 앞에서입니다. 하나님의 말씀은 하나님이십니다.

(요 1:1) "태초에 말씀이 계시니라 이 말씀이 하나님과 함께 계셨으니 이 말씀은 곧 하나님이시니라"

성육신하신 예수님은 말씀이 육신으로 오신 것입니다.

(요 1:14) "말씀이 육신이 되어 우리 가운데 거하시매 우리가 그의 영광을 보니 아버지의 독생자의 영광이요 은혜와 진리가 충만하더라"

우리가 말씀을 대하며 어떤 의미라도 떨림이 있는 것은 하나님을 뵙는 것이 됩니다. 만약 하나님의 말씀 앞에서 아무렇지도 않다면 하나님을 모르거나 거듭나지 않은 자일 수도 있습니다.

이사야서의 마지막인 66장에 이르러 말씀 앞에 떤 적이 얼마나 되었는지 점검해 보았습니다. 본장 안에는 두 번이나 그 도전이 있습니다(2, 5절).

하나님께서 말씀을 듣고 심령에 통회함이 있고 순종하고자 씨름하는 자를 돌보신다고 약속합니다. 어느 곳이든 아니 계신 곳이 없으신 하나님(1절)께서 친히 약속하신 것은 반드시 이루십니다. 66장은 작게는 예루살렘의 회복의 예언으로 돌연한 긴박성이 특징입니다. 나아가 그 스케일을 넘치게 하여 주님의 초림과 재림과 마지막 심판까지 나아갑니다.

하나님을 경외하는 떨림을 가진 자가 이 영광 앞에서 갖는 축복은 매우 놀랍습니다. 하지만 한쪽에서는 끝까지 금지된 가증한 제사로 하나님의 진노를 부르고 있습니다(3-4절). 이사야는 잘못된 신앙을 끝까지 경계함으로 당대의 선지자 직무를 다하고 있습니다. 말씀 앞에 떠는 신실한 자들은 기쁨의 위로를 받습니다(10절). 마치 아기를 낳기 전 산모의 고통이 아기가 탄생하면 산고를 잊고 기뻐하는 것과 같다고 비유합니다(7-9절). 산통이 기쁨을 위한 소망이 된다는 것은 시험을 기쁘게 반기는 신실한 성도와 닮았습니다.

(약 1:2-3) "내 형제들아 너희가 여러 가지 시험을 당하거든 온전히 기쁘게 여기라 이는 너희 믿음의 시련이 인내를 만들어 내는 줄 너희가 앎이라"

말씀과 함께 하는 자들이 얻는 축복은 안식이며 평강을 강같이 풍성하게 부어 주십니다(12절). 종말의 때를 예언한 내용(15-20절)은 주님께서 말씀하신 것(마 25:31-32)과 동일합니다. 만민이 모여 참된 예배가 드려지고 그 모든 곳이 성전이 되는 이 비전은 우리에게 와 있습니다(22-24절).

예레미야

♦ 예레미야 1장 성경칼럼

3절 | 요시야의 아들 유다의 왕 여호야김 시대부터 요시야의 아들 유다의 왕 시드기야의 십일년 말까지 곧 오월에 예루살렘이 사로잡혀 가기까지 임하니라

9절 | 여호와께서 그의 손을 내밀어 내 입에 대시며 여호와께서 내게 이르시되 보라 내가 내 말을 네 입에 두었노라

"고생과 영광의 비례 법칙"

고생한 만큼 상이 주어진다면 정비례입니다. 고생할수록 더 나쁜 대가가 온다면 반비례입니다. 세상에서는 정비례와 반비례가 혼합하여 이루어집니다. 이 변칙의 현상은 죽을 때에 1차적으로 정리되고 궁극적으로 내세에서 해결됩니다. 예레미야서에 들어서면서 이 비례법칙을 소환한 것은 예레미야의 생애를 이해하기 위해서입니다. 그는 고생과 영광의 비례에서 육적으로는 반비례였으나 영적으로는 정비례였음을 증거하고 있습니다.

이사야 다음 세대 선지자인 예레미야의 생애에 대한 정보는 타 선지자에 비해 많습니다. 사역 시기는 요시야 왕 13년(B.C.627년)에 시작되어 유다 마지막 왕인 시드기야 11년(B.C.586년)이었으니 40여년입니다(2-3절). 유다 패망 후에도 사역이 계속되어 백성들이 생존할 수 있게 한 공로자이었습니다(39-44장). 초기부터 요시야의 종교개혁에 영향을 주었고 멸망 이후에도 견고하게 끝까지 사명을 감당했음을 알 수 있습니다. 이 시대의 국제 정세는 앗수르에 기댄 유다가 바벨론의 강성으로 멸망으로 달려갑니다. 종교

적 타락은 외식으로 치달아 다윗 언약의 소멸을 예언하게 됩니다.

예레미야는 5명(요시야, 여호아하스, 여호야김, 여호야긴, 시드기야)의 왕을 하나님의 말씀에 의하여 평가하고 심판을 선포합니다. 예레미야서가 망국의 현실 앞에서 이사야서의 수려한 문장에 비해 직설적이며 감성적인 이유입니다. 권력에 아부하며 거짓 예언을 일삼는 타 선지자와 다른 예레미야의 힘은 어디서 왔을까요?

1장에는 예레미야의 소명 장면이 나오는데 하나님의 절대적 능력이 부어집니다. 모세와 이사야처럼 주저하는 그에게 직접적인 말씀을 주셔서 함께 하심을 보장합니다(4-9절). 사역의 범위도 이스라엘뿐만 아니라 열국까지 포함되어 특수 임무임을 계시합니다(10절). 두 가지 환상을 보여 주심으로 심판의 필연성과 소명의 존귀함을 일깨우고 있습니다. 살구나무가 가장 일찍 싹이 트고 열매 맺는 특성을 통해 심판이 신속하게 임한다는 것을 보여줍니다. 끓는 가마의 환상은 우상 숭배하는 유다가 북쪽의 바벨론에게 멸망된다는 것을 예언하는 것입니다(13-16절) .

누구라도 하나님의 심판을 전하는 소명 앞에서 두려움은 있을 수밖에 없습니다(6절). 주권자는 어렵고 고통스러운 일 일수록 감당할 수 있는 능력과 권위를 비례하여 수여합니다. 두려움을 없애는 동행의 보장과 소명의 신적 기원을 확인합니다(17절). 강건함과 능력을 부어 주심으로 사명을 완수할 수 있도록 하십니다(18절). 이 시대의 예레미야인 우리(제자)가 얼마나 소중하고 권세가 있는지 확인할 수 있습니다.

(마 28:20) "내가 너희에게 분부한 모든 것을 가르쳐 지키게 하라 볼지어다 내가 세상 끝 날까지 너희와 항상 함께 있으리라 하시니라"

♦ 예레미야 2장 성경칼럼

2절 | 가서 예루살렘의 귀에 외칠지니라 여호와께서 이와 같이 말씀하시기를 내가 너를 위하여 네 청년 때의 인애와 네 신혼 때의 사랑을 기억하노니 곧 씨 뿌리지 못하는 땅, 그 광야에서 나를 따랐음이니라

13절 | 내 백성이 두 가지 악을 행하였나니 곧 그들이 생수의 근원되는 나를 버린 것과 스스로 웅덩이를 판 것인데 그것은 그 물을 가두지 못할 터진 웅덩이들이니라

"품 안에 들 때 내 자식"

자식이 어렸을 때는 부모의 뜻을 따르지만 자라서는 제 뜻대로 행동하려 함을 비유한 말입니다. 부모의 마음엔 사랑이 담겨 있지만 자식은 부모가 안중에 없는 것에 대한 섭섭함이 담겨 있습니다. 사실 인간세계에서 자식이 부모에 매여 있는 것은 바람직하지 않습니다. 본인이 일가를 이루어야 하고 부모의 벽을 넘어서는 생애가 요구됩니다. 영적 세계는 하나님이 아버지가 되시고 이스라엘(성도)은 자녀가 됩니다. 영적 세계는 세상과는 다르게 자식이 커서도 아버지의 뜻을 따라야 합니다. 인간은 불완전하고 하나님은 완전하시기 때문입니다. 그러나 하나님을 외면한 인간들은 하나님을 떠나 자기 뜻대로 살고 있습니다.

인간 부모가 섭섭함을 토로하듯이 2장은 하나님의 탄식으로 시작됩니다. 이스라엘이 청년(소년) 때와 신혼 때는 하나님과의 관계가 좋았다고 회상합니다(2절). 그 때가 언제인지를 분명히 하는데 출애굽 후의 광야생활입니다. 광야에서 언약을 받아들이고 충성을 맹세하고 절기를 지켰던 시절입니다(출 24:6-8). 사람의 생각으로는 결코 좋은 시절 같지 않은 광야 생활을 하나님께서 그리워하고 계십니다. 그 이유는 하나님 품을 떠난 자식이 얼마나 망가졌는지를 대조하는 이후의 내용으로 증명됩니다.

하나님과 이스라엘 사이를 부부로 비유한 호세아서는 광야생활의 가치와 타락 이후를 증거 합니다(호 9:10).

(호 11:1-2) “이스라엘이 어렸을 때에 내가 사랑하여 내 아들을 애굽에서 불러냈거늘 선지자들이 그들을 부를수록 그들은 점점 멀리하고 바알들에게 제사하며 아로새긴 우상 앞에서 분향하였느니라”

시내산 언약을 떠난 이스라엘은 외적으로는 번성해 갔지만 하나님을 버리고 우상을 섬겼습니다. 생명을 주는 생수이신 하나님을 버리고 자기 웅덩이를 팠는데 자기 우상을 만들었다는 뜻입니다(13절).

터진 웅덩이 같은 우상이 아무런 도움을 줄 수 없는 것은 당연합니다. 인간이 우상숭배를 한다면 터진 웅덩이를 미련스럽게 파고 있는 것입니다. 유다의 배교를 6가지 비유를 들어 묘사하는데 당시의 죄악상이 얼마나 끔찍한지를 보여줍니다(20-28절). 하나님을 떠나면 나오는 모습으로 유다서는 실감나게 기록하고 있습니다(유 1:10-13). 선지자들의 회개 촉구를 순종하기는커녕 잡아 죽이는 유다의 악함은 가속도가 붙습니다.

이 죄악은 인간이 만든 어떤 비누와 잿물로도 절대 씻을 수 없습니다(22절). 선민으로서 회개하지 않는 무의식과 무책임은 공의의 심판을 자초합니다(29-33절). 사는 환경이 광야 같아도 주님과 함께라면 영적 행복을 누릴 수 있습니다.

(눅 17:21) “또 여기 있다 저기 있다고도 못하리니 하나님의 나라는 너희 안에 있느니라”

♦ 예레미야 3장 성경칼럼

5절 | 노여움을 한없이 계속하시겠으며 끝까지 품으시겠나이까 하지 아니하겠느냐

11절 | 보라 네가 이같이 말하여도 악을 행하여 네 욕심을 이루었느니라 하시니라 여호와께서 내게 이르시되 배역한 이스라엘은 반역한 유다보다 자신이 더 의로움이 나타났나니

"뿌리(root) 찾기"

세상사에서 뿌리는 중요합니다. 혈통과 가문과 학벌이 생각나지만 근원과 원리도 나름의 뿌리입니다. 역설적으로 나쁜 뿌리도 있어 문제 해결을 위해서는 찾아내야 합니다. 나쁜 뿌리의 최정점에는 죄의 뿌리가 있습니다. 죄의 뿌리를 밝혀낸다면 뽑아 없애고 죄로부터 해방을 얻을 수 있습니다. 성경에서 죄의 뿌리는 선악과로서 정확히 말하면 '선악을 알게 하는 나무'입니다. 죄의 뿌리는 인간이 스스로 죄를 판단할 수 있다는 것에서 시작되었습니다. 하나님만이 선악의 판단자이신데 이것을 인간이 탈취한 것이 타락입니다.

구원의 본질은 선악의 판단을 하나님께 드리고 하나님의 뜻을 순종하는 것입니다. 하나님이 우리의 주인이신데 다른 주인을 섬기는 것이 죄의 속성입니다. 이 다른 주인이 영적으로는 사탄이고 보이는 우상과 보이지 않는 탐심으로 나타납니다.

(마 6: 24) "한 사람이 두 주인을 섬기지 못할 것이니 혹 이를 미워하고 저를 사랑하거나 혹 이를 중히 여기고 저를 경히 여김이라 너희가 하나님과 재물을 겸하여 섬기지 못하느니라"

그렇다면 두 주인(두 하나님)을 모두 온전히 섬길 수 있다고 하는 자가 있다면 어찌하겠습니까? 3장에 나오는 유다가 그 주인공입니다. 보통 북이스라엘보다 남유다가 하나님 편에 가까워 율법도 잘 지키고 우상숭배도 덜한 것은 맞습니다. 그런데 하나님께서는 배역한 이스라엘이 반역한 유다보

다 의롭다고 판정하십니다(11절).

이것을 이해하기 위해서는 긴 설명이 필요하지만 하나님께서는 간단하게 결론을 내립니다. 북이스라엘의 멸망을 보고도 남유다는 영적 간음을 두려워하지 않고 행했다는 것입니다(6-10절). 나아가 영적 기득권인 예루살렘성과 성전과 제사를 스스로를 위로하는 도구로 삼았습니다(4-5절). 육적인 욕심인 우상숭배로 쾌락을 채우고 영적인 축복도 함께 받으려고 했습니다. 하나님은 외식적인 신앙으로 찾고 실상은 자기 신을 만들고 있었습니다. 북이스라엘과 이혼했듯이 이제 남유다와도 이혼(심판, 멸망)해야 하는데 율법에 의하면 재혼할 수 없습니다(신 24:1-4).

이제 다시는 배도할 수 없는 새로운 성질의 공동체만이 소망이 되었습니다. 우리가 이미 눈치 챈 대속으로 인한 목자의 통치와 주님의 몸 된 교회의 영광이 클로즈업되고 있습니다(사 11장, 겔 37장). 하나님께서는 유다가 진정으로 회개할 때 받는 축복을 말씀하심으로 긍휼의 손을 내밀고 계십니다(12-20절). 3장은 천국 가는 티켓을 가졌다고 착각하며 탐욕 앞에 몸을 던지는 현대 기독교인에게 경종을 울리고 있습니다. 죄의 뿌리의 실체는 두 마음을 품고 두 주인을 섬기는 것이었습니다.

♦ 예레미야 4장 성경칼럼

19절 | 슬프고 아프다 내 마음속이 아프고 내 마음이 답답하여 잠잠할 수 없으니 이는 나의 심령이 나팔 소리와 전쟁의 경보를 들음이로다

27절 | 여호와께서 이와 같이 말씀하시길 이 온 땅이 황폐할 것이나 내가 진멸하지는 아니할 것이며

"우는 선지자.. 그러나"

예레미야에게 붙는 수식어의 대표는 눈물의 선지자(weeping prophet)입니다. 그가 쓴 애가를 대하면 슬픔이 전이되어 눈물이 고입니다.

(애 2:11) “내 눈이 눈물에 상하며 내 창자가 끊어지며 내 간이 땅에 쏟아졌으니 이는 딸 내 백성이 패망하여 어린 자녀와 젖 먹는 아이들이 성읍 길거리에 기절함이로다”

창자의 히브리어 ‘메에’는 주님께서 유리하는 백성들을 ‘불쌍히 여기신다(헬:스플랑크니조마이)’는 것과 같은 뜻입니다(마 9:36).

주님의 슬픈 마음을 감성적으로 많이 닮은 사람이 예레미야인 것은 분명합니다. 예레미야가 이런 눈물을 흘린 이유는 망국을 예언하고 직접 경험했기 때문입니다. 요시야가 훌다에게 망국의 예언은 들었지만 당대에는 피하게 되었다는 것과 대조됩니다(대하 34:27-28). 선민인 조국의 멸망을 목격한다는 것은 영육 간에 엄청난 충격을 받는 것입니다. 한국교회가 자유통일을 위해 기도한다는 것은 적화통일을 당하지 않게 해달라는 뜻이기도 합니다. 한국이 망하면 교회도 없어지고 신앙생활도 사라지고 신앙의 후손도 멸절됩니다.

4장의 전체 내용은 임박한 심판에 대한 경고이지만 회개의 기회가 있음을 알리면서 시작됩니다. 우리는 끝까지 돌아오기를 기다리는 하나님의 자비를 기억해야 합니다. 유다에게 주어진 개혁의 행동은 두 가지 비유를 통해 선포합니다. 묵은 땅을 기경하는 근본적 회개와 할례의 본래 원리인 마음의 가죽을 베어내라고 하십니다(3-4절). 하나님의 신실성을 외면한 이스라엘에게 임하는 심판은 북쪽으로부터의 급격한 침략입니다. 비극적인 것은 거짓 선지자들이 왜곡된 희망을 전하는데 백성들은 그걸 믿고 있다는 사실입니다(5:31).

하나님을 아는 지식이 없는 자가 가장 미련하고 불쌍합니다(22절, 호 4:6). 예레미야는 통탄하는 가운데(19-22절) 혼돈의 환상을 보게 됩니다. 창세기 1장에서 드러난 창조의 영광이 반대로 펼쳐집니다. 빛과 하늘과 땅과 새와 사람이 흔들리며 날아가며 사라집니다(23-25절). 열매를 주었던 땅이 황무지가 되고 믿었던 성읍이 무너집니다(26절).

참담함과 절망의 절정에서 '그러나'가 등장합니다. 27절에 나오는 '내가 진멸하지는 않겠다'는 말씀입니다. 숨은 그림처럼 감추어져 있지만 바벨론으로부터의 멸망이 이스라엘의 진멸은 아니라는 메시지입니다. 하나님의 언약 공동체가 남은 자들을 통해 회복될 것은 구약의 금맥입니다(6:9, 23:3, 사 11:16, 암 5:15, 렘 35:8-11). 역사서에서 많이 다루었던 주제인 남은 자 사상은 신약시대에도 면면히 이어집니다(마 22:14, 롬 11:5, 계 12:17). 통탄의 눈물 속에 떠오르는 하나님의 위로는 선지자에게 힘을 주고 있습니다.

♦ 예레미야 5장 성경칼럼

8절 | 그들은 두루 다니는 살진 수말 같이 각기 이웃의 아내를 따르며 소리지르는도다

12절 | 그들이 여호와를 인정하지 아니하며 말하기를 여호와께서는 계시지 아니하니 재앙이 우리에게 임하지 아니할 것이요 우리가 칼과 기근을 보지 아니할 것이며

"무늬만 기독교인?"

누가 나를 향하여 이런 말을 한다면 큰일입니다. 겉의 무늬는 교회를 다니는데 신앙의 속은 진짜가 아니니 구원도 못 받는다는 뜻입니다. 험담으

로 하는 이야기가 아니라 삶의 열매를 증거로 삼아 제기하니 대응하기도 힘듭니다. 불신자보다 더 비도덕적이고 비인격적인 실상을 제시하니 낯을 들 수가 없습니다. 기독교는 행위가 아닌 믿음으로 구원받는다는 교리를 내세워도 무언가 옹색합니다. 나중에 구원의 기회가 있을 수도 있겠지만 현재 상황에서는 열매 논리(약 2:17, 마 7:20, 요일 5:2)에 지고 맙니다.

그런데 지금까지의 이야기는 5장의 이스라엘의 상태를 알리기 위한 예고편에 불과합니다. 누군가 하나님이 이스라엘을 너그럽게 대하셔서 멸망을 안 시켰으면 좋지 않았을까 라고 말한다면 5장을 보여주시기 바랍니다. 무늬만 하나님의 백성이 아닌 속까지 완벽한 무신론자인 이스라엘을 목도합니다. 죄는 부끄러움과 두려움을 동반하는 특성이 있습니다(창 3:10). 하지만 신앙과 양심이 둔해지면 그 속성은 사라지고 뻔뻔해 집니다. 여기서 회개하지 않고 놓아두면 죄를 자랑하고 부추기며 동아리(단체)를 만들어 갑니다.

죄의 몰입성은 중독으로 나아가고 이를 합리화하기 위해 쾌락의 문화화를 시도합니다. 마치 공기를 안마시고 살 수 없듯이 모든 사람이 죄를 다 짓고 사는 대세로 사회가 형성됩니다. 외눈박이 집단에 정상적인 두 눈을 가진 사람은 불구자가 되는 것과 같습니다. 여기서 하나님의 뜻을 전하고 행동하는 사람은 왕따가 되고 죽음으로 내몰립니다. 하나님께서 예루살렘 거리에 단 한 사람의 의인만 있어도 용서하시겠다는 말씀은 비극의 극치입니다(1절).

거룩한 성 예루살렘은 영광을 잃고 선지자는 거짓 예언을 일삼고 제사장들은 못난 권력을 뽐내고 있습니다(30-31절). 참된 선지자들의 외침은 스치는 바람처럼 여기고 하나님께서 재앙을 주실 리가 없다고 스스로 위로합니다(12-13절). 하나님을 떠난 자의 코스는 종교적 배도에 이은 도덕적 타락입니다. 그냥 음란이 아닌 아내를 바꾸는 스와핑이 단체로 일어납니다

(8절). 창기의 집은 사람들로 넘쳐나고 축재를 위하여 불공정한 송사들이 판을 칩니다(7, 26-28절).

속성으로 쓰다 보니 이 모습이 지금 우리 사회의 모습과 너무 흡사하다는 생각이 드는데 저만 그런 것일까요? 죄악을 자랑하며 하나님을 인정하지 아니하며 안 계시다고 외치는(12절) 저들에게 심판은 보류될 수 없는 것입니다(29절). 작은 촛불처럼 숨겨져 있는 남은 자 사상을 발견하며 새로운 질서의 세계를 소망하게 됩니다(18절). 겉과 속이 일치할 수는 없지만 주님을 꽉 붙들어서 배도하거나 무늬만의 기독교인은 되지 말아야 하겠습니다.

(빌 3:14) "푯대를 향하여 그리스도 예수 안에서 하나님이 위에서 부르신 부름의 상을 위하여 달려가노라"

♦ 예레미야 6장 성경칼럼

9절 | 땅이여 들으라 내가 이 백성에게 재앙을 내리리니 이것이 그들의 생각의 결과라 그들이 내 말을 듣지 아니하며 내 율법을 거절하였음이니라
30절 | 사람들이 그들을 내버린 은이라 부르게 될 것은 여호와께서 그들을 버렸음이라

"생각의 결과"

어떤 사람이냐는 '어떤 생각을 하느냐'로 결정됩니다. 생각은 사람과 항상 붙어 다니는 사람 자체입니다. 심지어 잠을 잘 때도 꿈을 통하여 생각은 발현됩니다. 어떤 생각에 싸여 있고 어떻게 생각을 바꿔 나가느냐에 따라 인생의 결과가 달라집니다. 생각을 다른 말로 표현하면 가치관 또는 세계관이라고 합니다. 생각에 대한 책 중에 '생각의 지도(리처드 니스벳 저)'는 동서양의 다른 세계관이 독특한 문화를 형성했다고 분석합니다. '생각은 결과를 낳는다(대로우 밀러 저)'라는 책은 유신론과 세속주의와 애니미

즘(정령숭배)의 가치관이 끼치는 영향력을 분석하고 있습니다.

인간이 알게 모르게 어느새 가지고 있는 생각의 위력을 보여줍니다. 가족과 지인이 예수님을 믿으면 좋겠다고 소원하지만 그들의 불신적 세계관이 주님을 거부하도록 하는 것입니다. 모든 권세를 격파하는 성령의 능력만이 구령을 이룰 수 있기에 믿고 기도해야 합니다.

(고후 10:5) "하나님 아는 것을 대적하여 높아진 것을 다 무너뜨리고 모든 생각을 사로잡아 그리스도에게 복종하게 하니"

하나님께서 이스라엘 백성들이 불순종하여 재앙을 받는 것은 생각의 결과였다고 명확히 말씀합니다(19절). 하나님 말씀을 듣지 않았으니 그 생각이 잘못 형성되었고 재앙에 이르게 된 것입니다. 재앙이 오기 전에 수없이 기회를 주셨다는 사실을 증거 합니다. 선조의 행적인 구속사는 하나님 앞에서 살기에 넉넉한 은혜였지만 이를 망각하였습니다(16절). 선지자인 파수꾼을 세워 하나님의 뜻을 알렸지만 듣지 않겠다고 귀를 막았습니다(17절). 다윗의 말씀 청종의 길을 따르지 않고 보암직하지만 아무 힘이 없는 우상에게로 달려갔습니다. 다윗의 위대한 신앙비결은 말씀을 밤낮 심장(양심)에 새기는 습관이었습니다.

(시 16:7) "나를 훈계하신 여호와를 송축할지라 밤마다 내 양심이 나를 교훈하도다"

벼락같이 임할 심판 앞에 선지자는 재앙의 참상을 외치고 있습니다. 활, 창, 전사, 대열, 해산하는 여인 등의 단어를 사용하여 다가올 잔인한 참상을 생생하게 알립니다(22-26절). '이래도 돌아오지 않을래'라는 외침에 나온 반응은 불행히도 악착같은 반역입니다(28절). 풀무 불에 단련했지만 분리되지 않는 그들을 향해 '내버린 은'이라는 선고가 떨어집니다(29-30절).

생각이 잘못된 것도 위험하지만 바꾸려는 생각을 안 하는 것이 더 치명적입니다. 악한 육적 습관을 영적인 루틴으로 바꾸겠다는 생각으로부터 기적은 시작됩니다. 엄혹한 시대에 남은 자의 계시(9절)가 발전되었듯이 우리도 이 시대의 남은 자입니다.

(빌 2:12) "그러므로 나의 사랑하는 자들아 너희가 나 있을 때뿐 아니라 더욱 지금 나 없을 때에도 항상 복종하여 두렵고 떨림으로 너희 구원을 이루라"

♦ 예레미야 7장 성경칼럼

10절 | 내 이름으로 일컬음을 받는 이 집에 들어와서 내 앞에 서서 말하기를 우리가 구원을 얻었나이다 하느냐 이는 이 모든 가증한 일을 행하려 함이로다

18절 | 자식들은 나무를 줍고 아버지들은 불을 피우며 부녀들은 가루를 반죽하여 하늘의 여왕을 위하여 과자를 만들며 그들이 또 다른 신들에게 전제를 부음으로 나의 노를 일으키느니라

"그 담보는 소용이 없습니다"

금융에서의 철칙은 담보 없는 대출은 없다는 것입니다. 신용 대출이 있지만 이것도 신용이라는 담보에 의해 집행됩니다. 가끔 가능성을 담보로 하여 엔젤 투자가 이루어지지만 보편적이지 않습니다. 마지막 날에 하나님 앞에 선 우리가 구원의 담보를 내 놓는다면 무엇이 될까요? 성경은 구원의 방편은 오직 예수님의 대속뿐이라고 선포합니다(히 9:12, 행 2:36). 이를 거듭남에 적용한 것이 말씀(벧전 1:23)과 성령(요 3:5, 엡 1:13)과 보혈(벧전 1:18-20)입니다.

하나님의 일꾼이 상급을 받을 때에 내놓을 담보도 보통 생각과 다릅니

다. 이무리 큰일을 주의 이름으로 했어도 그 담보가 통하지 않을 수 있습니다(마 7:21-23). 바울 사도는 진정한 상급은 영혼의 전도와 양육에 대한 열매로 결정된다고 하였습니다(살전 2:19-20). 우리가 완성된 계시인 성경에 접근할 수 있는 교회시대에 사는 것이 얼마나 큰 축복인지를 깨닫습니다.

멸망을 목전에 둔 이스라엘 백성들이 가진 담보를 알 수 있는 내용이 7장에 펼쳐집니다. 결과가 너무나 비참해서 읽는 우리가 난처한 마음이 듭니다. 그들이 수없이 들려오는 심판의 예언을 듣지 않는 이유는 소용없는 담보를 진짜 담보로 착각했기 때문입니다(4절). 예루살렘성이 굳건하고 성전의 제사가 드려지고 안식일을 지키니 하나님께서 보호해 주실 것이라고 생각했습니다. 몇 명의 선지자를 빼고는 평강을 외치며 안심하라고 격려도 합니다. 하지만 그들의 종교적 행위는 진실함이 없는 외식이었습니다.

숨 쉬듯이 죄를 짓고 집집마다 우상은 가득차고 생활에는 거짓말과 기만이 똘똘 뭉쳐 있습니다(8-10절). 성전이 거룩한 제사의 장소가 아니라 범죄자들이 율법을 오용하여 피신하는 곳이 되었습니다(11절). 현대적 표현으로 하면 주일에 대충 예배드리고 평일에는 굿을 하는 격입니다. 하나님을 속이려는 종교성으로 구원의 담보를 삼으려는 자들(10절) 앞에 선고가 떨어집니다. 북이스라엘도 실로를 믿다가 멸망했음을 알리며 유다의 기도를 듣지 않겠다고 말씀하십니다. 예레미야를 향해서도 더 이상 저들을 위해 기도할 필요가 없다고 하십니다(16절).

거처에서는 온 가족이 하늘의 여왕을 비롯한 다른 신들을 숭배하고 힌놈 골짜기에서는 인신 제물을 드리고 있습니다(18, 31절). 만약 형식적 예배만 드리고도 이 악한 죄악이 용서된다면 하나님의 공의는 없는 것입니다. 우상숭배하고 악한 축제를 벌였던 그 골짜기가 저주의 장소가 될 것을 예언합니다(32-34절). 이 시대에 부적 같은 종교의 적당한 담보에 기대어 희희낙락하는 교인들은 얼마나 될까요? 주님께서 남겨 주신 고난인 몸 된 교회(성도)를 위한 섬김에 몸을 드리게 하심을 감사합니다.

(골 1:24) "나는 이제 너희를 위하여 받는 괴로움을 기뻐하고 그리스도의 남은 고난을 그의 몸된 교회를 위하여 내 육체에 채우노라"

♦ 예레미야 8장 성경칼럼

7절 | 공중의 학은 그 정한 시기를 알고 산비둘기와 제비와 두루미는 그들이 올 때를 지키거늘 내 백성은 여호와의 규례를 알지 못하도다

9절 | 지혜롭다 하는 자들은 부끄러움을 당하며 두려워 떨다가 잡히리라 보라 그들이 여호와의 말을 버렸으니 그들에게 무슨 지혜가 있으랴

"진실한 회개를 막는 것들"

세상에서 가장 어려운 일은 부귀영화를 누리는 것입니다. 기독교 신앙에서 제일 어려운 일은 진실한 회개를 하는 것입니다. 성경에는 진실한 회개만 하면 난제가 수월하게 해결되는 것을 수없이 목격됩니다. 회개 후에는 하나님의 축복과 능력과 영광이 부어집니다. 그렇다면 역설적으로 사탄의 최고 전략은 진정한 회개를 하지 못하게 하는 것입니다. 회개를 온갖 방법을 동원하여 막는 사탄 때문에 회개가 어렵다는 1차 결론이 나옵니다.

예레미야는 그 엄청난 재앙과 심판이 회개만 하면 피할 수 있음을 계속 전하지만 별 효과가 없습니다. 7장의 종교적 의무로 구원의 담보를 삼고 있는 내용도 회개의 장애물이었습니다. 외식하는 것이 가장 교묘한 죄인데 깨닫지 못합니다. 8장에는 진실한 회개를 막는 결정적 요인이 나옵니다. 첫째, 신앙의 방향성이 하나님 반대편으로 설정된 것입니다(4-6절). 동쪽으로

가야 하는데 늘 서쪽을 향해 있는 격이니 하나님을 만날 수가 없습니다.

둘째, 회개할 때를 알아채지 못하는 영적 무지입니다. 조류들도 오갈 때를 알고 지키는데 인간만이 하나님께 나가는 회개의 시기를 희한하게 놓칩니다(7절). 이를 교정하기 위한 비결은 매일 정한 시간에 성경을 묵상하고 기도하는 것입니다. 해 보시면 알겠지만 이 루틴은 진실한 회개를 안 할 수 없게 합니다. 셋째, 믿음의 지도자를 분별하여 만나 말씀을 잘 들어야 합니다(8-9절). 당시에 율법을 기록하고 전하는 서기관과 지혜자가 있었지만 오히려 해악을 끼쳤습니다. 자기들에게 의존하게 하여 참된 선지자의 메시지를 듣지 못하도록 영향을 주었습니다.

이 시대에도 내가 듣고 싶어 하는 내용이 아니라 성경 전체와 균형이 맞는 메시지인지를 분별해야 합니다. 지도자의 분별 법은 마귀의 속성에 대입하면 아주 쉽습니다.

(요 8:44) "너희는 너희 아비 마귀에게서 났으니 너희 아비의 욕심대로 너희도 행하고자 하느니라 그는 처음부터 살인한 자요 진리가 그 속에 없으므로 진리에 서지 못하고 거짓을 말할 때마다 제 것으로 말하나니 이는 그가 거짓말쟁이요 거짓의 아비가 되었음이라"

욕심, 살인(미움), 거짓말을 장기적으로 한다면 마귀의 종이며 진실한 회개를 막는 역할을 하는 것입니다. 이와 대조되는 참된 지도자는 예레미야의 길을 가는 자입니다. 백성들이 파멸된다는 것에 가슴이 터지는 아픔을 가지고 울고 있습니다(18-21절). 쇼를 하는 자가 아니라 애통하며 백성들을 사랑하며 중보하고 있습니다(22절). 진실한 회개를 원하시는 성령님의 탄식이 느껴집니다(롬 8:26).

♦ 예레미야 9장 성경칼럼

2절 | 내가 광야에서 나그네가 머무를 곳을 얻는다면 내 백성을 떠나 가리니 그들은 다 간음하는 자요 반역한 자의 무리가 됨이로다

9절 | 내가 이 일들로 말미암아 그들에게 벌하지 아니하겠으며 내 마음이 이런 나라에 보복하지 않겠느냐 여호와의 말씀이니라

"현실도피의 유혹?"

현실도피란 현실이 힘들고 싫어 부정하고자 다른 곳으로 몸과 마음을 쏟는 현상입니다. 인생의 힘든 고비에서 현실도피의 유혹은 여러 모습으로 나타납니다. 여행과 가출과 전업으로 살던 곳을 벗어나고자 합니다. 무언가에 중독되고 극단적으로 이혼도 하고 자살까지 합니다. 불신자가 교회에 오는 것은 세상에서의 도피이고 교인이 갈등 끝에 교회를 포기하는 것도 신앙의 도피입니다.

9장에는 예레미야의 현실도피성 발언이 등장합니다. 백성들의 죄악과 정해진 심판의 참상에 견디기 힘들어 현실을 떠나 광야의 나그네가 되고 싶다고 합니다(2절). 주야로 울고 또 울어서 눈물 근원이 말라버렸습니다(1절). 계속 울기 위해 머리는 물통이 되고 눈은 눈물샘이 되기를 구하고 있습니다. 그의 현실 도피는 역설적인 소원으로서 실제적으로 일어나지는 않았습니다. 고통이 큰 만큼 하나님의 각별한 은혜가 주어져서 끝까지 사명을 감당하였습니다. 주의 사역자가 손을 놓고 싶을 때 예레미야에게 임한 하나님의 위로를 받았으면 좋겠습니다.

9장에도 변함없는 유다의 뿌리 깊은 죄악상이 전개됩니다. 혀로 인한 궤휼이 하나님과 이웃과의 관계를 허물어뜨립니다(3-4절). 거짓과 속임이 횡

행하고 전파되어 일상의 문화가 됩니다(4-6절). 겉과 속이 다른 위선은 날개를 달고 뽐내고 미움의 혀는 죽이는 화살이 됩니다(8절). 하나님을 전하고 영광의 찬송을 불러야 할 혀의 타락은 최강도의 경고를 불러옵니다. 하나님의 보복이 주어지는데 유다가 이방 나라와 같은 호칭으로 불리어집니다(9절).

유다를 '이런 나라(히:고이)'라고 부르는데 이 단어는 이방 나라를 부를 때 사용하는 것입니다. 인간적 표현으로는 '이제 너는 내 백성이 아니고 내 자식도 아니다'라는 뜻입니다. 유다는 이제 왕자에서 거지로 단체로 버림받았습니다. 그러나 이 최강도의 경고에도 불구하고 유다 백성은 안 받아들이겠다고 외치며 특권을 요구합니다. 교인이 단지 교적이 있다는 것만 가지고 구원과 축복을 당당하게 요구하는 것과 닮았습니다.

율법 불이행의 결과는 신분의 변화와 약속의 땅에서 추방되는 것입니다(10-16절). 이제 새 질서에서의 구원만 소망이 되었습니다. 왜 독생자를 주셔서 십자가의 대속을 이루었는지를 깨닫게 됩니다. 생명까지 다 내어주시는 은혜를 아는 자만 주님께 항복할 수 있습니다.

(고전 15:10) "그러나 내가 나 된 것은 하나님의 은혜로 된 것이니 내게 주신 그의 은혜가 헛되지 아니하여 내가 모든 사도보다 더 많이 수고하였으나 내가 한 것이 아니요 오직 나와 함께 하신 하나님의 은혜로라"

♦ 예레미야 10장 성경칼럼

5절 | 그것이 둥근 기둥 같아서 말도 못하며 걸어다니지도 못하므로 사람이 메어야 하느니라 그것이 그들에게 화를 주거나 복을 주지 못하나니 너희는 두려워하지 말라 하셨느니라

10절 | 오직 여호와는 참 하나님이시요 살아 계신 하나님이시요 영원한 왕이시라 그 진노하심에 땅이 진동하며 그 분노하심을 이방이 능히 당하지 못하느니라

"예수님 믿고 좋았던 것!"

제자훈련 시간에 이 주제로 토론을 벌인 적이 있었습니다. '좋았던 것'이라는 과거형을 쓴 것은 경험하고 검증된 내용을 의미합니다. 큰 주제로는 구원의 기쁨과 진리의 향유와 심령의 평안 등이 나왔습니다. 관계적 축복으로 교제권이 나왔고 성숙의 혜택과 봉사의 보람도 있었습니다. 개인생활의 복으로 자녀 교육과 경제적 부요와 신유의 간증도 나왔습니다. 저도 많은 부분을 공감하는 가운데 한 가지 주제를 꺼냈습니다. 예수님을 믿고 정말 좋았던 것은 우상숭배에서 자유 함을 얻었다는 것입니다. 미신자 시절 우상을 은근히 많이 섬기고 있었던 것을 알게 되었습니다. 그 때에는 그것이 하나님이 미워하시는 우상임도 모르고 있었습니다.

지금 불신자들의 모습을 보며 저들도 어쩔 수 없는 가운데 우상숭배하고 있음을 분별하게 됩니다. 예수님을 믿자마자 성경에 올 인 하며 읽게 되자 우상숭배는 한방에 끊어지게 되었습니다. 제사를 끊고 운수, 관상, 풍수지리, 점성술, 손 없는 날 등을 따지지 않게 되었습니다. 언어생활에서도 재수와 운명과 궁합 같은 말은 입에 안 올렸습니다. 하나님 한 분만 섬기면 되고 다른 것은 아무 것도 아니니 세상에 무서운 것은 없고 생활은 단순해졌습니다.

10장에 나오는 우상에 대한 분별은 너무나 정확합니다. 피조세계에서 1인자인 사람이 하위 피조물을 섬긴다는 것은 논리에 어긋납니다. 더군다나 식물과 광물을 인간이 다시 피조해서 그것에게 신이라 이름 붙이고 절하는 것은 창조질서를 역행하는 것입니다(롬 1:23). 아기가 그린 그림을 아기는 제쳐 놓고 더 귀하게 여기는 것과 같습니다. 일월성신과 금은보화가 귀해 보여도 하나님의 형상인 사람 아래로 정해져 있습니다(2-4절).

영물인 천사도 성도를 섬기는 위치에 놓았습니다.

(히 1:14) "모든 천사들은 섬기는 영으로서 구원 받을 상속자들을 위하여 섬기라고 보내심이 아니냐"

사람이 만든 우상은 사람의 도움을 받아 움직이는 것이 당연한데 그것이 두려워서 신이라 하는 것은 망령된 일입니다(5절).

창조주시요 주권자이신 하나님을 의지하면 세상의 관리인이 됩니다(6, 7, 10절). 재물과 권력과 명예를 다스리는 청지기로 살 수 있습니다. 이스라엘 백성들의 오류는 보이지 않는 하나님보다 보이는 우상에 속은 것에 있었습니다(14-15절). 지금도 하나님의 현현인 말씀과 성령보다 당장 필요한 팥죽을 선택하는 성도가 흔합니다(히 12:16). 새로운 피조물로서 존귀한 존재가 된 것을 감사드립니다(고후 5:17).

♦ 예레미야 11장 성경칼럼

9절 | 여호와께서 또 내게 이르시되 유다인과 예루살렘 주민 중에 반역이 있도다

21절 | 여호와께서 아나돗 사람들에 대하여 이와 같이 말씀하시되 그들이 네 생명을 빼앗으려고 찾아 이르기를 너는 여호와의 이름으로 예언하지 말라 두렵건대 우리 손에 죽을까 하노라 하도다

"사랑과 신뢰"

인간관계에서 가장 중요한 두 가지입니다. 사랑은 기쁨을 주고 신뢰는 안정을 보장합니다. 사랑과 신뢰를 겸비한 관계는 행복을 낳고 결실도 풍성합니다. 하지만 현실은 이 소원과는 다르게 사랑과 신뢰가 없는 삶에 실망합니다. 완벽한 사랑과 신뢰가 아니더라도 자족하고 타협하며 살 수밖에 없습니다. 여기서 돌발적인 질문을 해 봅니다. 만약 사랑과 신뢰 중에 한

가지만 선택한다면 무엇을 택하시겠습니까?

각자 의견이 나누겠지만 논리로 볼 때 신뢰가 더 중요합니다. 사랑은 없어도 불행하게 살면 되지만 신뢰가 없으면 삶 자체가 불가능하기 때문입니다. 극단적으로 아주 가까운 사이에 신뢰가 없다면 언제 암살 될지 모르는 것입니다. 예레미야서를 읽으면서 드는 생각은 무엇 때문에 이토록 이스라엘의 죄를 지루할 만큼 들추는가입니다. 구조적으로 2-20장까지 9가지 예언을 하면서 심판의 당위성을 죄에 두고 있습니다.

11-12장은 4번째에 해당되고 추세대로 백성들의 죄를 지적합니다. 11장에 나오는 공소장의 주된 내용은 언약의 파기인데 다른 말로 하면 신뢰가 깨졌다는 것입니다. 이 언약은 멀리는 시내 산 언약이고 가까이는 요시야 언약으로 선민이 익히 아는 내용입니다(7-8절). 언약 파기의 핵심은 선민이 우상숭배를 지속적으로 함으로서 하나님을 반역한 것입니다(9-10절) 유다 성읍과 예루살렘 거리의 수만큼 각기 다른 우상을 세워 숭배하고 있는 실정입니다(12-13절). 형식적인 제사로서 하나님을 기만하고 모독했으니 언약 파기로 인한 저주가 임할 수밖에 없습니다. 하나님의 실망이 얼마나 크고 신뢰가 깨졌는지 선지자에게 기도를 그만 두라고 하십니다(14-15절).

하나님을 대신하여 죄를 책망하는 예레미야를 죽이려 음모를 꾸밉니다(18-23절). 그것도 한편이 되어야 할 고향(아나돗) 사람들인데 악랄하기가 그지없습니다. 실제적으로 예레미야는 그들의 말대로 나무(생명)와 과실(예언)이 박멸(19절)된 것 같은 고난을 당합니다(20:2, 37:16, 38:6-13). 더 중요한 것은 예레미야에게 계시한대로 저들에 대한 심판이 역사에서 그대로 임한 것입니다(20-23절).

하나님의 신실하심을 절대 의심하지 않는 자에게 견고한 믿음이 주어집니다(고전 15:58). 신약성도들은 주님의 구속으로 새 언약의 일꾼이 되었습니다(고후 3:6). 주님의 생명을 주신 사랑에 신뢰를 지켜 생명의 면류관을 쓰기를 소원합니다.

(계 2:10) "..네가 죽도록 충성하라 그리하면 내가 생명의 관을 네게 주리라"

♦ 예레미야 12장 성경칼럼

9절 | 내 소유가 내게 대하여는 무늬 있는 매가 아니냐 매들이 그것을 에워싸지 아니하느냐 너희는 가서 들짐승들을 모아다가 그것을 삼키게 하라

17절 | 그들이 순종하지 아니하면 내가 반드시 그 나라를 뽑으리라 뽑아 멸하리라 여호와의 말씀이니라

"양날의 검"

양날의 검이란 양쪽에 날이 있는 칼을 말합니다. 어떻게 쓰느냐에 따라 자신에게 득이 될 수도 있고 해가 될 수 있을 때 사용됩니다. 내 힘이 강하면 상대방을 제압하지만 반대이면 나를 해치는 도구가 됩니다. 그리스도인에게 있어 세상은 양날의 검과 같습니다. 타락한 세상(땅위의 것)은 마귀적이고 정욕적인 속성을 가지고 있습니다.

(약 3:15) "이러한 지혜는 위로부터 내려온 것이 아니요 땅 위의 것이요 정욕의 것이요 귀신의 것이니"

하나님의 일꾼은 세상의 수많은 도구를 영적 능력으로 사용할 수가 있습니다. 역으로 기독교인이 정체성이 희미하고 분별력과 영적 내공이 없으면 세상 문화에 동화되어 타락합니다. 문제는 전자의 사례보다 후자의 길

을 가는 경우가 압도적이라는 사실입니다. 이를 증명한 것이 이스라엘의 역사입니다. 이스라엘이라는 국가가 생성되기 전부터 인간은 하나님보다 세상과 그 우상을 좋아했습니다(창 31:19, 삿 17:4). 하나님과 우상을 함께 섬긴 것을 알 수 있는데 이를 혼합주의(syncretism)라고 합니다.

하나님을 섬긴다고 하면서 세상을 받아들이는 것은 양날의 칼과 같습니다. 혼합주의는 대중성과 다양성과 포용성이라는 좋은 이미지를 주지만 결국은 마귀 적으로 변해 갑니다. 9절의 '무늬 있는 매'라는 비유는 겉으로는 좋아 보이지만 타락한 짐승처럼 된다는 뜻입니다. 매는 가증한 동물로서 먹을 수 없고 둥지를 더러운 오물로 채우고 몸에서 심한 악취가 납니다(레 11:13-14). 세상 문화를 경계하지 않고 접촉하다가 악하게 변한 이스라엘 백성들을 상징합니다. 이스라엘은 종교와 정치를 이방과 혼합하여 타락하게 되고 결국 멸망의 원인이 됩니다(7-13절).

하나님 말씀을 청종하지 않고 불순종한다면 급격히 이방 우상에게 쏠려갈 수밖에 없습니다. 이방나라가 이스라엘을 심판하는 악한 도구로 사용되는 과정에 일시적 번성이 있습니다(1-4절). 불신자들의 번성을 억울해 하지 말고 하나님의 위로를 받는 신자가 되어야 합니다(5-6절). 그들의 결국은 악한 그 행위로 인해 심판을 받을 것입니다(14절). 신비로운 것은 그 과정에서 하나님을 만나 순종한 자들에게 긍휼이 임한다는 사실입니다(15-16절).

구약에 근근이 흐르던 이방인에 대한 구원의 문호가 활짝 열린 것은 주님의 부활 이후입니다. 이방의 우상숭배는 접촉 불가이지만 세상은 입체적 시각에서 우리의 선교 영역입니다. 신앙의 실력을 키울 목적과 사용할 영역을 밝히 보여주는 12장입니다. 우리는 누구나 어느 나라든지 순종하지 아니하면 뽑아 멸하시는 하나님을 섬기고 있습니다(17절).

♦ 예레미야 13장 성경칼럼

11절 | 여호와의 말씀이니라 띠가 사람의 허리에 속함 같이 내가 이스라엘 온 집과 유다 온 집으로 내게 속하게 하여 그들로 내 백성이 되게 하며 내 이름과 명예와 영광이 되게 하려 하였으나 그들이 듣지 아니하였느니라

15절 | 너희는 들을지어다, 귀를 기울일지어다, 교만하지 말지어다, 여호와께서 말씀하셨음이라

"왕관의 무게를 견뎌라"

인기 드라마 '상속자들'의 부제로 유명하고 수많은 인용과 패러디가 나왔습니다. 정확히는 '왕관을 쓰려는 자 그 왕관의 무게를 견뎌라'입니다. 셰익스피어의 희곡 헨리 5세에 나옵니다. 명예와 권력을 가지려면 그에 따른 막중한 책임을 지라는 메시지입니다. 그러나 역사 속에서 이 당연한 이치를 감당하는 사람이나 조직은 아주 희귀합니다.

13장에 나오는 이스라엘에 대한 하나님의 질책에 이 구절이 등장합니다. 하나님께서는 이스라엘을 지명하여 부르시고 하나님의 이름과 명예와 영광을 주었습니다(11절). 하나님께서 선택한 민족이요 구별된 거룩한 백성으로 특전을 받았습니다. 하나님의 뜻을 알 수 있는 율법을 수여받았고 하나님께 나아갈 수 있는 성전과 제사가 허락되었습니다. 그러나 이스라엘은 이 영광된 특권을 감당하는데 실패하였습니다. 선민으로서 왕관의 무게를 감당하지 못했다는 결론을 내리고 있습니다.

혹시 다른 민족에게 이 특권이 주어졌더라면 달라졌을 것이라는 생각이 드신다면 착각입니다. 혹시 성공하는 공동체가 있다면 회개하는 속성이 있는 것인데 불가능합니다. 이스라엘의 전적인 실패로 심판의 당위성은 높아

지는데 그 증거를 보여주십니다. 단순한 메시지만으로 깨닫지 못하는 백성들에게 눈앞에 보여주고 손으로 잡게 해주는 두 가지 비유가 등장합니다. 정상적인 값을 주고 산 베띠는 제사장의 허리에 있는 영광스런 이스라엘입니다(출 28:39-42). 유브라데 강가 바위틈에 버려져 썩은 베띠는 이제 더 이상 아무 소용이 없는 존재인 이스라엘입니다(1-7절).

이 생생한 장면을 해석하시는 하나님의 마음을 누가 이해하겠습니까?(8-10절) 인격적으로 대해 주시는 하나님의 말씀을 들을 사람이 별로 없다는 것에 머리가 복잡해집니다(11절). 포도주 가죽부대 비유는 포도주병이 역할이 끝나 깨지듯이 이스라엘의 사명이 끝난다는 뜻입니다(12-14절). 영광의 포도주를 잃고 분노의 포도주를 마셔 비틀거리는 무력함으로 망할 것을 선언합니다. 인간의 끝은 하나님의 시작이 될 수 있어서 희망 성 경고가 주어집니다. 선지자는 교만을 꺾고 하나님께 돌아가는 길만이 재앙을 피할 수 있다고 외칩니다(15-17절).

손가락 하나 까딱 못하고 말 한마디 못해도 죽기 전까지 귀만은 열어 놓으신 하나님의 의도를 깨닫습니다. 이 때라도 돌아왔으면 좋았을 이스라엘은 방향을 바꾸지 못합니다. 영적 매춘 행위가 얼마나 치명적인지를 증거하며 막을 내리는데 남의 이야기가 아닙니다(26-27절).

(벧전 2:9) "그러나 너희는 택하신 족속이요 왕 같은 제사장들이요 거룩한 나라요 그의 소유가 된 백성이니.."

♦ 예레미야 14장 성경칼럼

11절 | 여호와께서 또 내게 이르시되 너는 이 백성을 위하여 복을 구하지 말라
16절 | 그들의 예언을 받은 백성은 기근과 칼로 말미암아 예루살렘 거리에 던짐을 당할 것인즉 그들을 장사할 자가 없을 것이요 그들의 아내와 아들과 딸이 그

렇게 되리니 이는 내가 그들의 악을 그 위에 부음이니라

"아기가 인형 같아요"

아기가 그냥 예쁜 것이 아니라 완벽하게 생겼다는 뜻으로 하는 말입니다. 그런데 이 말을 들은 아기 부모가 기분이 나쁠 수도 있습니다. 대부분 선의로 한 말이기에 칭찬과 덕담으로 넘깁니다. 하지만 부모가 아기를 어떻게 물질에 불과한 인형과 비교할 수 있느냐고 생각하는 순간 복잡해지는 것입니다. 사람의 말은 이처럼 복잡성을 가지고 있고 따져 볼만한 내용들이 있습니다. 대부분 말장난이나 조크로 끝나는 일상대화와는 다르게 영적 메시지는 엄청난 결과를 가져옵니다.

성경에서 하나님 말씀은 하나님 자신이기에 창조성을 가지고 있습니다(요 1:1, 창 1:2). 인간의 말도 그 내용에 따라 말한 사람의 인생이 결정되고 열매로 맺힙니다. 그 이유는 하나님께서 인간의 모든 말을 들으시기 때문입니다.

(민 14:28) "그들에게 이르기를 여호와의 말씀에 내 삶을 두고 맹세하노라 너희 말이 내 귀에 들린 대로 내가 너희에게 행하리니"

가나안 정탐꾼 10명의 부정적 소식을 듣고 죽겠다고 한 자들은 죽게 해 주겠다는 말씀입니다.

이처럼 1차적으로 어떤 말을 듣는가가 중요합니다. 긍정적 소식을 안 듣고 자기 생각에 맞는 말만 듣다가 낭패를 당하게 됩니다. 2차적으로는 무슨 말을 듣던 하나님의 뜻에 맞추어 해석하는 능력이 필요합니다. 이를 위해 부지런히 말씀을 배우고 저축해 놓아야 합니다. 여호야김 시대에 이스라엘에게 기근과 염병이 닥쳐 곤경에 처하게 됩니다. 성경에서 선민에게

닥치는 칼과 기근과 염병은 하나님의 징계 성격이 있습니다. 가뭄이 얼마나 심했던지 먹을 물도 떨어지고 동물과 식물도 죽어갑니다(3-6절).

이 현실적 고난 앞에는 오로지 죄악에 대한 철저한 회개만이 해결 방법입니다. 참된 선지자인 예레미야는 바로 기도를 시작하는데 백성들의 동참이 있었으면 얼마나 좋았겠습니까?(7-9절) 백성들은 거짓 선지자들의 칼과 기근을 보지 않을 것이라는 선동에 넘어가 회개하지 않았습니다. 기도하는 예레미야에게 하나님께서 기도하지 말라고 하시면서 거짓 지도자와 백성에게 동일한 멸망을 선포합니다(14-16절).

인형이 아무리 완벽해도 인형이듯이 거짓 선지자의 말은 아무리 듣기 좋아도 거짓말입니다. 하나님의 이름을 도용하여 백성들이 원하는 말을 하지만 속으로는 이욕을 쫓고 있습니다(겔 33:31). 백성들의 강퍅한 모습에 선지자의 기도는 위축되고 오직 긍휼만 구하고 있습니다(19-22절). 14장에서만도 3번의 중보기도를 하는 예레미야를 본받으려면 아직 멀었습니다. 저희를 불쌍히 여기옵소서!

♦ 예레미야 15장 성경칼럼

1절 | 여호와께서 내게 이르시되 모세와 사무엘이 내 앞에 섰다 할지라도 내 마음은 이 백성을 향할 수 없나니 그들을 내 앞에서 쫓아 내보내라

6절 | 여호와께서 이르시되 네가 나를 버렸고 내게서 물러갔으므로 네게로 내 손을 펴서 너를 멸하였노니 이는 내가 뜻을 돌이키기에 지쳤음이로다

"하나님의 거부?"

거부란 요구와 제의를 받아들이지 않고 물리치는 것입니다. 하나님의

거부라는 말을 듣는 순간 낯설 수 있지만 엄연한 사실입니다. 하나님께서 예레미야의 눈물 쏟는 중보기도를 단연코 거부하시는 장면이 15장에 등장합니다. 모세와 사무엘이 살아와서 기도한다 할지라도 예루살렘의 구원은 없을 것이라고 단정합니다(1절). 모세와 사무엘은 민족을 위하여 중보기도를 하여 여러 차례 응답받은 대표선수입니다(출 32:11-14, 민 14:13-19, 삼상 7:8-9, 12:19-25).

이를 잘 알고 있는 예레미야는 자신의 중보기도를 하나님께서 들어주실 것이라는 소망을 가졌을 것입니다. 하지만 절대불가라는 응답과 함께 처참한 징벌의 모습까지 보았으니 위축을 넘어 망연자실의 상태가 됩니다. 유다는 이제 사망과 칼과 기근과 포로 등을 경험할 수밖에 없습니다(2절). 죽는 모양도 개와 짐승과 새가 시체를 나눠 먹고 산 자들은 여러 나라로 흩어집니다(3-4절). 예레미야는 욥처럼 차라리 태어나지 않았으면 좋았을 것이라고 한탄합니다(10절).

그러면 여기에서 중보기도는 소용이 없는 것이냐는 문제가 발생합니다. 진정한 중보기도의 가치가 없다면 누가 기도하겠으며 수많은 중보기도를 하라는 명령과 응답의 약속들은 성경에서 빼야 합니다. 정답은 '중보기도의 효력은 어디까지인가?'에서 나옵니다. 중보기도는 하나님의 심판을 무효화하는 능력은 없습니다. 만약 도저히 용서할 수 없는 죄를 태산같이 짓고도 중보기도를 통해 심판이 사라진다면 하나님의 공의는 없는 것입니다. 중보기도의 효력은 제한이 있어 심판을 경감시키는 것이며 이것은 모세와 사무엘 때도 적용되었습니다.

그렇다면 예레미야의 중보기도도 응답되었다는 것을 발견해야 합니다. 악한 왕의 대표인 므낫세는 가장 긴 55년을 재위하면서 이스라엘이 아예 멸망 받을 만한 죄를 쌓았습니다(4절). 요시아 왕이 멸망을 잠시 지연시켰지만 므낫세의 악한 영향력은 막을 수가 없어 백성들은 절대 회개하지 않는 지경입니다. 오죽했으면 하나님께서 뜻을 돌이키기에 지쳤다고 하시겠습니까?(6절) 그 죄의 대가는 유다가 멸망하여 사라지고 선민의 씨가 멸절되고도 남습니다.

예레미야의 기도를 통해 포로이지만 명맥을 이은 사실은 심판이 경감되었음을 보여줍니다. 나아가 더 중요한 메시지는 인간에게서 나온 중보기도자의 한계를 알게 된 것입니다. 이제 온전하게 중재 사역을 완성하실 메시야를 대망하게 되고 이는 신구약 중간 시대 400년간의 핵심사상입니다. 심판은 필연적이지만 회개하는 개인과 중보 하는 선지자에게 자상한 은혜가 임합니다. 구하고 건지고 구속하겠다는 하나님의 의지에 선지자는 재 소명을 받고 있습니다(20-21절). 부족하지만 내가 중보 기도해야 할 이름들을 불러봅니다.

♦ 예레미야 16장 성경칼럼

2절 | 너는 이 땅에서 아내를 맞이하지 말며 자녀를 두지 말지니라

16절 | 여호와의 말씀이니라 보라 내가 많은 어부를 불러다가 그들을 낚게 하며 그 후에 많은 포수를 불러다가 그들을 모든 산과 모든 언덕과 바위 틈에서 사냥하게 하리니

"행동으로 보여 주마"

누가 이 말을 하느냐에 따라 뜻이 달라집니다. 말만 하고 열매가 없는 사람이 이 말을 하면 의심이 가지만 기대도 합니다. 원수를 갚겠다는 사람이 이 말을 하면 복수가 떠오릅니다. 내 행동을 보고 내 뜻을 알라는 의미도 있습니다. 16장에서 하나님이 예레미야에게 한 명령은 세 번째에 해당됩니

다. 예레미야가 한 행동을 통해 백성들이 심판의 임박성을 알게 하려는 것입니다. 이를 '행위 계시(act revelation)'라고 하는데 이사야(사 8장)와 에스겔(겔 24장)과 호세아(호 1-3장)가 실천하였습니다.

선지자의 상징적 행위를 통하여 유다의 멸망과 비극적 종말을 보여줍니다. 이 행위는 3가지인데 일상생활에서의 패턴과 반대입니다. 먼저 선지자에게 결혼을 하지 말고 자녀도 두지 말라고 명령합니다(2절). 결혼을 창시하시고 자녀의 축복을 기뻐하시는 하나님(창 22:17, 시 127:3-4)을 아는 우리는 심판의 엄중함을 느낄 수 있습니다. 망국으로 인한 재난은 모든 정상적인 관계가 파괴되어 부부와 자녀들이 병과 기근과 칼에 죽게 된다는 것입니다.

독신으로 살아가는 선지자의 삶은 황폐한 언약 백성의 비극을 상징합니다. 상가 집에 들어가 곡을 하며 슬퍼하는 것도 금지됩니다(5절). 죽은 자들이 매장되지도 못하는 지경에서 인간의 정상적인 감정은 사치가 됩니다(6-7절). 행복의 마당인 잔치 집의 출입도 금하는 것은 현재 누리는 기쁨이 끝난다는 것입니다(8-9절). 상상할 수도 없는 불행 앞에 백성들이 죄명을 물을 때 선지자가 대답할 말도 준비시킵니다(10절). 조상 때부터 하나님을 버리고 우상숭배하고 율법을 지키지 않은 죄입니다(11절). 지금 너희들은 조상들보다 더 악하게 행동하고 순종하지 않았다고 지적합니다(12절).

신앙은 유전도 영향을 끼치지만 자신이 결단하여 행동하는 것이 더 중요합니다. 반역자들과 함께 살 수 없듯이 패역한 유다는 이제 약속의 땅에 살 수가 없습니다. 이방 나라로 쫓겨나는데 이 뜻은 '난폭하게 내어 던지다'라는 의미입니다(13절). 정복자는 유대인을 어부가 그물로 고기를 잡듯이 할 것이며 사냥꾼처럼 피신한 자들까지 철저하게 노획할 것입니다(16절).

선민이 이방에서 노예가 되어 주야로 더럽고 타락한 예배를 마음껏 드리게 되니 우상숭배에 대한 저주를 톡톡히 받는 것입니다(13절). 여기서 14절의 '그러나'의 역전이 일어나는데 제2의 출애굽과 같은 기적을 예언합니다. 나아가 출애굽보다 더 큰 의미는 이 해방에 이방인들이 자기 신을 버리고 참여하는 것입니다(19-21절). 참혹한 현실 앞에서 미래의 교회시대를 예언하는 선지자의 마음을 헤아려 봅니다.

♦ 예레미야 17장 성경칼럼

5절 | 여호와께서 이와 같이 말씀하시니라 무릇 사람을 믿으며 육신으로 그의 힘을 삼고 마음이 여호와에게서 떠난 그 사람은 저주를 받을 것이라

22절 | 안식일에 너희 집에서 짐을 내지 말며 어떤 일이라도 하지 말고 내가 너희 조상들에게 명령함 같이 안식일을 거룩히 할지어다

"내적요소, 외적요소"

요소는 필요한 성분이나 근본 조건을 말합니다. 신앙은 내외적 요소를 모두 갖출 때 좋은 결과를 가져옵니다. 신앙의 실패는 이 요소를 모르거나 잘못 알거나 미비할 때 일어납니다. 내외적 요소는 시대에 따라 달라질 수 있고 개인적으로 적용이 다양할 것입니다. 그러나 절대적 요인은 분명히 있을 것이고 모든 신자에게 동일한 유익을 줄 것입니다.

17장은 유다의 죄의 원인이 무엇이며 그 처방은 어떤 것인가가 주제입니다. 여기에 나오는 내외적 요소는 성경 전체의 메시지에 어긋남이 없습니다. 먼저 내적 요소는 인간은 누구나 마음을 지켜야 하고 가꾸어야 한다는 것입니다. 성경은 마음을 여러 가지 단어로 표현하는데 생각, 양심, 혼, 심장, 중심, 인격 등입니다. 마음은 그 사람 자체이기에 성령님이 내주하시

는 좌소이기도 합니다.

(엡 3:17) "믿음으로 말미암아 그리스도께서 너희 마음에 계시게 하시옵고 너희가 사랑 가운데서 뿌리가 박히고 터가 굳어져서"

성경은 마음의 소중함과 능력의 중대함을 수없이 증거 합니다(잠 4:23, 엡 3:20). 인간의 화와 복의 출발이 마음이라는 것은 분명합니다. 유다의 죄가 다이아몬드 철필로 그들의 마음판에 새겨짐으로 고칠 수가 없다고 말씀합니다(1절). 내 옆의 불신자를 보면 그 마음에 절대 지울 수 없는 자만과 이기심이 새겨진 것을 느낄 수 있습니다. 교만과 이기심이 마음판에 깊이 새겨져 있으니 예수님이 들어갈 틈이 없습니다. 주님은 자연인의 마음을 길가 밭과 돌밭과 가시떨기 밭으로 비유하며 갈아엎어야만 씨를 뿌릴 수 있다고 하였습니다(마 13:18-23).

17장의 우상숭배와 땅과 나무와 열매 이야기가 마음에 대한 것임을 알 수 있습니다(2-8절). 마음에 불의를 품고 있다면 제 아무리 돈이 많아도 해가 된다는 것을 선언합니다(10-11절). 마음의 기경이 내적요소라면 외적 요소의 대표주자는 안식일 준수입니다(19-27절). 신약시대의 주일은 날짜는 달라졌지만 안식일 핵심 정신은 그대로 살아 있습니다.

안식일은 여러 규례를 순종해야 하지만 시간과 영역과 몸을 하나님께 드리는 것이 중요합니다. 이것은 몸과 행동의 외적인 표로 마음을 드려야 한다는 뜻입니다. 외식으로 갈 위험도 있지만 마음을 지키며 행동할 때 진실한 열매를 맺게 됩니다. 주일(안식일)을 안 지킨다는 것은 하나님의 창조를 거부하고(출 20:11) 구원을 포기한다는 통보와 같습니다(신 5:15). 예수는 믿지만 유형교회는 싫어 예배를 안 드리는 성도는 안식일 정신을 배워야 합니다. 신앙의 내외적 요소를 늘 점검하는 것은 신실한 성도의 영적 습관(routine)입니다.

♦ 예레미야 18장 성경칼럼

4절 | 진흙으로 만든 그릇이 토기장이의 손에서 터지매 그가 그것으로 자기 의견에 좋은 대로 다른 그릇을 만들더라

22절 | 주께서 군대로 갑자기 그들에게 이르게 하사 그들의 집에서 부르짖음이 들리게 하옵소서 이는 그들이 나를 잡으려고 구덩이를 팠고 내 발을 빠뜨리려고 올무를 놓았음이니이다

"창조, 선택, 심판"

성경을 읽으면 척척 알아듣고 금방 이해가 되면 얼마나 좋겠습니까? 세상 학문과 이치도 깨우치기 어려운 인간이 영적 진리를 못 알아듣는 것은 당연합니다. 성경에는 일반 언어로 미스터리하고 불교 용어로는 불가사의한 내용이 너무나 많습니다. 최고의 영성가 중의 한 명인 바울의 탄식에 공감합니다(롬 11:33). 다윗은 하나님의 세계가 신묘막측(기묘)하다고 감탄합니다(시 139:14). 주님이 천국을 인간이 이해할 수 있도록 비유를 통해 말씀하신 이유이기도 합니다(마 13:34-35).

인간의 지혜와 논리로 이해할 수 없는 것이 창조와 선택과 심판의 영역입니다. 구원에 있어서 가장 중요한 부분인데 어떻게 설명할 길이 없습니다. 결론은 믿음으로 바라볼 때 접수할 수 있다는 것입니다. 지금 내가 이 세 영역이 의심 없이 믿어진다면 큰 선물을 받은 것입니다. 성경에는 토기장이 비유가 3번 나오는데 창조와 선택과 심판에 대한 설명에서 등장합니다. 기묘한 하나님의 뜻 3가지를 누구나 알아들을 수 있는 토기장이 이야기를 통해 알려 주십니다.

창조에 있어서 하나님은 토기장이고 우리는 진흙으로 절대 주권을 계시합니다(사 64:8). 선택에 있어서는 토기장이의 뜻에 의해 그릇이 결정되기에 누구도 구원에 시비 걸 수 없다고 못을 박습니다(롬 9:19-24). 18장에 나오는 토기장이 비유는 하나님의 심판에 대한 것인데 가장 세밀하게 말씀하십니다. 심판은 창조와 예정보다 인간이 납득하기가 어렵다는 뜻 같습니다. 자칫 하나님의 심판이 인간의 자율성을 무시하고 독재가 아니냐는 항의가 있을 수 있는 것입니다.

그러하기에 이 비유에는 두 가지 장치가 들어 있습니다. 파상한 그릇을 다시 빚으므로 선택한 백성을 버리지 않겠다는 의지가 나타납니다(3-4절). 만일이라는 조건을 2번 사용하심으로 회개하면 심판을 면하게 하시겠다는 긍휼을 보이십니다(8-10절). 용서와 회개의 기회는 주지만 영원하지 않다는 것이 심판에 대한 토기장이 비유의 결론입니다. 공의는 죄인이 진노와 사망의 삯을 받아야 세워지기 때문입니다.

유다의 심판이 결정됨과 함께 예레미야의 달라진 기도가 주목됩니다. 백성들을 불쌍히 여겨 통탄하며 기도하는 모습은 간 데 없고 저주의 기도를 합니다(19-23절). 돌변한 이유가 자기를 죽이려고 하는 자에 대한 복수의 탄원처럼 보입니다. 그러나 예레미야의 영성으로 볼 때 하나님의 심판에 공감하는 수준에 이르렀다고 보는 것이 맞습니다. 하나님의 응답이 없는 여운은 남은 자의 구속섭리를 붙들고 있다는 느낌이 옵니다.

♦ 예레미야 19장 성경칼럼

12절 | 여호와의 말씀이니라 내가 이 곳과 그 가운데 주민에게 이같이 행하여 이 성읍으로 도벳 같게 할 것이라

13절 | 예루살렘 집들과 유다 왕들의 집들이 그 집 위에서 하늘의 만상에 분향하고 다른 신들에게 전제를 부음으로 더러워졌은즉 도벳 땅처럼 되리라 하셨다

하라 하시니

"같은 취급을 받다?"

같은 취급을 받는 것이 마땅한 경우가 있습니다. 가정의 남매와 학교의 동급생과 모임의 회원은 차별받아서는 안 됩니다. 악한 인간 심성으로 적용하기 어렵지만 원칙으로 정해 문화가 되어야 좋은 공동체로 나아갈 수 있습니다. 반면에 같은 취급을 받으면 안 되는 관계가 있습니다. 정치인이 조폭같이 인식되고 기자가 사기꾼으로 여겨지며 판사가 도둑과 비슷하다면 그 사회는 잘못된 것입니다. 극적인 사례가 있다면 목회자가 무당과 같은 취급을 받는 것입니다. 교회당이 철학관(점집) 정도로 여겨진다면 어떻게 되겠습니까? 잘 모르거나 모함해서 생긴 오해가 아니라 열매로 보아 평판이 났다면 큰일입니다.

신실한 기독교인으로 끔찍한 추론이지만 상상에만 있는 이야기가 아닙니다. 19장은 이 모습을 생생하게 보여 줍니다. 우상숭배의 상징인 힌놈의 아들 골짜기와 예루살렘 성이 똑같은 취급을 받고 있습니다. 도벳의 제단과 성전 제단에게 저주의 심판이 함께 예언됩니다(12절). 동일한 심판이 임하는 이유는 둘 다 우상숭배를 하였기 때문입니다. 힌놈의 골짜기에 산당을 세우고 인신 제사를 드리는 것은 거의 문화가 되어 있습니다(4-6절).

그런데 온 예루살렘의 집과 유다 왕들의 집에서도 하늘의 만상에게 분향하고 다른 신들에게 제사하고 있습니다(13절). 성전에서의 제사가 형식적이고 가식이었음은 여러 차례 언급되었습니다. 재난의 구체적 내용이 예언되는데 지옥의 예고편 같습니다. 바벨론의 칼에 도륙되고 시체는 새와 짐승의 먹이가 되며 포로 된 선민은 조소와 모욕의 대상이 됩니다(7-8절).

포위된 성에 닥친 기근은 서로를 잡아먹고 어머니가 아들을 삶아 먹고 부자지간에도 서로 잡아먹습니다(9절, 애 2:20, 겔 5:10).

예레미야는 이 예언의 필연성을 증명하기 위해 명령에 따라 상징적 행위를 합니다. 토기장이 집에서 옹기(오지병)를 사고 백성의 대표자들 앞에서 깨뜨립니다(1, 10절). 잘못 만들어진 도자기는 고쳐 쓸 수가 없어 한방에 깨뜨리듯이 유다는 급격하게 멸망한다는 예언입니다(11-12절).

도벳에서 성전 마당으로 돌아온 예레미야의 설교는 심판의 근본 원인을 분명히 밝힙니다. 전례가 없는 성전에서의 직접 심판 선언은 성전의 신성함이 우상이었던 종교지도자들에게 충격을 줍니다(14-15절). 말씀을 순종하지 않는 어떤 외적 요소도 영원하지 않음을 선포하고 있습니다. 유다의 멸망이 영원한 끝장이 아닌 회개와 연단을 위한 성격이 있다는 것은 위로를 줍니다(롬 5:3-5). 새로운 그릇을 만드시는 하나님의 손을 발견하게 하신 것을 감사합니다(렘 18:4).

♦ 예레미야 20장 성경칼럼

3절 | 다음날 바스훌이 예레미야를 목에 씌우는 나무 고랑에서 풀어 주매 예레미야가 그에게 이르되 여호와께서 네 이름을 바스훌이라 아니하시고 마골밋사빕이라 하시느니라

18절 | 어찌하여 내가 태에서 나와서 고생과 슬픔을 보며 나의 날을 부끄러움으로 보내는고 하니라

"의인의 서러움, 악인의 두려움"

'서러워서 어디 살겠나'라는 말이 있습니다. 속뜻은 서럽지만 살겠다는

것으로 여유 공간이 느껴집니다. '두려워서 죽겠다'는 말은 정말 죽을지도 모른다는 절박감으로 다가옵니다. 이 두려움을 극한으로 표현하면 사방에서 두려움이 나에게 다가온다입니다. 한 두 가지 두려움이 아니라 사면에 무서운 일이 터져 틀림없이 죽게 되는 상태입니다.

20장에 나오는 성전의 총감독인 바스훌에게 하나님께서 예레미야를 통해 새 이름을 주십니다(1, 3절). '마골밋사빔'인데 '사방의 두려움'이란 뜻입니다. 그가 예레미야를 핍박한 것에 대한 하나님의 저주성 이름 수여입니다. 이름에 걸맞게 사방에 두려움을 가지고 살 것이라고 예레미야를 통해 말씀하십니다. 의인을 때리고 착고를 채워 감금하고 잘 보이는 곳(베냐민 문 위층)에 진열하여 오가는 사람들에게 조롱을 당하게 한 대가입니다(2절). 백성들은 칼에 엎드려지고 포로로 잡혀가며 재물을 뺏기고 자신과 가족과 친구도 그렇게 될 것이라고 말씀합니다(4-6절).

하나님의 완료형 예언은 피할 길도 없어 살아도 산 것이 아닙니다. 바스훌의 비극은 예레미야를 잘못 알아본 것에서 기인합니다. 성전의 총감독인 그가 하나님께서 세운 영적 총감독인 예레미야를 자신의 기득권을 위협하는 자로 오인하였습니다. 예레미야는 유다만이 아니라 열국의 총감독으로 부르심을 받았습니다.

(렘 1:10) "보라 내가 오늘 너를 여러 나라와 여러 왕국 위에 세워 네가 그것들을 뽑고 파괴하며 파멸하고 넘어뜨리며 건설하고 심게 하였느니라 하시니라"

하나님께서 세우신 감독을 성전의 감독이 핍박한 것이 영적 실상입니다. 처음에는 무관심과 묵인으로 대처했지만 자신의 영역이라고 생각한 성전 마당까지 오자 폭발한 것입니다. 구속사와 교회사에서 하나님의 나라와 성도(교회)를 해롭게 한 자는 사면에서 두려움이 덮치게 되어 있습니다. 겉으로 볼 때 당당해 보여도 영육의 두려움에 괴로워하고 있음을 분별할 수 있습니다.

이제 의인의 서러움으로 시선을 옮겨 보겠습니다. 예레미야는 심령과 육신에 온갖 어려움을 당하면서 극도의 슬픔과 설움을 당했습니다(7-8절). 수차례 태어난 것을 원망하고 속히 데려가 달라는 요청도 있었습니다(14-18절, 15:10). 하지만 서러움이 클수록 하나님의 위로와 능력은 넘치게 부어집니다. 예언자의 사명을 포기할 수 없는 더 큰 뜨거움이 쏟아져 내렸습니다(9, 12-13절). 일반적 예언이 끝나는 20장은 의인을 방해하지 말아야 할 것과 내가 의인으로 살겠다는 결단을 요구하고 있습니다.

(합 2:4) "보라 그의 마음은 교만하며 그 속에서 정직하지 못하나 의인은 그의 믿음으로 말미암아 살리라"

♦ 예레미야 21장 성경칼럼

2절 | 바벨론의 느부갓네살 왕이 우리를 치니 청컨대 너는 우리를 위하여 여호와께 간구하라 여호와께서 혹시 그의 모든 기적으로 우리를 도와 행하시면 그가 우리를 떠나리라 하니

9절 | 이 성읍에 사는 자는 칼과 기근과 전염병에 죽으려니와 너희를 에워싼 갈대아인에게 나가서 항복하는 자는 살 것이나 그의 목숨은 전리품 같이 되리라

"시드기야와 히스기야"

그 때는 맞고 지금은 틀리다는 말이 있습니다. 그 때와 지금을 바꾸어서 사용해도 됩니다. 예를 들어 당뇨병 예방을 위해서는 빈곤했던 옛날과 풍요한 지금의 대처가 달라야 합니다. 21장은 20장의 내용(B.C.600년)에

서 12년 후(B.C.588년)의 기사입니다. 여호야김 왕에게서 여호야긴을 건너 유다의 마지막 왕인 시드기야가 등장합니다. 22장 10절부터는 다시 B.C.609년 여호아하스(살룸) 왕으로 돌아가고 특별한 예언이 펼쳐집니다.

21장에 나오는 시드기야를 보면서 히스기야를 소환한 이유는 비슷한 장면이 나오기 때문입니다. 망국의 위기는 히스기야 때(B.C.701년)도 있었습니다. 당시 패권국가인 앗수르의 침략에 히스기야 왕은 하나님께 올 인하여 승리하고 영광을 얻습니다(왕하 18-19장). 그런데 시드기야는 바벨론의 침략 앞에서 하나님을 의지하는 제스처는 있었지만 비참한 멸망을 당합니다. 그 때는 맞았고 지금은 틀린 무언가가 있었다는 것입니다.

결정적인 이유는 히스기야는 순종형으로 업적이 있었고 시드기아는 교만하여 열매가 없었습니다. 남유다의 멸망은 열조로부터 쌓여진 죄악으로 이미 결정된 상태입니다. 그동안 예언도 무시하고 핍박까지 한 시드기야가 상황이 급해서 특사를 예레미야에게 보냅니다(1-2절). 예레미야의 권고는 바벨론에게 항복하여 생명에 대한 피해를 최소화하라는 것입니다(3-4절). 바벨론은 유다를 멸망시키는 하나님의 도구임을 분명히 합니다(8-10절). 바벨론과 싸우는 것은 하나님을 대적하는 것임을 알립니다(13절).

하나님의 징계가 결정되면 반항하지 말고 순복하는 것이 지혜로운 것입니다(9-10절). 히스기야를 도왔던 하나님이 똑같이 도울 것이라는 자만은 통하지 않습니다(13절). 유다 왕조가 끝나면서 이제 소망의 구조가 단체가 아닌 개인으로 전환됩니다. 전반부(1-7절)에 유다 백성이라는 복수 표현이 후반부(8-14절)에서는 백성들 개인을 뜻하는 단수로 바뀝니다. 언약 공동체의 개념이 민족이 아닌 개인으로 바뀌면서 새 시대를 계시합니다.

이새의 뿌리요 다윗의 후손인 메시야가 강림한다는 사상이 꿈틀대고 있습니다(사 11:1, 롬 15:12). 시드기야는 친애굽 정책으로 바벨론에 대적하다가 불순종의 참혹한 대가를 치릅니다. 히스기야의 갈고 닦은 영적 실력은 위기 때에 하나님께 나아가게 합니다.

(시 119:109) "나의 생명이 항상 위기에 있사오나 나는 주의 법을 잊지 아니하나이다"

위기의식은 거룩한 긴장이라는 선물을 받는 통로입니다.

♦ 예레미야 22장 성경칼럼

16절 | 그는 가난한 자와 궁핍한 자를 변호하고 형통하였나니 이것이 나를 앎이 아니냐 여호와의 말씀이니라

21절 | 네가 평안할 때에 내가 네게 말하였으나 네 말이 나는 듣지 아니하리라 하였나니 네가 어려서부터 내 목소리를 청종하지 아니함이 네 습관이라

"좀 잘하지.."

인생에서 큰 실패를 겪은 사람에게 하는 말입니다. 안타까움을 담은 말이지만 입 밖에 못 내고 속으로만 할 때도 있습니다. 남한테 좀 잘 하라고 대놓고 말할 자격을 갖춘 사람이 드물기 때문입니다. 나도 얼마든지 실패할 수 있다는 것을 잘 알고 있어 말을 아껴야 한다는 저의도 있습니다. 22장에는 남유다 말기의 세 왕(여호아하스, 여호야김, 여호야긴)이 등장합니다. 이 내용을 읽으면서 안타까워 '좀 잘하지'라는 마음이 든다는 것입니다.

요시야 왕이 므깃도 전투에서 사망할 때가 주전 609년이었고 남유다는 주전 586년에 완전 멸망합니다. 23년 동안 4명의 왕이 있었는데 여호아하스와 여호야긴의 즉위기간은 불과 3개월입니다. 예레미야는 요시야 왕부

터 마지막 왕 시드기야 시대와 그 이후까지 사역하였습니다. 수많은 고난 속에서 심판의 예언을 전하면서 지도자의 중요성을 실감했을 것입니다. 선한 지도자와 악한 지도자의 전후를 알 수 있었고 그 원인까지도 꿰뚫고 있었을 것입니다.

22장은 특별 예언의 첫 번째에 해당되며 유다 왕가의 재앙 원인과 목적을 밝힘으로 시작합니다(1-2절). 율법을 무시하고 연약한 자들을 압제한 죄악을 지적합니다(3-5절). 참된 공의가 없는 제사 의식의 허황됨과 우상숭배의 죄를 드러냅니다(6-9절). 하나님의 뜻을 순종하여 백성을 돌보는 정치를 안 한다면 찬란한 왕궁이 사막같이 황폐하게 될 것입니다. 요시야의 뒤를 이은 살룸(여호아하스)은 3개월 만에 폐위되어 애굽에서 죽습니다(10-12절). 그의 형인 여호야김이 왕위에 오르는데 하나님을 모르는 자라는 책망을 받습니다(16절). 호화 왕궁을 짓기 위해 무리수를 두고 섬겨야 할 백성들을 무임금으로 착취합니다.

하나님을 모르거나 오해한 자의 말로와 죽음은 비참합니다(18-19절). 여호야김의 아들 여호야긴(고니야, 여고나)이 즉위하지만 3개월 만에 바벨론 느브갓네살 왕에게 항복하고 포로로 잡혀갑니다. 그에게 주어진 왕위는 대를 잇지 못하는 저주가 되고(28-30절) 삼촌인 시드기야(맛다니야)가 마지막 왕에 오릅니다. 하나님의 인장 반지 같은 귀함도 죄 앞에서는 빼 버린다는 말씀은 후대에게 큰 경고입니다(24-25절). 이런 왕들의 몰락 원인은 말씀 청종과 묵상이 이루어지지 않은데 있음을 분명히 하고 있습니다.

어려서부터 말씀을 듣고 순종하는 습관이 없어 악한 길을 가게 되었습니다(21절). 습관은 자기가 만들지만 나중에는 습관이 자신을 끌고 갑니다. 그리스도인에게 있어 '좀 잘하지'의 내용은 말씀을 듣고 순종하는 습관임이 밝혀졌습니다(딤후 3:14-17). 필요한 것에 몰입하여 가장 중요한 말씀을 잃어버리는 잘못을 범하지 말아야 하겠습니다.

♦ 예레미야 23장 성경칼럼

5절 | 여호와의 말씀이니라 보라 때가 이르리니 내가 다윗에게 한 의로운 가지를 일으킬 것이라 그가 왕이 되어 지혜롭게 다스리며 세상에서 정의와 공의를 행할 것이며

29절 | 여호와의 말씀이니라 내 말이 불 같지 아니하냐 바위를 쳐서 부스러뜨리는 방망이 같지 아니하냐

"어떤 분이신가, 어떤 일을 하셨는가"

사람을 평가할 때 어떤 사람인가는 본질적으로 중요하지 않습니다. 혈통과 가문과 학벌과 인맥이 중요하지만 원죄를 가진 인간을 벗어난 사람은 없기 때문입니다. 다만 그 사람이 한 일에 대한 내용으로 어떤 사람인지 판정합니다. 인간의 육신을 입은 사람 중에 이 기준에 포함되지 않은 유일한 분이 예수님입니다. 예수님은 어떤 일을 하셨는가도 중요하지만 어떤 분이신지가 더 중요합니다. 예수님이 하신 일은 예수님이 아니면 할 수 없는 일입니다.

21장부터 시작된 심판에 대한 특별한 예언의 두 번째 설교는 이 주제를 다루고 있습니다. 22장에서 유다 말기 왕들의 범죄에 대한 결과로 유다의 패망이 선언되었습니다. 23장에서는 다윗의 육적 왕조가 끊기고 바벨론 포로로 끌려가는 것이 예언되는데 이것이 끝이 아니었습니다(1-2절). 흩은 목자의 악함과 정반대로 남은 자를 다시 돌아오게 하는 목자를 계시합니다. 구약 용어로는 메시야이고 구속사를 통찰하고 있는 우리의 용어로는 '주 예수 그리스도'입니다.

예수님이 어떤 분인지는 5절에 정확히 계시됩니다. '다윗에게 한 의로운 가지'라고 하는데 메시야가 육신이 되어 오신다는 뜻입니다. 다윗의 혈통(삼하 7:12-13)으로 오시는 예수님은 구약의 후손 시리즈의 완성형입니다. 타락 후 여자의 후손(창 3:15)이 언약되었고 아브라함의 후손(창 26:4)과 유다 지파(창 49:10)로부터 메시야가 나올 것이 계시되었습니다. 죄가 없으신 하나님(신성)이 우리와 동일한 성정이 가진 참 인간(인성)으로 오신 것이 성육신입니다(요 1:14).

육신적 다윗 왕조는 끊겼지만 아브라함과 다윗의 자손인 예수님이 영원한 왕으로 오셨습니다. 다윗의 왕위가 영원할 것이라는 언약(대상 17:14)이 지켜지고 그 나라의 축복이 펼쳐진다는 예언입니다. 이 영광된 복음은 출애굽의 기적보다 놀라운 차원임을 확증합니다(7-8절, 히 8:13). 23장에서 메시야를 보여주는 명칭은 목자와 왕과 의로운 분입니다(5-6절). 완벽한 지도자요(시 23편), 통치자요(요 18:37), 의로움을 선사하는(갈 2:16) 분입니다.

예수님을 온전히 알고 하신 일을 확인한다면 예수님을 영접할 수 있지만 거짓선지자들이 장애물로 등장합니다. 사탄에게 속한 그들은 교묘한 혀로 복음의 영광을 못 듣게 하고 의심하게 합니다(9-15절). 분노로 격앙된 예레미야를 목격함에 이어 하나님의 해결책을 발견합니다(16-22절). 하나님의 말씀은 가까이 있고 어디든지 있습니다(23-24절). 말씀의 능력은 불과 방망이처럼 천하무적입니다(29-30절). 죄인인 우리에게 믿음을 주셔서 말씀을 영접하게 하신 것은 성령님이 하신 최고 기적입니다(요 14:26).

(롬 3:23-24) "모든 사람이 죄를 범하였으매 하나님의 영광에 이르지 못하더니 그리스도 예수 안에 있는 속량으로 말미암아 하나님의 은혜로 값없이 의롭다 하심을 얻은 자 되었느니라"

♦ 예레미야 24장 성경칼럼

5절 | 이스라엘의 하나님 여호와께서 이와 같이 말씀하시니라 내가 이 곳에서 옮겨 갈대아인의 땅에 이르게 한 유다 포로를 이 좋은 무화과 같이 잘 돌볼 것이라

10절 | 내가 칼과 기근과 전염병을 그들 가운데 보내 그들이 내가 그들과 그들의 조상들에게 준 땅에서 멸절하기까지 이르게 하리라 하시니라

"패를 뒤집다"

패는 도박이나 승부에서 마지막 결정을 내는 수(카드)를 상징합니다. 패를 뒤집기 전까지는 누가 이길지 모를 때의 스릴 때문에 재미있습니다. 큰 승부일수록 중독이 되고 인생에 영향을 줄 수 있기에 나쁜 영역은 조심해야 합니다. 그렇다면 영적인 세계에서 최고의 패는 무엇일까요? 마지막까지 뒤집지 않고 있는 영적인 패는 천국과 지옥행을 결정짓는 카드입니다. 만약 천국행 카드라고 믿고 있었는데 최후에 까보니 지옥행이었다면,, 표현할 형용사가 없습니다. 반대의 경우는 거의 없을 것 같아 생략합니다.

24장의 무화과 두 광주리 비유를 묵상하면서 '의외의 마지막 패'가 생각났습니다. 저자가 이 비유의 연대를 밝히는 이유는 하나님께서 꼭 알려 주어야 할 때라는 뜻입니다. 느브갓네살 왕이 여호야긴 왕과 우수한 인재들을 바벨론 포로로 잡아간(B.C.597년) 후입니다(1절). 다른 비유가 선지자 자신의 상징적 해석 위주이었다면 이 비유는 하나님께서 직접 해석하십니다. 자칫 인간의 생각이 들어가면 오석할 가능성이 높다는 의미입니다.

하나님께서 하신 정확한 해석이기에 이 비유는 중요합니다. 한 광주리는 포로로 끌려간 자들을 상징하는데 하나님의 돌보심으로 좋은 무화과가 되었습니다(5-7절). 또 한 광주리는 바벨론의 포로 되기를 거부하고 항거

하거나 타국으로 간 자들인데 나쁜 무화과가 되었습니다(8-10절). 하나님은 좋은 무화과가 된 이유를 분명히 밝혀주십니다. 바벨론에 포로로 간 것 자체가 명령에 순종한 것이고 회개할 수 있는 기회를 받았다는 것입니다(7절). 구원 계보에 남은 자로서 고토 귀환을 통해 회복의 공동체가 될 것을 약속하십니다(6절).

반면에 시드기야를 포함한 이스라엘과 애굽에 남은 자들은 불순종한 처참한 대가를 치르게 됩니다. 저들은 자기 나라를 떠나지 않아야 하나님 편이라는 생각으로 스스로 선악을 판단하는 죄를 지었습니다. 포로로 무기력하게 끌려가는 자들에게 자신의 의를 과시하며 힐난하였습니다. 이 그림이 익숙하게 느껴지는 것은 지금의 교회가 세상으로부터 이런 핍박을 받고 있기 때문입니다.

이 비유는 멸망이 이미 시작되었고 2차 포로 압송을 마친 상황에서 실망에 빠진 경건한 자들에게 주어졌습니다. 친히 해석해 주시는 하나님 앞에서 눈물이 쏟는 선지자를 연상해 봅니다. 천국행 티켓을 신뢰하며 세상의 조롱에도 견고하게 주님을 사랑하는 우리가 예레미야의 후예입니다. 세상 기준이 아닌 가까이 와 있는 하나님의 명령에 따라 순종하겠습니다.

(신 30:14) "오직 그 말씀이 네게 매우 가까워서 네 입에 있으며 네 마음에 있은즉 네가 이를 행할 수 있느니라"

♦ 예레미야 25장 성경칼럼

12절 | 여호와의 말씀이니라 칠십 년이 끝나면 내가 바벨론의 왕과 그의 나라와 갈대아인의 땅을 그 죄악으로 말미암아 벌하여 영원히 폐허가 되게 하되

17절 | 내가 여호와의 손에서 그 잔을 받아서 여호와께서 나를 보내신 바 그 모든 나라로 마시게 하되

"순서감각"

감각은 이목구비와 피부에서 오는 것이 기본입니다. 나아가 직감과 육감과 통찰의 영역이 있습니다. 감각이 있다는 것은 순서를 잘 파악하고 있다는 뜻도 됩니다. 순서감각이 있으면 공부도 잘하고 시험도 잘 치고 사업도 잘합니다. 시간과 정력을 허비하지 않고 효율적으로 사용하기 때문입니다. 예를 들면 시험지를 1번부터 풀지 않고 쉬운 문제부터 먼저 풀면 효과가 있습니다. 역사를 공부하면 전체를 보는 통찰력이 생기고 순서감각이라는 선물이 주어집니다.

유다 민족이 선지자의 말을 듣고 순종했더라면 멸망당하지 않았을 것입니다. 선지자의 말은 하나님의 말씀을 대언하는 것이기에 청종하면 하나님의 섭리에 동참할 수 있었습니다. 하지만 예레미야가 당시 시점(B.C.605년)으로 23년 동안 치열하게 전했음에도 저들은 듣지 않았습니다(1-4절). 2장부터 주어진 심판 예언의 최종 부분이 25장에 펼쳐집니다. 하나님의 심판 순서가 정해져서 나오는데 이것을 잘 파악하는 것은 당시뿐만 아니라 지금도 유익합니다.

불순종한 유다에게 주어진 심판은 바벨론에 멸망되어 70년간 포로생활을 한다는 것입니다. 유다가 먼저 심판을 받는 이유는 언약 백성으로서 모본을 보이지 못하고 오히려 우상숭배를 한 죄악 때문입니다. 심판의 도구로 사용되는 바벨론과 느브갓네살 왕은 하나님의 종으로 불리어집니다(9절). 성경에서 자신도 모르게 악한 도구로 사용되며 하나님의 종이 되는 역설적 인물이 있습니다. 바로와 빌라도와 가룟 유다과 악한 백성들이 여기에 속합니다. 이것은 우리를 괴롭히는 대상들을 바라보는 새 안목을 요구합니다.

70년 포로생활의 영적 의미는 희년 정신과 이스라엘의 회복을 위한 안식에 잇대어 있습니다(대하 36:20-21). 심판의 순서가 바벨론으로 이어지는데 이를 위한 하나님의 조성은 완벽합니다. 70년의 기간을 정확히 맞춘 이방 나라의 흥망성쇠는 하나님의 전지전능성을 증거 합니다. 바벨론 심판의 이유는 폭력과 교만이며 하나님의 성전을 파괴한 악함입니다(12-14절). 하나님으로부터 온 진노의 술잔을 순서대로 모든 나라가 마시게 됩니다(15-17절).

심판은 세계적이고 우주적이어서 피할 자가 없고 그 위력을 당할 자가 없습니다(18-38절). 계시록에서 이 잔은 종말의 심판으로 묵시되어 있습니다(계 16:19). 심판의 순서에 대한 감각은 말세지말에 살고 있는 우리에게 필수적입니다(살전 5:1-9). 주님이 말씀하신 종말의 징조를 알아보는 감각을 더욱 가꾸어야 하겠습니다(마 24장)

♦ 예레미야 26장 성경칼럼

2절 | 여호와께서 이와 같이 말씀하시니라 너는 여호와의 성전 뜰에 서서 유다 모든 성읍에서 여호와의 성전에 와서 예배하는 자에게 내가 네게 명령하여 이르게 한 모든 말을 전하되 한 마디도 감하지 말라

9절 | 어찌하여 네가 여호와의 이름을 의지하고 예언하여 이르기를 이 성전이 실로 같이 되겠고 이 성이 황폐하여 주민이 없으리라 하느냐 하며 그 모든 백성이 여호와의 성전에서 예레미야를 향하여 모여드니라

"기왕이면 좋은 말로?"

같은 말을 하더라도 듣기 좋고 아름답게 하는 것은 상식입니다. 아부가 아닌 칭찬을 하고 약점을 강점으로 바꿔주는 말을 잘하는 것은 지혜입니다. 잠언에서는 언어의 위력을 매우 강조합니다(잠 11:11, 25:11). 설교자 훈련에서 수사학과 스피치 기술을 배우는 것은 필수입니다. 이런 배경을

가지고 26장의 예레미야를 보게 되면 난처함을 금할 수 없습니다. 현대 설교가의 룰(rule)을 모두 어기고 있기 때문입니다. 성전 문에서의 설교가 청중들의 정서를 전혀 고려하지 않고 선포됩니다. 청중 편에서 볼 때 아예 싸우려고 작정한 것처럼 보입니다.

왜 이런 상황이 발생되었을까요? 가장 중요한 원인은 예레미야는 선지자, 즉 대언자이기 때문입니다. 하나님께서 주신 말씀을 한 마디도 감하지 말고 대언하라는 명령을 받았습니다(2절). 자기 생각이나 뜻이 아닌 하나님의 말씀만 전하라는 명령은 지금의 설교자에게도 불변의 원리입니다. 여기에 설교자는 성경 전부를 전하라는 원리가 추가됩니다. 성경 전부는 성경 전체에 나타난 하나님의 뜻을 의미하며 세속의 이물질을 섞어서 전하면 안 된다는 것입니다.

당시의 수많은 거짓 선지자는 청중에게 심판은 없다고 하며 평강을 외쳤습니다. 그런데 외곽에서 떠돌던 예레미야가 이제 성전까지 와서 회개와 심판을 예언하니 대충돌이 일어날 수밖에 없습니다. 그들은 영광의 성전이 이전의 실로가 폐허가 된 것처럼 될 수 있다는 예레미야의 말에 소위 꼭지가 돌았습니다(6절). 제사장과 선지자와 그 추종자에게 비상이 걸렸고 성전 뜰로 몰려들었습니다.

이대로 가면 자신들의 입지가 흔들리고 기득권을 뺏긴다는 생각에 대뜸 나온 말이 '너를 반드시 죽이겠다'입니다(8-9절). 진검승부의 대세는 결정된 것 같았지만 하나님의 세계는 늘 남은 자, 즉 경건한 소수가 있었습니다(16-17절). 고소 사건이 진행되면서 고관들과 장로 몇 사람이 일어나 예레미야를 변호합니다(17-19절). 히스기야 시대의 미가 선지자가 소환되고 예레미야를 제거하려는 종교인들의 시도는 무산됩니다.

26장의 여운은 예레미야와 같은 반열에서 심판을 외치던 선지자 우리야의 행로입니다(20절). 죽음을 무릅쓰고 꿋꿋했던 예레미야와는 달리 그는 죽음을 두려워하며 애굽으로 피신합니다(21절). 양국의 인도 협정에 따라 소환된 우리야의 비참한 죽음은 신앙의 절개가 얼마나 소중한지를 보여줍니다(22-23절). 예레미야가 아히감의 손길을 통해 살아나는 것은 사명자를 보호하시는 원리가 적용된 것입니다(24절). 지금 호흡하고 있는 우리는 복음의 사명자입니다(딤후 4:2).

♦ 예레미야 27장 성경칼럼

11절 | 그러나 그 목으로 바벨론의 왕의 멍에를 메고 그를 섬기는 나라는 내가 그들을 그 땅에 머물러 밭을 갈며 거기서 살게 하리라 하셨다 하라 여호와의 말씀이니라 하시니라

13절 | 어찌하여 당신과 당신의 백성이 여호와께서 바벨론의 왕을 섬기지 아니하는 나라에 대하여 하신 말씀과 같이 칼과 기근과 전염병에 죽으려 하나이까

"바벨론 항복 요구의 이유?"

인생은 선택의 연속으로 되어 있습니다. 매 끼니 선택부터 평생 중요한 배우자 선택까지 한이 없습니다. 국가적으로 가장 큰 선택은 멸망의 위기를 당할 때입니다. 국방력은 무너지고 지도력이 사라진 상태에서 주변국이 침공합니다. 이때는 최선이 아닌 차악의 선택만이 가능합니다. 유다가 멸망이 결정된 시드기야 왕 때에 두 선택이 팽팽히 맞서고 있습니다. 1절에서 여호야김이라고 표기된 것은 이어서 나오는 내용(3, 12절, 28:1)을 보면 시드기야이고 필사자의 오기인 것이 분명합니다. 성경은 오기를 수정하지 않고 그대로 둠으로서 역설적으로 후대의 인간 간섭이 없었음을 증명합니다.

참된 선지자들은 바벨론(갈대아)에 항복하라고 대언합니다. 거짓 선지자들과 정치 지도자들은 주변국과 연맹하여 맞서자고 주장합니다. 주변국은 에돔, 모압, 암몬, 두로, 시돈, 애굽입니다(2절). 바벨론에 항복하는 것이 왜 하나님의 뜻인지는 성경을 통전적으로 볼 때 드러납니다. 세상 정서와 인간 감정은 항복을 수치스러운 프레임으로 만들어 놓았기 때문입니다. 바벨론이 강성하다 할지라도 다른 나라와 동맹을 맺어 맞서는 것이 대의라고 볼 수도 있는 것입니다.

바벨론에 항복하는 것이 대세가 아닌 가운데 하나님의 설득이 주어집니다. 외적 이유는 항복이 전쟁을 벌여 당하는 살상보다 생명을 보존할 수 있다는 것입니다. 그보다 중요한 내적 이유는 항복의 길이 영적 명맥을 이을 수 있다고 말씀하십니다. 바벨론의 타민족 정책은 북이스라엘을 정복한 앗수르의 흩어버리는 것과 반대입니다. 민족 종교를 인정해 주고 공동체를 모으고 살도록 하였습니다.

영성정권은 무너졌지만 여호와 신앙의 남은 자가 좋게 보존되고 돌아오게 된다는 약속입니다(렘 24:5-7).

(렘 24:5) "이스라엘의 하나님 여호와께서 이와 같이 말씀하시니라 내가 이곳에서 옮겨 갈대아인의 땅에 이르게 한 유다 포로를 이 좋은 무화과 같이 잘 돌볼 것이라"

반대로 이방 열국과 동맹을 맺는 것은 나라를 지키는 것도 실패할 뿐더러 세속 나라의 우상숭배로 가는 첩경입니다. 영성정권과 세속정권의 주제는 역대하 24장 칼럼에 기술하였습니다.

죄의 대가로 멸망이라는 징벌을 받지만 그 과정에서 하나님의 섭리가 역사하는 것이 바벨론 포로생활인 것입니다. 줄과 멍에의 상징적 행위를 통해 유다와 주변 열국들에게 경고하였지만 순종은 없었습니다(3-15절). 거짓 선지자들은 바벨론에 빼앗긴 성전 기구들이 되돌아 올 것이라고 허풍을 치지만 거짓말입니다(16-22절). 나의 아집과 세속의 사조가 하나님의 뜻을 거스르지는 않는지 감각을 가다듬게 됩니다(사 33:2).

♦ 예레미야 28장 성경칼럼

9절 | 평화를 예언하는 선지자는 그 예언자의 말이 응한 후에야 그가 진실로 여호와께서 보내신 선지자로 인정 받게 되리라

16절 | 그러므로 여호와께서 이와 같이 말씀하시되 내가 너를 지면에서 제하리니 네가 여호와께 패역한 말을 하였음이라 네가 금년에 죽으리라 하셨느니라 하더니

"까불다간 죽는다"

재롱을 부리는 아이들은 귀여워서 사랑과 용돈이 나갑니다. 그런데 재롱은 까부는 단계로 가기가 쉬워서 그 때부터 문제가 생깁니다. 까분다는 것은 가볍고 건방지고 주제넘게 행동하는 것입니다. 가정과 사회에서는 그럭저럭 용납되지만 권력의 현장에서는 사정이 달라집니다. 파워게임이 작렬하는 권력현장은 생사가 오가는 곳이기에 까부는 것을 봐주지 않습니다. 소위 '최고 존엄을 모독했다'와 '역린을 건드렸다'는 것은 용서할 수 없다는 의도가 담긴 말입니다. 이 단계가 무서운 것은 대부분 사전의 통보나 경고 없이 제거가 된다는 사실입니다.

까부는 것이 주제가 된 이유를 28장을 읽으신 분들을 금방 아실 것입니다. 하나님과 참된 선지자에게 한껏 까부는 하나냐가 등장합니다. 하나님의 대언의 말씀을 받지 못했음에도 받은 것처럼 예언합니다(2절). 예레미야와 정반대로 하나님께서 바벨론 왕을 꺾었고 성전 기구들도 2년 안에 되

돌아 올 것이라고 자신합니다(3절). 거짓 선지자의 특징은 하나님의 뜻이 아니라 대중들이 좋아하는 것을 전하는 것입니다. 가짜를 계속 말하면 나중에는 진짜라고 믿는 심리를 이용합니다. 선전선동에 약한 대중에게 의식화와 여론화와 조직화와 문화화와 성역화의 순서를 가는 것은 예나 지금이나 변함이 없습니다.

인간의 대세를 만들어 하나님을 대적하는 하나냐는 거짓을 넘어 신성모독의 죄악을 짓고 있습니다. 하나님 앞에서 경거망동하는 하나냐를 대하는 예레미야의 모습은 획기적입니다. 같이 대놓고 토론하고 싸우기보다 거짓 예언이지만 그렇게 되면 나도 참 좋겠다고 아멘 합니다(6절). 그리고 대응한 것이 예언은 열매로 실증될 때 진위가 결정된다고 한 것입니다. 이전의 선지자들이 전쟁과 평화를 서로 다르게 예언했지만 실제로 응한 예언자가 참선지자였다고 말합니다(7-9절).

하나님 예언의 특징은 완전 성취이기에 선지자가 자기 판단을 담으면 안 됩니다. 분노에 찬 하나냐는 예레미야의 목에 있는 멍에를 빼앗아 꺾는 폭력을 행사합니다(10-11절). 하나님과 관계가 없는 자들이 교회와 성도에게 하는 망발과 같은데 반드시 징벌을 받게 되어 있습니다. 강력한 쇠 멍에가 만들어져 연맹한 나라에게 씌워지고 바벨론 왕을 꼼짝없이 섬기게 된다고 선포합니다(13-14절).

거짓 예언을 하여 백성들을 선동하고 하나님과 선지자를 모독한 하나냐에게 사형 선고가 떨어집니다(15-16절). 이 예언은 경고를 주시는 자비하신 하나님을 계시하지만 회개하지 않는 하나냐는 두 달 만에 죽습니다(1, 17절). 예레미야는 불필요한 논쟁을 피하면서 잘못을 지적하는 성숙함으로 하나님의 사람임을 증명하였습니다. 사역의 열매는 결국 하나님과의 관계에 달렸다는 깨달음이 깊어 갑니다(빌 2:5).

♦ 예레미야 29장 성경칼럼

6절 | 아내를 맞이하여 자녀를 낳으며 너희 아들이 아내를 맞이하며 너희 딸이 남편을 맞아 그들로 자녀를 낳게 하여 너희가 거기에서 번성하고 줄어들지 아니하게 하라

11절 | 여호와의 말씀이니라 너희를 향한 나의 생각을 내가 아나니 평안이요 재앙이 아니니라 너희에게 미래와 희망을 주는 것이니라

"말로만 위로?"

곤경에 처하여 어려움을 겪는 사람에게는 위로가 필요합니다. 위로는 말로 하는 것이라는 선입견을 가지고 있는데 그건 1차원입니다. 고통을 해결해 주거나 여건을 만들어 주는 것이 최상의 위로입니다. 어쩌면 말로만 하는 위로는 언어의 공해가 될 수도 있습니다. 세상에서 최고의 위로는 두둑한 봉투라는 말은 우스갯소리가 아닙니다. 우리가 받는 하나님의 위로는 상상하기 힘든 선물이 듬뿍 담겨 있습니다.

이것을 증명하고 있는 내용이 29장에 펼쳐집니다. 시드기야 재위 초기에 바벨론의 1차 포로 민에게 예레미야의 편지가 전달됩니다. 29장에는 4편의 편지가 소개되는데 예레미야가 3편, 스마야가 스바냐에게 보낸 1편(26-28절)입니다. 유다에게 있어서 바벨론 포로생활은 외적으로 보면 치욕적이었을 것입니다. 선민의 긍지와 자부심은 무너지고 하나님에 대한 의심과 원망도 쌓일 수 있습니다. 이 상황에서 거짓 선지자들은 예언을 빙자해 포로생활은 금방 해결된다고 외치고 있습니다.

예레미야는 포로 민에게 거짓에 속지 않도록 하고 바벨론에서의 포로생활이 어떤 목적인지를 알립니다. 바벨론 포로생활은 불순종의 징계이지만 하나님 언약의 말소가 아닙니다. 백성들의 회개를 통해 영적 성숙이 이루어지고 진정한 언약의 본질로 가는 과정입니다. 회당이 만들어짐으로 지금까지 예루살렘에서만 제사가 가능하다는 성전 중심의 신앙이 극복되는 계기가 됩니다. 이런 관점에서 바벨론의 생활을 장기적 계획을 세우고 정상적으로 살 것을 지시합니다. 집을 지어 안정을 취하고 결혼하여 자녀도 많이 낳고 바벨론의 안정을 위해 기도하라고 합니다(4-7절). 굴종하며 무기력하게 살아도 안 되고 무장 투쟁하는 길을 가도 안 됩니다.

국수주의자의 눈에는 매국노 같은 주장이지만 하나님의 섭리에서 보면 정상적 생활과 기도에는 큰 선물이 담겨 있습니다. 바로 70년 후에는 성숙한 큰 무리가 되어 고토로 귀환한다는 약속입니다(10절). 말로만의 위로가 아니라 거룩하고 실제적인 미래와 소망이 포로생활 안에 담겨 있었던 것입니다(11절). 이 소망을 붙든 자가 해야 할 일은 하나님께 나아와 기도하는 것입니다(12-13절).

이 기도가 하나님의 뜻을 좌우하는 것은 아니지만 하나님의 사역에 동참하는 영광을 누리도록 합니다. 기도할 때 하나님의 마음을 알게 되고 한편이 되므로 기도의 응답 이상의 복을 받게 됩니다. 점진적으로 이루어지는 구속사가 바벨론 포수 기간을 통해 진전되어 가고 있습니다. 우리가 하나님의 비밀인 그리스도를 경험하는 교회에 들어온 것은 신비한 은혜입니다(골 2:2-3).

♦ 예레미야 30장 성경칼럼

4절 | 여호와께서 이스라엘과 유다에 대하여 하신 말씀이 이러하니라

"구원받는 사람의 숫자?"

맹랑한 질문이 있고 난해한 질문도 있으며 불경스런 질문도 있습니다. 대답하기 어렵고 정답을 내기도 힘들 때도 있습니다. 성경을 연구하다 보면 그런 질문이 나오게 되는데 그 중의 하나가 '구원받는 자의 숫자'에 관한 것입니다. 숫자는 인간 영역 밖의 문제이고 정확히는 인간 중에 구원받는 자의 확률(%)이 얼마나 되느냐입니다. 하나님의 전능성과 사랑하심으로 볼 때 많아야 하는 것이 맞는 것 같습니다. 하지만 성경 내용과 현실 상황을 점검할 때 구원받지 못하는 자가 압도적으로 많다는 것은 확실합니다.

이스라엘의 남은 자 사상과 예수님의 좁은 문 선택 이야기는 구원자가 적을 것이라는 느낌을 줍니다. 물 심판(노아의 홍수)과 불 심판(소돔과 고모라) 때에도 구원자는 소수이었습니다. 그러면 구원자의 퍼센트가 낮을 것이라는 결론으로 끝날까요? 그렇지 않다는 성경의 증거를 찾아보겠습니다. 일단 믿음의 조상 아브라함에게 주신 자녀에 대한 언약입니다.

(창 22:17) "내가 네게 큰 복을 주고 네 씨가 크게 번성하여 하늘의 별과 같고 바닷가의 모래와 같게 하리니 네 씨가 그 대적의 성문을 차지하리라"

영적으로 볼 때 교회시대를 사는 성도들은 아브라함과 이삭의 후손입니다. 지금 우리가 사는 세대는 예수님을 믿는 자가 소수이지만 종말 시에는 전 세계적인 기회가 주어진다는 예언도 있습니다(마 24:14). 종교다원주의의 범 구원론은 사단이 배후에 있으므로 타종교를 통한 구원은 부인해야 합니다(행 4:12). 30장은 이 난해한 주제에 대한 힌트를 조금이나마 제공합니다.

북이스라엘과 남유다가 멸망한 후에 포로생활에서 회복이 이루어지면서 둘은 함께 묶이게 됩니다(3, 4절). 분명히 북이스라엘은 단체적으로는 신정왕국과 상관이 없지만 다윗 언약 이전의 아브라함 언약이 적용되었습니다. 남북 분열왕국 시대에 남은 자들이 각각 있었고 새로운 구원자에 의한 새 언약의 시대가 도래하였음을 알립니다(11절). 바벨론 포로 해방 기사에 메시야를 은유하는 표현이 등장하는 이유입니다. 다윗과 야곱이 나오고 메시야만이 할 수 있는 치유와 회복이 일어납니다(9-10절, 12-17절). 국토와 성읍과 농토와 결실이 회복되는데 그리스도의 사역으로 성취될 피조세계를 예표 합니다(18절). 왕권이 회복되면서 언약의 갱신이 주어지는데 죄악의 처리가 선결조건입니다(19-24절).

이 과정의 명확한 메시지는 구원에 있어서 하나님의 공의와 은혜의 집행만이 확실하다는 것입니다. 공의와 사랑이 너무 커서 구원의 확률에 대한 궁금증은 어느새 사라진 것을 느끼게 됩니다. 선민들이 적지에서 구원의 소망으로 산 것처럼 우리도 호기심을 넘어 은혜를 먹고 삽니다.

(롬 5:5) "소망이 우리를 부끄럽게 하지 아니함은 우리에게 주신 성령으로 말미암아 하나님의 사랑이 우리 마음에 부은 바 됨이니"

♦ 예레미야 31장 성경칼럼

31절 | 여호와의 말씀이니라 보라 날이 이르리니 내가 이스라엘 집과 유다 집에 새 언약을 맺으리라

33절 | 그러나 그 날 후에 내가 이스라엘 집과 맺을 언약은 이러하니 곧 내가 나의 법을 그들의 속에 두며 그들의 마음에 기록하여 나는 그들의 하나님이 되고 그들은 내 백성이 될 것이라 여호와의 말씀이니라

"새 언약, 새 책임"

작은 모임부터 시작하여 나라에 이르기까지 다른 법과 문화가 있습니다. 이 차이가 너무 크면 충격을 받고 적응할 수 없어 그 곳에서 살 수 없습니다. 성경 전반에 흐르고 있는 핵심 산맥의 하나가 언약입니다. 언약은 법과 문화보다 깊은 의미를 가지고 있어 체제라고 이해하면 좋을 것 같습니다. 성경에서 언약은 옛 언약과 새 언약으로 구분됩니다. 흔히 구약은 옛 언약이고 신약은 새 언약이라고 나누지만 구약에서도 새 언약의 적용은 일어납니다.

31장에는 구약에서 유일하게 새 언약이라는 단어가 나타납니다(31절). 구약의 많은 곳에서 새 언약은 영원한 언약(32:40), 한 마음(겔 11:19), 새 영(겔 36:26), 화평의 언약(사 54:10), 나의 언약(사 59:21)등으로 묘사되어 있습니다. 새 언약은 즉흥적으로 나온 것이 아니라 하나님의 섭리 안에 있었다는 증거입니다. 31장의 구조는 북이스라엘과 남유다의 회복이 차례로 나오면서 민족 공동체의 회복을 선언합니다(1-26절).

북이스라엘의 회복은 그동안 물밑에 흐르던 아브라함 언약과 남은 자 사상의 확대 적용 성격이 있습니다. 자기 백성이 범죄 하여 징계할지라도 다시금 긍휼을 베푸시는 하나님을 계시합니다. 여기서 옛 언약과 새 언약의 연속성과 불연속성이 함께 부각됩니다. 옛 언약과 새 언약은 동일한 대상(하나님과 이스라엘)이 동일한 관계(하나님의 백성)를 맺는 것으로 연속성을 가지고 있습니다(31-32절). 이스라엘의 옛 언약 실패는 인간의 불완전 때문에 일어났습니다. 옛 언약은 외적인 제례와 의식으로 행동의 준수를 강제적으로 요구하였습니다. 결과는 이스라엘이 율법을 지키는 것은 불가능한 것으로 드러나고 실패 선고를 받습니다(갈 3:19).

이제 하나님께서 강제적 요구로 이루어진 옛 언약과 다른 새 언약을 '인간의 속'에 주십니다. 인간의 심성과 동기를 새롭게 창조해 주시겠다고 하신 것이 새 언약의 본질입니다(33절). 하나님께 기쁘게 자발적으로 복종할 수 있는 마음과 사랑을 주었습니다(34절). 새 언약은 돌판이 아닌 인간의 심비에 새겨지고 성령께서 감동하셔서 행동하게 한 것입니다(고후 3:3).

여기에 새 언약을 받은 자들의 책임이 있습니다. 하나님의 놀라운 새 언약의 은총을 받은 것은 우리를 인격적으로 대우하셨다는 뜻입니다. 성령님과 인격적으로 함께 하는 새 언약에 대한 우리의 반응은 자원하는 충성이어야 합니다. 성령을 소멸하지 말고(살전 5:19) 탄식시키지 않는(롬 8:26) 신자로서의 책임은 옛 언약보다 더 무거운 것이 실상입니다. 옛 언약 시대에 다윗이 통회 자복하면서 자신의 마음을 내놓는 장면은 성경의 명장면입니다.

(시 51:10) "하나님이여 내 속에 정한 마음을 창조하시고 내 안에 정직한 영을 새롭게 하소서"

♦ 예레미야 32장 성경칼럼

15절 | 만군의 여호와 이스라엘의 하나님께서 이와 같이 말씀하시니라 사람이 이 땅에서 집과 밭과 포도원을 다시 사게 되리라 하셨다 하니라

41절 | 내가 기쁨으로 그들에게 복을 주되 분명히 나의 마음과 정성을 다하여 그들을 이 땅에 심으리라

"나의 마음과 정성"

누가 나에게 마음과 정성을 다하여 섬기겠다고 하면 어떻게 반응하시겠습니까? '누가'가 누구인지에 따라 다른 반응이 나올 것입니다. 유력자일 경우에는 신나는 혜택을 받을 것이고 사기꾼이라면 위험 경고를 발동해

야 합니다. 성경을 깊이 읽으면 나에게 주는 주관적 말씀이 있습니다. 이를 '레마'라고 하는데 객관적 말씀인 '로고스'와 구별되어 역사하는 말씀이라는 뜻입니다. 눈이 자꾸 가고 생각에 들어와 있고 기도의 응답으로 열매가 맺혀지면 인생의 레마 말씀입니다. 특별히 고난과 난관 속에 있을 때 힘이 되고 해결의 지혜를 준다면 레마가 분명합니다.

저의 레마 말씀 중에 상위에 있는 구절이 41절로서 초신자 때에 받았습니다. 전지전능하시고 사랑이 풍성하신 하나님께서 나를 마음과 정성을 다하여 가꾸겠다고 하십니다. 하나님이 어떤 분인지를 알고 있기에 이 약속은 나에게 천하무적의 힘을 계속 주었습니다. 어려움이 왔을 때 그 과정이 하나님의 마음과 정성이라고 변환하면 기쁘게 능히 헤쳐 나갈 수 있었습니다. 물론 이 말씀은 예레미야를 통해서 이스라엘의 회복을 약속하신 것입니다. 하지만 나도 구속사에서 언약 백성에 속하고 하나님의 자녀이니 레마로 적용해도 무리가 아닙니다.

32장의 배경은 시드기야 10년(B.C.587년)이고 멸망 1년 전의 예루살렘성이 포위되었을 때입니다(1-2절). 예레미야는 왕과 신하들의 심기를 건드려 감옥에 갇힌 상태입니다. 하나님의 해결을 기대한 그들에게 멸망의 예언을 했던 것입니다(38:1-6). 참된 선지자는 세상을 두려워 하지 말고 하나님만 의식하고 대언해야 합니다.

(행 4:19) "베드로와 요한이 대답하여 이르되 하나님 앞에서 너희의 말을 듣는 것이 하나님의 말씀을 듣는 것보다 옳은가 판단하라"

몸은 감옥에 있지만 예레미야에게는 확실한 소망의 말씀이 주어집니다. 나라가 멸망하는 시점에 사촌인 하나멜에게 밭을 사라는 명령을 받습니다. 이 이야기가 길고 자세하게 나오는 이유는 무엇일까요?(6-25절) 선지자가 밭을 사는 행위를 통해 장차 농사를 지을 수 있는 환경이 반드시 온다는 것을 백성들이 알도록 하는 것입니다. 갈등하는 예레미야에게 피할 수 없는 보응을 해명하시는 '대화의 하나님'을 뵙게 됩니다(26-35절).

멸망이 언약 백성의 끝이 아니며 언약 갱신을 통한 회복과 주어질 복을 말씀하십니다. 포로 이후의 새로운 언약 공동체를 계시함으로서 신실하심을 나타내십니다. 성경을 사모하며 묵상할 때 인간이 눈치 채지 못하는 하나님의 최선을 발견합니다. 신자의 고난은 하나님의 마음과 정성을 다하는 열심을 경험하는 마당이 됩니다. 이 현장에서 나의 마음과 정성을 다한 충성이 있기를 소원합니다(38-42절).

♦ 예레미야 33장 성경칼럼

2절 | 일을 행하시는 여호와, 그것을 만들며 성취하시는 여호와, 그의 이름을 여호와라 하는 이가 이와 같이 이르시도다

3절 | 너는 내게 부르짖으라 내가 네게 응답하겠고 네가 알지 못하는 크고 은밀한 일을 네게 보이리라

"하나님과 예레미야"

칼럼 제목이 거슬리고 불경스럽다는 느낌이 드실 것입니다. 대등하거나 동류일 경우에 쓰는 표현을 절대 그렇지 않은 관계에 사용했기 때문입니다. 32장에서 하나님과 예레미야가 대화를 하는 장면에서 하나님의 자상함을 확인한 바 있습니다. 33장은 더 나아가 하나님께서 선지자를 하나님의 비밀의 세계로 초대하고 있습니다. 목적은 이스라엘의 영원한 회복을 말씀하기 위해서입니다.

나라가 멸망 직전이고 선지자는 감옥에 갇힌 상황에서 상상도 못할 영원한 회복을 계시하시는 것입니다. 이 말씀이 상상도 못할 내용이라는 것은 이스라엘에게만 해당하는 것이 아니라는 것에 있습니다. 구약의 예언서를 읽으면서 혼동되고 어려운 것이 이 부분입니다. 이스라엘의 회복과 주님의 초림과 마지막 재림의 심판이 겹쳐 있는 예언이 많습니다. 바벨론 포로귀환의 구원과 십자가의 완전한 구속과 종말의 심판이 확연하게 구분되지 않습니다. 30장부터 33장까지 이스라엘의 멸망과 회복을 예언하면서 계속 메시야의 사역이 겹쳐 있는 이유입니다.

예레미야는 하나님의 예언자로서 이 비밀을 다 알고 전하지는 않았을 것입니다. 하지만 하나님 입장에서는 자기 종이 하나님 세계의 경륜을 알아차리기를 바라신 것 같습니다. 하나님의 전능성과 신실하심을 강조하며 이 크고 은밀한 일을 알라고 말씀합니다(2절). 아는 방법은 부르짖는 것인데 간절함과 절박함을 가진 기도를 의미합니다(3절). 자기 노력이 안 들어간 것을 귀하게 여기지 않는 인간의 성정 때문에 절박한 기도는 꼭 필요합니다.

그러면 여기서 하나님께서 이루실 크고 은밀한 사역이 무엇인지를 알 때가 되었습니다. 1차적으로는 포로 귀환의 기적과 함께 주어질 풍요로운 삶의 약속입니다(6-13절). 풍요로운 삶은 하나님과의 관계가 회복될 때 주어지는 축복입니다(14절). 이보다 더 놀라운 열매는 사멸된 것 같았던 다윗 왕권의 의로운 회생과 제사장직의 복원입니다(15절). 이것은 포로 귀환 시에 이루어지지만 메시야의 사역으로 완성됨을 계시합니다. '의로운 가지(15절)'와 '여호와 우리의 의(16절)'라는 것은 메시야를 상징하는 강력한 표현입니다.

마지막 크고 비밀한 일은 메시야의 영원한 왕권과 제사장 직이 현실에서 계승되는 것입니다. 인간의 실패로 중단되었던 왕 직과 제사장 직이 메시야의 성취로 속죄를 입은 자들에게 주어집니다(벧전 2:9). 다윗의 자손과 레위인의 자손이 셀 수 없는 하늘의 만상 같게 하신다는 것은 신약성도의 번성임이 분명합니다(22절). 하나님의 비밀을 먼저 안 예레미야 옆에는 필사자인 바룩이 있었는데 가장 큰 영적 혜택을 누렸을 것입니다(45:1). 하나님 방향에 가까울수록 하나님의 크고 놀라운 경륜을 체험할 수 있습니다.

♦ 예레미야 34장 성경칼럼

11절 | 후에 그들의 뜻이 변하여 자유를 주었던 노비를 끌어다가 복종시켜 다시 노비로 삼았더라

18절 | 송아지를 둘로 쪼개고 그 두 조각 사이로 지나매 내 앞에 언약을 맺었으나 그 말을 실행하지 아니하여 내 계약을 어긴 그들을

"탐욕의 힘 vs 언약의 힘"

10억원을 준다면 범죄를 저지르고 감옥에 갈 수 있다는 대학생이 52%로 나온 2018년 기사가 있습니다. 감옥에 가고 전과자가 되어도 돈을 택하겠다는 사회 현상은 현재 더 심해졌을 것입니다. 정의와 정직에 생명을 걸어야 할 젊은이들이 기성세대를 따라 탐욕의 힘 앞에 무너지는 모습을 목격합니다. 성경에서 선민의 타락은 이 집단적 탐욕의 힘을 놓치면 이해할 수 없습니다. 하나님과의 언약을 지키려 하다가도 어느새 자신을 사로잡고 있는 탐욕의 우상 앞에 무릎을 꿇는 일은 예나 지금이나 동일합니다.

34장은 앞선 위로의 책(30-33장)이 마감되고 현실 상황에서 다시 시작됩니다. 시드기야 왕에게 임한 예언의 핵심은 예루살렘 성이 바벨론에게 넘어가 불태워진다는 것입니다(1-2절). 시드기야는 반란죄로 체포되어 포로가 잡혀가지만 칼이 아닌 평안히 죽을 것이라고 말씀합니다(3-5절). 시

드기야는 선대 왕인 여호야김과 같은 척살은 피하지만 두 눈이 뽑혀서 압송되는 수욕을 당합니다(왕하 25:7). 이어서 나오는 백성들에 대한 경고는 읽는 이의 마음을 서늘하게 합니다. 시드기야 시대에 실제적으로 있었던 사건을 통해 선민이 언약을 저버리는 것이 얼마나 쉬운지를 알게 합니다.

예루살렘 성 근처의 라기스와 아세라의 두 성을 빼고는 모두 바벨론에 함락되어 극한 위기에 처했던 시기입니다. 왕과 백성들은 위기감에 하나님을 기쁘시게 할 것을 찾기 시작했고 그 묘안이 히브리 노비의 해방이었습니다. 전쟁의 재난 속에 가난한 자들이 동족 노예로 속출되었는데 율법에는 7년째에 놓아주어야 합니다(신 15:12-18). 노예를 부리는 탐욕은 그 힘이 강력해서 포기하기 힘들었는데 이를 실행하겠다는 운동이 벌어진 것입니다. 하나님의 율법을 환경의 압박에 의해 지키게 되었는데 이를 번개하는 사건이 발생합니다. 바벨론 군대가 애굽 군대의 공격을 물리치기 위해 예루살렘의 포위를 풀고 잠시 떠나게 된 것입니다(37:5). 율법을 준수하겠다는 서약은 휴지처럼 버려지고 자유를 주었던 노비를 다시 끌어다가 복속시킵니다(11절).

이 행동은 인간이 인간에게 한 것이었지만 근본적으로 하나님을 기만한 것입니다. 하나님과 인간의 언약은 지키면 축복이고 어기면 저주로 기본 설정되어 있습니다. 하나님께서 유다 백성에게 칼과 전염병과 기근과 여러 나라에 흩어지는 저주를 선포합니다(17절). 그리고 이 심판의 당위성을 증명하는 저주 성 언약식을 소환합니다(18-19절). 하나님과 아브라함 사이에 있었던 송아지를 둘로 쪼개는 언약식입니다(창 15:4-18). 코부터 척추까지 두 쪽으로 가른 제물 사이로 걸어감으로서 언약을 어긴 자는 제물처럼 죽게 된다는 것입니다. 이 언약적인 저주에 의해 유다 백성들의 시체가 짐승의 먹이가 되는 것입니다(20절).

신약의 성도들도 새 언약을 어기면 용서가 없습니다. 모든 죄는 대속으로 용서받지만 성령님을 훼방하는 죄(예수님의 속죄를 부인하는 자)는 다른 구원의 길이 없음을 각인해야 합니다(마 12:31-32). 34장은 탐욕의 우상 앞에 복음을 훼손하는 이 시대에 대한 경고장입니다.

♦ 예레미야 35장 성경칼럼

16절 | 레갑의 아들 요나답의 자손은 그의 선조가 그들에게 명령한 그 명령을 지켜 행하나 이 백성은 내게 순종하지 아니하도다

19절 | 그러므로 만군의 여호와 이스라엘의 하나님께서 이와 같이 말씀하시니라 레갑의 아들 요나답에게서 내 앞에 설 사람이 영원히 끊어지지 아니하리라 하시니라

"꼭 레갑 사람들 같다"

마치 은어처럼 들리는 이 문장은 성경을 읽어야만 알아들을 수 있습니다. 나아가 그 의미도 신앙에 따라 아주 다양하게 사용될 수 있습니다. 금주와 장막생활과 유랑생활을 하는 그들과 현대인은 접목이 어렵습니다. 이미지 상으로 영적 편향으로 보이고 사회 부적응자로 분류할 수도 있을 것입니다. 기독교 도사와 같은 느낌이 나고 이단들이 세속을 떠나 집단생활을 하는 모습과 비슷하기도 합니다. 유대교의 에세네 파나 중세시대의 수도자 같은 이미지를 주어 소수 집단임을 각인시킵니다.

이상이 레갑 사람들(족속)들의 외적 이미지라면 성경은 이들을 독특한 영적 위치에 올려놓습니다. 예레미야가 여호야김 시대(B.C.602년)로 역행하여 레갑 족속을 소환한 이유는 이들의 순종에 있습니다(1절). 지독하게 하나님의 말씀을 불순종하는 이스라엘 백성과 대조하여 레갑 족속을 부각

시킵니다(16절). 레갑 사람들은 본래 아브라함의 후손이 아닌 이방의 겐 족속 출신입니다(대상 2:55). 모세의 장인 이드로의 후손으로 보이며 유목민의 한 지파입니다.

그들은 레갑의 아들인 요나답(B.C.830년 경)이 한 생활 명령을 200여 년 이상 굳건하게 지켜왔습니다. 금주는 절제 생활과 맑은 정신의 헌신을 위해 필수적입니다. 집을 갖지 않는 생활은 세상의 재물을 탐하지 않으므로 시기와 긴장으로부터의 해방을 줍니다. 농사를 짓지 않고 정착 없이 유랑하는 장막 생활은 천국 백성의 본질인 순례자의 삶으로 영성을 키우게 합니다. 이상의 생활은 세속에서 볼 때 은둔과 격리의 나쁜 이미지를 덮어씌울 수도 있습니다.

하지만 하나님의 명령은 '선민은 거룩하라(레 11:45)'이고 이 뜻은 분리되어 산다는 것으로 레갑 사람들의 생활과 같습니다. 참된 선지자가 이스라엘의 황금시대를 광야에서 하나님을 따르던 때라고 한 것은 역설적 은혜를 외친 것입니다.

(렘 2:2) "가서 예루살렘의 귀에 외칠지니라 여호와께서 이와 같이 말씀하시기를 내가 너를 위하여 네 청년 때의 인애와 네 신혼 때의 사랑을 기억하노니 곧 씨 뿌리지 못하는 땅, 그 광야에서 나를 따랐음이니라"

후대의 이스라엘이 얼마나 하나님께 불순종하고 패역했으면 광야 때의 순종을 그리워하겠습니까?

조상 요나답의 명령에 따라 성별된 생활로 훈련받은 레갑 사람들에게 축복과 사명이 주어집니다. 심판받아 외적으로 끊어지는 이스라엘(17절)과 반대로 '하나님 앞에 서는 사람'이 영원히 끊어지지 아니할 것을 약속하십니다(19절). 후대 레갑의 후손들은 유랑생활로만 떠돈 것이 아니라 하나님 앞에 서는 성전의 일에 쓰임받았습니다. 성전 재건의 시대에 말기야가 성전 본문을 수리하는 사명을 받은 것은 약속의 성취입니다(느 3:14). 그를 벧학게렘 지방을 다스리는 지도자로 소개한 것은 의미심장합니다. 현대 그리스도인에게 레갑 사람처럼 똑같은 생활을 요구하는 것은 여러 문제가 있습니다. 중요한 것은 그들의 순종을 본 받아야 하며 그들의 생활은 숨겨진 '경건한 신앙의 원리'가 명확하다는 사실입니다.

♦ 예레미야 36장 성경칼럼

23절 | 여후디가 서너 쪽을 낭독하면 왕이 면도칼로 그것을 연하여 베어 화로 불에 던져서 두루마리를 모두 태웠더라

31절 | 또 내가 그와 그의 자손과 신하들을 그들의 죄악으로 말미암아 벌할 것이라 내가 일찍이 그들과 예루살렘 주민과 유다 사람에게 그 모든 재난을 내리리라 선포하였으나 그들이 듣지 아니하였느니라

"스파크(spark)가 튀다"

불꽃이 일어나거나 생기가 번뜩일 때 씁니다. 탁월한 아이디어가 생각날 때와 연애감정이 솟아날 때도 사용합니다. 최고의 스파크는 단연 영성이 솟구칠 때입니다. 인간은 육체와 마음과 영혼으로 되어 있어 성령의 은총을 받아야 합니다. 성령님은 하나님의 말씀으로 역사합니다. 그렇다면 특별한 경우를 제외하면 인간에게 영적 불꽃이 일어나는 순간은 말씀을 대할 때입니다.

성경에는 하나님의 말씀을 만났을 때의 여러 반응이 나옵니다. 열왕 중에 하나님의 말씀(두루마리)과 선지자의 예언에 민감하게 반응한 왕은 쓰임을 받았습니다. 인쇄술이 미비했던 시대에 말씀을 만난다는 것은 희귀한

일임을 알 수 있습니다. 지금은 말씀의 홍수시대처럼 보이지만 스파크라는 각도에서 볼 때 역사하는 말씀이 희귀한 것은 동일합니다. 요시야 왕이 힐기야가 발견한 두루마리를 사반이 읽자 바로 옷을 찢고 회개하는 장면은 유명합니다(왕하 22:8-11절). 말씀을 만났을 때 영적 스파크가 일어났고 종교개혁의 근원이 됩니다.

36장에는 여호야김 왕이 말씀을 받고 분노의 스파크가 일어나는 장면이 펼쳐집니다. 그는 요시야의 아들로서 아버지와 다르게 최악의 반응을 나타냈습니다. 예레미야가 구술하고 바룩이 필사한 두루마리는 하나님의 심판이 적혀 있었습니다. 그 내용이 얼마나 참혹한지 중간에 접한 고관들이 놀라서 진위를 확인할 정도입니다(12-18절). 고관들은 말씀이 왕에게 전해지면 바룩과 예레미야의 생명이 걱정되어 그들을 미리 피신시킵니다(19절).

여후디의 낭독으로 전해진 말씀에 여호야김은 극도의 분노 스파크를 튀기며 두루마리를 칼로 베고 화로에 태워 버립니다(23절). 마치 이 말씀은 절대 이루어지지 않도록 없애버리는 의식처럼 보입니다. 히스기야와 요시야가 예언 앞에 통회자복하며 회개하는 모습과 정반대입니다. 이를 지켜보는 처세에 능통한 종교인과 고관들의 군집하는데 혹시 내가 없는지 살펴봅니다.

자상한 훈계도 안 듣고 과격한 경고에도 꿈쩍 않는 유다와 예루살렘은 갈수록 패역해지고 이제는 선지자를 죽이려 합니다. 여호야김에게 시체가 짐승 먹이로 버려지는 죽음의 선고와 자손 멸절의 심판이 떨어집니다(29-30절). 말씀 앞에 침묵의 처세를 한 신하에게는 재난이 선고됩니다(31절). 우리는 하나님의 말씀에 반응하는 것에 따라 신앙의 방향과 결과가 주어지는 것에 놀라야 됩니다.

(요 6:63) “살리는 것은 영이니 육은 무익하니라 내가 너희에게 이른 말

은 영이요 생명이라"

나의 육체와 마음과 영혼을 말씀으로 쪼개어 다시 살기를 원합니다(히 4:12).

♦ 예레미야 37장 성경칼럼

3절 | 시드기야 왕이 셀레먀의 아들 여후갈과 마아세야의 아들 제사장 스바냐를 선지자 예레미야에게 보내 청하되 너는 우리를 위하여 우리 하나님 여호와께 기도하라 하였으니

10절 | 가령 너희가 너희를 치는 갈대아인의 온 군대를 쳐서 그 중에 부상자만 남긴다 할지라도 그들이 각기 장막에서 일어나 이 성을 불사르리라

"자기 생각에 말씀을 맞추려는 사람"

대화를 할 때 늘 자기 이야기만 하는 사람이 있습니다. 남의 이야기를 듣다가도 어느새 끼어 들어 수없이 들었던 그 말을 또 하고 있습니다. 이런 사람은 행동도 자기중심이기 때문에 결국 주변의 친구가 다 떠납니다. 신앙의 성숙이 없는 신자의 특징은 자기 생각에 말씀을 맞추려는 사람입니다. 말씀을 잘 알고 설교를 많이 들어도 자기 이익에 도움이 안 되면 거부하여 영적변화는 없습니다. 자기 생각과 하나님 말씀과의 주도권 문제는 평생 싸워야 할 신자의 현안입니다.

처음에는 잘 안 될지라도 말씀에 자신을 맞추는 추세를 타야 합니다. 가다보면 어느새 말씀이 자신을 이끌어가는 티핑 포인트(전환점)를 만날 수 있습니다. 기도도 하나님의 뜻이 나에게 이루어지는 것이 핵심 정신입니다(마 6:10). 자기 필요만 구하는 이기적 기도가 응답되지 않는 것은 역설적 응답입니다. 37장에는 자신의 생각에 예언을 맞추려는 시드기야와 하나님

의 뜻을 생명 걸고 전하려는 예레미야의 두 차례 만남이 펼쳐집니다.

시드기야는 총 5차례에 걸쳐 예레미야를 대면하여 하나님과의 중재를 요청했는데 목적을 이루지 못합니다. 그는 하나님의 깊은 섭리에 있는 심판의 뜻을 받아들이고 회개해야 했습니다. 하지만 자신의 정책을 인정받아 심판을 면하고자 하는 동기를 고수하여 심판을 면할 수 없었습니다. 시드기야는 바벨론 군대가 애굽을 막으려 잠시 포위를 푼 것(5절)을 친 애굽 정책이 성공한 것인지를 묻고 있습니다. 참된 선지자 예레미야는 절대 그렇지 않다는 것을 확인해 줍니다(7-9절). 예언이 얼마나 확실하게 이루어질 것인가에 대한 멘트가 독특합니다. 바벨론 군대가 다 죽고 부상병만 있더라도 유다의 멸망은 틀림없을 것이라고 증거 합니다(10절).

두 번째 비밀 회동에서도 두리뭉실하게 예언하면 핍박을 면할 수 있었지만 타협하지 않았습니다(17절). 말씀을 자기 이익에 맞추어 변질시키는 순간 선지자의 촛대는 잃는다는 사실을 알고 있습니다. 그는 요나단의 사적 토굴 감옥에 이어 시위대 뜰의 감옥에 갇혀 예루살렘 멸망 때까지 고통을 당합니다(15, 21절). 하지만 사명 감당으로 인한 고난은 그에게 영적 자유를 넓고 깊게 누리도록 하였습니다. 왕권은 있지만 하나님이 없는 초라한 자와 환경은 힘들지만 하나님으로 충만한 자의 실화를 실감나게 보고 있습니다.

그 갈림길은 말씀에 자기 생각을 맞춰 바꾸려는 전투에 달렸음을 목도합니다. 인간 사이는 '타인의 해석(말콤 글래드웰 저)'이 난무하지만 하나님을 향한 나의 섣부른 해석은 위험합니다. 하나님의 소유로서 우리에게 주어진 말씀과 교회와 성령님의 역사를 기대합니다. 예레미야가 붙들었던 말씀이 우리에게 정확하게 도착하였습니다.

(벧전 5:10) "모든 은혜의 하나님 곧 그리스도 안에서 너희를 부르사 자

기의 영원한 영광에 들어가게 하신 이가 잠깐 고난을 당한 너희를 친히 온전하게 하시며 굳건하게 하시며 강하게 하시며 터를 견고하게 하시리라”

♦ 예레미야 38장 성경칼럼

12절 | 구스인 에벳멜렉이 예레미야에게 이르되 당신은 이 헝겊과 낡은 옷을 당신의 겨드랑이에 대고 줄을 그 아래에 대시오 예레미야가 그대로 하매

19절 | 시드기야 왕이 예레미야에게 이르되 나는 갈대아인에게 항복한 유다인을 두려워하노라 염려하건대 갈대아인이 나를 그들의 손에 넘기면 그들이 나를 조롱할까 하노라 하는지라

"예측이 빗나가다"

인생을 살면서 예측이 빗나갈 때 당황합니다. 일상생활에 자주 있는 경조사에 예측이 빗나가서 관계가 어그러지는 일은 빈번합니다. 내가 어려울 때 꼭 도와줄 사람이라는 예측은 안 맞을 확률이 가장 높습니다. 역설적으로 인생은 예측이 안 맞아서 근신하고 겸손해지며 흥미롭습니다. 하나님께서 미래를 알지 못하도록 설정해 놓으신 이유이기도 합니다(전 7:14).

신앙의 비밀 중의 ‘의외의 인물 등장원리’가 있습니다. 하나님께 쓰임 받는 자들이 정통 코스에서 나오는 것보다 외부에서 투입되는 경우도 있습니다. 모세는 애굽에 있는 이스라엘 백성들에게는 의외의 인물이었습니다. 사울이었던 바울은 초대 기독교인 입장에서 예상치 못한 출현입니다. 에스더 시대에 하만을 막대에 달게 한 궁중 내시 하르보나는 갑자기 등장하였습니다(에 7:8, 에스더 7장 칼럼 참조).

38장에는 예레미야와 시드기야와 고관들이 출연하지만 하나님의 손에

잡힌 한 인물이 등장합니다. 내시 에벳멜렉인데 그의 이름 앞에 구스 인을 강조합니다(7, 10, 12). 구스는 지금의 이디오피아 근경이고 이방출신임을 분명히 하고 있습니다. 예레미야가 말기야의 구덩이 감옥에 갇혀 꼼짝없이 죽게 된 위기에 왕에게 구명을 진언합니다. 상황적으로 보면 그의 역할이 있었기에 예레미야가 살아났다고 볼 수 있습니다. 우유부단하여 두려움에 떠는 시드기야(4-5, 19, 24절)에게 선지자를 죽이면 안 된다는 것을 알립니다. 용기의 근원이 믿음이었음을 후속 기사는 증거 합니다(39:15-18).

그의 믿음 행동은 예루살렘 함락 때에 하나님의 보호와 구원으로 보상됩니다. 예레미야를 구출하는 과정의 신중함과 배려는 사역자의 규범이 되기에 충분합니다(7-13절). 이 사건의 영적 의미는 하나님의 보호 약속은 반드시 지켜진다는 것에 있습니다. 예레미야는 사명의 완수까지 사람의 손에 죽지 않게 하겠다는 약속을 받았습니다(1:8, 19). 이 성취를 위해 에벳멜렉이 준비되었고 시드기야의 성정까지 감안한 하나님의 감동이 있었습니다(10절). 예레미야가 끝까지 영적 절개를 지킨 것도 하나님의 약속을 믿었기 때문입니다(14-23절).

깊은 웅덩이와 기근의 죽음 앞에서 하나님의 도우심이 어떻게 주어질까를 기대하는 선지자가 참 멋집니다. 선지자와의 마지막 면담을 통해서도 불순종하는 시드기야는 악한 열왕들의 종합체입니다. 사람을 통하여 오는 도움을 하나님의 손길로 받아들이는 영성은 정확한 예측을 하게 합니다.

(시 62:6) "오직 그만이 나의 반석이시요 나의 구원이시요 나의 요새이시니 내가 흔들리지 아니하리로다"

♦ 예레미야 39장 성경칼럼

6절 | 바벨론의 왕이 립나에서 시드기야의 눈 앞에서 그의 아들들을 죽였고 왕이 또 유다의 모든 귀족을 죽였으며

8절 | 갈대아인들이 왕궁과 백성의 집을 불사르며 예루살렘 성벽을 헐었고

"가장 믿었던 것이 깨졌다"

사람마다 절대 믿어야 할 것이 다릅니다. 사람을 믿고 살기에는 배신의 경험이 너무 많아 사람은 대부분 제외시킵니다. 돈과 권력을 믿지만 역시 한계가 분명합니다. 오히려 물리적 세계에 믿을 만한 것이 많습니다. 중력의 법칙을 믿고 천지운행을 통한 주야의 교체는 확실한 것 같습니다. 하나님께서 언약 파기의 불가능함을 낮과 밤의 언약 파기로 비유한 적이 있습니다 (렘 33:20). 성경은 보이는 우주만물의 종말이 있음을 선포함으로서 하나님의 주권적 심판을 선포합니다(계 20:11).

(벧후 3:10) "그러나 주의 날이 도둑 같이 오리니 그 날에는 하늘이 큰 소리로 떠나가고 물질이 뜨거운 불에 풀어지고 땅과 그 중에 있는 모든 일이 드러나리로다"

믿을 만한 것은 하나님의 언약 외에는 없다는 결론이 내려집니다. 이스라엘의 실패는 하나님의 언약을 믿지 않고 보이는 종교적 우상을 신뢰한 것에 있습니다. 예레미야가 외친 언약의 준수보다 영광스런 성전과 난공불락인 예루살렘성과 우월적 선민의식을 믿었습니다. 하나님을 믿지 않는 자에게는 어떤 보이는 것도 힘을 발휘할 수 없습니다. 2년 가까이 포위되었던 예루살렘 성이 시드기야 11년(B.C.586년) 4월 9일 바벨론 느브갓네살 왕에 의해 함락됩니다(1-2절).

믿었던 성은 불타고 성벽은 무너지고 신앙의 중심이었던 성전은 훼파되어 약탈당합니다(8절, 왕하 25:13-17). 도망치던 시드기야는 잡혀 아들들과 귀족들의 참살을 목격하고 자신은 두 눈이 빠집니다(4-7절). 바벨론에 의해 왕위에 오른 시드기야에게 반역죄가 적용된 것인데 말씀에 순종했다면 이렇게 되지 않았을 것입니다. 거짓 선지자의 보이는 성전을 믿으라는 예언은 가짜이고 예레미야의 예언은 이루어졌습니다(렘 7:4).

이스라엘 멸망의 교훈과 메시지는 선민의 외형적 종교성 파괴입니다. 남은 자가 포로로 잡혀간다는 것은 예루살렘이 아닌 곳에서 인격적 말씀을 붙들고 씨름하는 시대로 전환되었다는 의미가 있습니다. 망국은 슬프지만 담겨진 메시지는 새 언약의 소망이 흐르고 있습니다. 혈통적 다윗의 후손 시대는 마감하고 영적 다윗의 후손인 메시야를 대망하게 되는 것입니다. 몰살당하는 기득권층과 대조되는 예레미야와 에벳멜렉의 구원이 뜻하는 것은 언약 준수의 존귀함입니다(11-18절).

신약성도에게 주어진 재림과 심판과 영생의 언약은 구약 예언보다 선명하게 주어졌습니다. 종교적 외적 행위도 중요하지만 말씀을 최선을 다하여 지키는 자가 되어야 합니다. 그날까지 하나님의 '나라(전도와 양육)'와 '의(주님의 성품)'를 구하는 사명에 열심을 내야 하겠습니다. 인간적으로 믿었던 것이 무너질 때 하나님께 나아가는 기회가 됩니다.

(잠 8:17) "나를 사랑하는 자들이 나의 사랑을 입으며 나를 간절히 찾는 자가 나를 만날 것이니라"

♦ 예레미야 40장 성경칼럼

4절 | 보라 내가 오늘 네 손의 사슬을 풀어 너를 풀어 주노니 만일 네가 나와 함께

바벨론으로 가는 것을 좋게 여기거든 가자 내가 너를 선대하리라 만일 나와 함께 바벨론으로 가는 것을 좋지 않게 여기거든 그만 두라 보라 온 땅이 네 앞에 있나니 네가 좋게 여기는 대로 옳게 여기는 곳으로 갈지니라 하니라

6절 | 예레미야가 미스바로 가서 아히감의 아들 그다랴에게로 나아가서 그 땅에 남아 있는 백성 가운데서 그와 함께 사니라

"영적 프리랜서(spiritual free-lancer)"

프리랜서는 일정한 소속이 없이 자유계약으로 일하는 사람을 말합니다. 틀에 갇힌 직장인들의 로망이지만 능력이 안 되고 인맥이 없으면 실업자가 될 수도 있습니다. 프리랜서가 되기 위해서는 여러 조건과 환경에 고려할 것이 많다는 뜻입니다. 그렇다면 영적 프리랜서란 무엇을 의미할까요? 제가 묵상 중에 만든 조어인데 기독교 사역자가 꼭 영적 프리랜서 같다는 생각이 들었습니다.

교회 직분자들은 자기가 맡은 일은 기본으로 하지만 얼마든지 찾아서 할 일이 많습니다. 교회 봉사에는 자원함과 즐거움과 힘에 지나도록 하는 원리가 있습니다(롬 12:9-13, 고후 9:7). 역으로 봉사를 안 한다고 해서 페널티를 받는 것도 아닙니다. 자기 능력과 열심을 활용하여 얼마든지 일할 수 있다는 측면에서 프리랜서입니다. 세상은 업적에 따라 보상이 주어지지만 영적 프리랜서는 금생과 내세에 상급이 있습니다(눅 18:29-30).

40장에는 예레미야가 영적 프리랜서로서 어떤 선택을 했는지 나와 있습니다. 영적 프리랜서라는 표현이 너무 고급 져서 쓰기 난처하지만 의미가 그렇다는 것입니다. 느브갓네살 왕의 시혜로 석방이 되었던 예레미야가 다시 잡혀 바벨론으로 가기 위한 수용소에 거하게 됩니다. 느부사라단 사령관이 그를 알아보고 자유를 주며 갈 곳을 선택하라고 합니다. 그가 보기

에는 예레미야가 친 바벨론자로 보였고 최선을 다하여 후의를 베푼 것입니다. 정치적으로 바벨론에 가면 여러 혜택이 있을 것도 알려줍니다(4절).

구속사를 섭렵해 오면서 예레미야가 바벨론에 가서 하나님의 뜻인 남은 자을 위한 사역을 하는 것이 명분에 맞다는 생각이 듭니다. 이스라엘 회복의 정통성이 바벨론으로 끌려간 자들에게 있는 섭리를 알기 때문입니다. 그러나 예레미야의 선택은 황폐해진 유다 땅에 거하는 것이었습니다(6절). 어떤 명분과 무슨 고려사항이 있었을까요? 그는 백성들에게 친 바벨론자로서 매국노로 몰렸었는데 바벨론 행을 택하면 그 오해가 굳어지게 됩니다. 더 중요한 이유는 유다에 남은 피폐하고 빈곤한 민초들을 끌어안아야 했습니다. 나아가 영적인 고수인 그는 유다와 예루살렘이 포로귀환 후에 회복이 일어날 실제적인 땅임을 바라보았습니다. 하나님께서 직접 지시하신 내용은 없지만 이 선택은 예레미야의 신앙 양심과 영성이 지도했다고 보여집니다.

후반에 나오는 총독 그다랴와 이스마엘의 암투는 예레미야의 앞날이 순탄치 않을 것을 예고합니다(11-16절). 순탄한 생애보다 하나님의 마음을 헤아리는 사역자를 보며 주님의 겟세마네 기도가 떠오릅니다.

(마 26:39) "..내 아버지여 만일 할 만하시거든 이 잔을 내게서 지나가게 하옵소서 그러나 나의 원대로 마시옵고 아버지의 원대로 하옵소서 하시고"

♦ 예레미야 41장 성경칼럼

3절 | 이스마엘이 또 미스바에서 그다랴와 함께 있던 모든 유다 사람과 거기에 있는 갈대아 군사를 죽였더라

17절 | 애굽으로 가려고 떠나 베들레헴 근처에 있는 게롯김함에 머물렀으니

"혼돈과 황폐의 원인"

인간이 살아가는 세상에서 가장 무서운 것은 혼돈과 황폐입니다. 질서가 깨지고 뒤섞여 갈피를 잡을 수 없는 혼돈은 불안과 공포가 휩씁니다. 땅이 거칠고 마음이 메말라 못 쓰는 상태의 황폐는 기근과 쟁투로 견딜 수가 없습니다. 정치적 격언 중에 '무정부보다 독재가 낫다'는 말은 혼돈과 황폐가 최고로 무섭다는 의미입니다.

므낫세 이후 요시야의 선정으로 근근히 유지하던 남유다가 멸망하였습니다. 수없이 권고되던 회개를 불순종하고 종교는 언약의 파기로 무너져 내렸습니다. 바벨론의 식민지 정책에 따라 유다 땅에는 그다랴 총독이 세워집니다(40:5). 그는 유다의 귀족 출신으로 남겨진 빈민 백성들을 위로하고 단결하여 난국을 헤쳐 나가려 하였습니다. 탐욕의 통치자가 아닌 선한 동기를 가진 지도자가 세워진 것은 유다로서는 불행 중 다행입니다. 망국을 겪은 세대가 해야 할 일은 죄와 잘못을 회개하고 다시 출발해야 합니다.

그다랴가 세워진 것은 하나님께서 주신 긍휼의 기회라고 볼 수 있습니다. 그러나 유다에 잔존한 이스라엘 백성들에게는 기회를 잡을 영성과 실력이 없었습니다. 40장부터 등장하는 그다랴와 이스마엘과 요하난의 각축전은 유다 땅을 황폐화시켰습니다. '이스마엘'은 왕족 출신으로 그다랴의 집권이 못 마땅하고 권력욕에 싸여 일행을 만찬으로 유도하여 암살합니다. 그의 간교함과 잔인함은 후속적 사건인 순례자 80명을 죽인 것으로 증명됩니다. 바벨론이 세운 총독을 죽인 것은 애국도 정의도 아닌 암몬의 사주를 받은 것입니다(40:14). 그는 요하난의 추적을 받아 암몬으로 망명합니다(15절). 요하난 역시 난국에 책임을 피하여 애굽 행을 택하는데 명백한 불신앙입니다(16-18절).

이 사건의 여파로 예레미야는 애굽으로 잡혀가고 유다는 포로 귀환 전까지 황폐한 땅이 됩니다. 예레미야의 예언인 나쁜 무화과 비유가 현실화되었습니다(24:8-10). 언약 백성의 영적 촛대는 바벨론에 끌려가서 보존받은 남은 자에게 주어졌습니다(24:5-7). 영광과 약속의 땅 가나안이 혼돈과 황폐의 상징이 된 이유는 무엇일까요? 언약(예언)을 듣지 않고 행하지 않았기 때문입니다.

이것을 구약에서는 신명기적 언약이라고 하고(신 6:1-9) 신약으로는 하나님의 말씀입니다(딤후 3:14-17). 구약의 복과 저주의 기준이 언약 순종이듯이 신약성도는 말씀을 순종하고 경험해야 합니다. 영육의 질서와 풍요는 다른 곳이 아닌 말씀 순종으로만 공급됩니다(시 119:56).

(요 21:6) "이르시되 그물을 배 오른편에 던지라 그리하면 잡으리라 하시니 이에 던졌더니 물고기가 많아 그물을 들 수 없더라"

♦ 예레미야 42장 성경칼럼

6절 | 우리가 당신을 우리 하나님 여호와께 보냄은 그의 목소리가 우리에게 좋든지 좋지 않든지를 막론하고 순종하려 함이라 우리가 우리 하나님 여호와의 목소리를 순종하면 우리에게 복이 있으리이다 하니라

21절 | 너희 하나님 여호와께서 나를 보내사 너희에게 명하신 말씀을 내가 오늘 너희에게 전하였어도 너희가 너희 하나님 여호와의 목소리를 도무지 순종하지 아니하였은즉

"항우는 고집, 조조는 꾀"

사람들을 겪으면서 나온 결론은 인간은 고집이 세다는 것입니다. 모양은 다르지만 모두 쇠고집, 닭고집입니다. 그런데 사람은 이 고집을 드러내지 않는 매너와 꾀를 가지고 있습니다. 항우의 고집과 조조의 꾀가 조합되어

그럴듯한 처세술이 발휘됩니다. 성정이 순하거나 인격의 성숙을 이룬 사람이 간혹 있지만 인간 본성의 외침은 비슷합니다. 카운셀러는 피상담자의 대부분이 이미 결정하고 왔다는 것을 잘 알고 있습니다. 다 들어주고 '마음 가는 대로 하세요'라는 처방이 가장 많은 이유도 고집과 연결되어 있습니다.

42장에는 유다 백성들과 예레미야 선지자가 이 씨름을 하고 있습니다. 그다랴를 죽인 이스마엘의 반란을 제압한 요하난 일행은 바벨론의 보복을 두려워하며 애굽 행을 계획합니다. 예레미야에게 기도를 요청하는데 그 저의가 수상합니다. 겉으로는 하나님의 뜻을 구하는 신탁이지만 자신들의 결심을 굳힌 상태임을 선지자는 알고 있습니다(14절). 그들은 이미 전쟁과 기근에 유리한 애굽 행의 장점을 어필하고 있었습니다. 백성들의 정서를 자기들의 방향으로 돌리기 위해 선지자를 이용하고 있습니다.

그동안 애굽 행의 불신앙과 저주를 수없이 가르쳤음에도 자기들의 유익 앞에 예언은 빈 소리가 됩니다. 출애굽의 구원을 받은 백성이 애굽 행을 선택한다는 것은 하나님을 정면으로 거역하는 것입니다. 잔존 유다 백성들의 영성이 바닥까지 떨어진 상태임이 증명됩니다. 속마음을 숨기고 뻔뻔하게 하나님의 뜻대로 하겠다는 말을 반복하는 외식은 하나님을 속이려는 못된 망발입니다(3, 5, 6절). 짧지 않은 열흘이 지난 후에 하나님의 명령이 선포됩니다(8-9절). 애굽으로 가지 않고 유다에 머무를 때의 축복을 먼저 말씀하십니다. 재난을 피하고 바벨론 왕으로부터 보호를 받고 신앙의 회복을 주겠다고 약속합니다(10-13절).

반대로 애굽 행을 택하게 되면 지금 피하려 하는 칼과 기근과 전염병이 너희를 따라가 다 죽게 된다고 경고합니다(13-17절). 하나님의 분노가 쏟아지고 그 놀램과 저주와 치욕은 하나님의 백성으로서 절대 갈 길이 아닙니다(18절). 우리는 주변에 하나님의 언약을 떠난 자들이 하나님의 축복과 점점 멀어지고 격리되는 비극을 목격합니다. 지금도 매일 말씀을 먹고 기도의 은총을 받지 아니하면 애굽 방향으로 가는 것과 동일합니다.

(사 31:3) "애굽은 사람이요 신이 아니며 그들의 말들은 육체요 영이 아니라 여호와께서 그의 손을 펴시면 돕는 자도 넘어지며 도움을 받는 자도 엎드러져서 다 함께 멸망하리라"

신앙의 결재권자인 하나님 앞에 늘 나아가는 다윗의 영성이 사모되는 42장입니다. 언제든지 주님 앞에 설 수 있다는 영적 감각은 위대한 선택을 하게 합니다.

(삼상 20:3) "..그러나 진실로 여호와의 살아 계심과 네 생명을 두고 맹세하노니 나와 죽음의 사이는 한 걸음 뿐이니라"

♦ 예레미야 43장 성경칼럼

7절 | 애굽 땅에 들어가 다바네스에 이르렀으니 그들이 여호와의 목소리를 순종하지 아니함이러라

11절 | 그가 와서 애굽 땅을 치고 죽일 자는 죽이고 사로잡을 자는 사로잡고 칼로 칠 자는 칼로 칠 것이라

"악한 자들의 수단방법"

과거의 전쟁은 무력전이었지만 현대의 전쟁은 여론이 주도합니다. 여기서 여론이라 함은 정보 수집과 선동적 의식화와 사람의 조직화와 동원력을 위한 재물까지 포함된 개념입니다. 나아가 사회 각 곳에 포진시키는 진지전과 생활 속에 깊숙이 습관을 만드는 문화화까지 이루면 무적입니다. 전체주의에 가까울수록 체제를 지키기 위한 친위 조직은 크고 강합니다. 인

간은 개인으로 있을 때는 선함을 추구하지만 그룹이 커질수록 목적을 위한 수단이 악해지도록 되어 있습니다. 이를 정확히 설파한 책이 '도덕적 인간과 비도덕적 사회(라인홀드 리버 저)'입니다.

정당과 국가 단위의 정치에서 수단방법을 가리지 않는 것이 이를 증명합니다. 하나님을 떠난 인간 그룹은 집단의 주장과 승리를 위해서라면 선악 개념이 없이 모든 수단방법을 동원합니다. 43장에 나오는 이사랴 그룹은 애굽 행이 하나님 추인을 받지 못하자 돌변합니다. 진리와 명분에 아랑곳하지 않고 예레미야와 바룩을 공격합니다. 예레미야를 거짓말 장이로 매도하고 바룩의 음모 프레임을 만들어 여론전을 폅니다(2-3절). 애굽 행의 정당성을 위해 예레미야와 바룩을 체포하여 애굽으로 끌고 갑니다(6절).

인간은 영적으로 무지하면 그 우매함이 죽을 줄도 모르고 절벽 아래로 뛰어내리는 것과 같습니다. 이어진 기사는 저들이 택한 애굽에 임할 저주를 알리는 선지자의 상징적 행위입니다. 애굽 땅 다바네스의 바로 궁전 대문 벽돌 축대에 큰 돌 여러 개를 감추라는 명령이 내립니다(7-9절). 그리고 저들에게 바벨론 왕이 그 곳에 왕좌를 놓고 장막을 칠 것임을 계시합니다(10절). 바벨론을 피하여 애굽에 왔는데 바벨론이 따라와서 너희들을 죽일 것이라는 행위적 예언입니다.

악인이 가는 곳은 저주가 따라가고 의인이 가는 곳은 축복의 현장이 되는 원리를 말씀합니다. 이것은 요셉(창 39:5)과 다니엘(단 6:28)과 에스더(에 4:14)에게서 이미 확인되었습니다. 이 예언은 실제적으로 B.C.568년경에 느브갓네살 왕이 애굽을 침공함으로 이루어집니다(11절). 애굽에 내려간 유다인들은 이 때 생명을 빼앗기게 됩니다. 주목할 것은 이 전쟁 이후 바벨론과 애굽의 관계가 악화되지 않은 것입니다. 이 전쟁이 유다의 불순종에 대한 하나님의 심판이었고 예언의 성취였음을 증거 합니다.

하나님을 업신여기고 하나님의 종들을 핍박하는 악인들은 그 심판을 반드시 받습니다. 시간이 걸리더라도 견디고 소망하는 자에게 믿음의 축복이 주어집니다. 최고의 언약이며 능력인 부활장 마지막은 이렇게 마감됩니다.

(고전 15:58) "그러므로 내 사랑하는 형제들아 견실하며 흔들리지 말고 항상 주의 일에 더욱 힘쓰는 자들이 되라 이는 너희 수고가 주 안에서 헛되지 않은 줄 앎이라"

♦ 예레미야 44장 성경칼럼

6절 | 나의 분과 나의 노여움을 쏟아서 유다 성읍들과 예루살렘 거리를 불살랐더니 그것들이 오늘과 같이 폐허와 황무지가 되었느니라

18절 | 우리가 하늘의 여왕에게 분향하고 그 앞에 전제 드리던 것을 폐한 후부터는 모든 것이 궁핍하고 칼과 기근에 멸망을 당하였느니라 하며

"이상과 현실"

이상이란 생각할 수 있는 가장 완전한 상태를 말합니다. 이상주의자는 여기에 가치를 두고 살아가는 사람입니다. 이상은 이룰 수 없다는 면에서 몽상가로 불리기도 합니다. 이와 반대인 현실주의자는 자기가 이룰 수 있는 것을 해 나가며 행복을 추구합니다. 실리를 얻는 생활인으로 강점이 있지만 정의의 가치에서 감점이 있어 이기주의자로 평가되기도 합니다. 사람은 이 둘 사이에서 갈등하고 쟁투하며 살아갑니다. 누가 옳고 그르냐를 판단하기 위함보다 인간 실상을 분별하기 위해 제기한 것입니다. 두 진영의 승부 결과를 숫자로만 본다면 우리가 느끼는 대로 현실주의자의 압승입니다.

이상과 현실에 대한 주제를 신앙생활에 대입해 보겠습니다. 성경(하나님은 뜻)대로 살아야 한다는 사람을 영적 이상주의자로 설정해 보겠습니다. 그렇게 살 수 없다는 것에서 나온 영적 현실주의자는 환경과 타협하며 사는 신자입니다. 이 구도에서 대세는 역시 영적 현실주의자가 잡게 됩니다. 문제는 현실주의자가 택하는 환경이 우상 숭배하는 세상이라는 것에 있습니다. 우상숭배를 조장하는 사탄은 작전 성공을 위해 하나님의 말씀을 못 듣게 하고 의심하게 합니다. 이것이 이스라엘이 우상숭배를 그토록 끊어내지 못하게 한 원인입니다. 우상숭배의 환경은 온갖 축복으로 포장하고 있습니다.

멸망당하여 애굽까지 피신한 유다 백성이 정신을 차리지 못하고 예레미야를 공격합니다. 하나님을 떠나 하늘의 여왕에게 제사할 때에 풍요했고 재난을 피했다고 간증합니다(17절). 나아가 그 제사를 그친 결과 지금의 재앙이 왔다고 항의합니다(18절). 하나님 편에서 볼 때 이런 말도 안 되는 마당이 왜 형성되었을까요?

이방신을 대표하여 등장한 하늘의 여왕의 정체를 알 때 대답이 나옵니다. '하늘의 여왕(멜레케트 하솨마임)이란 가나안에서 '아스다롯'으로, 바벨론에서는 '이쉬타르'로 불리 우는 여신입니다. 전쟁과 사랑의 신으로서 다산과 풍요를 준다고 하여 당시 바벨론에 180개의 성소가 있을 정도이었습니다. 이 유혹 앞에 하나님이 없는 자는 그냥 믿을 수밖에 없는 현실입니다.

현대어로 표현하자면 이 여신에게 절하면 승리와 인기와 재물과 형통이 주어진다는 문화가 팽배해 있습니다(17절). 선민의 타락 앞에 선지자의 마지막 경고는 허무하게 허공에 흩어집니다. 이 시대의 모습과 어찌 그리 닮았는지 전율이 옵니다(24-30절). 남은 자의 피함이 있었다는 작은 문장이

어둠속의 빛처럼 소망을 주고 있습니다(28절).

♦ 예레미야 45장 성경칼럼

3절 | 네가 일찍이 말하기를 화로다 여호와께서 나의 고통에 슬픔을 더하셨으니 나는 나의 탄식으로 피곤하여 평안을 찾지 못하도다

5절 | 네가 너를 위하여 큰 일을 찾느냐 그것을 찾지 말라 보라 내가 모든 육체에 재난을 내리리라 그러나 네가 가는 모든 곳에서는 내가 너에게 네 생명을 노략물 주듯 하리라 여호와의 말씀이니라

"사랑과 야망"

듣는 순간 여러 이미지가 떠오릅니다. 사랑과 야망은 사람의 심장을 가장 뜨겁게 뛰게 합니다. 사랑은 행복의 근원이고 야망은 열정을 선사합니다. 사랑을 위해 생명을 다하고 야망을 이루기 위해 영혼까지 바칠 수 있다고 외칩니다. 인간의 야망은 거듭난 그리스도인과 소명 받은 기독교 지도자도 비켜가지 않습니다. 영적 야망은 세상보다 더 교묘하게 합리화되어 하나님의 일꾼들을 옥죄기도 합니다.

45장은 예레미야서에서 짧은 분량에 속하지만 묵직한 메시지를 담고 있습니다. 예레미야를 통해 하나님의 말씀이 바룩 개인에게 전해지고 있습니다. 때는 여호야김 4년(B.C.605년)으로 예루살렘 멸망 전이었고 내용상으로 36장을 배경으로 하고 있습니다(1절). 바룩은 예레미야의 서기관으로서 선지자와 늘 동행하며 예언을 듣고 기록하였습니다. 동고동락하는 가운데 예언을 듣고 긍정적 반응을 보인 유대인의 대표입니다. 그의 조부 마세야는 왕의 고관이었고 동생 스라야가 시종장으로 기록된 것으로 보아 유력자 가문입니다(51:59). 바룩은 높은 관직에 대한 욕구가 있었을 것이고 한편

으로 스승의 후계자로 탁월한 선지자를 소원하였을 것입니다.

그러므로 현실적으로 스승의 고난과 함께 자신이 당하는 핍박에 심각한 좌절이 있었을 것이 분명합니다. 바룩을 너무나 잘 알고 있는 하나님이 개인적으로 말씀하시는 의미는 특별합니다. 45장에 바룩이 주인공으로 나타난 것은 애굽에 내려간 유대인들의 멸절과 관련이 있습니다. 하나님께서 자기 백성과 맺은 언약은 범죄로 말미암아 파괴되었습니다. 이를 잘 알고 있었던 바룩의 실망은 대단했을 것이고 이에 하나님께서 위로와 용기를 주고 계십니다.

애굽에 내려간 동족이 멸절되는 44장에 이어 45장에 바룩 이야기가 나온 이유는 유대인의 구원 대표를 만드는 의미가 있습니다. 시대를 거슬러 36장을 배경으로 바룩에게 특별한 섭리를 알려 주었다고 볼 수 있습니다. 36장의 바룩에게 임한 은혜가 있었기에 바룩은 실족이 없이 스승과 함께 애굽 사역을 감당할 수 있었습니다. 하나님의 명령은 바룩 자신이 먼저 큰 일(대사)을 도모(경영)하지 말라는 것입니다(5절). 생명 보호를 위한 자구책도 구하지 말라고 하셨으니 개인적 야망이 들어갈 틈은 없습니다.

자기 본분을 지켜 일하고 하나님 주권 하에 살 때 구원의 축복이 보장된다고 약속합니다. 재앙의 현실 속에서도 언약을 유지시키는 하나님께서 유대인의 구원 대표로 바룩을 선정하였습니다. 바룩 기사는 이방인의 대표인 에벳멜렉이 구원받은 것(38:7-13)과 함께 미래의 새 언약공동체의 성격을 계시합니다. 비전으로 포장한 야망보다 신실한 충성을 하게 하옵소서!

♦ 예레미야 46장 성경칼럼

13절 | 바벨론의 느부갓네살 왕이 와서 애굽 땅을 칠 일에 대하여 선지자 예레미야에게 이르신 여호와의 말씀이라

28절 | 여호와의 말씀이니라 내 종 야곱아 내가 너와 함께 있나니 두려워하지 말라 내가 너를 흩었던 그 나라들은 다 멸할지라도 너는 사라지지 아니하리라 내가 너를 법도대로 징계할 것이요 결코 무죄한 자로 여기지 아니하리라 하시니라

"애굽, 바벨론, 유다"

구약에서 많이 나오는 나라들입니다. 애굽은 지금의 이집트로서 이스라엘을 노예로 삼았던 적대국입니다. 바벨론은 지금의 이라크 정도로 보면 되는데 성경 전체에서의 이미지는 세속 왕권을 상징합니다(계 17:4-5). 유다는 이스라엘로서 신정왕국으로 출발한 다윗의 정통성을 강조할 때 사용됩니다. 지형적인 비유를 하자면 대한민국은 유다이고 중국은 애굽이고 러시아는 바벨론 정도로 보면 됩니다. 우리나라와 이스라엘이 비슷한 점은 해양 세력과 대륙 세력을 함께 접하고 있다는 것입니다. 자유민주주의 체제와 전제적 사회주의 체제의 중간지점에 위치하여 있습니다.

이스라엘 역사가 늘 아슬아슬하듯이 대한민국도 늘 영적무장을 하고 있어야 합니다. 46장에서 국제 관계를 도입한 이유는 예레미야서가 51장까지 열방의 심판을 다루기 때문입니다. 애굽의 심판이 제일 먼저 나오는 것은 42-45장의 상황 연결을 위해서입니다. 유다인들이 하나님의 경고에도 불구하고 불순종한 이유는 애굽을 의존했기 때문입니다. 애굽에 피신한 패역한 유대인들을 심판해야 하는 당위성에서 열방 심판 예언의 선두에 등장하는 것입니다.

패권 국가였던 애굽이 바벨론에 의해 패배하는 예언이 역동적으로 묘사됩니다(3-12절). 생동감 있는 명령형과 진실성을 높이는 미래완료형을 사용하여 현장감을 높입니다. 바벨론은 유다를 심판하는 도구로 사용되는데 그 여파의 전쟁에서 애굽을 꺾습니다(13-25절). 애굽의 막강한 군사력과 철저한 준비도 하나님의 심판의 도구인 바벨론을 막지 못합니다. 바벨론 역시 하나님의 도구로 사용되고 나서 그 교만으로 멸망의 길을 갑니다.

이 섭리를 통해서 알 수 있는 원리는 구속사와 세속사가 완벽하게 하나님의 장중에 있다는 것입니다(26절). 수많은 나라들이 쇠잔함과 멸망을 거치며 흩어지지만 유다는 남은 자를 통하여 계속 붙들고 계십니다(27-28절). 애굽의 지명(14절)은 유다인이 피한 곳이고 이스라엘의 높은 산(18절)을 언급하는 것은 유다의 회복이 주제임을 보여줍니다. 나아가 그 주제가 가리키고 있는 지점에 메시야를 통한 영적 이스라엘이 있습니다.

다윗 왕조는 끊겼지만 영육간의 다윗의 자손인 예수 그리스도가 계시되고 있습니다(히 1:1-2). 육적 선민의식을 깨고 유대인과 이방인이 지체가 되는 교회 공동체를 예비하고 있는 것입니다(고전 1:22-25). 이 거대하고 신비한 하나님 나라를 읽을 때 유다와 주변 열방과의 관계가 정리됩니다. 작은 나라인 유다이지만 구속사의 중심을 이어가고 이방인까지 구원하는 섭리가 펼쳐지는 것입니다. 모든 나라의 흥망을 주관하시고 택한 백성을 보존하시는 큰 그림이 전쟁의 심판 속에 감추어져 있습니다. 이 시대 우리도 이 섭리 속에 사명이 명확히 주어졌습니다(시 2편).

♦ 예레미야 47장 성경칼럼

4절 | 이는 블레셋 사람을 유린하시며 두로와 시돈에 남아 있는 바 도와 줄 자를

다 끊어 버리시는 날이 올 것임이라 여호와께서 갑돌 섬에 남아 있는 블레셋 사람을 유린하시리라

6절 | 오호라 여호와의 칼이여 네가 언제까지 쉬지 않겠느냐 네 칼집에 들어가서 가만히 쉴지어다

"주적, 동맹"

한국에는 몇 십 년 동안 주적 논쟁이 끊이지 않습니다. 주적의 원래 뜻은 '임금의 적'이지만 우리나라와 맞서는 적국을 뜻하는 말로 자리 잡았습니다. 북한은 동족이지만 공산당 정권이고 휴전 상태이므로 주적으로 보는 것이 논리적으로 맞습니다. 하지만 좌우의 정치 이념에 따라 주적 논란이 일어날 수밖에 없습니다. 동맹은 둘 이상이 이익과 목적이 같을 때 맺는 약속입니다. 스포츠의 단체 경기에서 한편이 되면 힘을 합하여 싸우는 것과 같습니다.

영적 세계의 신앙은 이 주적과 동맹의 적용이 매우 중요합니다. 누구와 어떻게 맺느냐에 따라 결과는 영생과 영벌로 갈라집니다(마 25:46). 구약의 이스라엘은 하나님의 선민으로서 독특한 위치에 있습니다. 선민이라 함은 하나님과만 동맹을 맺어야만 한다는 뜻입니다. 하나님과 동맹이라 함은 불경스러운 표현으로 의미를 위해 쓴 것이고 순종이라고 해야 맞습니다.

여호사밧 왕이 북이스라엘과 민족주의의 명분을 가지고 혼인과 동맹을 맺었다가 큰 위기에 처한 적이 있었습니다(역대하 18장 칼럼 참조). 우리는 유다가 멸망 즈음에 바벨론에 맞서려고 애굽을 비롯한 여러 나라와 동맹을 시도한 것을 목격하였습니다. 46장부터의 열방 심판이 이와 연관되어 있다는 것도 확인하였습니다.

47장의 블레셋은 이스라엘과 아주 오래된 숙적 관계입니다. 가나안 원

주민 일곱 족속 중의 하나이고 다윗과 맞선 골리앗이 생각납니다. 이스라엘을 끊임없이 괴롭히고 침략했으며 솔로몬 시대에 잠시 복속되었다가 남북 분열시대에 다시 대적합니다. 블레셋이 심판의 도구인 바벨론에 의해 압도적으로 쓰러지는 것은 선민을 괴롭힌 징벌입니다(2-3절). 그나마 도와 줄 조력국인 두로와 시돈도 끊어 버리니 심판을 피할 수 없습니다(4절). 그 처참함이 선지자가 칼을 멈춰 달라고 탄식할 정도로 끔찍합니다(6절). 블레셋의 멸절은 하나님의 것(소유)을 괴롭히는 세력은 반드시 멸망한다는 원리를 알리고 있습니다

우리는 단기간만 보기 때문에 안 보이는 것이지 역사는 정확히 이 원리를 증언합니다. 영적 편파의 시비에 걸릴까 염려되어 조심스럽지만 지금도 이 심판은 여러 형태로 일어나고 있습니다. 주님과 그의 몸 된 교회의 주적이 된다는 것은 저주를 자청하는 것입니다. 주님의 말씀과 동맹(순종 관계)을 맺으면 주님이 책임져 주시는 인생이 됩니다. 복 중의 복은 하나님을 가까이 하는 것입니다(시 73:28). 기도는 하나님을 가까이 하는 최상의 비결입니다.

(시 145:18) "여호와께서는 자기에게 간구하는 모든 자 곧 진실하게 간구하는 모든 자에게 가까이 하시는도다"

♦ 예레미야 48장 성경칼럼

11절 | 모압은 젊은 시절부터 평안하고 포로도 되지 아니하였으므로 마치 술이 그 찌끼 위에 있고 이 그릇에서 저 그릇으로 옮기지 않음 같아서 그 맛이 남아 있고 냄새가 변하지 아니하였도다

27절 | 네가 이스라엘을 조롱하지 아니하였느냐 그가 도둑 가운데에서 발견되었느냐 네가 그를 말할 때마다 네 머리를 흔드는도다

"안전의 위험성?"

인간의 욕구 중의 첫 번째는 당연히 생리적 욕구입니다. 순서로 볼 때 당연하지만 굳이 따지자면 안전의 욕구가 먼저일 수도 있습니다. 사고 나서 죽거나 다치면 그보다 큰일은 없기 때문입니다. 기도제목에 '별 탈 없이 사는 것'이라고 비전이 없는 것 같이 대답하는 성도에게 좀 속상하지만 이해는 됩니다. 사실 인간이 안전을 위하여 들이는 각종의 노력은 눈물겹습니다. 문제는 안전의 단계를 넘어 안락을 취하려고 할 때 일어납니다. 안전한 것이 변화와 도전을 못하게 하는 위험 요소로 바뀌는 것입니다. 변화와 도전이 없다는 것은 썩어버리는 우물과 같습니다. 옹달샘은 계속 솟구치는 새 물이기에 가치가 있는데 물을 가둬 버리면 끝입니다.

48장의 모압에 대한 심판을 읽으며 대뜸 의아함을 느꼈습니다. 무려 47절에 해당되는 분량이 어떤 메시지를 주는지 상고하지 않을 수 없었습니다. 앞의 블레셋이 7절이고 뒤의 암몬이 8절인데 비해 막대한 분량입니다. 아마 모압은 대부분의 사람들과 같은 캐릭터여서 심판의 원인을 넓게 알리려는 의도 같습니다. 모압과 암몬은 아브라함의 조카 롯이 두 딸과의 사이에서 낳은 후손으로 쌍둥이처럼 취급된 나라입니다(창 19:30-38).

잘만 했으면 아브라함의 근친으로 선민에 들어올 가능성이 높았습니다. 모압이 거한 땅은 사해 동편 고원 지대로 포도 재배와 목축업으로 경제적 풍요를 누릴 수 있었습니다. 평안과 풍요와 함께 포로의 경험이 없는 모압은 마치 술그릇을 옮기지 않아 맛있는 포도주 같았다고 비유합니다(11절). 이 안전이 가져온 위험이 교만과 우상숭배로 가게 됩니다(13, 29절).

고인 물은 썩는 법이어서 그들의 안전은 뿔 같은 자만을 낳았고 하나님과 불통한 사회는 우상숭배를 할 수밖에 없었습니다. 그들이 자랑하는 그모스 신은 솔로몬이 산당을 지어줄 정도의 긍지를 주었습니다(왕상 11:7). 저들의 치명적인 죄는 선민을 조롱하는데 앞장선 것입니다(27절). 바벨론에 의해 엎어지는 모압의 모습은 새로운 변화를 주기 위한 심판의 성격이 있습니다. 마지막 날의 포로 귀환이 모압에게는 구원의 기회가 됨을 분명히 적시하고 있습니다(47절).

어려움 속에 내미시는 하나님의 구원 손길은 오늘날도 동일합니다. 위기에 하나님을 만나 연마된 실력은 안전과 풍요를 다룰 수 있게 합니다. 안전과 평안에의 역설적 위험을 알아 챈 자는 설혹 위기가 없더라도 자비의 손길을 잡을 수 있습니다. 수많은 모압 형 캐릭터에게 엄위하지만 자상하게 설득하시는 주님을 뵙게 됩니다.

♦ 예레미야 49장 성경칼럼

19절 | 보라 사자가 요단강의 깊은 숲에서 나타나듯이 그가 와서 견고한 처소를 칠 것이라 내가 즉시 그들을 거기에서 쫓아내고 택한 자를 내가 그 위에 세우리니 나와 같은 자 누구며 나와 더불어 다툴 자 누구며 내 앞에 설 목자가 누구냐

39절 | 그러나 말일에 이르러 내가 엘람의 포로를 돌아가게 하리라 여호와의 말씀이니라

"본질이 열쇠(key)이다"

일을 하다보면 얽히고설키어 혼란과 곤궁에 빠질 때가 있습니다. 이럴 때는 일의 본질과 목적으로 속히 돌아가면 해결의 열쇠를 찾을 수 있습니다. 구약은 내용이 방대하고 구조가 복잡하고 시대적 사이클도 전후가 바뀐 경우가 많습니다. 예레미야의 시대적 배경도 복잡하여 해석서를 보지

않으면 파악하기 힘듭니다.

48장의 모압에 대한 장문의 심판과 다르게 49장은 39절 안에 5개국의 심판 기사가 펼쳐집니다. 암몬, 에돔, 다메섹, 게달과 하솔, 엘람에 대한 심판 예언이 쏟아집니다. 이제 심판의 도구로 사용된 바벨론만 남았습니다. 크고 작은 이스라엘의 주변 나라가 각기 사정은 달라도 하나님의 주권에 의해 심판을 받습니다. 나아가 하나님의 긍휼에 의한 구원의 기회도 함께 받게 되는 것이 공통된 패턴입니다(6, 39절, 48:47). 다만 구원에 있어서는 남은 자 사상이 적용되며 회개의 은총이 따라주어야 합니다. 이 과정은 사람 자신에게서 나올 수 없는 영역이기에 메시야의 대속을 대망하게 됩니다.

세상 정권은 보이고 나타나는 성질을 가지고 있지만 하나님의 주권은 육안과 심안으로는 볼 수 없도록 되어 있습니다. 하나님의 주권을 알아보는 방법은 믿음의 눈이 열려야만 됩니다. 히브리서의 믿음 장은 믿음이 바로 영안임을 선포하며 시작합니다.

(히 11:1) "믿음은 바라는 것들의 실상이요 보이지 않는 것들의 증거니"

믿음의 눈으로만 볼 수 있는 하나님의 주권을 알 때 열방의 심판을 정리할 수 있습니다.

하나님만이 심판의 사자를 보낼 수 있고 흥망을 결정하실 수 있는 유일한 분임을 선포하고 있습니다(19절). 그 앞에 강한 군사력도(26, 35절), 폼나는 경제력도(32절), 깊은 지략도(7절), 두려운 이방신도(1절), 형제 국도(20절) 무용지물입니다. 심판이 하나님의 공정에 의하여 이루어지는 것과 급격히 임하는 속성도 하나님의 주권에 속합니다(8-10절). 심판의 와중에서 자비하신 성품으로 고아와 과부를 돌보시는 것도 주권의 속성입니다(11절). 하나님의 공의로 절멸할 나라들이 은총을 입은 것은 여호와를 기뻐하는 남은 자가 있어서입니다(사 1:9).

독생자를 주시는 대가를 치르신 하나님 사랑이 하나님의 공의를 세우게 되었습니다(요 3:16). 복음의 영광 앞에 우리의 힘은 오직 하나님을 기뻐하는 것에서 나옵니다.

(느 8:11) "..이 날은 우리 주의 성일이니 근심하지 말라 여호와로 인하여 기뻐하는 것이 너희의 힘이니라 하고"

우리를 향한 주님의 마음과 정성에 감격하게 됩니다(렘 32:41). 주님의 섭리와 사랑을 볼 수 있는 믿음의 축복은 지고지선의 선물입니다.

(엡 2:8) "너희는 그 은혜에 의하여 믿음으로 말미암아 구원을 받았으니 이것은 너희에게서 난 것이 아니요 하나님의 선물이라"

♦ 예레미야 50장 성경칼럼

2절 | 너희는 나라들 가운데에 전파하라 공포하라 깃발을 세우라 숨김이 없이 공포하여 이르라 바벨론이 함락되고 벨이 수치를 당하며 므로닥이 부스러지며 그 신상들은 수치를 당하며 우상들은 부스러진다 하라

29절 | 활 쏘는 자를 바벨론에 소집하라 활을 당기는 자여 그 사면으로 진을 쳐서 피하는 자가 없게 하라 그가 일한 대로 갚고 그가 행한 대로 그에게 갚으라 그가 이스라엘의 거룩한 자 여호와를 향하여 교만하였음이라

"도구의 사용과 버림"

인간을 뜻하는 여러 가지 명칭 중에 '호모 파베르(homo faber)'가 있습니다. '도구를 사용하는 사람'이란 뜻입니다. 사람이 도구를 만들고 사용할 수 있는 이유는 두 발로 걸어 다닐 수 있도록 창조되었기 때문입니다. 도구는 사람의 생활을 편리하게 하고 문명을 발달시킵니다. 인공지능(AI)등의 현대 도구는 위력이 대단해서 사람이 도구가 될 수 있다는 우려도 있습니

다. 무생물의 도구는 인간에게 주도권이 있지만 사람이나 나라가 하나님의 도구가 될 때에는 변수가 발생합니다. 인격체인 도구는 사용자의 의도에 따라 움직이다가 어느 순간 자기가 주인공이라고 착각하기 시작합니다.

교회에서 하나님께 탁월한 은사를 선물로 받아 쓰임 받다가 실족하는 사례는 교만해졌기 때문입니다. 하나님께서는 죄악 된 자기 백성과 주변 열방을 심판하는 도구로 바벨론과 느브갓네살 왕을 도구(종)로 택하였습니다(25:9). 바벨론은 앗수르에 이어 근동의 패권국가가 되어 하나님의 심판 도구로 사용됩니다. 당연히 최강의 군사력과 경제력을 갖추게 되고 전쟁마다 승승장구합니다.

기원전 605년에 즉위한 느브갓네살은 43년 동안 통치하며 이 사명을 감당하였습니다. 문제는 이 전성기의 원인이 하나님의 도구로 사용되기 위한 것임을 전혀 모르고 있다는 것입니다. 자기들의 신 '므로닥(말둑, 벨, 바알)'의 능력이라고 믿으며 뽐내고 있습니다(2절). 여호와 하나님은 패배한 약소국의 하찮은 신으로 격하하며 조롱합니다(29절). 바벨론의 우상이 얼마나 형편없는지는 에스겔이 우상을 부른 용어에서 확인할 수 있습니다. 우상을 '길룸림'이라고 칭하는데 '똥 덩어리'라는 뜻이며 가치가 전혀 없다는 것입니다(겔 6:5, 14:4).

이제 우상숭배와 교만의 바벨론에게 멸망의 도구로 사용되는 신흥국이 소개됩니다. 한 나라가 나오고(3절) 큰 민족(연합국, 9절)이 등장하는데 예언 당시에는 예상하지 못했던 '바사(페르시아)'입니다. 바사는 메대 남부 엘람의 한 지방인 안산에서 세력을 키우다가 고레스 2세가 등극하면서 메대를 점령합니다. 이때가 B.C.550년이니 이 예언과는 50년 이상이 지난 후입니다.

바벨론 멸망 예언의 핵심은 이스라엘의 구원 메시지입니다. 바벨론의 철저한 멸망이 선민의 회복에 있음을 계속 확인하고 있습니다. 이방인 격이었던 이스라엘과 선민의 정통을 이은 유다가 차별 없이 동격으로 불리 우고 있습니다(33절). 하나님께서는 심판을 위하여 바사를 준비시키고 선민은 포로생활의 용광로 속에서 은총을 받을 그릇으로 연단시킵니다. 이스라엘의 남은 자들에게 이 예언이 얼마나 큰 소망을 주었는지는 능히 짐작이 갑니다.

(시 144:15) "이러한 백성은 복이 있나니 여호와를 자기 하나님으로 삼는 백성은 복이 있도다"

♦ 예레미야 51장 성경칼럼

42절 | 바다가 바벨론에 넘침이여 그 노도 소리가 그 땅을 뒤덮었도다
50절 | 칼을 피한 자들이여 멈추지 말고 걸어가라 먼 곳에서 여호와를 생각하며 예루살렘을 너희 마음에 두라

"한 번만 더 자세히.."

처음 들었을 때 소중한 무언가를 놓쳤다고 느끼면 다시 질문해야 합니다. 여기서 화자가 '나는 한 번밖에 말하지 않는다'고 거부할 수도 있습니다. 다행히도 성경은 중요한 것에 대해 반복하여 자세히 알리려는 속성을 가지고 있습니다. 46장부터 열방의 심판에 대해 예언한 내용이 50장부터 바벨론의 심판에 들어갔습니다. 그런데 그 분량이 예사롭지가 않습니다. 50장과 51장은 총 110절인데 성경 최장절인 시편 119편의 176절보다 적지만 문장 분량(page)은 더 많습니다.

바벨론 심판의 의미가 매우 중요하고 당대를 넘어 후대까지 필수적인 메시지가 있다는 것이 확실합니다. 바벨론 심판의 기승전결과 피드백(59-

64절)까지 세밀히 알려 주려는 의도가 읽혀집니다. 50장에서 심판의 원인과 확실성이 언급되었다면 51장은 심판의 방법과 의미를 서술합니다. 바벨론의 멸망은 한 순간에 피할 수 없게 전체적으로 일어납니다. 이 과정을 누구나 느끼고 알 수 있도록 비유를 동원하여 선포합니다.

심령을 부추기고 키질을 하며 전쟁을 통하고 금잔이 깨지며 바다가 넘침같이 임합니다(1-8, 42절). 이 모든 것을 동원하고 주도하는 분이 여호와 하나님이심을 분명히 합니다(1, 20, 25, 33, 57, 58절). 우상을 부수고 인간의 교만을 깨뜨리는 철퇴는 대항할 자가 없습니다. 바벨론이 열방을 심판하는 도구로 사용되었지만 그 잔혹함과 우상전파가 얼마나 악한 것인지를 지적합니다(25, 44절).

그러면 바벨론 멸망의 의미와 그 영향력은 무엇일까요? 근시안적으로는 당연히 선민 안의 남은 자들의 구원과 언약 백성의 회복입니다(45-51절). 나아가 흩어진 언약 백성들을 통해 이방인의 구원에 대한 점진적 구속사의 진행이 암시되어 있습니다. 바벨론 심판의 깊고 오묘한 의미는 성경 전체에서 나타난 바벨론이 상징하는 이미지를 정리할 때 나옵니다. 창세기의 바벨탑 사건은 하나님을 인간이 집단적으로 대적한 패역의 사건입니다(창 11:1-9). 국가로서의 바벨론은 기원전 539년에 멸망하지만 영적 바벨론은 계속 살아 있음을 성경은 증거합니다.

계시록에서의 바벨론은 세상 세력의 상징이며 '타락한 교회(음녀)'의 정체임을 계시합니다(계 14:8, 16:19, 18장).

(계 17:5) "그의 이마에 이름이 기록되었으니 비밀이라, 큰 바벨론이라, 땅의 음녀들과 가증한 것들의 어미라 하였더라"

육적인 바벨론의 심판은 역사의 종말에 하나님을 대적하는 모든 자가 필연적으로 멸망한다는 메시지입니다(계시록 17장 칼럼 참조). 예레미야는 스라야를 바벨론에 파송하여 예언을 전달합니다(59-62절). 두루마리를 돌에 매달아 강에 수장하는 것은 예언의 절대성취성을 보증하는 행위예언입니다(63-64절). 이 세상의 어떤 힘도 하나님을 대적할 수 없음을 알고 우리는 무조건 하나님 편에 서야 합니다.

♦ 예레미야 52장 성경칼럼

30절 | 느부갓네살의 제이십삼년에 사령관 느부사라단이 사로잡아 간 유다 사람이 칠백사십오 명이니 그 총수가 사천육백 명이더라

33절 | 그 죄수의 의복을 갈아 입혔고 그의 평생 동안 항상 왕의 앞에서 먹게 하였으며

"절망은 끝이 아니다"

절망이란 모든 희망이 끊어져 바라 볼 것이 없는 상태입니다. 비관이나 낙담보다 훨씬 나빠 최후에 쓰는 용어입니다. 절망보다 더한 것은 죽음이지만 절망을 벗어나고자 죽음을 택할 수 있기에 논리상으로는 절망이 더 셉니다. 지금까지가 사람의 차원이라면 영적인 세계에서는 다른 이야기가 펼쳐집니다. 그리스도인의 절망 끝에는 또 다른 절망이 있습니다. 두 번째 절망의 한자는 '끊을 절'에 '바랄 망'을 써서 '간절히 바람'이란 뜻으로 첫 번째의 절망과 전혀 다른 것입니다.

하나님의 사람에게는 세상에서는 절망인데 새 소망이 있다는 뜻입니다. 정확히는 세상에서 절망해야 희망을 보게 된다는 뜻이기도 합니다. 그리스도인에게 절망이 끝이 아닌 이유는 기도의 약속이 있기 때문입니다. 사람은 숨이 끊어지기 전까지 의식이 있다면 기도할 수 있도록 창조되었습니다. 성경에서 이미지 상으로 최고의 절망적 메시지를 선포한 책이 예레미

야와 예레미야 애가입니다. 그러나 이 두 책의 마지막은 절망 속에서 소망의 메시지를 선사합니다(31-34절, 애 5:19-22).

전장까지 열방의 미래 심판을 마치고 예레미야 52장은 유다의 현실적 패망으로 돌아옵니다. 멸망의 원인은 그동안 축적된 죄이지만 직접 원인은 시드기야의 악행과 바벨론에 대한 반역입니다(2-3절). 패망의 모습은 필설로 표현하기 힘들 정도의 처참함입니다. 시드기야 아들들이 눈앞에서 참살되고 본인은 도망하다 잡혀 두 눈이 빠져 바벨론에 압송됩니다(7-10절). 그는 결국 자유의 몸이 되지 못한 채 감옥에서 일생을 마감합니다(11절). 견고함을 자랑하던 성은 불에 타고 무너지며 믿었던 영광의 성전은 훼파되고 강탈됩니다(12-23절).

몇 차례에 걸쳐 잡혀가는 포로들의 숫자가 수치스럽게 기록됩니다(28-30절). 총체적 절망이란 이런 것이라고 결론이 지어 가는데 부록 같은 마무리가 이상합니다. 시드기야의 전 왕이었던 여호야긴이 등장한 것입니다(31절). 그는 8세와 왕위에 올라 불과 3개월 만에 퇴위하여 바벨론에 인질 포로가 되었습니다(대하 36:9). 그가 37년 만에 왕과 같은 대우로 복귀가 된 것입니다(32-34절). 유다의 패망이 심판의 결과라면 여호야긴의 회복은 이스라엘의 궁극적 구원의 예표임을 알 수 있습니다.

선지자가 그토록 외쳤던 바벨론 안에서의 하나님의 가꾸심이 상징적으로 드러나게 되었습니다(24:5). 남유다의 마지막 왕은 시드기야가 분명하지만 여호야긴 왕의 회복을 통해 새로운 차원의 소망을 주고 있습니다. 가까이는 이스라엘의 신실한 남은 자를 통한 귀환이고 멀리는 메시야의 사역 성취로 오는 교회의 영광입니다. 하나님의 사람들에게 절망이 끝이 아닌 이유는 하나님의 긍휼과 신실하심에 있습니다.

예레미야 애가

♦ 예레미야 애가 1장 성경칼럼

5절 | 그의 대적들이 머리가 되고 그의 원수들이 형통함은 그의 죄가 많으므로 여호와께서 그를 곤고하게 하셨음이라 어린 자녀들이 대적에게 사로잡혔도다
18절 | 여호와는 의로우시도다 그러나 내가 그의 명령을 거역하였도다 너희 모든 백성들아 내 말을 듣고 내 고통을 볼지어다 나의 처녀들과 나의 청년들이 사로잡혀 갔도다

"죄와 말씀의 결투"

결투란 승패를 가려야 하는 대결을 말합니다. 우리에게 익숙한 미국 서부 영화는 목숨을 걸고 결투를 벌입니다. 주먹과 칼이 아닌 총을 무기로 하여 죽기 아니면 살기입니다. 그렇다면 신앙의 대결은 어디쯤에 속한다고 생각하십니까? 분명히 장난 같은 싸움은 아닐 것이고 소유나 자존심을 걸고 하는 대결도 아닙니다. 인생 전부를 걸거나 목숨을 내놓고 하는 결투라고 생각하지 않는 분이 많을 것입니다. 이 시점에서 신앙의 실패가 시작됩니다. 신앙의 대결은 근본적으로 죄와 말씀의 결투이며 어느 것이 이기느냐에 따라 영생과 영벌이 결정됩니다.

죄는 사탄이 배후에서 조종하는 것이고 말씀은 하나님께서 주시는 공격용 무기입니다(엡 6:17). 하나님께서는 구약에서 신명기적 말씀을 주셔서 순종을 요구하셨습니다. 신명기 28장에 선포되었듯이 순종하면 엄청난 복을 받고 불순종하면 상상하기도 힘든 저주가 임합니다. 선민 이스라엘은

이 싸움에서 철저히 실패했고 그 대가로 멸망의 저주를 받았습니다. 그 비참한 현장을 목격한 예레미야가 통곡하며 쓴 글이 애가입니다.

책 제목인 첫 단어 '에카'는 '아, 얼마나, 어찌하여, 슬프다'라는 복합적인 뜻을 가지고 있습니다. 그는 멸망의 근본적 원인이 죄에 있다는 것을 명시하며 말씀을 지키지 않아 멸망한 것을 명확히 합니다(5, 8, 14, 18, 22절). 저주의 내용은 신명기 28장의 말씀에 불순종하여 받는 항목과 대조합니다. 저희 대적이 머리가 되고 어린 자녀와 처녀와 소년이 사로잡히고 극히 낮아집니다(5-18절). 기근에 엄마가 자기 자녀를 잡아먹고 만방에 조롱거리가 되며 지도자들의 권위는 사라집니다(2-5장).

예루살렘 성을 의인화하여 노래한 내용 속에 죄악을 인정하며 긍휼을 구하고 있습니다(18절).

구약에서 죄와 말씀의 승부는 죄의 완승으로 결판났고 선지자가 할 수 있는 일은 하나님의 자비를 구하는 것뿐입니다. 그렇다면 진전된 구속사에 거하는 신약의 성도는 어떤 상태인지 궁금합니다. 죄와 싸울 수 있는 '말씀과 어떤 관계로 되어 있는가'라는 질문입니다. 현실감과 경험상으로 볼 때 지금도 죄가 말씀보다 우세하다고 느껴집니다.

하지만 우리에게는 말씀을 통하여 역사하시는 성령님이 내주하고 계십니다(요 14:26, 고전 3:16). 성령님을 의지하고 말씀을 붙들고 쟁투하는 자만이 죄와의 결투에서 승리할 수 있습니다(롬 8:1-11). 이 승리는 모든 것을 걸고 하는 절박한 자에게만 주어집니다(롬 6:12-14). 비통한 감정으로 백성들의 슬픔을 애도하는 예레미야가 예루살렘의 황폐화에 탄식하시는 주님의 모습과 오버랩 됩니다(마 23:37).

♦ 예레미야 애가 2장 성경칼럼

5절 | 주께서 원수 같이 되어 이스라엘을 삼키셨음이여 그 모든 궁궐들을 삼키셨고 견고한 성들을 무너뜨리사 딸 유다에 근심과 애통을 더하셨도다
18절 | 그들의 마음이 주를 향하여 부르짖기를 딸 시온의 성벽아 너는 밤낮으로 눈물을 강처럼 흘릴지어다 스스로 쉬지 말고 네 눈동자를 쉬게 하지 말지어다

"언제 가장 슬프세요?"

사람의 감정을 흔히 희노애락으로 부릅니다. 기쁘고 노엽고 슬프고 즐거움이 교차하며 인생을 살아갑니다. 기쁜 것과 즐거운 것이 동류이니 인생에는 나쁜 감정이 더 많은 셈입니다. 여기에 두려움과 혐오감이 추가되니 나쁜 감정을 관리조절하며 사는 것은 만만치 않습니다. 애가는 슬픈 노래라는 뜻인데 슬픔의 격랑이 맹렬하게 휘몰아치고 있습니다.

1장에서 이스라엘의 상황을 탄식했다면 2장에서는 예루살렘의 패망 원인을 구체적으로 묘사합니다. 저자는 극도의 슬픔 속에서도 냉정한 관찰로 슬픔의 원인을 찾아내어 보여줍니다. 멸망과 수치 때문에 슬프고 괴로운 차원이 아닌 보다 근원적인 슬픔의 원인을 제시합니다. 외형적 군사 침략과 내면적 종교 타락이 심판의 원인이지만 결국은 하나님과의 관계를 실패했음을 지적합니다. 이것을 하나님을 의인화하여 표현하는 신인동형론적 선포를 통해 확인합니다. '하나님이 이스라엘의 대적자가 되었다'입니다(4, 5절).

아버지와 남편과 목자와 왕이었던 하나님께서 이스라엘과 원수가 되어 대적하신 사실을 선포합니다(1-10절). 하나님께서 덮고, 던지고, 삼키고, 자르고, 사르고, 헐고, 부수고, 버리고, 묻어 버립니다. 그 결과 욕되게 하

고, 근심하게 하고, 울게 하고, 미워하게 됩니다. 처녀 시온이 욕을 당하고, 이스라엘의 아름다움이 추해지고, 유다의 견고함이 무너지고, 찬란했던 성전이 영광을 잃어버립니다. 그 어떤 상태도 하나님이 대적하는 것보다 악할 수는 없습니다. 하나님께서 대적하시는 결과보다 더 아픈 경우는 단연코 없습니다.

선지자는 이 슬픔을 견딜 수 없어 눈물에 눈이 상하고 창자가 끊어지며 간이 녹아 땅에 쏟아질 지경이 되었다고 통곡합니다(11절). 이 지경에 이르는데 결정적 역할을 한 거짓선지자들에 대한 미움을 폭발시킵니다(14절). 하나님을 의인화하여 슬픔을 토로한 저자는 그 슬픔의 내용이 바로 하나님의 슬픔인 것을 깨닫습니다. 하나님께서 대적자가 되신 의미는 그만큼 자기 백성을 사랑했던 것임을 알았습니다.

애가의 전체 구조가 5편의 시로 되어 있고 답관체(히브리 알파벳 순서로 시작)로 정교하게 쓰여 진 것은 슬픔 너머의 역전이 있다는 메시지입니다. 18절부터 시작되는 선지자의 기도는 절망과 슬픔이 끝이 아닌 회개의 시작임을 보여줍니다. 진실한 회개로만 하나님의 긍휼을 입을 수 있습니다. 하나님의 긍휼을 입어야만 개인과 공동체 모두 하나님과의 관계가 회복됨을 고백하고 있습니다(18-22절). 인간은 죄와 허물로 넘어질 수밖에 없고 징계를 피할 수도 없습니다. 다만 속히 회개하여 돌아오는 자와 끝까지 강팍하여 하나님이 대적자가 되어 망하는 사람으로 나누어질 뿐입니다.

♦ 예레미야 애가 3장 성경칼럼

1절 | 여호와의 분노의 매로 말미암아 고난 당한 자는 나로다
21절 | 이것을 내가 내 마음에 담아 두었더니 그것이 오히려 나의 소망이 되었사옴은

"품고 있는 마음?"

마음을 안다는 것은 여러 논제가 발생합니다. 먼저 남의 마음을 짐작하는 것은 가능하지만 온전히 알 수는 없다는 논거가 나옵니다. 나도 내 마음을 모르는데 어찌 남의 마음을 함부로 판단하겠느냐는 반문에 대답하기 어렵습니다. 둘째는 남의 마음을 짐작하는 차원에서 공감하고 응원하는 감성이 등장합니다. 이기적인 인간이 타인과 마음을 나눈다는 것은 겉으로는 가능하지만 실제에서는 매우 희귀합니다. 오히려 한편이 아닌 사람에게 마음을 들키면 안 된다는 설정도 참작해야 합니다.

셋째는 인간, 또는 그리스도인으로서 가장 중요하고 필요한 마음은 무엇일까에 대한 질문입니다. 여기에서의 마음은 스쳐가는 생각이 아닌 품고 있는 것이며 어느 정도 고정되어 있는 성품을 의미합니다. 그리스도인이라면 누구나 소망하는 것은 예수 그리스도의 마음입니다.

(빌 2:5) "너희 안에 이 마음을 품으라 곧 그리스도 예수의 마음이니"

명령형으로 되어 있어 우리가 해 내야 할 사명으로 되어 있습니다

구약에서는 하나님의 마음이라고 볼 수 있습니다. 이 마음을 가진 대표 인물이 누구일지를 꼽아 보았습니다. 다윗이 떠오르는데 그가 고통 중에 쓴 시편이 예수님의 마음을 알아챈 것이 너무 많습니다(시 22, 109, 110편).

(시 22:14) "나는 물 같이 쏟아졌으며 내 모든 뼈는 어그러졌으며 내 마음은 밀랍 같아서 내 속에서 녹았으며"

그 외에 아브라함은 이삭 번제 사건에서, 요셉은 형제들의 배신 속에서 주님의 마음을 품었을 것입니다.

3장의 예레미야는 내용상으로는 개인의 탄원을 하는 것 같지만 민족과

자신을 동일시하는 것이 역력히 드러납니다. 나아가서 하나님의 분노에 심판받는 자신의 모습을 대속양이 되신 주님의 고난이 연상되도록 전환합니다(1-19절). 마치 이사야가 십자가의 예수님을 목격하고 쓴 것처럼 보이는 이사야 53장과 닮았습니다. 죄가 없으신 주님께서 모든 죄를 담당하셔서 죽으신 것이 소망이 되었음을 외치고 있습니다(19-20절). 현실은 절망이지만 진멸하지 않으시고 아침마다 새롭게 하시니 구원을 잠잠히 기다리겠다고 노래합니다(22-26절). 심판의 진노가 하나님의 본심이 아님을 정확히 알고 있는 그가 두려워 할 것은 없습니다(30-33절).

연단을 받으며 주님의 마음을 품은 예레미야를 보며 나의 마음의 초라함을 느끼게 됩니다. 먼저 손 내밀지 못하고 아픔과 상처에 공감하지 못한 이기적 마음이 부끄럽습니다. 주님의 마음을 품는 것은 단기간에 되는 것이 아니라 소자를 돌보는 것이 쌓여갈 때 허락되는 복임을 확인합니다.

(마 25:40) "임금이 대답하여 이르시되 내가 진실로 너희에게 이르노니 너희가 여기 내 형제 중에 지극히 작은 자 하나에게 한 것이 곧 내게 한 것이니라 하시고"

애가에서 소망을 발견하고 그 소망으로 행하는 생활이 되기를 소원합니다.

♦ 예레미야 애가 4장 성경칼럼

8절 | 이제는 그들의 얼굴이 숯보다 검고 그들의 가죽이 뼈들에 붙어 막대기 같이 말랐으니 어느 거리에서든지 알아볼 사람이 없도다

18절 | 그들이 우리의 걸음을 엿보니 우리가 거리마다 다 다닐 수 없음이여 우리의 끝이 가깝고 우리의 날들이 다하였으며 우리의 종말이 이르렀도다

"알면 못 가는 길"

어느 자매가 결혼하겠다고 남자를 데려 왔습니다. 이것저것 묻는 가운데 나온 결론은 '앞날을 알면 결혼 못 한다'입니다. 남자는 키가 크고 잘 생기고 목소리도 좋았지만 배운 것이 없고 능력도 없고 성격도 괴팍했기 때문입니다. 외모에 반했지만 결혼 후를 예상한 지인들은 쌍수를 들고 말렸습니다. 이 세상에서 알면 절대 가지 못할 길들이 있습니다. 전쟁이 일어나면 안 되고 핵무기를 쓰면 끝입니다. 이것을 알기에 전쟁을 방지하고 핵무기를 사용하지 못하게 하는 장치가 철저합니다.

그러나 인간은 이보다 훨씬 파괴력이 강한 것이 있음을 간과하고 있습니다. 바로 죄악의 파괴성으로 그 결과는 형언하기가 어렵습니다. 일단 성경의 정의를 살펴보면 죄의 결과는 죽음입니다(롬 6:23). 죽음이라서 흘려버리기 쉬운데 정확히는 '하나님과의 끊어짐'이고 그 현실은 '지옥'입니다.

(계 20:15) "누구든지 생명책에 기록되지 못한 자는 불못에 던져지더라"

4장은 죄의 파괴성을 시적으로 절절하게 표현하고 있습니다. 이렇게 적나라하게 들어오는 이유는 죄를 짓기 전과 지은 후를 대조해 놓았기 때문입니다. 시이지만 가상과 과장법은 없고 현장에서 르포기사를 쓴 것입니다. 순금처럼 보배로웠던 성도가 퇴색하고 변질되어 질항아리로 버려집니다(1-2절). 진수성찬을 먹고 호화로운 옷을 입었던 귀한 자가 거리를 떠돌며 거름더미를 안고 삽니다(5절). 차라리 소돔처럼 한방에 망한 것이 나을 정도의 장기간의 굶주림은 지옥이 따로 없습니다(6절).

눈보다 깨끗하고 산호처럼 붉고 청옥처럼 빛나던 모습이 숯처럼 검어 뼈에 가죽만 남았습니다(7-8절). 정이 넘쳤던 부녀들이 자기 자식을 삶아 먹는 실화를 눈앞에서 목격합니다(10절). 거리에는 서로를 알아보지 못한 채 방황하는 무리들이 서로 불의를 행합니다(8, 14, 18절). 저자는 이 결과가 죄악 때문임을 강조하며 특히 종교지도자들의 악함을 지목합니다(11-14절). 마치 저들은 접근하면 안 되는 나병환자 같으니 현대어로는 좀비입니다(15절).

하나님 앞에서 사는 것을 조금만 잊어도 저들의 뒤를 따라 갈 수 있다는 경고에 전율이 옵니다. 죄악의 파괴성을 안다면 죄의 접근에서부터 경계를 세워야 합니다.

(벧전 5:8) "근신하라 깨어라 너희 대적 마귀가 우는 사자 같이 두루 다니며 삼킬 자를 찾나니"

하나님보다 인간 세력을 의지하는 은밀한 죄악도 부각시키며 4장은 마무리됩니다(17-22절).

♦ 예레미야 애가 5장 성경칼럼

11절 | 대적들이 시온에서 부녀들을, 유다 각 성읍에서 처녀들을 욕보였나이다

21절 | 여호와여 우리를 주께로 돌이키소서 그리하시면 우리가 주께로 돌아가겠사오니 우리의 날들을 다시 새롭게 하사 옛적 같게 하옵소서

"복받침, 자신 없음, 그러나.."

5장을 읽고 예레미야의 마음으로 들어가서 꺼낸 단어들입니다. 슬픈 감정이 복받쳐 올라 우는 선지자를 만납니다. 나라가 망하고 백성들은 피폐하다 못해 검어지고 깡말라 마치 시체 같습니다(10절). 유력자들은 바벨론에 끌려가고 빈천자들만이 남은 유다 땅은 황폐하여 먹을 것이 없습니다(9절). 좋은 땅은 외인에게 빼앗기고 자그마한 농사의 소실은 세금으로 뜯깁니다(2절). 고아와 과부가 넘쳐나고 먹을 물도 없어 은을 주고 사야 합니다(3-5절). 처녀들은 대적들에게 능욕당하고 청년들은 허무하게 맷돌을 돌리

고 아이들은 나무를 지다가 엎어집니다(11-13절).

5장은 하소연이 담긴 기도 시인데 슬픔이 복받쳐 형식을 갖출 수가 없었던 것 같습니다. 앞의 4장은 답관체로 22개의 히브리 알파벳으로 시작했으나 그것을 맞출 여유가 없습니다. 그저 22개의 시의 정형만 유지하며 써 내려갑니다. 죄악의 결과로 얻은 심판의 모습이 너무 처참해서 기도에 자신감도 떨어져 있습니다(6-8절). 총체적 난국 속에 지도자도 없고 협력자도 안 보이는데 기도는 해야 합니다. 아니, 기도밖에는 할 수 없고 기도 외에는 방법이 없습니다.

선지자의 모습은 신자가 고통당할 때 어떻게 해야 할 것인지에 대한 대답이 될 수 있습니다. 예레미야는 복받침과 자신 없음 가운데에서도 기도를 시작한 것에 주목해야 합니다. 의외로 신자가 절망적일 때 기도를 안 하는 경우가 많습니다. 기도 안하는 핑계를 기도가 안 나와 못하는 것이라고 항변합니다. 기도를 일단 시작하면 소망이 있는데 중요한 것은 사정을 다 털어놓는 것입니다.

예레미야는 백성들과 자신을 동일시하여 하나님의 긍휼만 자세히 구합니다. 그만큼 더 낮아지고 자신이 없는 모습인데 그 이유는 앞날을 알기 때문입니다. 구원의 회복을 계시 받았지만 먼 훗날의 일이고 지금 눈앞의 민초들이 너무 불쌍한 것입니다. 이 마음이 기도의 역전을 일으킵니다. 현실 고통 너머의 영원성과 신실하심을 베푸시는 하나님이 보입니다(19절). 하나님은 언약을 지키시고 자기 백성을 끝까지 책임지시고 새롭게 하실 것이 믿어집니다(21절).

이 사이에 있는 20절과 마지막 22절이 부정적인 내용인 것이 궁금합니다. 불행한 상황인 현재를 강조하여 아룀으로 위로의 응답을 기대한 것이라는 생각이 듭니다. 훗날 공적으로 낭독할 때 22절을 먼저 읽고 21절로 마무리한 것은 후대는 그렇게 적용할 수 있음을 알려줍니다.

에스겔

♦ 에스겔 1장 성경칼럼

3절 | 갈대아 땅 그발 강 가에서 여호와의 말씀이 부시의 아들 제사장 나 에스겔에게 특별히 임하고 여호와의 권능이 내 위에 있으니라

21절 | 그들이 가면 이들도 가고 그들이 서면 이들도 서고 그들이 땅에서 들릴 때에는 이들도 그 곁에서 들리니 이는 생물의 영이 그 바퀴들 가운데에 있음이더라

"최상의 용인술"

용인술이란 사람을 적재적소에 활용하는 능력을 말합니다. 어느 조직이든 최고 지도자가 필히 갖출 덕목입니다. 용인술 한 번에 권력이 세워지기도 하고 무너지기도 합니다. 하나님 나라에는 하나님의 완벽한 용인술이 있습니다. 다만 사람의 생각과 판단에 이해가 되지 않아 하나님의 용인술이 실패한 것처럼 착각할 수도 있습니다. 에스겔서로 들어오면서 앞서의 예레미야 선지자와의 관계에서 하나님의 용인술을 도입해 보았습니다.

일단 두 선지자는 사역의 시기가 겹친 것을 알 수 있는데 1장에 언급되어 있습니다. 에스겔의 사역 시기는 여호야긴이 포로로 잡혀온 지 5년(B.C.593년)째에 시작되어 27년(B.C.571년)까지 22년간입니다(2절, 29:17). 남유다의 2차 포로 때 포로로 잡혀가서 남유다의 멸망을 목격하고 이후 15년을 사역했습니다. 예레미야가 유다와 애굽에서 활동했다면 에스겔은 바벨론에서 사역을 한 것입니다.

하나님께서는 같은 세대의 같은 제사장 출신 선지자였지만 각기 다른 곳에서 사역하게 하는 용인술을 쓰셨습니다. 예레미야의 굳세고 격정적이며 뛰어난 공감성의 예언은 남유다의 백성들에게 꼭 필요했습니다. 에스겔의 조직적인 신학과 정교한 예언은 절망에 빠져 있는 바벨론 포로민들에게 회복의 소망을 갖게 하였습니다. 후기 예언서의 세 번째 책인 에스겔서는 구약의 계시록으로 불리웁니다.

1장에 나오는 그발 강가의 네 생물 환상은 계시록 4장에서 요한에게 허락한 이상과 유사합니다. 비유와 상징으로 되어 있는 묵시문학적인 예언은 해석하기가 어렵습니다. 다만 그 상징을 다른 성경에서 뜻하는 내용과 대조함으로서 핵심 메시지는 읽을 수 있습니다. 다니엘서와 계시록과 에스겔서의 해석에 있어서 서로가 큰 역할을 할 수 있다는 의미입니다. 에스겔서는 다른 예언서가 선지자의 소명 장면으로 시작되는 것과 다르게 영광스런 환상 장면으로 시작합니다. 사람과 사자와 소와 독수리가 사면을 차지하고 있는 환상은 인간세계에서는 찾아볼 수 없는 것입니다(5-14절). 해석하기가 어렵지만 전체적 이미지는 전능자가 부리는 권능의 일군이라는 것이 분명합니다(15-21절).

네 생물의 연합은 하나님의 영광을 수종하고 보좌하는 영적 존재이며 종입니다(22-28절). 인격적 존재인 사람과 승리의 권능인 사자와 정결한 충성의 소와 늘 새로운 독수리가 하나가 되어 있습니다. 명령에 따라 혼돈 없이 번개처럼 철저하게 사역을 수행하는데 하나님의 종의 모델로 손색이 없습니다. 성육신하신 예수님의 그림자로도 비쳐지지만 성숙한 신앙인의 자세로도 적용이 가능합니다. 우리는 하나님의 용인술에 따라 각기 적재적소에 배치되었습니다. 어떤 은사를 받고 무슨 일을 하더라도 우직하게 충성해야 하겠습니다.

♦ 에스겔 2장 성경칼럼

7절 | 그들은 심히 패역한 자라 그들이 듣든지 아니 듣든지 너는 내 말로 고할지어다
8절 | 너 인자야 내가 네게 이르는 말을 듣고 그 패역한 족속 같이 패역하지 말고 네 입을 벌리고 내가 네게 주는 것을 먹으라 하시기로

"먹는 것에 달렸다"

큰 사고를 당했거나 중병에 걸려서 치료해 본 분은 위의 말을 이해하실 것입니다. 몸이 최악에 있을 때는 전혀 못 먹다가 먹는 수준이 되면 회복 단계로 들어선 것입니다. 외적으로 인간이 가장 많은 죽는 이유는 결국 못 먹어서입니다. 육체적으로 먹는 것에 달렸다는 원리는 영적으로도 정확하게 맞아 떨어집니다. 영의 세계에서 먹는다는 것은 하나님의 말씀을 먹는다는 뜻입니다.

말씀은 듣는 것을 넘어 먹어야만 내 것이 됩니다. 말씀이 곧 하나님(요 1:1)이시기에 말씀을 먹는다는 것은 하나님께서 내 안에 들어오시는 것과 같습니다(요 6:63). 구원이란 하나님의 생명이 사람의 심령에 거하시는 것입니다(고전 3:16, 요 14:20).

(롬 8:11) "예수를 죽은 자 가운데서 살리신 이의 영이 너희 안에 거하시면 그리스도 예수를 죽은 자 가운데서 살리신 이가 너희 안에 거하시는 그의 영으로 말미암아 너희 죽을 몸도 살리시리라"

말씀을 먹는 만큼 신앙과 능력은 정비례하여 자랍니다. 이 원리를 증명하는 장면이 2장에 펼쳐집니다. 에스겔의 소명 장면에서 이전의 다른 일군과 다른 점이 목격됩니다. 모세와 예레미야는 소명 장면에서 사양을 한 후에 사명을 받아들입니다(출 3-4장, 렘 1장). 그것이 잘못되었다는 것이 아

니라 에스겔이 소명을 즉각적으로 받았던 무언가가 있었다는 뜻입니다. 모세와 예레미야와 에스겔은 소명 받을 때 모두 하나님의 강력한 기적과 환상이 있었습니다.

그런데 에스겔에게는 다른 두 사람에게 없었던 체험이 있었는데 말씀을 먹는 것이었습니다(8절). 하나님께서 예레미야에게 말씀을 입에 두었다고 한 것과 분명히 대조됩니다(렘 1:9). 이것은 우열을 가리자는 것이 아니라 하나님의 말씀을 대할 때의 자세가 매우 중요함을 확인하기 위함입니다. 말씀을 듣지도 않는 세대에 말씀을 먹으라는 것이 무리이지만 성경은 묵상이란 방법을 제공합니다. 묵상의 히브리어 '시아흐'는 '되풀이하다'라는 뜻으로 반복해서 꺼내 되새김질하는 소를 연상하면 됩니다.

신앙생활의 승리와 열매는 말씀을 계속하여 먹는 자에게 주어집니다. 에스겔이 성경의 인물 중에 다니엘과 함께 인자라고 불린 것도 소명과 관련이 있습니다(1, 3, 6, 8절). 예수님께서 자신을 인자라고 부른 것은 하나님이신 예수님이 인성을 가지고 오신 것을 계시합니다. 그러나 에스겔에게 붙인 인자는 연약하여 죽을 수밖에 없는 피조물로서의 호칭입니다. 포로로 와서 낮을 대로 낮아진 에스겔은 소명을 주시기 위해 찾아오신 하나님을 갈망하고 있었을지도 모릅니다. 겸비하여 말씀을 먹는 자가 소명을 감당할 수 있습니다. 말씀을 먹어야만 하나님의 뜻만 전할 수 있게 됩니다(2, 6-7절).

♦ 에스겔 3장 성경칼럼

9절 | 네 이마를 화석보다 굳은 금강석 같이 하였으니 그들이 비록 반역하는 족속이라도 두려워하지 말며 그들의 얼굴을 무서워하지 말라 하시니라

17절 | 인자야 내가 너를 이스라엘 족속의 파수꾼으로 세웠으니 너는 내 입의 말을 듣고 나를 대신하여 그들을 깨우치라

"반응의 함정?"

함정은 위장한 웅덩이로 짐승을 잡는 것이지만 남을 속여 해치는 계략을 뜻합니다. 함정이라는 나쁜 말과 반응이라는 단어는 어울리지 않을 것 같습니다. 반응은 실리주의가 왕인 현대사회의 공주 같은 위치를 차지하고 있습니다. 어떤 상품이나 정책이 나오면 반응에 의하여 성패가 결정됩니다. 반응이 안 좋은데 견딜 상품이나 단체는 없습니다. 그런데 영적 세계에서는 이 반응이 함정으로 등장합니다.

3장에서 하나님은 에스겔을 이스라엘 족속에게 파송하시면서 반응에는 신경 쓰지 말 것을 명령합니다. 우리는 전장에서 등장한 두루마리(말씀)에 애가와 애곡과 재앙의 말이 기록되었던 것을 알고 있습니다(2:10). 하나님께서는 이 두루마리를 에스겔에게 먹이시는데 달기가 꿀 같습니다. 우리는 저주의 예언이 어찌 그토록 달 수 있는지를 알고 있습니다. 하나님의 긍휼과 사랑으로 결국은 구원의 회복이 이루어지기 때문입니다.

그러나 현실은 정반대여서 선지자가 전하는 심판과 회개에 대한 메시지에는 거부와 핍박의 반응이 예비 되어 있습니다. 하나님께서는 이런 반응을 너무 잘 아시기에 자기 종에게 단단한 예방주사를 놓아줍니다. 듣지도 않고 거부할 터이니 네가 더 강한 금강석 이마를 갖추고 절대 무서워하지 말라고 하십니다(7-9절). 인류의 보편 가치인 시장주의의 반응에 정반대로 대처하는 것입니다. 반응의 함정에 빠지지 말고 굳세게 하나님의 말씀만 전하라고 하십니다(10-11절).

뒤이은 환상을 통해 에스겔에게 하나님의 권능이 입혀집니다(12-14절). 세상 풍조와 사단의 함정을 이기는 방법은 하나님의 권능을 받아야만 합니다. 심기일전하며 영적 각오를 하는 일주일이 주어지고 하나님의 새로운 지시가 내립니다(15-16절). 유명한 파수꾼의 사명이 주어지는데 이 원리는 복음시대인 지금도 그대로 적용됩니다. 악인을 깨우치기 위해서와 의인이 악해지지 않도록 죄를 지적하고 심판을 전해야 합니다(18-21절). 반응과 결과에 상관없이 전해야 하고 만약 불순종하면 파수꾼이 그 피 값을 받는다고 경고합니다.

이것은 예수님의 전도명령과 똑 같고(마 10:11-15) 바울의 전도자세(고전 9:16)와 동일합니다. 에스겔의 연단 코스에 벙어리가 되는 경험은 하나님의 말씀만 전하게 하려는 훈련입니다(26-27절). 복음의 상품화가 휘몰아치는 이 시대에 선비처럼 사역하기가 힘든 것은 사실입니다. 그러나 반응에 일희일비하며 휘둘리는 상인 형 사역자의 길은 절대 가면 안 됩니다. 사역은 시간과 공간이 아닌 생명의 활동으로 최종 판정되기 때문입니다.

♦ 에스겔 4장 성경칼럼

3절 | 또 철판을 가져다가 너와 성읍 사이에 두어 철벽을 삼고 성을 포위하는 것처럼 에워싸라 이것이 이스라엘 족속에게 징조가 되리라

15절 | 여호와께서 내게 이르시되 보라 쇠똥으로 인분을 대신하기를 허락하노니 너는 그것으로 떡을 구울지니라

"잊지 못할 장면"

영화나 드라마에는 잊지 못할 장면이 있습니다. 인생과 인간관계에서도 잊지 못할 순간이 있습니다. 그 결정적 장면과 순간은 사후에 큰 영향력을 발휘합니다. 성경의 선지자들은 하나님의 뜻을 온전히 전달하기 위해 상징적 행위를 하였습니다. 이사야는 3년 동안 옷을 벗고 거리를 활보했고(사

20:1-2) 예레미야는 토기를 깨뜨리고(렘 19:10) 나무 멍에를 메고 다니기도 했습니다(렘 27:2).

그들은 이 연극성 행동이 조롱받을 것을 알고 있었으나 하나님의 명령이기에 무조건 순종하였습니다. 깊이 보면 하나님의 안타까운 마음을 읽고 심판의 메시지를 안간힘을 다하여 전했다고 볼 수 있습니다. 백성들이 강력한 시청각 효과를 통하여 회개하기를 소원하는 마음을 토하고 있습니다. 인간세계의 복과 저주의 임함은 여러 이론이 있습니다. 불교는 기계적 인과응보이니 선한 행위를 강조합니다. 샤머니즘은 선한 귀신이 복을 주니 빌고 악한 귀신은 화를 주니 달래라고 미혹합니다.

창조주 하나님을 믿는 기독교는 복과 저주는 하나님께 있음을 선포합니다(신 28장). 행위로 복과 저주를 주는 율법은 인간이 지킬 수 없는 한계를 드러냈습니다. 죄의 결과는 저주인데 하나님께서는 회개의 기회를 통해 하나님께 돌아오도록 부릅니다. 구약은 심판 전에 자기 종들을 통해 징조와 경고를 보내시는 하나님을 계속 계시합니다(암 3:7).

4장에서 에스겔이 행한 상징적 행위들은 낙관적 사고를 가지고 있던 백성들에게 충격을 줍니다. 토판에 새겨지는 예루살렘 성의 포위와 함락은 죄를 지으면 거룩한 도성도 가차 없이 버리신다는 것입니다(1-3절). 거룩한 신앙의 자랑거리가 죄 앞에서는 한순간에 무너져 내립니다. 좌로만 390일을 눕고 우로만 40일을 눕는 행위는 북이스라엘과 남유다의 죄악의 기간을 설명하는 것입니다(4-6절). 움직이지 못한 상태로 당하는 에스겔의 고난을 통해 실제화 될 것을 선언합니다(7-8절). 기근의 상태를 상징하는 떡과 물의 빈곤은 기근이 처참할 것을 예언합니다. 하루 228g의 음식과 0.61리터의 물을 먹고 사는 지경이 됩니다(10-11절). 부정한 음식을 먹을 것이라는 인분 불의 사용명령은 에스겔의 요청으로 쇠똥으로 대체됩니다(12-15절).

멸망시의 상황과 포로 생활 중의 상태를 함께 보여주는 4장의 상징적 행위를 목격했습니다. 이만하면 회개하기에 충분한 충격적 메시지라는 생각이 듭니다. 그러나 이 충격적 메시지는 허사가 되었고 심판은 예언대로 이루어집니다. 성경을 늘 가까이 하여 심판을 경고 받는 이 시대와 에스겔 세대가 무엇이 다른지 자문해 봅니다.

♦ 에스겔 5장 성경칼럼

4절 | 또 그 가운데에서 얼마를 불에 던져 사르라 그 속에서 불이 이스라엘 온 족속에게로 나오리라

13절 | 이와 같이 내 노가 다한즉 그들을 향한 분이 풀려서 내 마음이 가라앉으리라 내 분이 그들에게 다한즉 나 여호와가 열심으로 말한 줄을 그들이 알리라

"철저한 공의-십자가"

기독교의 상징인 십자가를 바라볼 때 어떤 생각이 드십니까? 대부분 우리의 죄를 대속하신 예수님의 사랑이 떠오를 것입니다. 그러나 예수님의 사랑만 생각하면 십자가 의미의 절반 밖에 이해하지 못한 것입니다. 십자가는 하나님의 공의적인 심판이 본질입니다. 죄는 반드시 대가를 치러야 하는데 인간 편에서는 방법이 절대 없습니다. 예수님이 십자가에서 하나님을 아버지로 부르지 못하고 '엘리(두려운 하나님)'라고 부른 것은 자신이 심판의 대상이었기 때문입니다(마 27:46).

죄가 없으신 독생자가 인류의 모든 죄를 담당하고 죄인의 대표가 되어 죽으신 것이 십자가의 본질입니다. 죄와 불의는 엄정 하고 철저하게 처벌

되어야 하는데 다른 방법은 없어 하나님께서 죽어 주셨습니다(요 3:14). 오직 대속하신 그리스도의 보혈에 의해 주를 믿는 자들의 모든 죄가 근본적으로 용서를 받습니다(벧전 1:18-19). 죄에 대한 본질과 정체를 알 때 5장의 예루살렘의 잔혹한 멸망광경을 이해하게 됩니다. 4장은 3가지 상징적 행위를 통해 예루살렘 성의 포위와 처참함을 예언하였습니다

5장에는 네 번째의 행위를 통해 유다 민족이 완전히 멸망되고 점령될 것을 예언합니다. 제사장이 몸의 털을 깎는 것은 율법에 금지된 것(레 21:5)으로 에스겔이 이를 행한 것은 하나님께서 이스라엘을 버리셨다는 메시지입니다. 머리털과 수염을 깎는 것은 포로 됨을, 불사르는 행위를 통해 성읍이 기근과 질병으로 훼파됨을 보여줍니다. 칼로 치는 것은 도망치다 잡혀 죽는 것을, 바람에 흩날리는 것은 열국으로 흩어지게 됨을 의미합니다.

본래 이스라엘은 선민으로서 특별 은혜를 받았고 지리적으로도 아시아와 유럽과 아프리카를 잇는 중심지였습니다(5절). 이 특권을 버리고 이방인이 자기 신에게 충성하는 것보다도 못하게 하나님을 배반했습니다. 그 결과 이방인 앞에서 심판받고 수욕을 당하는 것은 마땅합니다(7-9절). 철저한 심판의 집행이 5장을 휩쓰는 가운데 주목할 구절이 등장합니다. 에스겔에게 깎은 털 중의 조금을 옷자락에 싸라는 명령입니다(3절). 예루살렘의 거민 중에 일부의 남은 자에 대한 긍휼임을 금세 알아 챌 수 있습니다.

그런데 4절에 의외의 상황이 발생하는데 이중에 얼마를 다시 징계하신다는 것입니다. 하나님 나라 일군의 정예화(소수) 원리는 신비해서 해석하기 어렵지만 실재하는 것은 분명합니다. 인간 세계는 숫자를 절대화하지만 하나님의 나라는 경건한 소수를 만들어 갑니다(창 6:5-8, 19:1, 삿 7:6-8). 이들이 자질과 자격으로 뽑힌 것이 아닌 것은 자연적 의인은 없기 때문

입니다(렘 5:1, 롬 3:10). 회개하며 갈망하는 자들이었다는 것이 성경 전체 정신에서 맞을 것입니다(마 5:3, 4, 6, 7, 8, 10-12). 십자가의 진노심판 속에 하나님의 사랑을 붙든 우리는 참 복된 자들입니다(갈 6:14).

♦ 에스겔 6장 성경칼럼

3절 | 이르기를 이스라엘 산들아 주 여호와의 말씀을 들으라 주 여호와께서 산과 언덕과 시내와 골짜기를 향하여 이같이 말씀하시기를 나 곧 내가 칼이 너희에게 임하게 하여 너희 산당을 멸하리니

7절 | 또 너희가 죽임을 당하여 엎드러지게 하여 내가 여호와인 줄을 너희가 알게 하려 함이라

"환경이 깨졌다"

생활하는 주변의 상태를 환경이라고 합니다. 환경의 중요성은 막강해서 질병과 정신과 성공까지 영향을 끼칩니다. 인간 자신과 주변 환경은 한 몸과 같아서 하나가 깨지면 다른 하나도 함께 깨집니다. 개체와 환경이 성공과 저주의 결과를 함께 누리는 이 원리가 유다의 심판에서 드러나고 있습니다. 유다의 수도 예루살렘이 잔인한 심판으로 황폐해질 것은 이미 목격했습니다.

이제 6장에서 에스겔은 이스라엘 산을 향한 심판을 선언합니다(2-3절). 여기에서의 산은 이스라엘 전체 땅을 의미하며 구체적으로는 우상의 소굴이 된 모든 곳을 말합니다(4-5절). 우상을 좋아하고 섬겼던 그 땅이 저주받아 깨지고 무너지고 진멸되는 것입니다(6-7절). 하나님을 떠나 우상을 섬겼던 인간의 탐욕은 심판의 때가 되면 잔혹한 몰골로 바뀌게 되어 있습니다. 문제는 그 때가 되기까지 깨닫지 못하고 끝까지 고집을 피우며 버틴다는 사실입니다. 후회해도 소용없는 단계에서 겨우 인정하지만 이미 때가

늦은 경우가 대부분입니다(7절).

우상이 다 깨지고 무너진 상태에서 붙들어 봐야 소용이 없습니다. 바로가 의지했던 힘과 자랑이 허물어졌어도 끝까지 마지막 재앙인 장자의 죽음까지 가는 것은 우리의 모습을 대변한 것입니다. 그래도 미련을 가지고 추적한 전차군단이 홍해에 수장되고 나서야 멈추게 됩니다. 유다의 심판에 환경의 파괴가 이어진 것은 그들이 좋아하고 섬겼던 것을 없애야 했기 때문입니다(11-14절). 아무리 종교개혁을 해도 좀비처럼 살아나던 우상숭배의 전당들이 초토화됩니다.

말도 못하고 능력도 없는 무생물들을 섬긴 백성의 어리석음이 만방에 드러납니다. 부서져 널브러진 우상 조각들이 되살아나 헛된 소원들을 들어 줄 리는 없습니다. 그리스도인이 하나님보다 더 좋아한 육신의 정욕과 안목의 정욕과 이생의 자랑은 다 깨질 때가 옵니다. 다만 회개하며 재기할 수 있을 때 오면 좋겠지만 그렇지 않다면 저주의 당사자가 될 것입니다. 유다의 멸망은 재기의 기회는 없고 남은 자를 통한 희망만 주어졌습니다(8-10절).

여기서 재기의 기회를 가졌던 성경의 한 사건을 떠올려 보며 희망을 가져봅니다. 광야에서 악한 말로 불평하는 백성들에게 하나님의 진노의 심판이 임합니다. 그런데 심판의 불이 진 끝에서부터 일어나는데 모세가 바로 기도에 들어가고 진노의 불이 꺼지는데 바로 다베라 사건입니다(민 11:1-3). 환경이 좋았던 유다왕국 시대보다 살기가 힘들었던 광야에서 하나님을 가까이 한 것은 후대에 큰 교훈을 줍니다. 타락하지 않는 비결은 하나님께서 주시는 능력과 사랑과 절제하는 마음입니다(딤후 1:7). 내게 기회가 있다고 생각되는 그 때가 하나님께 나아가는 시간입니다.

♦ 에스겔 7장 성경칼럼

6절 | 끝이 왔도다, 끝이 왔도다 끝이 너에게 왔도다 볼지어다 그것이 왔도다
26절 | 환난에 환난이 더하고 소문에 소문이 더할 때에 그들이 선지자에게서 묵시를 구하나 헛될 것이며 제사장에게는 율법이 없어질 것이요 장로에게는 책략이 없어질 것이며

"종말적 현상"

현상이란 나타나 보이는 현재의 상태를 말합니다. 종말은 맨 끝을 말하며 사람들이 가장 궁금한 것 중의 하나입니다. 그렇다면 종말의 현상을 안다는 것은 세상에서는 고급 정보이고 종교에서는 영적 지식에 속합니다. 기독교의 종말론은 몇 가지 원칙을 전제로 하여 펼쳐집니다. 이 전제가 잘못되면 그 다음의 모든 이론은 가짜가 됩니다.

첫째, 개인적 종말인 죽음과 역사적 종말인 예수님의 재림으로 나누는 작업이 있어야 합니다. 이것은 매일 개인적 종말을 준비하는 자세로 살아야 함을 말합니다. 둘째, 역사적 종말의 때와 장소에 관해서는 어떤 이유가 있어도 말할 수 없는 것입니다. 환상을 보았다 하더라도 가짜이고 성경을 연구해서 나온 결론도 발표하는 순간 이단이 됩니다.

셋째, 종말의 어떤 소재도 이익의 도구로 삼아서는 안 됩니다. 예언서를 연구하고 나눌 수는 있지만 상품화하고 조직화 되는 순간 마귀가 작동한다는 사실을 경계해야 합니다. 이 연장선상에서 자칭 타칭으로 그리스도화하는 자가 있으면 절대 속지 말아야 합니다.

넷째, 종말의 징조와 시대적 분별은 적극적으로 해야 할 분야입니다. 주님께서 허락하시고 명령하신 분야이기 때문입니다. 주님께서 말씀하신 종

말의 징조와 종말을 대하는 자세는 철저히 배워야 합니다(마 24-25장). 에스겔 7장의 내용은 1차적으로는 유다의 멸망과 종말에 대한 것입니다. 그러나 이 내용은 이중적 예언의 성격을 가지고 있어 세상 종말의 징조를 다루고 있다고 볼 수 있습니다. 복음서와 서신서에서 보여준 종말의 현상과 유사한 내용이 나오기 때문입니다.

모든 종말의 공통점은 심판의 필연성과 급박성인데 7장은 이를 격동적으로 묘사합니다. '끝'이라는 단어가 6번, '오고 있다'가 7번, '이제(now)'가 2번 사용됨으로서 종말은 결코 피할 수 없음을 선포합니다. 종말이 오면 모든 은밀한 죄는 다 드러나고 통곡이 터져 나오고 징계를 받게 됩니다(7-9절, 마 25:31-33). 종말의 현상인 교만으로 자기와 재물과 쾌락 사랑하기가 넘쳐납니다(10-13절, 딤후 3:1-5). 믿음 있는 자를 찾기 어려운 시대에 거짓선지자는 판을 치고 말씀의 전수가 끊어지며 종교는 타락합니다(25-26절, 눅 18:8, 마 24:11).

인간 심성은 점점 악해져서 미움이 흘러넘치고 인신매매가 성행합니다. 종말의 징조가 거의 다 성취된 것 같은 이 시대에 복음 전파가 땅 끝까지 전파되는 현상만은 부족한 것 같습니다(마 24:14). 종말은 불신자에게는 두려움이지만 성도에게는 최상의 비전입니다(살전 2:19-20). 충성스런 제자의 삶을 갈구합니다.

♦ 에스겔 8장 성경칼럼

1절 | 여섯째 해 여섯째 달 초닷새에 나는 집에 앉았고 유다의 장로들은 내 앞에 앉아 있는데 주 여호와의 권능이 거기에서 내게 내리기로

17절 | 또 내게 이르시되 인자야 네가 보았느냐 유다 족속이 여기에서 행한 가증한 일을 적다 하겠느냐 그들이 그 땅을 폭행으로 채우고 또 다시 내 노여움을

일으키며 심지어 나뭇가지를 그 코에 두었느니라

"장미가 쓰레기통에.."

장미는 잘 보이고 어울리는 곳에 있을 때 아름답습니다. 있을 곳을 떠나 버려진 장미꽃은 일반 쓰레기보다 더 흉측합니다. 그리스도인의 금기인 타락은 있을 곳을 떠나 잘못된 길로 빠진다는 뜻입니다. 반면에 그리스도의 최고 덕목인 충성은 자기 자리를 굳게 지킨다는 의미입니다. 구약에서 최고로 아름다운 장소는 성전으로 하나님의 임재 처소이고 거룩과 영광의 상징입니다. 이스라엘 백성들이 하나님을 배반하고 우상을 섬기는 것은 너무나 익숙합니다. 그런데 마지막 믿음의 보루라고 생각한 성전이 완벽하게 타락하여 가장 더러운 곳이 되어 버립니다.

우리는 역사서에서 므낫세가 성전에 우상을 세우고 섬긴 것을 목격한 바 있습니다(왕하 21:7). 왕과 백성들이 시너지 효과를 발휘하며 마음껏 우상 숭배하는 문화가 자리잡았습니다. 요시야의 강한 종교개혁으로 일시적 우상 파괴가 있었지만 어느새 부활해 있었고 결국 멸망의 원인이 됩니다. 8장에는 서술적 기록으로 알고 있던 성전에서의 우상 숭배가 에스겔의 환상을 통해 생생하게 실상으로 드러납니다. 첫 번째 환상(1:1-2)을 본 후 14개월 만에 주어진 환상(8-11장)은 에스겔이 예루살렘 성전에 이끌려 가는 장면으로 시작됩니다(1-3절).

바벨론에 육체로 있는 에스겔이 공간 이동을 하여 성전에서의 환상을 보게 한 것은 하나님의 초월성을 계시하신 것입니다. 하나님께서는 자기 종에게 초월적 계시를 통하여 예언하게 하시는 것은 특별한 해석이 필요합니다. 성경에서 이와 유사한 장면은 모세와 이사야와 엘리야와 다니엘과 바울과 사도 요한 등에게 일어났습니다. 이것을 근거로 후대 사람이 나도 입신하여 하나님의 계시를 받았다고 한다면 잘못된 것이고 이단이 됩니다. 하나님의 완전한 계시인 완성된 성경이 있는 세대는 추가 계시는 더 이상 허용되지 않습니다(계 22:18-19). 바울이 삼층 천에 다녀온 신비한 경험이 자신은 큰 은혜로 받고 입을 꾹 다문 것을 적용하면 됩니다(고후 12:2-3).

에스겔이 본 성전의 타락 실상은 최악의 우상숭배로서 심판의 당위성을 강하게 드러냅니다. 성전 제단 문어귀 북편에 투기를 격발케 하는 우상을 놓고 숭배하는데 1계명과 2계명을 정면으로 어긴 것입니다(5절). 지도자인 장로 70명이 비밀스런 방의 사면 벽에 각양 동물의 형상을 그려놓고 숭배하고 있습니다(7-11절). 백성들이 모르는 곳에서 일어나는 지도자들의 종교적 패악은 어느 시대에나 있음을 분별해야 합니다(12절). 성전의 담 밖에 있는 여인들은 곡물의 신 담무스를 적극적으로 섬기며 애곡하고 있습니다(14절). 담무스는 바벨론의 계절 신으로 겨울에 죽었다가 봄에 소생하는 것으로 하나님의 주권을 정면 거부하는 행위입니다.

성전 안 뜰에는 성전을 등지고 유력자 25명이 태양신께 예배하는 의식이 거행되고 있습니다(16절). 하나님을 외면하고 우상을 섬기는 자들의 행위는 거한 땅을 폭행으로 물들게 하였으니 이제 심판을 멈출 수가 없습니다(17-18절). 영적 아름다움을 잃은 신앙의 참극을 목격하며 나의 신앙의 주소를 점검하게 됩니다.

♦ 에스겔 9장 성경칼럼

1절 | 또 그가 큰 소리로 내 귀에 외쳐 이르시되 이 성읍을 관할하는 자들이 각기 죽이는 무기를 손에 들고 나아오게 하라 하시더라

6절 | 늙은 자와 젊은 자와 처녀와 어린이와 여자를 다 죽이되 이마에 표 있는 자

에게는 가까이 하지 말라 내 성소에서 시작할지니라 하시매 그들이 성전 앞에 있는 늙은 자들로부터 시작하더라

"천사를 아십니까?"

영적 호기심은 잘못 사용하면 위험합니다. 성경외의 지식에 빠져 정통 신앙을 훼손할 수 있으며 이단의 그물에 걸릴 수도 있습니다. 천사에 대한 지식도 우리가 감각할 수 없는 존재이기에 영적 호기심을 유발하는 영역입니다. 다만 성경에 정확하게 계시된 내용이 많아 올바로 배우면 신앙에 큰 유익이 됩니다. 천사는 하늘의 뜻을 전하기 위해 내려온 자라는 뜻입니다. 히브리어인 '말락 야훼'는 '여호와의 심부름꾼'이란 뜻이고 영어 엔젤(Angel)은 사신을 의미하는 헬라어 '앙겔로스'에서 나왔습니다.

여기까지 보면 천사는 예고와 경고하는 역할의 이미지이지만 성경에서의 천사는 많은 사역을 수행하고 있습니다. 가르침과 교훈(행 8:26, 10:3-5)의 역할을 하고 수종과 보호(왕상 19:5-7, 시 34:7, 단 6:22)의 사명이 있습니다. 특별히 천사가 하나님의 심판을 수행하는 장면이 많습니다(출 12장, 시 78:49-51, 행 12:23, 계 8:1-9). 천사는 에덴동산의 생명나무를 지켰고 소돔과 고모라 성의 심판 때 사람의 모습으로 나타났으며 출애굽의 유월절 때에 심판의 사자가 되었습니다. 천사에 대한 정의가 사람의 오석에 따라 천사에 대한 오해를 낳기도 합니다.

(히 1:14) "모든 천사들은 섬기는 영으로서 구원 받을 상속자들을 위하여 섬기라고 보내심이 아니냐"

하나님의 상속자인 성도들을 위해 천사들을 보냈으니 이를 성도가 사용할 수 있다는 주장이 나온 것입니다. 이른바 '천사동원 권'으로 성도는 천

사를 동원하여 부릴 수 없으므로 결국 이 교회는 이단으로 판정되었습니다. 성도는 하나님께 기도하는 것이고 이 기도가 하나님의 뜻과 맞을 때 하나님께서 천사를 사용하시기 때문입니다.

9장에는 에스겔의 중보기도에 의하여 하나님의 심판을 수행하는 천사의 사역이 멈춰지지 않는 장면이 나옵니다. 9장의 시작은 하나님께서 큰 소리로 예루살렘 성읍을 관할하는 천사를 부르심으로 시작합니다(1절). 심판의 무기를 들고 나오라 하는데 죽이는 무기여서 누구도 대항할 수 없습니다(2절). 여기서 우리는 천사에게 관할하는 영역이 있고 나아가 믿는 자를 맡은 천사가 있음을 극적으로 알게 됩니다.

(마 18:10) "삼가 이 작은 자 중의 하나도 업신여기지 말라 너희에게 말하노니 그들의 천사들이 하늘에서 하늘에 계신 내 아버지의 얼굴을 항상 뵈옵느니라"

아이를 키울 때 아이를 담당하는 천사가 있어 사람의 차원을 넘어서는 보호를 체험한 적이 많았던 이유를 알 것 같습니다.

예루살렘 성읍을 심판하는 것은 종말심판의 유비이기도 합니다. 마지막 때에 하나님의 인침을 받은 자만 살듯이 예루살렘의 심판도 그대로 적용됩니다(3절, 계 7:2-4). 남은 자를 뜻하는 이들은 죄를 인식하며 통탄의 회개를 하고 타인을 위하여 중보하는 심령입니다(4절). 마지막 때의 심판은 약자에 대한 배려나 동정은 일절 없으며 오직 인침의 유무에 따라 결정됩니다(5-6절). 심판의 엄중함에 부르짖는 에스겔의 기도가 있지만 천사들의 죽음과 구원(베옷 천사의 역할)의 구별된 사명은 완수됩니다(7-11절). 구약과 신약 모두가 오직 긍휼을 입은 믿음의 의인만 구원받는 원리가 증거되고 있습니다(합 2:4, 롬 1:17).

♦ 에스겔 10장 성경칼럼

10절 | 그 모양은 넷이 꼭 같은데 마치 바퀴 안에 바퀴가 있는 것 같으며
18절 | 여호와의 영광이 성전 문지방을 떠나서 그룹들 위에 머무르니

"헤어지자"

누가 나보고 헤어지자고 하면 어떤 반응이 나올까요? 싫은 사람이라면 단번에 승낙 하고 앓던 이가 빠진 기분일 것입니다. 그러나 그 사람 없이는 못사는 관계라면 하늘이 무너지고 소동이 날 수 있습니다. 세월이 약이라는 말은 명언이어서 사람과의 헤어짐은 그럭저럭 해결이 될 것입니다. 그런데 그리스도인이라면 절대 헤어져서는 안 되는 관계가 있습니다. 눈치 채셨겠지만 하나님과는 어떤 일이 있어도 헤어지면 안 됩니다. 그런데 그 불행스런 헤어짐이 하나님과 이스라엘과의 관계에서 일어나고 있습니다.

누가 먼저 헤어지자고 했는지는 우리가 잘 압니다. 하나님의 짝사랑 같은 호소를 굳세게 무시한 이스라엘이 먼저 헤어지자고 한 것입니다. 곳곳에 선한 지도자가 있었고 경건하게 살려고 몸부림친 남은 자가 있었지만 절대 다수는 늘 우상숭배를 하였습니다. 입으로는 하나님을 의지한다 하면서 행동은 배교와 포악이었습니다. 그들에게 준 특권인 율법과 성전과 제사는 철저히 짓 밟혀 버렸습니다. 선지자들을 통해서 외쳤던 회개와 경고는 조롱으로 돌아오고 이제 하나님의 심판이 임합니다.

심판이 의미하는 것이 무엇인지를 저들은 알고 있었을까요? 에스겔은 10장의 환상을 통해 죄와 심판의 결과는 하나님께서 이스라엘과 헤어지는 것임을 확인합니다. 성전은 하나님의 현현과 임재를 상징했던 곳인데 이제 그 영광이 떠나는 것입니다. 베옷 천사와 그룹이 사명을 감당하는데 더 귀

한 존재인 하나님의 백성은 사명을 잃고 버림을 받습니다(2-14절). 그룹은 해석하기 어렵지만 천사의 한 계층이고 영광의 보좌와 긴밀하게 관련이 있는 것이 분명합니다.

네 생물의 일치된 순종과 신속한 충성은 하나님 나라의 원형적 모델을 보여줍니다(15-17절).

이 환상은 선민도 죄를 짓고 하나님과 관계가 끊어지면 버림받는 것을 보여주는 것입니다(18-19절). 이것은 예정론과 성도의 견인 교리를 가지고 시비 걸 일이 아닙니다. 완전한 구속을 이루는 메시야의 시대로 가기 위한 과정이라고 대치해서도 안 됩니다. 신약성도가 대속을 무기삼아 죄를 경계하지 않고 산다면 그 결과가 참혹함을 보여 주는 것입니다.

구약 백성이 성전을 의지하며 죄를 짓는 것과 그리스도인이 영원한 속죄를 방패로 계속 죄 가운데 있는 것은 아주 비슷합니다. 한번 구원받은 자는 절대 구원이 취소되지 않는다는 교리가 죄를 함부로 지어도 된다는 뜻은 아닙니다. 나중에 회개하면 된다는 생각은 마귀의 공작으로 그 날이 안 올 수도 있다는 것에 섬뜩해야 합니다. 이스라엘도 그렇게 흘러가다 하나님께서 '헤어지자'며 떠나신 것입니다.

♦ 에스겔 11장 성경칼럼

2절 | 그가 내게 이르시되 인자야 이 사람들은 불의를 품고 이 성 중에서 악한 꾀를 꾸미는 자니라

19절 | 내가 그들에게 한 마음을 주고 그 속에 새 영을 주며 그 몸에서 돌 같은 마음을 제거하고 살처럼 부드러운 마음을 주어

"발상의 전환(paradism shift)"

익숙한 것을 벗어나 새로운 방식의 생각을 도입하는 것을 말합니다. 과학자와 예술가과 정치인은 발상의 전환을 해야 열매를 얻을 수 있습니다. 영적인 세계에서의 발상의 전환은 더욱 획기적으로 나아갑니다. 인간 차원에서는 도저히 있을 수 없는 예수님의 대속 사건은 생각의 틀을 깨지 않고서는 받아들일 수 없는 것입니다. 성경은 발상의 전환을 해야 제대로 해석할 수 있는 기사가 넘쳐납니다. 지금까지 괜찮게 믿었다고 자부했던 자신이 '혹시 나도?' 하며 놀라는 일이 발생합니다.

이 발상의 전환을 할 수 있는 사건이 11장의 에스겔의 환상에서 벌어집니다. 8장부터 계속된 두 번째 환상의 마지막은 예루살렘에 남아서 악을 행하는 자들에 대한 심판입니다(2-10절). 에스겔이 이 환상을 본시기는 B.C.592년으로 남유다의 공식 멸망 6년 전입니다(8:1). 여호야긴 왕과 함께 포로로 잡힌 자들은 멸망 전인 남유다의 시각으로 볼 때 저주받은 패잔병같이 보일 것입니다. 예루살렘에 있는 자들은 성전도 건재하고 거짓선지자가 희망적 예언을 하고 있어 주류로서의 자부심에 싸여 있습니다.

그런데 남유다의 유력자 25명이 모인 성전 동문에서 심판이 선포되고 악의 축인 '블라댜'가 대표로 즉사합니다(13절). 에스겔이 깜짝 놀라 하나님께서 예루살렘에 남은 자를 다 죽일 것인지를 항변하듯이 기도를 합니다. 이 때 하나님께서 에스겔이 발상의 전환을 해야만 알아들을 수 있는 말씀을 하십니다. 정통성이 있고 다수인 예루살렘에 있는 자들이 영적 적통이 아니라는 것입니다. 하나님이 은혜를 주시고 가꾼 남은 자는 바벨론에 포로로 끌려온 자들이라고 확인합니다. 예루살렘에 있는 보이는 성전은 버렸고 포로 민들에게 하나님 자신이 친히 성소가 되었다는 것입니다(14-

16절). 포로로 잡혀 있는 자들에게 이보다 더 큰 위로는 없습니다.

이 광경이 얼마나 충격적인지는 우리 식으로 비유할 때 이해할 수 있습니다. 북한의 지하 교인들이 정통이고 한국의 교인은 그 질로 볼 때 가짜라는 진단이 내려진 것과 같습니다. 극단적인 대조를 하였지만 발상의 전환을 하면 얼마든지 내릴 수 있는 평가입니다. 북한 지하교회의 실상을 전해주는 소식통에 의하면 북한에서는 매일 엄청난 신앙의 기적이 일어나고 있다고 합니다. 이것이 실제라면 한국교회의 안일한 신앙은 발상의 전환을 해야 합니다.

이제 하나님께서는 바벨론의 남은 자들에게 새로운 영에 의한 새 마음을 허락하십니다(17-19절). 율례를 지켜 행할 수 있다는 것은 성령을 받은 신약 교회가 영적 이스라엘로 예비 되고 있다는 선언입니다(20절). 하나님의 영광이 죄악의 도성을 한 바퀴 돌아 떠남을 암시함으로서 하나님의 안타까운 마음을 계시합니다(23절). 다시 공간 이동을 하여 바벨론(갈대아)으로 돌아온 에스겔은 모인 장로들에게 환상을 설명합니다(25절). 우리의 발상의 전환은 상대평가를 통한 자부심보다 하나님의 절대평가를 받는 신앙의 도입에서 시작됩니다.

♦ 에스겔 12장 성경칼럼

2절 | 인자야 네가 반역하는 족속 중에 거주하는도다 그들은 볼 눈이 있어도 보지 아니하고 들을 귀가 있어도 듣지 아니하나니 그들은 반역하는 족속임이라

22절 | 인자야 이스라엘 땅에서 이르기를 날이 더디고 모든 묵시가 사라지리라 하는 너희의 이 속담이 어찌 됨이냐

"하늘이 무너져도..?"

'솟아 날 구멍이 있다'라는 말이 바로 튀어 나오는 속담입니다. 아무리 어려운 일에 부닥쳐도 살아 나갈 희망을 주는 좋은 격언입니다. 그렇다면 이 속담은 맞는 말일까요? 진실은 '하늘이 무너지면 솟아날 구멍은 없다'가 맞습니다. 본래 속담과 비유는 한 가지를 강조하기 위해 다른 뜻은 감추는 속성을 가지고 있습니다. 위의 속담은 낙관주의와 긍정의 힘을 강조하기 위한 것으로 보면 됩니다. 절대 진리의 말로 적용할 수 없음을 간파해야 합니다. 생활 속의 방편이나 부분적 지혜가 영원한 진리를 막는 방패로 사용된다면 돌이킬 수 없는 오류로 갈 수밖에 없습니다.

12장에서는 인간의 보편적 지혜가 하나님의 뜻을 막을 수 있다는 사실이 드러납니다. 환상에서 돌아온 에스겔은 12장부터 19장까지 11개의 징조와 설교와 속담을 펼치게 됩니다. 왜곡된 낙관주의에 물들어 있던 당시 백성들에게 예루살렘 함락이 하나님의 뜻임을 강조합니다. 에스겔이 자신의 행장(짐 꾸러미)을 옮김으로 이스라엘의 패주를 예언합니다(3-10절). 시드기야 왕이 도망치다가 잡혀 눈이 빠지고 바벨론에 끌려가 죽을 것을 선언한 것입니다(11-15절, 왕하 25:1-12).

두 번째는 먹고 마시고 떠는 행위를 통해 백성에게 임할 기근과 궁핍을 전해줍니다(17-20절). 이 예언은 몇 년 후에 바벨론이 침공하여 3년(18개월)동안 성을 포위하여 지독한 기근을 겪고 함락됨으로 실현됩니다(렘 39:1-2). 문제는 이 자극적이고 도전적인 예언의 방법에도 아랑곳하지 않고 완악하게 반응하는 이스라엘 백성들입니다. 이들이 인용하는 속담은 아직 심판은 멀었거나 없을 것이라는 내용입니다. '날이 더디고 모든 묵시는 사라지리라'라는 것은 '하늘이 무너져도 별 문제는 없을 것'이라는 조롱조의 말입니다(22절).

이들에 대한 하나님의 대응은 단호합니다. 속담과 아첨으로 희망고문하며 백성을 속이는 생태계를 박살내고 반역을 징벌하겠다고 하십니다(23-25절). 에스겔 시대에 인본주의 낙관 메시지에 열광했듯이 이 시대에는 행복론이 강력한 인기를 구가하고 있습니다. 경건과 고난과 심판의 메시지를 들으면 고개를 저으며 자신들의 정욕을 채워 달라고 항변합니다.

(벧후 3:3-4) “먼저 이것을 알지니 말세에 조롱하는 자들이 와서 자기의 정욕을 따라 행하며 조롱하여 이르되 주께서 강림하신다는 약속이 어디 있느냐 조상들이 잔 후로부터 만물이 처음 창조될 때와 같이 그냥 있다 하니”

하나님의 다짐하듯이 선포되는 예언의 급속한 집행(27-28절)은 이 시대에도 그대로 적용될 것입니다.

(살전 5:2-3) “주의 날이 밤에 도둑 같이 이를 줄을 너희 자신이 자세히 알기 때문이라 그들이 평안하다, 안전하다 할 그 때에 임신한 여자에게 해산의 고통이 이름과 같이 멸망이 갑자기 그들에게 이르리니 결코 피하지 못하리라”

내 마음에 위안을 받기 위한 메시지보다 주님을 갈망하게 하는 말씀에 귀를 기울여야 하겠습니다(마 25:1-13).

♦ 에스겔 13장 성경칼럼

2절 | 인자야 너는 이스라엘의 예언하는 선지자들에게 경고하여 예언하되 자기 마음대로 예언하는 자에게 말하기를 너희는 여호와의 말씀을 들으라

21절 | 또 너희 수건을 찢고 내 백성을 너희 손에서 건지고 다시는 너희 손에 사냥물이 되지 아니하게 하리니 내가 여호와인 줄을 너희가 알리라

"영혼 사냥꾼"

상류층 레포츠 중의 하나가 사냥입니다. 저는 일생 딱 한번 친구 따라 사냥을 해 봤는데 적성에 안 맞았습니다. 그 때 느낀 감성은 사냥당한 짐승이 불쌍했다는 것입니다. 사냥하는 사람이 나쁘다는 것이 아니라 사람도 사냥당할 수 있다는 연결점을 보았습니다. 영안을 열면 사람의 영혼을 사냥하는 터가 열려 있음을 보게 됩니다. 동물을 사냥하는 데에도 철저한 사전 준비와 고도의 기술과 집중하는 정신력이 필요합니다. 하물며 사람의 영혼을 사냥하는 영역은 더 높은 차원의 무언가가 있을 것은 당연합니다.

13장은 에스겔이 거짓 선지자의 무책임한 언동(1-16절)과 거짓 여선지자들에 대한 저주가 나와 있습니다(17-23절). 구약에서 거짓 선지자에 대한 기사가 많은 이유는 이들의 미혹이 이스라엘 멸망에 큰 역할을 했기 때문입니다. 주님께서도 거짓 선지자와 삯꾼 목자(요 10장)를 여러 번 언급했고 말세 징조의 특징이기도 합니다(마 24:11). 한국에 영혼 사냥꾼인 이단에게 잡혀 신음하는 사람이 백만 명 이상일 것이라는 통계는 아찔합니다.

선지자는 히브리어로 '나비'이고 내어 말하는 자, 내뱉는 자라는 뜻으로 자기 말이 아닌 하나님의 말씀을 그대로 전하는 자입니다. 여기에서 대언자의 의미가 나오고 미래를 말한다는 뜻으로 예언자라고 부릅니다. 선지자는 하나님께서 부르셔서 사용하시기에 그 사역이 이스라엘에만 제한되는 것이 아니라 열국에게도 펼쳐집니다. 하나님의 뜻인 심판과 책망을 선포하고 때에 따라 사랑과 위로의 메시지도 전합니다.

거짓 선지자의 가장 큰 특징은 하나님께로부터 말씀을 친히 받지 못하는 것에 있습니다. 자칭 선지자의 다수가 이 특징을 가장하기 위해 수단을 만들고 편법을 통해 하나님을 사칭합니다. 이 바탕에서 자연스럽게 사람들의 마음을 사는 거짓 희망을 전하고 이를 가장하는 퍼포먼스를 하고 결국 외식하는 자가 됩니다(18절). 하나님의 법도는 사라지고 거짓 평강을 전해 백성들의 악행을 합리화하며 불신문화를 전파합니다(10, 16절). 사람은 탐욕의 화신이어서 거짓 선지자는 인기를 이익의 도구로 삼아 배를 채우게 됩니다(19절, 겔 33:31). 마치 사냥꾼이 노획물의 이득을 누리듯이 영혼을 소유하여 자기 아성을 쌓아갑니다.

초기에는 건전한 교회를 지향했지만 교세를 키우기 위해 말씀 밖의 메시지를 전하고 쇼를 하는 목회자를 조심해야 합니다. 사람이 말씀보다 우위에 서려고 하고 신자를 통하여 이익을 추구하려 한다면 이단의 코스로 들어선 것입니다. 사냥 당하고 싶은 동물이 없지만 어느새 사냥물이 되어 있듯이 신자는 영분별의 은사를 구해야 합니다(고전 12:10, 고후 1:11). 거짓 선지자의 일시적인 성공은 하나님의 심판 앞에 결국 허무하게 무너진다는 것을 명심해야 합니다(10-16절). 욕심을 제어하며 한 영혼에 최선을 다하는 바울은 사역자의 모본입니다(행 20:33-35).

(행 20:35) "범사에 여러분에게 모본을 보여준 바와 같이 수고하여 약한 사람들을 돕고 또 주 예수께서 친히 말씀하신 바 주는 것이 받는 것보다 복이 있다 하심을 기억하여야 할지니라"

♦ 에스겔 14장 성경칼럼

3절 | 인자야 이 사람들이 자기 우상을 마음에 들이며 죄악의 걸림돌을 자기 앞에 두었으니 그들이 내게 묻기를 내가 조금인들 용납하랴

14절 | 비록 노아, 다니엘, 욥, 이 세 사람이 거기에 있을지라도 그들은 자기의 공의로 자기의 생명만 건지리라 나 주 여호와의 말이니라

"하나님의 침묵, 하나님의 논쟁"

하나님의 침묵과 하나님의 논쟁 중에 어떤 면에 익숙하십니까? 침묵 쪽이 훨씬 익숙하실 것입니다. 성경의 내용에 있어서도 그 사례가 많고 분량도 많습니다. 믿음의 조상 아브라함과 민족 지도자 모세와 고난의 사람 욥에게 많은 세월동안 침묵하신 것을 목격합니다. 신앙의 감각으로도 기도의 응답과 축복의 실재화에서 침묵하시는 하나님이 압도적으로 느껴집니다. 시편에는 하나님의 침묵 때문에 힘들어 하는 내용의 기도가 넘쳐납니다(시 13편).

그러나 정말 하나님께서 침묵을 선호하실까 라는 질문을 한다면 아니다 라는 결론을 내게 됩니다. 성경이 우리에게 주어졌기 때문입니다. 성경에는 논쟁하시는 하나님이 많이 등장합니다. 논쟁하시는 하나님을 만나는 일은 성경을 읽고 연구하는 자에게만 허락되는 축복입니다. 욥에게 긴 침묵을 하셨지만 결국 마지막은 하나님의 쉴 틈 없이 쏟아내는 논쟁으로 마감됩니다(38-42장).

14장을 읽으면서 마치 하나님께서 나를 바짝 잡아당기면서 이야기하고 싶으신 것을 느끼게 됩니다. 물론 하나님께서는 에스겔을 상대로 하고 있으며 그 곁에는 장로 두어 명이 있습니다(1-2절). 논쟁의 주제는 우상숭배를 버리지 않으면서 심판도 면제해 주었으면 하는 이스라엘의 의도입니다(3절). 바벨론에 포로로 잡혀 있는 자들이 이방인의 우상숭배에 참여하지 않고 신앙의 절개를 지키기가 어려웠을 것은 이해가 됩니다. 이제 선지자에게 나와서 어쩔 수 없으니 양쪽 신을 다 믿으면 안 되겠냐는 자문을 구하고 있습니다. 하나님을 인정하고 예언자의 도움도 받지만 동시에 이방의 여러 신의 보호도 받고 싶다는 혼합적 신앙을 드러낸 것입니다.

지금으로 보자면 예수님을 제1순위로 선택하지만 타종교도 인정하고 세상 재미도 골고루 누려 보겠다는 심산입니다. 사람의 심령을 속속히 감찰하시는 하나님께서 펄쩍 뛰며 나서신 이유를 알 것 같습니다. 엄격하게 선을 긋고 우상을 떠나지 아니하면 절대적인 심판을 하시겠다고 말씀하십니다(6-11절). 어느 누가 와서 중보기도를 해도 안 됨을 말씀하시면서 노아와 다니엘과 욥을 소환합니다(14, 16, 18, 20절). 가장 어려운 환경과 풀무불 같은 고난 속에서 믿음을 지킨 세 사람이지만 누구도 중보 할 수 없고 자신만 구원받는다고 못을 박습니다(12-20절).

이 말씀은 1차적으로 구원은 개인적으로 이루어진다는 것을 보여줍니다(겔 18:4). 신약의 가정 구원 약속(행 19:31)이 있지만 가능성을 보여주는 것이고 불신 가족이 구원받는 것은 아닙니다. 구약의 중보자 한계를 보여주는 세 의인의 소환은 유일한 중보자 되시는 예수님을 계시하는 것입니다(갈 2:16). 세상 어떤 것과도 비교할 수 없는 오직 예수구원의 축복은 무엇으로도 형언할 수가 없습니다(행 4:12). 난제(22-23절)와 같은 하나님의 침묵과 논쟁, 모두 은혜입니다.

♦ 에스겔 15장 성경칼럼

3절 | 그 나무를 가지고 무엇을 제조할 수 있겠느냐 그것으로 무슨 그릇을 걸 못을 만들 수 있겠느냐

7절 | 내가 그들을 대적한즉 그들이 그 불에서 나와도 불이 그들을 사르리니 내가 그들을 대적할 때에 내가 여호와인 줄 너희가 알리라

"포도를 먹으며.."

잘 익은 과일은 다 맛이 있습니다. 하나님께서 각종 과일에게 특색 있는 모양과 영양과 향기와 식감을 주셨기 때문입니다. 저에게 가장 좋아하는 과일을 꼽으라면 지체 없이 포도라고 대답합니다. 왜 그런가를 돌이켜

보니 성경에서 포도에 대한 의미를 깨달은 후인 것 같습니다. 포도나무는 올리브와 함께 팔레스틴의 대표적 과수이고 아스피해 남부가 원산지(창 9:20)입니다.

성경에서 포도나무하면 떠오르는 장면이 있습니다. 예수님께서 자신을 포도나무라고 하시고 제자들을 가지라고 비유하신 것입니다(요 15:1-11). 이 비유가 얼마나 강렬한지 우리가 예수님께 꼭 붙어 있어야 살 수 있음을 절감하게 합니다. 포도나무는 하나님께 풍성한 열매를 맺어 영광을 돌려야 하는 이스라엘로 비유합니다(신 32:32, 시 80:8, 사 5:1-7). 에스겔 15장의 포도나무 비유는 다른 곳에서의 열매를 초점(호 10:1, 렘 2:21)으로 한 것과는 다른 접근을 하고 있습니다. 포도나무의 가치를 열매로 측정하지 않고 나무의 재질로 평가하는 점입니다.

이스라엘이라는 포도나무는 먹지 못할 열매를 맺었고 이제 그 나무는 무용하다는 것입니다(2절). 앙상한 포도나무는 재목으로 쓸 수 없고 사소한 나무못도 만들 수 없는 전혀 무익한 것이 되어 버렸습니다(3절). 더군다나 불(하나님의 심판)에 두 끝이 타 버린 것을 알려줍니다(4절). 여기서 두 끝은 북이스라엘과 남유다를 가리키며 가운데는 포로가 될 예루살렘의 남은 지도자들을 상징합니다(6절). 선민이 받은 특권은 다른 이방인과 본질이 다르다는 것에서 기인하는데 그것이 틀렸다고 깨버립니다(롬 9:4-7). 열매를 못 맺는 포도나무가 비극적 종말을 맺듯이 이스라엘은 끝났다고 결론을 내리고 있습니다(5절).

그리고 덧붙이는 말씀이 충격적입니다. 하나님께서 심판의 불로 이스라엘을 대적하여 사를 그 때에 너희가 여호와인 줄 알게 된다는 것입니다(7절). 이 말씀은 1차적으로는 '지금 경고할 때 잘 하라'는 회개를 촉구하는 것입니다. 하지만 본질적으로는 하나님 나라의 특권 의식은 착각이며 모든 인간은 이 오류에 빠지지 말 것을 경고하는 것입니다.

(엡 2:3) "전에는 우리도 다 그 가운데서 우리 육체의 욕심을 따라 지내며 육체와 마음의 원하는 것을 하여 다른 이들과 같이 본질상 진노의 자녀이었더니"

신약의 성도가 소금이 되었지만 그 역할을 못할 때 버려져 밟히는 수치를 당하는 것과 같은 맥락입니다(마 5:13). 성경 전체로 볼 때는 선민(택자)에게 죄의 형벌로 비참한 상태를 만드사 오직 메시야만 바라보게 하려는 목적이 있음을 비추고 있습니다(엡 2:4-5). 이 의도를 속히 알고 순종하는 자가 복이 있습니다. 앙상한 가지에 달렸지만 틈도 없이 열매를 맺고 터질 듯이 싱싱한 포도 열매가 우리의 자태이면 참 좋겠습니다.

(요 15:5) "나는 포도나무요 너희는 가지라 그가 내 안에, 내가 그 안에 거하면 사람이 열매를 많이 맺나니 나를 떠나서는 너희가 아무 것도 할 수 없음이라"

♦ 에스겔 16장 성경칼럼

13절 | 이와 같이 네가 금, 은으로 장식하고 가는 베와 모시와 수 놓은 것을 입으며 또 고운 밀가루와 꿀과 기름을 먹음으로 극히 곱고 형통하여 왕후의 지위에 올랐느니라

38절 | 내가 또 간음하고 사람의 피를 흘리는 여인을 심판함 같이 너를 심판하여 진노의 피와 질투의 피를 네게 돌리고

"아기, 처녀, 왕후, 음부, 그리고.."

읽는 순간 '아 평범하지는 않다'라고 느껴집니다. 16장에 나오는 예루살

렘(이스라엘)을 의인화하여 스토리텔링 한 것입니다(2절). 시작부터가 충격인 것은 이스라엘 출생의 비밀이 우리의 선입견과 전혀 다르다는 것입니다. 이스라엘이 자랑하던 선민의 혈통적 자부심이 박살납니다. 여기서 이스라엘의 부모가 아모리와 헷 사람이라는 것은 혈통으로 따지는 것이 아닙니다. 이스라엘이 여호와 신앙을 버리고 우상을 숭배하였으니 이방인과 동격으로 취급하겠다는 선언입니다(3절).

태어 날 때의 모습은 탯줄을 안 자르고 소금도 안치고 강보에 싸지도 아니해서 버려졌다고 기술합니다(4절). 이것은 이방인들이 아기가 태어났을 때 하는 14일간의 정결 및 축사의식을 안한 이스라엘이 저들보다 내세울 것이 없는 비천한 존재라는 의미입니다. 이 피투성이를 거두어 먹이고 보살피신 분은 바로 여호와 하나님입니다(6절). 이때를 성경에서 찾아보면 기근을 피해 애굽으로 내려간 작은 야곱의 가문임을 알 수 있습니다. 어느덧 숫자가 많아지고 아름다운 처녀로 자랐지만 노예 신세이고 입을 옷이 없어 벌거벗은 알몸입니다(7절).

저자는 출애굽을 하나님과 이스라엘이 결혼한 것으로 비유합니다(8절). 결혼에 서약이 있듯이 시내 산의 언약이 주어지고 이스라엘은 하나님의 소유로 가꾸어집니다(7절, 출 19:6). 성경은 광야 생활이 겉으로 볼 때는 척박했지만 이때가 부부로 대입하면 사랑이 있었던 신혼생활로 보고 있습니다.

(렘 2:2) "..내가 너를 위하여 네 청년 때의 인애와 네 신혼 때의 사랑을 기억하노니 곧 씨 뿌리지 못하는 땅, 그 광야에서 나를 따랐음이니라"

하나님과 이스라엘은 남편과 아내라는 관계로 맺어졌고(사 54:5) 그 영광은 왕후로까지 나아갑니다(9-13절). 우리는 이 왕후 시절이 다윗과 솔로몬 왕국시대였음을 능히 알 수 있습니다. 그 화려함으로 말미암아 열방들에게 명성이 퍼져나가는데 오직 하나님의 은혜입니다(14절). 이대로 하나님을 사랑하고 신앙의 정조를 지켜 나갔으면 얼마나 좋았겠습니까? 15절부터 타락한 이스라엘의 신앙양태를 더러운 음부로 묘사하는데 입을 다물지 못할 정도입니다. 영적 간음인 우상을 섬기는데 있어 이방인보다 적극적이어서 자녀를 인신 제물로 드릴 정도입니다(16-22절). 영적 간음은 육적 간음과 하나로서 성생활의 문란은 창녀보다 더합니다(26-34절).

고대의 우상 숭배 목적은 풍년의 추구와 인간의 만족에 있었기에 육체적 음행은 일반적이었습니다. 하나님 대신 주변 강대국과 동맹을 맺는 것은 철저한 인본주의적 우상숭배로서 큰 재앙을 부르게 되는 죄악입니다(26-30절). 남유다 말기의 모든 왕이 이 범죄를 지은 것이 멸망을 가속화시켰습니다(왕하 16-24장). 검사의 논고와 판사의 선고가 어우러지며 끝나는 것 같았던 내용에 '그러나'가 등장합니다. 돌연히 새 언약을 세워 죄 문제를 해결하시겠다고 선언하심으로 남은 자들을 위로하십니다(60-63절).

(고후 3:17) "주는 영이시니 주의 영이 계신 곳에는 자유가 있느니라"

♦ 에스겔 17장 성경칼럼

20절 | 그 위에 내 그물을 치며 내 올무에 걸리게 하여 끌고 바벨론으로 가서 나를 반역한 그 반역을 거기에서 심판할지며

22절 | 주 여호와께서 이같이 말씀하시되 내가 백향목 꼭대기에서 높은 가지를 꺾어다가 심으리라 내가 그 높은 새 가지 끝에서 연한 가지를 꺾어 높고 우뚝 솟은 산에 심되

"징계 불복?"

어떤 조직이던 상벌에 대한 규례가 있습니다. 잘해서 상을 받아 여러 이익

을 보면 좋을 것입니다. 이와 반대로 징계의 벌을 받아 손해가 발생한다면 대처를 잘해야 합니다. 기분 나빠서 사표를 낼 수도 있고 억울하면 재심을 요구하기도 합니다. 바람직한 것은 자기의 과오를 분별하여 수정하고 오히려 기회로 삼아 발전하는 에너지로 승화시키는 것입니다. 이럴 때 쓰는 말이 실패는 성공의 어머니라는 금언이고 그리스도인은 '연단'이라고 정의합니다.

조직신학에서 은혜의 방편 중에 꼭 들어가는 것이 권징으로 이 말은 곧 징계입니다. 교회는 죄를 짓고 덕을 세우지 못한 중직자에게 권징을 통해 회개의 기회를 줌으로서 거룩성을 지킬 수 있습니다. 남유다의 말기 왕들은 하나님의 징계를 불복하여 큰 피해를 당합니다. 하나님의 징계인 멸망을 피해 보고자 친 애굽 정책을 썼지만 실상은 하나님께 불복하고 대적한 것이기에 대가를 치르게 됩니다.

에스겔은 17장에서는 이 사건을 하나님께서 계시하신 비유를 통해 정확하게 알립니다. 두 독수리는 바벨론과 애굽을 가리키는데 3절의 독수리가 7절의 독수리보다 월등하게 힘이 셉니다(3-10절). 애굽과 동맹을 맺지 말고 바벨론에게 항복하는 것이 하나님의 뜻임을 설명합니다(11-21절). 영적으로 볼 때 여호야긴이 실제 왕이고 시드기야는 바벨론이 세웠기에 섭정왕입니다. 바벨론 포로 70년을 1차포로 때인 B.C.605년을 시작으로 잡는 이유입니다. 시드기야가 바벨론에 대드는 것은 반역죄에 해당되는 것이고 그 죄목으로 멸망 때에 눈이 뽑히는 처벌을 받습니다.

시드기야의 죄악은 징벌은 하나님께서 주신 것이라는 것을 발견하지 못한 것에 있습니다. 자신이 하나님의 뜻을 모른다는 생각은 안하고 인간적 수단을 시도하다가 수욕을 당하게 됩니다. 17장의 진면목은 절망적인 멸망의 예언과 함께 나오는 새로운 구원의 계시에 있습니다. 어두운 심판예언

선포에 이어 새벽별처럼 등장하는 메시야 계시는 찬란하게 빛이 납니다. 유다 왕조를 상징하는 백향목 꼭대기에서 높은 가지를 꺾어다가 심겠다고 선언합니다(22절). 거기에서 나오는 연한 가지를 꺾어 높고 우뚝 솟은 이스라엘 산에 심습니다(23절). 혈통적 왕조는 끝났지만 유다 지파 다윗 왕가에서 나오는 그리스도가 새 왕으로 오신다는 예언입니다.

연한 가지처럼 보이는 메시야는 천한 모습으로 오신 예수님을 예표합니다. 작게 시작된 하나님 나라는 번성하고(마 13:31-33) 여기에 들어온 자들에게는 인생의 역전(눅 2:4-6)이 일어납니다(23-24절). 메시야의 언약과 탄생과 사역까지 점진적으로 계시되는 예수님을 바라보는 에스겔과 남은 자들은 얼마나 감격스러웠을까요?

(벧전 1:8) "예수를 너희가 보지 못하였으나 사랑하는도다 이제도 보지 못하나 믿고 말할 수 없는 영광스러운 즐거움으로 기뻐하니"

♦ 에스겔 18장 성경칼럼

4절 | 모든 영혼이 다 내게 속한지라 아버지의 영혼이 내게 속함 같이 그의 아들의 영혼도 내게 속하였나니 범죄하는 그 영혼은 죽으리라

32절 | 주 여호와의 말씀이니라 죽을 자가 죽는 것도 내가 기뻐하지 아니하노니 너희는 스스로 돌이키고 살지니라

"별명-탓 탓 탓"

늘 다른 사람 탓만 하는 사람에게 붙여주고 싶은 별명입니다. 이런 사람은 주변인 탓으로 만족하지 않고 조상과 유명인과 날씨에게까지 '탓 칼날'을 휘두릅니다. 바벨론에 포로로 잡혀 온 자들의 사정은 험악했을 것입니다. 이방 권세 앞에 파리 목숨이고 우상숭배의 압력은 거세게 밀려옵니다.

그 좋았던 고국에서의 제사와 찬양의 기쁨은 사라진지 오래되었습니다.

에스겔 선지자는 언제 돌아갈지를 알려주는 희망적 예언보다 고국의 멸망 수순을 예고하고 있습니다. 무언가 속에서 꿈틀거리며 올라오는데 살펴보니 불공정하지 않느냐는 원망입니다. 항의는 에스겔에게 하지만 궁극적으로는 하나님께 화살이 돌아갑니다. 노예와 멸망과 고난이 조상 탓이거나 아니면 하나님의 불공평한 판결이라는 생각이 든 순간 불만은 폭발합니다. 이들이 주장은 두 가지 근거를 가지고 있습니다. 첫째, '아비가 신 포도를 먹었음으로 아들의 이가 시다'는 이스라엘에 성행하는 속담입니다(2절). 이 속담의 근원지는 2계명에 나오는 '아비의 죄가 아들에게로 삼사 대까지 이르게 한다(출 20:5)'입니다.

둘째, 유다 멸망의 죄는 므낫세 왕 때문이라는 말씀을 많이 들었기 때문입니다(왕하 23:26, 24:3-4). 이 두 가지의 성경적 답은 자손들이 아비의 죄악과 같은 죄를 범하면서 회개치 않는 경우에 저주가 임한다는 뜻입니다(레 26:39, 민 14:18). 하나님은 결코 무죄한 자에게 벌을 내리시지 않고 다른 사람에게 죄를 전가하지도 않습니다. 자기 책임을 면하려고 시도하는 자들에게 스스로 맹세하듯이 엄히 말씀하십니다(3절).

하나님의 심판 원칙은 모든 영혼이 하나님께 개별적으로 속해 있음에 근거합니다. 아비의 영혼도, 아들의 영혼도 하나님께 속해 있으므로 죄의 전가는 없다는 것입니다(4절). 아비와 아들을 창조하신 하나님께서는 둘 다에게 아버지가 되시니 누구 탓으로 죄를 심판하실 리가 없습니다. 하나님과의 관계적 죄와 공동체의 윤리적 죄가 예외 없이 공의에 의하여 심판받습니다(5-24절). 살 수 있는 길은 개별적 회개뿐이며 이것을 위해 최선을 다하시겠다고 말씀하십니다(25-32절).

눈치 채셨겠지만 이 하나님의 최선이 바로 '영원한 속죄'입니다. 그리스도의 속죄로 모든 죄가 영원히 용서되는 길을 여신 것입니다.

(히 9:12) "염소와 송아지의 피로 하지 아니하고 오직 자기의 피로 영원한 속죄를 이루사 단번에 성소에 들어가셨느니라"

이제 지옥 가는 심판의 기준은 죄 때문에 가는 것이 아니라 속죄하신 예수님을 믿지 않아서 가게 됩니다.

(요 16:9) "죄에 대하여 라 함은 그들이 나를 믿지 아니함이요"

이제 남 탓과 하나님 탓은 버리고 예수님을 잘 믿는 나의 책임만 붙잡으면 됩니다.

♦ 에스겔 19장 성경칼럼

3절 | 그 새끼 하나를 키우매 젊은 사자가 되어 먹이 물어뜯기를 배워 사람을 삼키매
14절 | 불이 그 가지 중 하나에서부터 나와 그 열매를 태우니 권세 잡은 자의 규가 될 만한 강한 가지가 없도다 하라 이것이 애가라 후에도 애가가 되리라

"못되게 배웠네"

일을 맡기면 자기 이익만 챙기는 사람을 보고 하는 말입니다. 의성어로 표현하면 '쯧쯧..'이고 유사어로는 '싹수가 노랗다'입니다. 이런 사람은 고치기 어렵다는 것을 알고 있기에 곧 퇴출되기 마련입니다. 심각한 것은 이런 사람이 최고 지도자가 될 경우입니다. 끌어 내리기가 힘드니 백성들은 죽도록 고생하고 나라가 망할 수도 있습니다. 이 원리는 가정과 회사와 교회에도 그대로 적용되기 때문에 남의 일이 아닙니다.

19장은 유다 왕들의 비극을 노래하는 애가인데 위의 내용이 비유로 나옵니다(14절). '먹이 물어뜯기를 배워 사람을 삼켰다'고 합니다(3, 6절). 그

게 누군가를 봤더니 젊은 사자입니다. 해석을 하자면 두 젊은 사자는 유다 말기의 왕인 여호아하스와 여호야긴입니다. '먹이 물어뜯기'는 이익의 동기를 말하며 '사람을 삼킨 것'은 왕의 권력으로 자기를 위해 악독하게 통치한 것을 뜻합니다. 요시야 왕이 죽은 후 유다는 4명의 왕이 있었는데 선한 왕은 없습니다. 여호아하스가 3개월, 여호야김이 11년, 여호야긴이 3개월, 시드기야가 11년 동안 재위했습니다.

4명 모두 애굽과 바벨론에 포로로 끌려가서 죽기도 하고 사연이 있는 복귀도 합니다(역대하 36장 칼럼 참조). 19장에 나오는 여러 왕의 비극은 유다 왕국의 영적 위상을 제대로 배우지 못함에 기인합니다. 신정왕국의 정통을 이은 유다 왕국의 출발은 10-11절에 의하면 견실하였습니다. 에스겔은 하나님의 말씀에 의한 통치를 잘 배우지 못한 왕들의 타락을 애통해 합니다(12-13절).

하나님 나라의 크고 작은 공동체는 말씀을 잘 배우고 지키는 것에서 출발해야 합니다. 먹이를 삼키는 것에 동기를 두는 이익 집단의 의식화에 함몰되어서는 안 됩니다. 하나님 사랑과 이웃 사랑이 목표인 영적 공동체가 단단히 무장하지 아니하면 세상 공격에 당하기 쉽습니다(갈 5:14-15).

18장이 개인적 책임의 중요성을 가르쳤다면 본장에서는 리더가 사역의 동기를 늘 확인할 것을 요구합니다. 그리스도인은 세상을 향하여 하나님의 대사이고 향기이고 교사입니다. 내 이익을 위한 동기에서 일을 하면 퇴출되지만 하나님의 마음을 헤아리고 일을 하면 상을 받습니다. 하나님께서 우리에게 주신 마음과 사명은 무엇일까요? 복잡하게 생각할 필요가 없습니다. 결국은 전도와 양육에 도움이 되는 일에 최선을 다하는 것이 하나님께 충성하는 것입니다.

(살전 2:19) "우리의 소망이나 기쁨이나 자랑의 면류관이 무엇이냐 그가 강림하실 때 우리 주 예수 앞에 너희가 아니냐"

♦ 에스겔 20장 성경칼럼

9절 | 그러나 내가 그들이 거주하는 이방인의 눈 앞에서 그들에게 나타나 그들을 애굽 땅에서 인도하여 내었나니 이는 내 이름을 위함이라 내 이름을 그 이방인의 눈 앞에서 더럽히지 아니하려고 행하였음이라

12절 | 또 내가 그들을 거룩하게 하는 여호와인 줄 알게 하려고 내 안식일을 주어 그들과 나 사이에 표징을 삼았노라

"화면 분할(split screen)"

영화나 드라마에서 한 화면에 두 장면이 나올 때가 있습니다. 두 장면을 극적으로 비교할 필요가 있을 때 효과를 위해 사용합니다. 당사자들은 모르지만 관객은 두 장면을 보며 극적인 메시지를 접수하는 것입니다. 훌륭한 아버지의 노력하는 장면과 방탕한 아들의 못된 모습을 동시에 볼 수 있다면 어떤 마음이 들겠습니까? 20장을 읽다가 하나님과 이스라엘이 한 화면에 두 장면으로 나오는 것처럼 느껴졌습니다.

19장이 유다 말기의 비극적 상황을 애가로 부른 것이라면 본장은 이스라엘의 불순종의 역사를 심도 있게 서술합니다. 연대는 B.C.591년(1절)이고 하나님의 두 번째 환상(8:1)이 계시된 이후 11개월이 지났을 때입니다. 에스겔은 불순종의 마음을 가지고 있던 장로들을 앞에 두고 하나님의 말씀을 대언합니다. 이스라엘이 과거과 현재와 미래의 불순종이 얼마나 패역했는지를 생동감 있게 알려줍니다. 나아가 그 때마다 하나님께서는 얼마나 인내하시며 은혜를 베푸셨는지를 바로 대조해 줍니다.

20장에 '그러나'등과 같은 역전 적 의미의 접속사가 7번이나 나오는 이유입니다. 애굽의 우상을 섬겼던 이스라엘에 하나님께서는 구원을 약속하시고 친히 이루어 주십니다(4-8절). 아브라함의 언약을 지키셔서 하나님의 이름을 더럽히지 아니하려고 행하셨다고 설명합니다(9절). 광야에서 여전히 우상을 숭배하고 규례를 어기고 안식일을 더럽혔지만 하나님께서는 율법 수여와 인도의 은혜를 베푸십니다(10-16절).

하나님의 은혜로 드디어 가나안 땅에 인도되었지만 잘할 줄 알았던 2세대도 여전히 우상에게 분향합니다(28절). 예언이 주어지는 현재의 상황도 배도와 패역은 계속되어 책망 받을 수밖에 없습니다(33-39절). 미래에 이스라엘이 회복할 것에 대한 예언이 나오는데 여기서 꼭 주목할 것이 있습니다(40-44절). 회복의 핵심은 바로 예배의 회복이라는 것을 분명히 하는 것입니다(40절). 이것은 이스라엘의 역사적 타락의 근본에 안식일을 더럽힌 것에 있다는 계속된 책망과 연결되어 있습니다(12, 13, 16, 20, 21, 24절).

다른 율법을 제쳐 놓고 오직 안식일만을 집중해서 언급한 이유가 무엇일까요? 율법이 십계명으로 압축되었다면 십계명의 압축은 안식일 준수라는 뜻입니다. 안식일을 지킨다는 것은 시간과 공간을 하나님께 드리는 신앙고백의 속성을 가지고 있습니다. 안식일을 지키지 않은 구약 백성이 실패했듯이 신약성도도 주일을 지키지 않으면 믿음을 지킬 수 없습니다. 마지막에 나오는 남방에 대한 심판은 유다 심판의 필연성을 강조합니다(45-48절). 많은 정성이 들어간 역사적 교훈과 미래 예언을 비웃는 엔딩 장면은 인간 죄악의 한없는 깊이를 보여줍니다(49절). '저주받아도 싸다'라는 마음이 들지만 우리도 그 영역에 들어 있으니 어찌합니까? 오직 은혜, 오직 긍휼만이 살 길입니다

♦ 에스겔 21장 성경칼럼

4절 | 내가 의인과 악인을 네게서 끊을 터이므로 내 칼을 칼집에서 빼어 모든 육체를 남에서 북까지 치리니

6절 | 인자야 탄식하되 너는 허리가 끊어지듯 탄식하라 그들의 목전에서 슬피 탄식하라

"상도 벌도 함께는 받기 싫다?"

단체 기합을 받을 때 좋아할 사람은 없습니다. 이것은 나름의 전우애와 의리를 키운다는 장점은 있지만 억울함을 누를 수는 없습니다. 상을 받는 것도 독점일 때가 좋은 것이고 함께 받는 순간 별로라고 생각합니다. 이 속성은 신앙의 성품 중 가장 고치기 어려운 시기심과 연결되어 있습니다. 타락 이후 인간은 날이 갈수록 이 늪에 더 깊이 빠져 갑니다. 율법의 완성이 이웃사랑이고(갈 5:14) 그리스도인의 성숙의 끝에 질서가 있는(고전 14장) 이유를 알 것 같습니다.

21장을 읽으면서 해석이 힘든 구절을 만납니다. 심판이 예루살렘 성소로부터 시작되는데 의인과 악인이 모두 칼(바벨론)의 심판을 받게 된다고 예언합니다(3, 4절). 악인의 심판은 당연하지만 의인도 함께 죽는다니 꼭 단체 기합 같은 기분이 듭니다. 성경 전체에서 계시된 의인의 구별된 보호와 상충하는 것 같아 당황스럽습니다. 과거에 일어났던 의인의 구별된 구원과도 안 맞습니다(노아의 방주, 유월절, 기드온과 히스기야의 전쟁 등). 미래에 일어날 하나님의 구별된 자들의 독특한 구원과도 부합하지 않습니다(열 처녀 비유, 하나님이 인친 자 등).

그렇다면 의인이 악인과 함께 처리되며 죽는 것을 어떻게 보아야 할까

요? 1차적으로는 이스라엘 족속을 본래 하나님의 선민으로 상호 연결된 유기체로 보는 것입니다. 서로 분리될 수 없다는 점에서 연대적인 심판의 성격을 가리킵니다. 이 논리는 이미 20장 47절에 의인인 푸른 나무와 악인인 마른 나무가 모두 불타 멸해지는 심판으로 예고되었습니다. 이것으로 이 심판의 해석이 끝난다면 의인에 대한 불공정성이 발생합니다. 여기서 심판의 내면적 작용의 영역이 등장합니다. 의인이 악인과 함께 외형상으로는 심판을 받지만 내면에서와 최종적인 면에서 선을 이룬다는 것입니다(롬 8:28). 의인의 죽음을 하나님의 색다른 은혜인 재앙을 피한 것이라고 선언한 말씀도 있습니다(사 57:1-2).

심판의 모습은 신비한 영역에 속하여서 이해가 어렵지만 우리가 할 일을 남겨 주셨습니다. 에스겔을 향하여 허리가 끊어지듯 탄식하며 슬피 울라고 명령합니다(6-7절). 의인의 반열에 속하고 구원을 받을 것에 만족하지 말고 동족의 처참함에 동참하라는 것입니다. 8-17절은 칼의 노래로 불러지지만 내용은 심판의 상황이 얼마나 잔혹한지를 보여줍니다. 이 심판은 복술에 의해 순서가 정해져 유다에게 먼저 임하지만 모든 이방에게 떨어집니다(18-23절). 유다의 멸망을 고소해 하던 암몬 족속(25:3)의 멸망 예언이 첨가되고 이 예언은 유다 멸망 5년 후에 성취됩니다(28-32절). 예수님의 의를 입고 의인으로서 주변인을 위해 우는 자로 살기를 원합니다.

♦ 에스겔 22장 성경칼럼

2절 | 인자야 네가 심판하려느냐 이 피흘린 성읍을 심판하려느냐 그리하려거든 자기의 모든 가증한 일을 그들이 알게 하라

18절 | 인자야 이스라엘 족속이 내게 찌꺼기가 되었나니 곧 풀무 불 가운데에 있는 놋이나 주석이나 쇠나 납이며 은의 찌꺼기로다

"국문을 열어라"

사극에 나오는 익숙한 대사입니다. 국문(추국)은 나라의 역모나 중죄를 심문하는 것으로 임금이 직접 할 때는 친국이라고 합니다. 현대의 국정조사나 특검 등으로 이해하면 될 것 같습니다. 우리에게 국문은 피 튀기는 고문으로 자백을 받는 이미지가 들어와 있습니다. 죄 없는 자도 정치적인 이유로 꼼짝없이 죄를 뒤집어쓰고 참형을 받는 것이 흔합니다. 2절에 나오는 '심판하려느냐'는 개역 성경에서는 국문하려느냐'로 번역되었습니다.

즉 22장은 하나님의 위임을 받은 에스겔이 이스라엘을 국문하는 내용입니다. 21장이 심판의 임박성과 철저함을 선언했다면 본장은 심판의 원인을 밝히고 있습니다. 심판의 원인을 알 때 심판을 목적을 알고 영적 정화의 기회를 얻을 수 있습니다. 현대 재판이 법에 근거하듯이 이스라엘의 심판에는 모세 언약이 동원됩니다. 이 언약이 이스라엘 백성들의 삶의 기준과 질을 평가하는 저울로 주어졌기 때문입니다.

가장 크고 근본적인 죄는 하나님과의 관계인데 여기부터 잘못되었습니다. 1계명을 어기면 다른 계명을 다 범하게 되듯이 이스라엘은 우상숭배로 가 버렸습니다(3, 8, 9절). '사람(네)가 만든 우상(4절)'을 섬기면서 추잡한 성범죄와 약자 착취와 살인이 벌어집니다(7-12절). 죄는 '놋'같이 부끄러움이 없는 철면피로 가게 합니다. '주석'처럼 경건을 가장하여 외식하는 위선자로 달려갑니다. 잔혹하고 호전적인 죄악은 마치 '쇠(철)'와 같습니다. 의지가 없이 나약한 모습은 '납' 같습니다(18절).

선지자는 도둑질하기 바쁘고 제사장은 성실을 떠나 타락했고 고관들은 불의를 위해 피를 흘리고 있습니다(25-27절). 죄에 찌 들은 이스라엘의 모습은 찌꺼기 같아서 고쳐서 쓸 수 없는 상태입니다. 은과 섞여진 나쁜 광석이 풀무 불에 의해 녹듯이 하나님의 진노가 부어질 수밖에 없습니다(20-22절). 풀무 불같은 바벨론 군대의 맹렬한 공격이 하나님의 도구로 사용됩니다. 세상 재판정은 오판이 있을 수 있으나 하나님의 심판은 정확하게 이루어집니다.

(습 3:5) "그 가운데에 계시는 여호와는 의로 우사 불의를 행하지 아니하시고 아침마다 빠짐없이 자기의 공의를 비추시거늘 불의한 자는 수치를 알지 못하는 도다"

이 심판의 최종 목적은 의인을 구원하심에 있다는 것이 성경 전체의 결론입니다.

(사 43:7) "내 이름으로 불려지는 모든 자 곧 내가 내 영광을 위하여 창조한 자를 오게 하라 그를 내가 지었고 그를 내가 만들었느니라"

하나님 앞의 국문에서 상벌을 받는 출발이 말씀 순종임을 다시 확인합니다.

♦ 에스겔 23장 성경칼럼

11절 | 그 아우 오홀리바가 이것을 보고도 그의 형보다 음욕을 더하며 그의 형의 간음함보다 그 간음이 더 심하므로 그의 형보다 더 부패하여졌느니라

48절 | 이같이 내가 이 땅에서 음란을 그치게 한즉 모든 여인이 정신이 깨어 너희 음행을 본받지 아니하리라

"누가 더 악한가?"

누가 더 착한가를 따져 상을 주는 것은 좋은 일입니다. 반대로 누가 더 악한지를 캐내어 벌을 준다면 살벌한 분위기가 조성될 것입니다. 23장에는

후자의 사례가 나와 있는데 그 무게가 너무 무겁습니다. 악한 결과가 죽음이고 망국이며 영벌이기 때문입니다. 이 무서운 멸망의 이야기를 두 자매 비유를 통하여 누구나 알아듣게 합니다. 형의 이름은 오홀라로 북왕국의 사마리아이고 동생은 오홀리바로 남왕국의 예루살렘입니다(4절).

애굽 시절은 이스라엘의 유년기였는데 이미 행음했다고 적시하며 인간의 전적 타락을 계시합니다(3절). 행음이란 바람을 피운 것을 말하는데 하나님과 이스라엘 백성들이 신랑과 신부라는 인식에서 나왔습니다(호 2:2-5). 북왕국을 뜻하는 오홀라는 '그녀의 장막'이란 뜻으로 자기가 마음대로 만든 장막이니 처음부터 우상숭배를 했다는 의미입니다. 오홀리바는 '나의 장막이 그녀에게 있다'는 뜻으로 하나님의 장막이 예루살렘에 주어졌음을 밝히는 것입니다.

16장에서의 행음이 종교적인 것이었다면 23장은 정치적 행음을 다루고 있습니다. 하나님이 없었던 사마리아의 행음의 대상은 애굽과 앗수르이었습니다(5-10절). 앗수르를 의지하고 동맹을 구했지만 돌아온 것은 침공이었습니다. 므나헴이 은 일천 달란트를 바쳤고 호세아가 조공을 바쳤지만 돌아온 것은 멸망입니다(왕하 15:19-20, 17:3-4). 이 사건은 사람들이 욕심을 위해 마귀에게 정성을 다해도 나중에 돌아오는 것은 재앙인 것과 같은 원리입니다.

이어서 나오는 동생 오홀리바(예루살렘)의 이야기는 기존의 우리 선입견을 깨뜨립니다. 건국 시부터 악한 우상숭배와 인본주의 정책을 썼던 사마리아보다 예루살렘이 더 악하다고 선고합니다. 성전이 있고 율법을 지킨 선왕이 가끔 있었고 멸망도 136년 후에 되었던 남유다가 더 악하다는 이유는 무엇일까요? 첫째, 사마리아가 왜 망했는지의 본보기를 목격했음에도 고치지 않고 더 심한 죄를 지은 것입니다(11절). 앗수르와 바벨론과 애굽과 정치적 행음을 하고 우상 문화도 도입하였습니다(12-21절). 둘째, 하나님께 더 많은 특권과 복을 받았음에도 활용하지 않고 우상화시킨 죄입니다. 심지어 성전 안에서 우상을 숭배하고 사회는 불의가 판을 치도록 하였습니다.

그리스도인이 말씀과 은사와 교회공동체의 선물을 받고도 실제적으로는 탐욕의 우상을 섬기는 것과 비슷합니다. 불신자는 그 위치에서 심판을 받지만 신자는 자기 신분을 놓고 심판을 받는다는 것을 명심해야 합니다. 부지중에 짓는 죄와 고의로 짓는 죄를 판이하게 처리하시는 율법 정신이 상기됩니다(민 35:11-21). 은혜의 분량에 대한 책임은 성숙을 향해 가는 자의 영원한 숙제입니다(고전 10:12, 히 6:4-6). 심판 목적이 이방과 후대에게 본이 되게 하시겠다는 말씀을 기쁘게 접수하겠습니다(48-49절).

♦ 에스겔 24장 성경칼럼

6절 | 그러므로 주 여호와께서 이같이 말씀하셨느니라 피를 흘린 성읍, 녹슨 가마 곧 그 속의 녹을 없이하지 아니한 가마여 화 있을진저 제비 뽑을 것도 없이 그 덩이를 하나하나 꺼낼지어다

16절 | 인자야 내가 네 눈에 기뻐하는 것을 한 번 쳐서 빼앗으리니 너는 슬퍼하거나 울거나 눈물을 흘리거나 하지 말며

"끓는 가마 속의 살과 뼈"

듣는 순간 어떤 생각이 드십니까? 한 가지 더, 살과 뼈가 바로 나라면 어떠십니까? '끓는 가마'는 예루살렘 성이고 그 안의 '고기와 뼈'는 이스라엘 백성입니다. '좋은 덩이와 고른 뼈'는 왕과 왕족과 재능 있는 자이고 '끓이는 불'은 바벨론 군대의 공격을 뜻합니다. '뼈가 무르도록 삶는다'는 것은

유력자들의 죽음을 말하며 '녹슨 가마'는 예루살렘 백성들의 더럽혀진 죄를 의미합니다. 이 비유는 바벨론 느부갓네살 왕이 예루살렘 성을 완전 포위한 날(B.C.588년)에 에스겔에게 임한 하나님의 말씀입니다.

임박한 심판을 누누이 전했음에도 미동도 않고 반대하는 세력을 향하여 극적인 선포를 하고 있습니다(13-14절). 선민 특권의식과 하나님에 대한 지식에 대한 자부심을 방패삼은 자들에게 심판의 급박성을 일깨우고 있습니다. 임금이 죽으면 '붕어'라고 하며 하늘이 무너진다고 전하는데 하나님의 심판에는 귀를 닫는 모습은 참극입니다. 이와 함께 에스겔의 아내가 죽는 상황의 비유는 하나님의 마음을 보여줍니다. 에스겔의 아내는 영적인 면에서 예루살렘을 의미하고 죽음은 예루살렘 멸망을 예표합니다.

성경에는 하나님의 마음을 대변하는 은유가 곳곳에 설치되어 있습니다. 예레미야 애가가 하나님의 슬픔인 것은 금방 눈치 챌 수 있습니다. 호세아의 아내 고멜이 방탕한 이스라엘 백성임을 친히 해석해 주심으로 우리의 모습을 비춰 보게 합니다. 선지자의 기쁨인 아내가 죽는 낙망을 통해 예루살렘을 멸하시는 하나님의 깊은 슬픔을 나타냅니다(16절). 에스겔에게 장례 절차를 생략하게 하고 슬픈 기색도 내지 말라고 명령합니다.

그 누구도 하나님의 심판에 어떤 작용도 하지 말라는 것입니다(17절). 에스겔이 아내의 죽음을 보면서도 아무 반응을 못했듯이 백성들도 멸망 앞에 할 말이 없습니다(20-23절). 다만 멸망 후에 백성들이 하나님을 알게 되리라는 예언은 다 끝난 것이 아님을 명시합니다(24절). 장소 위주가 아닌 새 영과 새 마음이 주도하는 새 시대의 소망이 잉태된 것을 계시합니다.

(겔 36:26) "또 새 영을 너희 속에 두고 새 마음을 너희에게 주되 너희 육신에서 굳은 마음을 제거하고 부드러운 마음을 줄 것이며"

절정 감을 표현하는 심판의 비유로 예루살렘의 멸망 심판은 일단락됩니다. 이제 그동안 차 순위로 미뤘던 이웃 국가에 대한 심판 예언이 대기하고 있습니다. 유다를 공격하고 조롱했던 열방의 심판 예언을 위하여 하나님께서는 선지자의 입을 여십니다(27절). 에스겔이 하나님의 표징이 되고 하나님을 알게 해주는 통로로서의 사명을 부여합니다(27절). 이 사실은 우리도 세상을 향한 전권대사의 사명이 있음을 깨닫게 합니다.

(고후 5:20) "그러므로 우리가 그리스도를 대신하여 사신이 되어 하나님이 우리를 통하여 너희를 권면하시는 것 같이 그리스도를 대신하여 간청하노니 너희는 하나님과 화목하라"

♦ 에스겔 25장 성경칼럼

6절 | 주 여호와께서 이같이 말씀하셨느니라 네가 이스라엘 땅에 대하여 손뼉을 치며 발을 구르며 마음을 다하여 멸시하며 즐거워하였나니

17절 | 분노의 책벌로 내 원수를 그들에게 크게 갚으리라 내가 그들에게 원수를 갚은즉 내가 여호와인 줄을 그들이 알리라 하시니라

"주변과의 관계?"

'나는 주변과의 관계가 아주 좋아요'라고 말하는 사람은 드뭅니다. 자신이 말한다고 해서 그런 사람이 되는 것도 아닙니다. 겉으로 볼 때 좋은 관계로 보여도 실상은 나쁜 관계일 경우가 많습니다. 그만큼 인간의 본성에 자리 잡고 있는 시기심의 쓴 뿌리는 강력합니다. 이 쓴 뿌리의 정체는 열등감으로 인한 갖가지 감정의 발산입니다. 그리스도인은 성숙에 따라 하나님의 뜻인 이웃사랑의 열매도 맺히게 되어 있습니다.

전장까지 이스라엘의 심판 예언이 마무리되고 본장부터 32장까지 주변

나라의 심판예언이 주어집니다. 이스라엘의 멸망과 주변 나라와의 멸망 예언의 연결은 필연적이어서 다른 예언서(이사야, 예레미야, 아모스)에도 나와 있습니다. 예수님께서 종말에 대해 말씀하신 마태복음 25장에도 이스라엘과 이방국의 심판이 연이어 나옵니다. 이 사실은 하나님이 이스라엘만의 주권자가 아니라 온 우주의 하나님으로서 심판하는 분임을 계시합니다(17절).

25장은 그동안 이스라엘을 계속하여 괴롭힌 주변 나라의 심판을 예언합니다. 그들 중에 제일 먼저 암몬 족속에 대한 심판 예언을 하는 이유가 있습니다. 이스라엘이 심판 당할 때마다 엄청 좋아했다는 것입니다. 친히 '아하 좋다'라는 감탄사를 인용하면서 저들이 이스라엘을 조롱한 것을 지적합니다(3절). 비록 이스라엘이 하나님을 불순종하여 심판을 받는다 하여도 선민을 조롱한 것은 하나님을 대적한 것과 같습니다(6-7절). 당시는 전쟁의 승패나 나라의 흥망은 나라의 수호신의 능력으로 보는 개념이 있었습니다.

암몬 족속은 롯과 둘째 딸의 부정한 방법으로 낳은 벤암미의 후손입니다. 이스라엘과 인척이고 가까이 살지만 잘되면 배가 아픈 관계가 형성되었습니다. 사사시대에 암몬은 이스라엘 자손을 18년 동안 학대했고 유다 말기에는 이스라엘의 징계를 위한 도구로 사용됩니다. 암몬 족속 입장에서는 입다와 사울과 다윗에게 패배하여 수치를 당한 원한이 생생합니다. 암몬 족속은 이스라엘의 멸망을 기뻐했지만 하나님의 심판에 의하여 B.C.580년경에 바벨론에 의해 멸절되어 이 예언은 성취됩니다(21:28-32). 비슷한 이유로 모압과 세일이 멸절됩니다(8-11절).

에돔은 하나님의 구원을 방해한 죄악으로 역사에서 사라지게 되는데 후손인 헤롯이 메시야의 대적으로 등장합니다(12-14절). 블레셋은 반 하나님적인 국가의 상징처럼 되어 있어 멸망의 코스가 정해져 있습니다(15-17

절). 이들 나라의 특징은 저들의 행태가 구속사를 이루는 장치도 되고 하나님을 알리는 역할도 한다는 점입니다(17절). 하나님의 사람은 주변 환경이 선악으로 작용하여 합력하면서 선을 이루어가도록 되어 있습니다(롬 8:28). 신실한 언약을 붙들고 사탄의 도전에 대처하는 그리스도인이 우리의 목표입니다(벧전 5:8).

♦ 에스겔 26장 성경칼럼

2절 | 인자야 두로가 예루살렘에 관하여 이르기를 아하 만민의 문이 깨져서 내게로 돌아왔도다 그가 황폐하였으니 내가 충만함을 얻으리라 하였도다

21절 | 내가 너를 패망하게 하여 다시 있지 못하게 하리니 사람이 비록 너를 찾으나 다시는 영원히 만나지 못하리라 주 여호와의 말씀이니라

"멸망의 조건"

타산지석은 좋은 것을 본받자는 것이고 반면교사는 부정적인 것은 닮지 말자는 것입니다. 둘 다 중요한 지혜와 처세이지만 반면교사는 망하지 않기 위한 것이기에 필수성에 속합니다. 치명적인 단점을 고치지 않고는 장점이 많아도 한방에 무너지는 것이 인생입니다. 성경에 나오는 개인과 국가는 흥망성쇠가 있습니다. 성경에는 개인과 나라가 망하는 조건이 정확히 나와 있는데 이를 알고 적용하는 사례는 거의 없습니다.

하나님께서 택한 백성인 이스라엘에게 준 흥망 조건은 율법의 준수 여부입니다(롬 2:17-29). 결국 이스라엘은 이것에 실패함으로 멸망의 길을 갑니다. 이방 나라에게 준 국가의 멸망 조건은 일반 도덕률이 기준입니다. 저들에게는 율법이 주어지지 않았지만 도덕과 양심이 주어졌기 때문입니다(롬 2:14-16). 이방 국가의 또 한 가지의 멸망 조건은 하나님의 백성들을 대

적하는 것에 대한 보응적인 심판이 있습니다. 이 심판은 소극적으로는 구원 백성의 보호이지만 적극적으로는 하나님을 대적하는 세력에 대한 응징입니다. 인류 역사에서 이 기준에 의하여 멸망당한 나라가 많은 이유입니다.

현대적으로는 유물론적 무신론으로 그리스도인을 말살한 중국과 북한 공산당 정권의 멸망을 보게 될 것입니다. 이런 이방 나라에 대한 심판 기준을 알 때 두로에 대한 장문의 기사가 이해가 됩니다. 무려 3장에 걸쳐 두로의 심판 예언이 주어진 것은 두로가 세속 정권의 모델인 점에 있습니다. 두로는 팔레스틴 해변 북쪽, 페니키아에 속한 도시로 항해와 상업의 요지입니다. 경제적 번영과 강한 군사력과 천연 요새를 갖추고 탄탄대로로 번영하였습니다. 가진 자의 교만과 자기 종교에 대한 자부심으로 예루살렘과 쌍벽을 이룬 반 하나님의 상징입니다.

라이벌 인 유다가 망할 때 저들이 외친 기쁨의 외침이 이를 증명합니다(2절). 그러나 저들은 자기들의 신상 '멜카스'을 숭배하는 것이 바로 멸망의 조건임을 모르고 있었습니다. 우리는 역사에서 애굽의 태양상과 바벨론의 금신상과 로마의 황제 상 숭배가 멸망의 조건이었음을 목격하였습니다. 우리나라로 볼 때 북한은 김일성 동상 우상숭배가 치명적일 것이며 남한은 맘모니즘(황금만능주의)의 교만이 조건이 될 것입니다.

세속 국가의 경제와 국방은 중성적 성격이 있어 그 자체를 정죄할 수는 없습니다. 문제는 이것에 몰두하다 보면 자기 바벨탑을 쌓게 되고 하나님 없이 살 수 있다고 큰소리치게 되어 있습니다. 이 사조에 제동을 걸지 아니하면 인간은 스스로 하나님 자리에 앉게 됩니다. 그 다음은 아무 소리도 안 먹히고 진리를 말하는 사람을 죽이게 됩니다. 조롱을 받고 멸절하는 두로를 보며 멸망의 조건은 절대 만들지 않겠다는 다짐을 하게 됩니다(15-21절).

♦ 에스겔 27장 성경칼럼

3절 | 너는 두로를 향하여 이르기를 바다 어귀에 거주하면서 여러 섬 백성과 거래하는 자여 주 여호와께서 이같이 말씀하시되 두로야 네가 말하기를 나는 온전히 아름답다 하였도다

36절 | 많은 민족의 상인들이 다 너를 비웃음이여 네가 공포의 대상이 되고 네가 영원히 다시 있지 못하리라 하셨느니라

"돈 많이 벌어서 뭐 할 거예요?"

돈을 많이 벌 수 없다는 현실을 알기에 이 질문은 '로또 1등에 맞으면'으로 바꿀 수 있습니다. 인간의 영원한 우상은 돈(재물)입니다. 이 결론에 이의가 있을 수 있으나 모든 우상이 돈과 연결되어 있다는 점에서 맞습니다. 주님께서도 하나님과 비등한 자리에 재물을 놓으므로 그 위력을 확인해 주었습니다.

(마 6:24) "한 사람이 두 주인을 섬기지 못할 것이니 혹 이를 미워하고 저를 사랑하거나 혹 이를 중히 여기고 저를 경히 여김이라 너희가 하나님과 재물을 겸하여 섬기지 못하느니라"

우상숭배의 실체가 탐심이라 한 것도 돈이 있어야 채울 수 있다는 점에서 연결되어 있습니다(골 3:5).

두로의 애가가 펼쳐지는 27장은 경제적 복을 받는 자의 시종을 극적으로 보여줍니다. 여기서의 애가는 두로에게 연민의 마음을 표하는 것이 아니라 멸망의 비참함을 애도하는 것입니다. 두로 인들이 자신들에게 주어진 세속적 복에 얼마나 큰 자부심을 가졌는지 꼭 나르시시즘(자기애)에 빠진 것 같습니다(2절). 그럴 만도 하다는 것이 이어진 두로를 형용하는 시적 표현에서 드러납니다. 우선 두로의 위치는 사면이 바다로 싸여 무역도시로서

탁월한 것과 함께 천혜의 요새를 선물로 받았습니다(3절). 섬 주변은 성곽으로 에워싸고 망대를 세웠으며 넉넉한 돈으로 용병을 사서 완벽한 안보를 갖추었습니다(10-11절). 돈이 풍성한 곳에 인재는 모였고 그 지혜와 기술의 발달은 무역선의 제조에 큰 역할을 합니다(4-8절).

솔로몬이 성전을 건축할 때 두로가 성전 재료와 기술을 공급한 배경을 알 수 있습니다(사 23:8). 호화로운 배와 멋진 집과 아름다운 가구와 넘치는 돈이 가는 다음 코스는 쾌락입니다(26:12-13). 돈 벌어 무엇을 할 것이냐는 질문에 대답이 나왔습니다. 환경을 호화롭게 하고 부와 지식을 과시하고 쾌락을 즐기고 싶다 입니다. 이제 남은 코스는 교만의 길이고 영적 세계의 감각이 끊기는 것이고 스스로 하나님 자리에 앉는 것입니다.

주변 나라인 다시스, 헬라, 에돔, 다메섹, 아라비아, 메소포타미아와의 무역에서 갑의 자리에 앉게 되니 무서울 것이 없습니다(12-25절). 재물의 풍족이 경제 영역이 아닌 종교적 우상으로 변환되는 시점이 교만해질 때입니다. 그리스도인이 그릇은 안 되는데 지나친 부를 받았다면 그건 복이 아닌 저주로 갈 가능성이 높습니다. 평범한 그리스도인의 '적당한 가난'이 주님의 큰 배려인지를 모르는 분이 많습니다. 크고 작은 고난이 하나님을 향하여 간절함을 가지게 하는 통로임을 직시하는 자가 복됩니다(고후 7:11).

하나님(말씀)이 없는 집이 모래위에 지은 집으로 한순간에 무너지듯이 두로의 멸망은 동풍(바벨론)처럼 순식간에 덮쳐 옵니다(26절, 마 7:26). 해양 도시다운 표현으로 형용되는 두로의 멸망 앞에 주변국들은 아연실색합니다(27-35절). 두로는 '아 옛날이여'라며 추억하는 도시로 전락합니다(37절). 나에게 부어지고 주어진 축복을 잘 사용하는 청지기가 되어야 하겠습니다(롬 5:5, 딛 3:6-7).

♦ 에스겔 28장 성경칼럼

15절 | 네가 지음을 받던 날로부터 네 모든 길에 완전하더니 마침내 네게서 불의가 드러났도다

24절 | 이스라엘 족속에게는 그 사방에서 그들을 멸시하는 자 중에 찌르는 가시와 아프게 하는 가시가 다시는 없으리니 내가 주 여호와인 줄을 그들이 알리라

"부러운 사람, 존경하는 사람"

내가 갖추지 못한 좋은 것을 가진 사람에게는 부러운 마음이 듭니다. 부러운 사람이 존경하는 사람까지 되는 경우는 매우 드뭅니다. 존경이란 인격과 사상과 행위에 공경할 것이 있을 때 나오는 것이기 때문입니다. 존경하는 사람이 없다는 것은 자기 소견을 따라 사는 경향이 강하다는 뜻입니다. 현대 이후의 시대(포스트모더니즘)에 존경받는 사람이 사라진 원인은 권위를 부여하지 않는 문화의 영향입니다. 주입식 교육이 낮아져서 다양한 가치관을 갖게 되고 정보의 보편화로 절대 권력을 인정하지 않는 경향이 권위부재 시대를 가져 왔습니다.

28장에 나오는 두로 왕에 대한 예언 기사는 부러운 사람으로 시작되었지만 존경받는데 실패한 사람의 이야기입니다. 두괄적 서술로서 교만함이 원인이었다고 결론을 내립니다(2절). 자신이 하나님이라고 자처하고 하나님의 자리인 바다 가운데 앉아 있다고 폼을 잡습니다. 당대 최고의 지혜자인 다니엘보다 뛰어나다고 허풍을 칩니다(3절). 이것은 결과적으로는 허풍이지만 그가 이렇게 된 이유가 있습니다. 그는 인간이 가질 수 있는 모든 복을 가지고 시작하였습니다. 타락 이전의 에덴동산 같은 가장 좋은 환경과 영광을 누리고 출발했다고 비유합니다(13절). 최고의 영광을 상징하는 그룹의 직위를 암시하며 하나님의 은혜도 누렸음을 기술합니다.

그의 지혜는 비록 세속적이었지만 두로를 무역국가로 만들어 부강하게 하는 업적을 남겼습니다. 왕이 곧 나라인 고대 시대에 그의 부귀영화는 거칠 것이 없습니다(4-5절). 하나님의 도성을 모르는 세속 도시인의 시각으로 볼 때 두로 왕은 부러움의 끝판 왕입니다. 세상의 기준에서 부러움의 대상인 그가 영적 세계에서는 가장 경계할 인물로 역전됩니다(15절). 부러움의 절정 조건이 모두 교만한 통로가 되어 버렸습니다. 하룻강아지 범 무서운 줄 모른다더니 덜컹 하나님 보좌에 앉아 버린 것입니다. 하나님의 보좌는 앉고 싶다고 되는 것이 아닌데 교만은 자기 외에는 아무 것도 안 보이게 합니다(2, 6, 9절).

그에 대한 하나님의 심판은 냉혹합니다. 땅에 던져서 수치스런 구경거리가 되게 하고 나라는 황폐한 식민지를 거쳐 헬라 시대 때에 멸망하게 됩니다(17-19절). 두로와 자매 도시인 시돈에게는 선언적 진술이 이루어지는데 전염병의 심판이 추가됩니다(20-23절). 이방의 심판 중간에 들어오는 이스라엘을 향한 하나님의 섭리를 주목해야 합니다. 이방의 심판이 이스라엘과 연결되어 있고 가시의 제거 같은 의미가 있다고 말씀하십니다(24절). 이스라엘의 평화를 약속하시는 것은 구속사적으로 우리의 종말 신앙을 굳세게 하는 보장입니다(25-26절).

♦ 에스겔 29장 성경칼럼

7절 | 그들이 너를 손으로 잡은즉 네가 부러져서 그들의 모든 어깨를 찢었고 그들이 너를 의지한즉 네가 부러져서 그들의 모든 허리가 흔들리게 하였느니라

13절 | 주 여호와께서 이같이 말씀하셨느니라 사십 년 끝에 내가 만민 중에 흩은 애굽 사람을 다시 모아 내되

"믿는 도끼에 발등 찍힌다"

믿었던 일이 뜻대로 안되거나 믿었던 사람에게 배신당했을 때 쓰는 말입니다. 세상에 믿을 사람 없다는 것은 슬픈 일이지만 현실입니다. 신임하던 부하에게 찔려 '부르투스 너 마저..' 하며 죽어가던 시저가 떠오르기도 합니다. 어려울 때 꼭 도와줄 사람처럼 보였지만 그 기대가 판판히 깨지는 경험은 누구나 합니다. 이 구도는 국가 단위로 나아갈 때도 나타납니다. 다윗과 솔로몬 시대를 제외하고는 약소국이었던 이스라엘은 늘 이 시험을 당했습니다. 하나님만 의지하고 살기로 설정된 선민이지만 눈에 보이는 위협 앞에 허물어집니다. 당대의 강대국을 의존하거나 주변국과 동맹을 맺어 안보를 보장받고자 수없이 시도했습니다. 앗수르와 바벨론과 애굽을 의존할 때마다 하나님의 심판이 주어졌습니다.

29장부터 32장까지 이어지는 애굽에 대한 7번의 심판 예언은 이런 배경을 가지고 해석해야 합니다. 애굽에 대한 이스라엘의 판단은 이미 이사야가 정의를 내렸습니다/

(사 36:6) "보라 네가 애굽을 믿는도다 그것은 상한 갈대 지팡이와 같은 것이라 사람이 그것을 의지하면 손이 찔리리니 애굽 왕 바로는 그를 믿는 모든 자에게 이와 같으니라"

상한 갈대 지팡이는 지극히 쓸모없는 것입니다. 그것을 의지하는 순간 손이 찔려 해를 당하게 되니 절대 사용을 금지해야 합니다.

29장에는 더 적나라하게 표현하는데 상호간에 어깨와 허리를 다친다고 합니다(6-7절). 이스라엘이 애굽을 의지하는 불신앙만 심판받는 것이 아니라 애굽도 이스라엘과의 관계로 심판 받는다는 뜻입니다. 애굽은 성경 전체에서 세상 권력과 인간 욕정의 상징으로 나타납니다. 애굽을 표현하는 큰 악어는 포악한 짐승으로 끝없는 포식 성을 가지고 있습니다(3절). 애굽 토지는 비옥하고 물은 풍성하여 경제적 풍요를 누리지만 거기에 만족할 리가 없습니다. 자기를 의지하는 약소국에게 후의를 베푸는 것은 잡아먹기 위해서입니다. 살만한 부자가 더 큰 부를 쌓기 위해 온갖 악한 짓으로 약자를 약탈해 가는 것과 동일합니다.

가난할 때 순수했던 신앙이 물리적 복을 받고 나서 교만해지는 성도들을 많이 보았습니다. 하나님을 자처한 바로 왕에게 가혹한 심판이 임하고 백성들은 흩어지는 곤혹을 당합니다(8-12절). 하지만 흩어짐의 기간을 40년으로 하여 회복시킨 것은 이스라엘의 고토 귀환과 연결되니 예언의 신실성이 놀랍습니다(13-16절). 17년 후(B.C.570년)에 있을 심판의 주체를 바벨론의 느브갓네살로 명기함으로서 하나님의 주권에 의한 심판임을 분명히 합니다(17-20절). 메시아적 구원을 상징하는 '이스라엘 족속의 한 뿔'의 등장은 심판과 구원의 동시성을 나타냅니다(21절). 하나님의 도움에 민감한 종으로 살겠습니다.

♦ 에스겔 30장 성경칼럼

5절 | 구스와 붓과 룻과 모든 섞인 백성과 굽과 및 동맹한 땅의 백성들이 그들과 함께 칼에 엎드러지리라

25절 | 내가 바벨론 왕의 팔은 들어 주고 바로의 팔은 내려뜨릴 것이라 내가 내 칼을 바벨론 왕의 손에 넘기고 그를 들어 애굽 땅을 치게 하리니 내가 여호와인 줄을 그들이 알리라

"한편 먹자"

가장 반가운 말이면서 매우 위험한 말입니다. 험한 세상에 누가 내편이

되어 주겠다면 새 힘이 솟습니다. 하지만 상대가 악질이라면 고통과 멸망의 길에 들어선 것입니다. 스포츠에서의 한편은 승부와 메리트에 영향을 주지만 생사가 걸린 동맹으로 들어가면 심각한 결과를 받아들여야 합니다. 연합과 동맹의 관계는 한번 맺으면 파기하기 힘든 속성을 가지고 있습니다. 처음부터 분별을 잘하여 동맹을 맺어야 합니다. 그리스도인은 기도생활을 통해 인도함을 받는 것이 가장 좋은 길입니다.

30장에는 애굽과 동맹을 맺은 나라가 파멸의 심판을 당하는 예언이 나옵니다. 이스라엘의 결정적 실수는 하나님의 뜻인 친 바벨론 정책을 떠나 친 애굽 동맹을 시도한 것이었습니다. 므깃도 전투에서 바로 느고에게 대패를 하여 쇠락의 길에 들어섰음에도 정신을 못 차렸습니다(왕하 23:29-30). 예루살렘 포위 시에 바벨론 군대가 애굽의 공격을 막기 위해 잠시 물러났을 때 희망을 갖는 모습은 영적 무지의 발로입니다(렘 37:5).

선지자의 예언을 무시한 대가는 결국 재기의 소망을 꺾어 버립니다. 선민의 수준도 이 정도이니 애굽 주변의 나라가 애굽과 휩쓸리는 것은 당연합니다. 그러나 어쩔 수 없었다는 핑계는 통하지 않습니다. 애굽과 동맹을 맺으니 우상 문화를 받아들일 수밖에 없고 그 악함은 심판을 받을 수밖에 없습니다. 당시의 지명이지만 불명예스런 나라와 도시가 기록됩니다. 구스(이디오피아), 붓(리비아), 룻(리디아), 굽 나라가 심판 받고(4-9절) 우상 도시인 놉, 바드로스, 소안, 노, 신, 아웬 등이 진노로 멸절됩니다(13-17절).

심판의 당사자는 애굽이고 시행자는 바벨론이지만 주관하시는 분은 하나님이심을 분명히 합니다. 바로 왕의 팔을 꺾어 무력하게 하셨고 바벨론 왕은 팔을 견고하게 하고 칼을 쥐어 주셨습니다(21-24절). 승패는 이미 결정되었는데 하나님의 뜻이기에 어느 누구도 막지 못합니다(25절). 사람으로서는 이해가 어려운 이 모든 과정의 목적은 어디에 있을까요? 의외이지만 이방인들도 하나님을 알게 하기 위해서라고 선언합니다(25-26절). 저들의 우상 숭배를 그냥 놔두고 생각 없는 동맹을 따라 사는 것에 제동을 걸지 아니하면 영벌만이 남습니다.

하나님께서는 저들이 진노의 심판을 통해 주권을 목격하고 구원의 전능자를 찾기를 원하신 것입니다. 최후에 순간까지 복음이 전해지도록 하시는 하나님의 사랑은 지금도 곳곳에 설치되어 있습니다.

(딤전 2:4) "하나님은 모든 사람이 구원을 받으며 진리를 아는 데에 이르기를 원하시느니라"

불신 세력과 한편이 되는 불행은 결코 경험하지 말아야 하겠습니다(살전 5:22).

♦ 에스겔 31장 성경칼럼

3절 | 볼지어다 앗수르 사람은 가지가 아름답고 그늘은 숲의 그늘 같으며 키가 크고 꼭대기가 구름에 닿은 레바논 백향목이었느니라

17절 | 그러나 그들도 그와 함께 스올에 내려 칼에 죽임을 당한 자에게 이르렀나니 그들은 옛적에 그의 팔이 된 자요 나라들 가운데에서 그 그늘 아래에 거주하던 자니라

"귀에 쏙쏙 들어와요"

예배를 마친 후에 설교자에게 이런 피드백이 온다면 최고로 기분이 좋습니다. 특히 그동안 믿음이 없어 졸기만 하던 신자가 한 멘트라면 하나님의 역사입니다. 귀로 들어온 말씀은 마음에 새겨지고 행동으로 나아가게 되어 있습니다. 하나님의 말씀은 육으로는 이해할 수 없는 특별함을 가지

고 있습니다. 지식이 탁월하고 경험이 많은 것이 은혜를 받는 것과 정비례하지 않는 이유입니다.

애굽의 심판 예언이 계속되는 가운데 31장에는 바로에게 예언을 전달하라는 명령이 떨어집니다(2절). 때는 예루살렘이 바벨론에게 정복되기 1개월 전입니다(1절). 당시만 해도 국력은 기울었지만 바벨론에 대항할 수 있는 애굽의 바로에게 심판이 전달되는 것입니다. 그런데 내용이 예상과 다르게 앗수르의 영광과 몰락에 대한 것입니다. 하나님께서는 무슨 이유로 바로에게 앗수르를 비유로 하여 말씀하셨을까요? 귀에 쏙쏙 들어와서 쉽게 이해하고 순종하도록 배려하신 것입니다.

에스겔

앗수르의 영광과 버금가는 애굽을 보게 하였습니다. 그 앗수르의 몰락의 원인이 교만임을 알아듣도록 설명하십니다. 멸망의 결과를 속속히 보여 주며 그 길을 가지 않도록 회개의 기회를 주십니다. 앗수르의 부강과 영광은 찬란했는데 레바논의 백향목을 등장시켜 비유합니다(3-8절). 높이 3-40m에 둘레 10m이상인 백향목은 힘과 미와 번영의 상징입니다. 결례의식에 사용되고 마디가 없고 견고하여 귀중한 건축 자재입니다. 에덴동산의 나무가 투기할 정도이니 앗수르의 영광스런 자태는 찬사를 받기에 합당하다고 노래합니다(9절). 백향목 같았던 앗수르의 번성과 명예가 몰락의 길을 가게 됩니다. 하나님께로부터 받은 자연 은총을 망각하고 교만해진 것입니다(10절).

하나님이 버린 나라는 인간의 모든 수단을 동원해도 구제불능입니다. 기원전 12세기에 지중해를 장악했던 앗수르는 근동 지역의 맹주로서 백향목의 영광을 구가합니다. 결국 7세기에 등장한 바벨론에 의해 쇠퇴하다가 B.C.605년에 역사에서 사라집니다. 그 비참함을 묘사한 음부의 비유(11-17절)를 잘 알아들었다면 얼마나 좋았겠습니까?(18절) 귀에 넣어 주어도 못 알아듣고 손에 쥐어 주어도 모르고 입에 넣어 주어도 안 먹는 것이 하나님 말씀입니다. 죄를 제거하지 않는 마음은 구름으로 빛을 가린 것과 같아 진리의 빛이 당도할 수가 없습니다(사 59:1-2). 지금 성경 말씀이 읽혀지고 뜻이 마음에 들어온다면 최고의 복을 받은 것입니다.

♦ 에스겔 32장 성경칼럼

14절 | 그 때에 내가 그 물을 맑게 하여 그 강이 기름 같이 흐르게 하리로다 주 여호와의 말씀이니라

21절 | 용사 가운데에 강한 자가 그를 돕는 자와 함께 스올 가운데에서 그에게 말함이여 할례를 받지 아니한 자 곧 칼에 죽임을 당한 자들이 내려와서 가만히 누웠다 하리로다

"어디까지 볼 수 있는가?"

인간의 성경적 정의는 하나님의 형상입니다(창 1:26). 하나님의 형상이란 하나님의 성품을 닮았다는 뜻입니다. 창조 후에 인간에게 명령하신 다스림의 권세는 하나님의 대표적인 성품입니다(창 1:28). 인간은 타락 후에 하나님의 성품을 잃고 방황하지만 구원 이후에 이를 회복해 갑니다. 성숙에 따라 하나님의 사역을 깊고 넓게 감당하게 됩니다.

(요 14:12) "내가 진실로 진실로 너희에게 이르노니 나를 믿는 자는 내가 하는 일을 그도 할 것이요 또한 그보다 큰 일도 하리니 이는 내가 아버지께로 감이라"

주님보다 더 큰일을 한다는 말씀은 성령 강림 후에 제자들의 복음 사역의 구속 영역이 확장됨으로 성취됩니다. 구속 영역이란 하나님의 섭리와 주님의 대속과 성령의 사역이 교회시대에 점진적으로 넓혀졌다는 뜻입니

다. 예를 들자면 구약에서 지옥 개념은 다른 표현을 사용하여 희미하지만 신약시대에는 명확하게 알 수 있다는 것입니다.

32장은 애굽 심판의 최종 결론을 내리고 있습니다. 인간의 눈과 가치관으로 볼 수 있는 영역이 아닌 광경이 예언됩니다. 선지자의 생각은 전혀 없이 하나님의 대언에서 나왔기에 현대 공상 작가의 상상력과는 전혀 다릅니다. 우선 심판의 대상을 애굽 왕과 애굽 백성으로 이원화하여 책임을 개인화하고 세분화합니다. 역사에서 담당한 역할이 다르기에 그 책임도 다르게 묻고 있습니다.

특별한 점은 다른 이방 국가의 심판과는 다르게 애굽은 그 최종 상태를 세상 질서 너머의 '스올'과 연결합니다. 애굽이 하나님을 거부하는 세력의 상징이기에 최종 상태의 결과를 도입했다고 볼 수 있습니다. 스올은 구약 개념이고 신약에서는 지옥으로 최종 해석합니다(마 18:9). 하지만 32장의 시대적 개념으로는 여러 단어로 소개되어 있습니다. 구덩이(18, 23-25, 29, 30절), 지하(18절), 스올(음부, 21, 27절)로 나타납니다. 이곳은 이방 통치자들이 모여 있고 무할례자가 가는 곳으로 결국 불신자가 사후에 거주할 지옥(계 19:20)과 같습니다(18-30절).

당시에 회개가 없었던 바로가 스올에 거하는 것까지 볼 수 있는 특권은 선지자 외에는 없었을 것입니다(31-32절). 우리가 천국과 지옥을 알고 믿고 전할 수 있다는 것은 대단한 특권입니다. 짐승 같은 지도자들에 의해 더럽혀진 강이 다시 소성케 되는 회복은 희망의 메시지입니다(14절). 단순한 애굽의 생존 세계의 회복보다 깊은 의미를 주고 있습니다. 우리가 누리고 있는 메시야 시대의 보편적 구원과 축복을 예표하고 있습니다. 지금으로부터 2,600여년 전에 에스겔이 보았던 그 복음의 영광을 우리는 현재 누리고 있습니다. 말세지말을 살고 있는 우리는 하나님 나라의 깊이를 얼마나 보고 있을까요?

♦ 에스겔 33장 성경칼럼

19절 | 만일 악인이 돌이켜 그 악에서 떠나 정의와 공의대로 행하면 그가 그로 말미암아 살리라

20절 | 그러나 너희가 이르기를 주의 길이 바르지 아니하다 하는도다 이스라엘 족속아 나는 너희가 각기 행한 대로 심판하리라 하시니라

"책무와 의무"

책무는 직무에 따른 책임과 임무이고 의무는 마땅히 해야 할 본분을 뜻합니다. 비슷한 것 같지만 지도자는 책무를, 백성은 의무를 다하면 좋은 나라가 된다고 이해하면 쉽습니다. 하나님의 나라는 위임을 받은 지도자가 온전한 책무를 다할 때 복을 받습니다. 그러나 백성들이 순종의 의무를 다하지 못하면 그 복은 중단되고 징계를 받게 됩니다. 33장은 에스겔서의 3부인 이스라엘의 미래 회복을 다루면서 이 책무와 의무 항목으로 시작됩니다.

하나님께서는 에스겔을 파수꾼으로 임명하면서 그 책무를 자세히 가르칩니다(2-6절). 이미 3장(17-21)과 18장(21-32)에 비슷한 내용이 있어서 익숙한 느낌입니다. 파수꾼의 최종 목적은 의인이 실족하지 않도록 경계하고 악인은 죄에서 떠나 회개하도록 하는 것입니다(7-16절). 의인과 악인에 대한 양면적 메시지 속에 궁극적 목적은 악인의 회개에 있음을 간파할 수 있습니다(19절). 이 의미는 의인은 거의 없고 악인은 넘쳐나는 현실을 직시하는 것입니다. 소수의 참된 파수꾼은 분명히 있지만 말씀을 듣는 자가 자세가 안 되어 있음을 부각시킵니다. 백성들은 순종의 의무를 다하지 않는

차원을 넘어 반역하는 말과 행동으로 나아가고 있음을 적시합니다.

파수꾼의 경고를 악착같이 듣지 않는 이유는 무엇일까요? 아주 놀랍고 무서운 심리가 저들을 지배하고 있음이 드러납니다. '주의 길이 바르지 아니하다(17, 20절)'입니다. 이는 우리가 옳고 하나님이 틀렸다는 반역적 항변입니다. 이렇게 단도직입적으로 표현해서 전율을 느끼지만 이것은 타락한 인간의 실존적 모습입니다. 선악을 알게 하는 열매를 먹음으로 자신이 하나님이라고 착각하게 되었던 것입니다(창 3:5). 이 근본에서 '우리의 구원은 따 논 당상이다(24절)'식의 교만이 터져 나옵니다. 성전과 율법을 가진 우리가 윤리적으로 좀 부족한들 구원이 취소될 리가 없다는 자만이 솟구치고 있습니다.

하나님의 언약에 의무를 다하지 않고 종교적 배경에 의지한 결과는 저주입니다. 구원의 대속이 이루어진 신약 시대에도 행함이 없는 신앙은 스스로가 가짜임을 드러내는 것이라고 선포합니다(약 2:21-24).

(약 2:24) "이로 보건대 사람이 행함으로 의롭다 하심을 받고 믿음으로만은 아니니라"

자기가 하나님이 된 신앙은 말씀을 들어도 속마음은 이익을 좇는 자로 전락됩니다(31절).

지금도 많은 교인들이 자기 취향에 맞는 말씀에만 현혹되고 있다는 것은 다 아는 비밀입니다(32절). 말씀을 듣는 자는 순종할 의무가 있다는 사실만 기억해도 신앙의 열매는 달라질 것입니다.

(마 7:16) "그들의 열매로 그들을 알지니 가시나무에서 포도를, 또는 엉겅퀴에서 무화과를 따겠느냐"

6절 | 내 양 떼가 모든 산과 높은 멧부리에마다 유리되었고 내 양 떼가 온 지면에 흩어졌으되 찾고 찾는 자가 없었도다

23절 | 내가 한 목자를 그들 위에 세워 먹이게 하리니 그는 내 종 다윗이라 그가 그들을 먹이고 그들의 목자가 될지라

"잊을 걸 잊어야지"

노령화 시대의 현안은 치매인데 현실적으로 암 선고보다 더 무섭습니다. 건망증은 불편함을 감수하면 되지만 치매는 중요한 사실을 잊어버리기 때문에 아주 심각합니다. 배우자와 가족도 못 알아보고 산다는 것은 산지옥과 비슷합니다. 여기까지 육적 치매라면 혹시 '영적 치매'를 들어 본 적이 있으십니까? 34장을 읽다가 떠오른 단어인데 영적으로 잊지 말아야 할 것을 잊는다면 영적 치매라고 발상한 것입니다. 영적 치매 스토리는 눈치채셨겠지만 사명을 잃은 목자와 연결됩니다.

하나님께서는 선한 목자가 되시고 양은 이스라엘의 백성입니다. 이것은 본래의 이스라엘이 유목민들이어서 누구나 알아들을 수 있는 비유입니다. 다른 짐승이 아닌 양으로 비유한 것은 자기 스스로 생명을 유지하지 못하는 양의 특성 때문입니다. 눈이 어두운 대신 귀가 예민하고 사나운 짐승에게 당하기 쉬운 면에서 성도의 속성과 똑 같습니다. 하나님께서는 이스라엘의 지도자, 특히 왕에게 목자의 사명을 위임하였습니다. 결과는 대실패여서 양들은 죽고 노략당하고 흩어졌습니다. 그 이유는 목자가 양들을 돌보기는커녕 먹이 감으로 보고 착취하는데 열심이었기 때문입니다(2-3절). 목자가 하나님이 자기를 세운 목적을 까맣게 잊은 것이 원인입니다. 양은 자기 소유가 아닌 하나님의 것으로 돌보라고 맡긴 것인데 이걸 잊은 것입니다.

34장에 하나님께서 끝까지 '내 양'이라고 부르는 것은 소유권을 계속 확인해 주시는 것입니다(6, 8, 10, 11, 12, 15, 17, 19, 22, 31절). 근본적인 양에 대한 잘못된 소유 의식은 결국 삯꾼 목자 행진을 불러옵니다. 하나님께서 이것을 방관하실 수가 없으니 지위 박탈은 당연합니다(5-10절). 현대 목회자들이 목자의 본분을 잊고 상업 형 목회를 하다가 한 방에 가버리는 광경은 슬픔입니다. 이 목자 이야기는 선한 목자를 예언함으로 반전을 이룹니다. 목자의 모범인 다윗이 등장하는데 우리는 선한 목자이신 예수님을 예표 한다는 것을 알고 있습니다(23-24절).

목자로 오신 주님이 주시는 안전과 화평과 풍요와 동행은 복음시대의 축복입니다(25-30절). 새 시대에 주어진 목자의 사명은 주님의 모범을 보고 닮아가는 목양입니다. 순간적으로 올라오는 영혼 소유욕과 규모 적 야망을 누르는 능력을 장착해야 합니다. 이 능력의 근본에 주님 사랑이 있다는 것을 베드로의 생애를 통해 알려 주십니다.

(요 21:17) "..주께서 세 번째 네가 나를 사랑하느냐 하시므로 베드로가 근심하여 이르되 주님 모든 것을 아시오매 내가 주님을 사랑하는 줄을 주님께서 아시나이다 예수께서 이르시되 내 양을 먹이라"

주님 사랑이 없는 가슴은 저절로 삯꾼 목자로 가게 됩니다. 목자(지도자)가 절대 잊으면 안 되는 것은 '양의 소유권'과 '주님 사랑' 임이 확인되었습니다.

♦ 에스겔 35장 성경칼럼

7절 | 내가 세일 산이 황무지와 폐허가 되게 하여 그 위에 왕래하는 자를 다 끊을지라

15절 | 이스라엘 족속의 기업이 황폐하므로 네가 즐거워한 것 같이 내가 너를 황폐하게 하리라 세일 산아 너와 에돔 온 땅이 황폐하리니 내가 여호와인 줄을 무리가 알리라 하셨다 하라

"특별한 라이벌?"

사람은 라이벌 이라는 구도에서 벗어날 수가 없습니다. 태어나면서 비교당하고 죽을 때도 침묵 속에 누군가의 라이벌이 됩니다. 라이벌은 공부에서 사업을 거쳐 나라로까지 확대되어 형성됩니다. 이스라엘의 라이벌 국가는 에돔 임이 분명합니다. 애굽이 세상 권력이고 바벨론은 세속 종교라면 에돔은 특별한 라이벌의 캐릭터를 가지고 있습니다. 34장부터 이스라엘 미래 회복의 장을 펼쳐지는데 갑자기 35장에 에돔이 등장하는 이유입니다.

은유적 기법으로 세일 산으로 불리 우는 에돔은 야곱(이스라엘)의 쌍둥이 형인 에서의 후손입니다(2, 7, 15절). 세일 산은 아라바 동쪽 사해 남동부로부터 남쪽으로 뻗은 산악지대를 가리킵니다. 조상인 에서가 장자 권을 야곱에게 사기 당했으니 에돔으로서는 그 적대감을 씻을 수가 없었을 것입니다. 출애굽하여 가나안을 향할 때부터 적대세력으로 등장합니다(민 20:14-21). 척박한 자기 땅과 다르게 비옥한 가나안을 차지한 이스라엘을 삼키려는 시도는 끊임이 없었습니다.

결정적인 것은 유다가 바벨론에 멸망할 때 비웃고 즐거워 한 것입니다. 조상 때부터 1.500년이 넘는 동안 독특한 라이벌로 미움이 쌓인 이스라엘의 불행이 에돔에게는 기쁨이 되었습니다(15절). 나아가 바벨론에게 붙어 이스라엘 땅을 차지하려고 시도합니다(10절). 저들이 오해한 것은 이스라엘의 멸망에 대한 하나님의 뜻이었습니다. 이스라엘을 황무케 한 것은 정화를 통해 회복을 주시려는 것인데 하나님의 무능으로 보았던 것입니다. 교만해져서 신성을 모독하는 에돔에게 그 행한 죄악대로 멸망이 주어집니다. 한편으로는 이스라엘의 회복에 장애가 되는 주변 국가를 정리하는 수순이기도 합니다.

35장의 에돔을 향한 보응적인 심판은 '동해보복 법(눈에는 눈, 이에는 이)'의 분위기가 강합니다. 이스라엘에게 에돔이 행한 대로 다시 갚는다는 표현이 많습니다(7절). 이것만을 보면 하나님께서 인간 차원으로 내려오셔서 복수를 대신 하는 것처럼 오해할 수도 있습니다. 그러나 하나님의 심판은 공정해서 선민인 이스라엘과 적대국인 에돔을 모두 그들의 죄악으로 심판하셨습니다.

동해보복 법은 인간 사이의 수평적 법이라면 하나님의 심판은 구속적 사랑의 수직법이 적용됩니다. 원수 된 인간에게 성육신하셔서 다 내어주신 대속의 죽음이 새로운 심판의 기준이 되었습니다. 이 사랑을 받은 자는 동해보복 법을 넘는 원수까지 사랑하라는 새 명령이 주어졌습니다(마 5:44). 라이벌 의식은 상대방에게 주고 그리스도인은 용서와 긍휼을 베푸는 자리로 옮겨졌습니다. 성숙의 끝에 있는 시기의 극복은 주님의 마음을 품고 사느냐에 달려 있습니다.

♦ 에스겔 36장 성경칼럼

27절 | 또 내 영을 너희 속에 두어 너희로 내 율례를 행하게 하리니 너희가 내 규례를 지켜 행할지라

31절 | 그 때에 너희가 너희 악한 길과 너희 좋지 못한 행위를 기억하고 너희 모든 죄악과 가증한 일로 말미암아 스스로 밉게 보리라

"미워지다?"

인간이 살면서 가장 많이 쏟아내는 감정에 미움이 있습니다. 미움은 분노하게 하고 제어장치가 없으면 살인으로까지 갑니다. 성경은 동기적인 죄악으로 볼 때 미움은 살인과 동격으로 보고 구원받지 못한 증거로 제시합

니다(요일 3:15). 심리학의 한 이론은 미움의 에너지를 역전하면 승화를 이룰 수 있다고 하지만 소수의 사례에 불과합니다. 미움은 병의 원인이기도 하고 인간관계를 해치는 원흉입니다.

그런데 36장에는 미움을 극찬하는 성구가 등장합니다. 이스라엘 백성들이 자신의 악한 길과 좋지 못한 행위와 모든 죄악과 가증한 일을 밉게 보게 된다는 것입니다(31절). 그것도 명령에 의한 강제성이 아닌 '스스로' 죄악이 미워졌다는 것입니다. 여기서 '밉게'의 원어는 '쿠트'로서 '베어내다'란 뜻입니다. 하나님을 배반하고 굳세게 우상숭배하고 죄악을 즐겼던 그들에게 무슨 일이 일어난 것일까요? 악을 스스로 미워하고 죄를 베어내기까지 한 과정이 궁금하지 않을 수 없습니다.

36장은 34장의 새로운 지도자(목자)의 등장으로 이스라엘이 회복되는 내용을 이어가고 있습니다. 35장의 에돔의 심판을 언급하면서 이제 회복의 내용이 땅과 백성에게 임함을 예언합니다(5-15절). 회복의 주체는 '여호와의 말씀이니라'와 '여호와의 이름을 위하여'라고 선언하심으로 하나님이심을 증명합니다. 세일 산과 대조되는 이스라엘 산들(토지)이 황폐에서 풍요로 회복됩니다. 지도자와 땅의 회복이 외적 요소라면 백성들의 회복은 내면의 역사입니다. 사람은 하나님의 내적 임재가 없이는 변화될 수 없습니다. 하나님의 임재를 위해서는 먼저 죄의 문제가 해결되어야 합니다.

죄의 정결이 이루어진 심령에 하나님의 임재가 새 영과 새 마음으로 임합니다(25절). 그토록 패역했던 마음이 부드러워지고 하나님의 율례를 지킬 수 있게 됩니다(26-27절). 하나님의 백성이라는 자긍심이 주어지면서 그토록 좋아했던 죄악이 미워지고 베어내는 기적이 일어납니다. 듣다보니 이 예언이 누구의 이야기인지가 느껴지셨을 것입니다. 십자가의 속죄와 성령의 강림과 성도의 순종이 파노라마처럼 펼쳐집니다.

죄와 사망의 법으로 속박되었던 우리가 예수 안에 있는 생명의 성령의 법으로 해방되었습니다(롬 8:2). 이 은혜를 준 것은 이스라엘 백성을 위해서가 아니라 '여호와의 이름을 위해서'라는 말씀은 역설적 축복입니다(22절). 하나님께서 주도하시고 나는 순종만 하면 되기 때문입니다(23절). 이제 죄를 미워하고 베어내는 실력이 완비되었습니다.

♦ 에스겔 37장 성경칼럼

10절 | 이에 내가 그 명령대로 대언하였더니 생기가 그들에게 들어가매 그들이 곧 살아나서 일어나 서는데 극히 큰 군대더라

17절 | 그 막대기들을 서로 합하여 하나가 되게 하라 네 손에서 둘이 하나가 되리라

"풀잎 하나도 못 만드는 인간"

듣는 순간 이게 무슨 뜻인가 하며 의아해 할 수 있습니다. 우주도 가고 가상 세계도 만들어 내는 만물의 영장에게 감히 이런 모독이 없습니다. 하지만 인간의 그 어떤 기술도 생명 있는 풀잎 하나도 똑같이 만들 수 없습니다. 조화로는 만들 수 있고 이미 있는 씨앗을 가지고 잘 키울 수는 있지만 창조는 못합니다. 이 사실만 직시해도 창조의 하나님이 얼마나 대단한 분이신지 고백하게 됩니다. 인간의 발명이란 정확히 말하면 하나님의 창조적 성품을 닮은 자들이 지혜를 받아 발견한 것입니다.

37장은 성경 전체에서 하나님의 전능성을 돋보이게 보여주는 내용이 실려 있습니다. 이스라엘의 회복을 마른 뼈들이 살아나는 묵시를 통해서 보여 주십니다. 환상을 보여 주시는 것으로 그치는 것이 아니라 하나님께

서 친히 해석을 해 주십니다. 마른 뼈는 완전한 멸망 상태인 이스라엘 온 족속을 상징합니다(11절). 한 골짜기에 가득히 쌓여 있는 마른 뼈들이 스스로의 힘으로 살 수 있는 가능성은 전혀 없습니다(1-3절). 에스겔이 대언한 하나님의 명령에 따라 마른 뼈들이 서로 맞아 연결되고 힘줄과 살이 오르고 피부가 덮입니다(4-8절). 생기에게 '죽음을 당한 자에게 붙어 살아나라' 고 하자 그들이 곧 일어나 큰 군대가 됩니다(9-10절).

말씀으로 무에서 유를 창조된 창세기 기사가 재연되는 느낌입니다.

(창 2:7) "여호와 하나님이 땅의 흙으로 사람을 지으시고 생기를 그 코에 불어넣으시니 사람이 생령이 되니라"

에덴동산은 타락했지만 에스겔 골짜기의 마른 뼈들은 새 창조의 성격이 있음으로 첫 사람보다 우위에 있습니다. 마른 뼈들을 살리는 생기가 여호와의 신이기 때문입니다(14절).

이 환상은 1차적으로 이스라엘의 회복 예언이지만 궁극적으로는 성령 강림으로 시작되는 신약교회에 대한 예언입니다.

(딤후 1:10) "이제는 우리 구주 그리스도 예수의 나타나심으로 말미암아 나타났으니 그는 사망을 폐하시고 복음으로써 생명과 썩지 아니할 것을 드러내신지라"

예수님을 믿는다는 것은 고장 난 곳을 수리하는 것이 아니라 거듭난 생명이 되는 것입니다(요 3:5-8, 고후 5:17). 근본적 새 생명의 기적을 경험한 자에게는 인간의 불가능이 가능으로 바뀝니다.

에스겔이 행한 두 막대기를 통한 상징적 행위는 하나가 될 수 없는 두 존재가 합쳐질 수 있음을 계시합니다. 원수 같았던 북이스라엘과 남유다가 하나가 되므로 이제는 분열이 없는 영적 공동체가 약속됩니다(15-28절).

이 행위는 크게는 하나님과 구원의 백성이 하나가 되고(롬 5:1) 작게는 국적, 신분, 남여가 차별이 없는 교회 시대를 예언합니다(갈 3:28). 인간의 전적 타락과 부패에 창조의 전능성을 부어주신 하나님의 사랑은 어떤 반응으로도 부족합니다. 이제 우리는 옛사람의 사리를 떠나 새사람의 신분과 능력을 발휘할 무대가 주어졌습니다(롬 8:5-7). 전도와 양육이 마른 뼈에게 생기를 불어넣는 사역임이 확인되었습니다(고후 12:3).

♦ 에스겔 38장 성경칼럼

2절 | 인자야 너는 마곡 땅에 있는 로스와 메섹과 두발 왕 곧 곡에게로 얼굴을 향하고 그에게 예언하여

23절 | 이같이 내가 여러 나라의 눈에 내 위대함과 내 거룩함을 나타내어 나를 알게 하리니 내가 여호와인 줄을 그들이 알리라

"최후의 일전"

최후의 일전이란 말을 스포츠와 관련되어 듣는다면 흥미가 돋습니다. 주로 마지막 결승 경기에 붙이기 때문에 기대가 큽니다. 그러나 최후의 일전이 전쟁이라면 살벌하기 그지없습니다. 총력을 부어야 하고 전면전을 벌여 생사가 나누어지며 이 한 번의 전투로 모든 흥망이 결정됩니다. 영적인 세계에서 과연 최후의 일전이 있을까요? 두려운 마음이 생기는 분이 있겠지만 벌어진다고 분명히 예언되어 있습니다. 에스겔서 38-39장에 나와 있는 곡과의 전쟁인데 계시록에도 같은 이름으로 나와 있습니다.

(계 20:7~8) "천 년이 차 매 사탄이 그 옥에서 놓여나와서 땅의 사방 백성 곧 곡과 마곡을 미혹하고 모아 싸움을 붙이리니 그 수가 바다의 모래 같으리라"

곡과 마곡이란 용어는 지금으로부터 약 2,600년 전(에스겔)과 2,000년 전(계시록)에 예언되었기에 낯선 것은 당연합니다. 곡과 마곡에 대한 해석은 여러 이론이 있고 여러 해석을 인용할수록 혼돈이 옵니다. 중요한 것은 사탄이 조종한다는 것과 하나님을 대적하기 위한 연합세력이라는 점입니다. 에스겔서는 이 전쟁을 마지막으로 전쟁 이야기가 없고 계시록도 최후의 일전으로 기록합니다. 계시록 16장에 나오는 '아마겟돈(므깃도 언덕) 전쟁'은 곡 전쟁의 장소적 개념으로 해석하고 있습니다.

정리하면 곡은 마곡의 대장이고 마곡은 연합국의 대표 격이고 이들이 모인 것은 선민을 없애기 위해서입니다. 연합국에 대한 개요는 야벳의 후손(창 10:2)이 주축이 되었고 터키, 이란, 러시아, 이디오피아, 리비아 등이라고 볼 수 있습니다(2-6절). 현 감각으로 보자면 마곡 연합군은 전 세계에 걸친 막강한 군대로서 세상 세력의 총체입니다. 세상권력의 연합체가 작은 이스라엘을 치려고 힘을 모은 이 모습을 보며 무슨 생각이 드십니까? 소수인 기독교를 압살하려고 온갖 세력이 연합한 현재의 세상 적 실정과 비슷하다고 느껴지지 않으십니까?

역사 속에서 계속되어 온 이 구도가 최후의 일전으로 결판나는 광경을 우리는 미리 목격하고 있는 것입니다. 사탄의 세력이 상호 연합하여 큰 무리가 되고 큰 떼가 되어 구름이 땅을 덮음같이 공격해 옵니다(10-16절). 이 전쟁은 물리적으로 볼 수도 있지만 영적 전쟁으로 볼 때 실감이 나고 분별력도 생깁니다. 비 진리의 타종교, 무신론에 뿌리를 둔 사상전, 힘의 논리로 결행되는 정경체제, 인본주의와 쾌락의 문화화, 상업화된 복음 등은 강한 연합군입니다.

(엡 6:12) "우리의 씨름은 혈과 육을 상대하는 것이 아니요 통치자들과 권세들과 이 어둠의 세상 주관자들과 하늘에 있는 악의 영들을 상대함이라"

사탄은 자기의 때가 다된 줄을 알고 발악적 횡포를 다하고 있는 것이 이 곡 전쟁의 실체입니다. 여기서 우리는 하나님께로 시선을 돌려야 합니다(시 62:6-8). 하나님은 전쟁의 신이시며(삼상 17:47) 승리를 확정하시고(마 4:10-11) 자기 백성을 이끄십니다(시 23:1-2). 우리는 '위대하고 거룩하신 하나님을 알게 하리라'는 최종 목적을 미리 새기게 되었습니다(17-23절).

♦ 에스겔 39장 성경칼럼

26절 | 그들이 그 땅에 평안히 거주하고 두렵게 할 자가 없게 될 때에 부끄러움을 품고 내게 범한 죄를 뉘우치리니

29절 | 내가 다시는 내 얼굴을 그들에게 가리지 아니하리니 이는 내가 내 영을 이스라엘 족속에게 쏟았음이라 주 여호와의 말씀이니라

"하나님의 열심, 나의 열심"

열심이란 단어를 모르는 사람은 없을 것입니다. 그러나 열심의 방향과 종류로 들어가면 아주 복잡한 단어로 바뀝니다. 누구를 위하여 어떤 열심을 내느냐에 따라 결과가 달라집니다. 누가 나를 열심으로 사랑하면 좋은 일이지만 그 열심이 스토커로 가면 최악입니다. 성경의 정의는 여러 가지이지만 하나님의 열심을 보여주는 책이라고 하면 틀림이 없습니다. 성경에는 하나님께서 열심을 다하신다고 말씀하신 내용이 많습니다(25절, 사 9:7, 왕하 19:31).

구원의 생활도 하나님의 열심이 아니었다면 존속할 수 없었을 것입니다(렘 32:40-41). 믿음의 조상 아브라함부터 위대한 신앙인 다윗까지 하나님의 열심이 빠지면 설명이 안 됩니다. 이스라엘의 구원과 멸망과 회복에 모두 하나님의 열심이 속속히 배어 있습니다. 그토록 완악하고 패역한 선민을

징계를 통해서까지 끝내 회복시키시고 새 언약을 주십니다. 인간의 열심은 자기중심주의라는 결격사유에 의해 실패로 돌아갈 수밖에 없습니다. 타락한 인간은 짐승보다 못하기에 하나님의 특별한 열심을 덧입어야 합니다.

39장에 나오는 대적자들의 시체가 짐승들의 먹이 감이 되는 것은 짐승보다 못한 존재라는 의미입니다(17절, 사 1:2-3). 38장이 마곡의 자연적 변화에 의한 심판이었다면 39장의 심판은 내적인 성격을 묘사합니다. 마곡의 자랑하던 막강한 무기가 7년 동안 이스라엘의 땔감이 되었습니다. 하나님의 권능 앞에 인간의 전략과 수단은 무용지물임이 드러났습니다(9절). 그렇다면 하나님의 전적인 열심 앞에 구원받은 신자가 내야 할 열심은 무엇일까요?

이 대답이 어려운 이유는 구약의 백성들도 나름의 열심이 있었지만 실패했기 때문입니다. 우리는 자기 힘에 근거한 열심의 허망함을 역력히 목격하였습니다. 그렇다면 실패를 반복하지 않기 위해서는 하나님의 열심에 의한 나의 열심만이 남았습니다. 그 열쇠는 하나님께서 열심을 내어 이루신 고토 회복에 대한 남은 자들의 반응에서 찾을 수 있습니다(25절). 그들이 부끄러움을 품고 범한 죄를 뉘우치게 됩니다(26절). 포로 생활이 죄인을 회개시켜 온전한 백성을 삼기 위한 섭리였음을 알고 회개하였던 것입니다(27-29절).

이 회개가 하나님의 은혜를 받은 자들이 내야 할 열심의 영역입니다. 구약에서도 성령의 충만을 받은 자들의 열심이 있었습니다(렘 20:9, 시 51:10-12). 성령강림 전에도 엠마오로 내려가던 제자들이 주님의 말씀을 듣고 뜨거운 열심을 내었습니다(눅 24:27-35). 성령을 모신 엄청난 신분인 우리는 이제 회개의 열심을 낼 수 있고 놀라운 그 이후가 예비 되어 있습니다(계 3:19-22).

♦ 에스겔 40장 성경칼럼

1절 | 우리가 사로잡힌 지 스물다섯째 해, 성이 함락된 후 열넷째 해 첫째 달 열째 날에 곧 그 날에 여호와의 권능이 내게 임하여 나를 데리고 이스라엘 땅으로 가시되

3절 | 나를 데리시고 거기에 이르시니 모양이 놋 같이 빛난 사람 하나가 손에 삼줄과 측량하는 장대를 가지고 문에 서 있더니

"교회를 보는 눈?"

중국에 있는 동포 교회에 사경회를 마치고 외부 식당에서 식사를 할 때였습니다. 중국에 신학교를 설립하고 목회자를 양성하던 친구 목사가 동석한 사람들을 소개하였습니다. '이 사장님은 사업 시작한 지 2년인데 직원이 100명이고.. , 저 사장님은..' 저는 그러려니 하였는데 듣다 보니 현지 지하교회와 목회자 이야기였습니다. 중국에서 교회와 목회자를 언급하지 못하는 환경 때문에 나온 광경이었습니다. 한국에서도 불신자인 친척을 만나면 목사인 저보고 사업 잘 되느냐고 묻는 경우가 있습니다.

기독교인은 교회를 보는 눈이 어떠냐에 따라 신앙의 수준이 결정됩니다. 교회론을 올바로 배우지 못하면 시험이 올 때 신앙을 실족하기가 쉽습니다. 이제 에스겔서는 40장부터 마지막까지 이스라엘의 새로운 질서의 수립을 예언합니다. 하나님 임재의 상징인 새 성전이 건축되고(40-43장) 새로운 예배의식이 확립되고(44-46장) 새 차원의 땅의 분배가 이루어집니다(47-48장). 이 이상이 B.C.573년에 주어졌으니 유다 멸망 13년 후이고 에스겔이 소명 받은 지 20년이 지난 50세 때입니다(1절, 겔 1:1-2).

에스겔이 순간 이동한 높은 산은 시온 산을 말하며 놋같이 빛난 사람은

여호와의 천사로 볼 수 있습니다(2-3절). 환상의 내용은 회복된 성전의 모습으로 전장 마지막 단락(39:21-29)과 연결되어 있습니다. 문제는 40장에 나오는 성전을 어떻게 해석할 것인가의 논란입니다. 솔로몬과 스룹바벨 성전과 수치 면에서 일치하지 않고 이상형 성전도 아니고 천년왕국 때 세워질 성전과도 맞지 않습니다. 가장 합당한 해석은 상징적인 면에서 신약시대의 교회로 보는 입장입니다. 이는 교회가 영적 이스라엘인 점과 구약은 신약의 한쪽 맷돌이라는 측면에서 나온 해석입니다. 이후에 나오는 내용들이 계시록에 나오는 내용과 유사한 점도 작용합니다(계 21-22장).

그렇다면 이 성전을 바로 안다면 우리의 교회관도 올바로 정립될 수 있다는 결론이 나옵니다. 40장의 성전에 대한 특징 중에 첫 번째는 정확한 치수로 정교하게 완성되었다는 것입니다(5-16절). 교회는 하나님의 소유로서 구약의 성전처럼 하나님의 지시에 따라 질서 있게 건축되었다는 것을 잊지 말아야 합니다(행 20:28). 교회를 얕보고 마음대로 하려는 자는 주님을 대적하는 것으로 엄혹한 심판을 받게 됩니다(엡 1:23).

두 번째는 성전의 모든 부분이 조화롭게 하나님의 사역을 위해 존재한다는 것입니다. 우열이 없이 연결하여 존립하고(엡 2:20-21) 서로 섬기는 은사 원리(고전 12:12-30)가 작동되고 있습니다. 세 번째는 성소가 아닌 외곽부터 언급하는 것은 교회에 대한 선입견을 주장하면 안 된다는 것을 교훈합니다. 내 생각과 달라도 성경의 명령을 따르겠다는 우선주의(Lordship)를 정해야 합니다. 미래의 주님의 몸 된 교회를 보며 영광을 돌리는 에스겔의 마음을 헤아려 봅니다.

♦ 에스겔 41장 성경칼럼

3절 | 그가 안으로 들어가서 내전 문 통로의 벽을 측량하니 두께는 두 척이요 문 통로가 여섯 척이요 문 통로의 벽의 너비는 각기 일곱 척이며

22절 | 곧 나무 제단의 높이는 세 척이요 길이는 두 척이며 그 모퉁이와 옆과 면을 다 나무로 만들었더라 그가 내게 이르되 이는 여호와의 앞의 상이라 하더라

"나 지성소로 들어갑니다"

이 가사가 들어 있는 찬양을 아십니까? 복음성가 '여호와의 유월절(시와 그림)'의 첫 단락 가사입니다. 지성소는 하나님이 현현하시는 가시적 장소인데 내가 들어간다는 선언이 들어 있습니다. 우리는 은혜 받은 자가 지성소에 들어간다는 이 고백을 자연스럽게 받아들입니다. 그런데 구약의 백성들이 이 찬양을 들었다면 어떤 반응이 나올까요? 놀라는 차원을 넘어 죽으려고 환장했느냐고 다그쳤을 것입니다. 성전도 특별한 경우가 아니면 들어갈 수 없는데 구약에서의 지성소는 인간이 아예 접근할 수 없습니다.

오직 대제사장만이 1년에 한번 대속죄일에 만반의 준비를 갖추고 상징적으로 들어갈 수 있습니다(레 16:23-34, 히 9:7). 이 대제사장은 예수님을 예표한 것이기에 결국 지성소는 대속주이신 주님만 들어간다는 뜻입니다(히 9:11-12). 41장에 에스겔이 지성소에 들어가지 못하고 동행한 천사만 들어가서 척량하고 나온 이유입니다(3절). 모세와 이사야와 사도 요한도 하나님의 영광은 목격했지만 하나님을 만난 사람은 없습니다.

41장은 주로 성소의 내부(1-12절)와 성전 내부 장식(16-26절)에 대한 환상이 묘사되어 있습니다. 특별히 지성소로 들어가는 휘장에 대한 언급이 없는 것은 성전 환상이 신약교회를 가리키는 결정적 증거가 됩니다. 오직

예수님께서 육체를 희생하여 여신 새롭고 산길을 통하여 휘장이 제거되었기 때문입니다(마 27:51).

(히 10:20) "그 길은 우리를 위하여 휘장 가운데로 열어 놓으신 새로운 살 길이요 휘장은 곧 그의 육체니라"

우리는 예수님의 공로로 하나님 존전인 지성소에 들어가는 시대에 살고 있습니다(히 10:21-22). 구약에서는 불가능한 이 엄청난 지성소의 능력을 주님의 몸 된 교회에서 누리고 있습니다. 예수님의 이름으로 하나님께 나아가고 기도하는 이 축복을 가볍게 보면 안 되는 이유입니다(요 16:24). 30개의 골방이 성전에 있는 것은 성도가 하나님과 교제할 수 있음을 보여줍니다(6절). 골방이 위로 올라 갈수록 넓어지고 벽은 얇아져서 들보가 벽을 뚫지 못했습니다(6-7절). 이것은 성별과 함께 외부의 어떤 침입도 허용하지 않는 교회의 견고함을 보여줍니다(마 16:18-19).

22절에는 본래의 성전 뜰에 있었던 제단이 지성소 앞에 있고 '여호와의 상'으로 불리 우고 있습니다. 신약 성도가 대속주의 희생으로 예수님의 살과 피를 먹는 성만찬의 은혜를 받게 되었음을 계시합니다. 모든 성전의 환상이 목표로 하는 것은 예수 그리스도의 속죄로 성전의 기능이 온전해졌다는 선포입니다. 가시적 성전은 없어졌지만 언제 어디서나 주님을 부를 수 있고 만날 수 있고 교제할 수 있게 되었습니다(히 4:16). '지극히 높은 주님의 나 지성소로 들어갑니다'의 찬양이 내 것이 되었습니다. 성전을 통해 교회의 기능과 영광을 보게 하신 은혜를 감사합니다.

♦ 에스겔 42장 성경칼럼

13절 | 그가 내게 이르되 좌우 골방 뜰 앞 곧 북쪽과 남쪽에 있는 방들은 거룩한 방이

라 여호와를 가까이 하는 제사장들이 지성물을 거기에서 먹을 것이며 지성물 곧 소제와 속죄제와 속건제의 제물을 거기 둘 것이니 이는 거룩한 곳이라

20절 | 그가 이같이 그 사방을 측량하니 그 사방 담 안 마당의 길이가 오백 척이며 너비가 오백 척이라 그 담은 거룩한 것과 속된 것을 구별하는 것이더라

"어떤 방에 있는가?"

우리나라를 경험한 외국인들이 '한국은 방의 문화다'라고 평하는 것을 보았습니다. 그러고 보니 우리 일상에 수많은 이름의 방이 있다는 것을 알게 되었습니다. 노래방, 찜질방, PC방을 비롯하여 노름방, 단톡방, N번방 등 예를 들자면 한이 없습니다. 일상 생활에서 'ㅇㅇ실'이라고 붙은 공간도 방에 속하니 무궁무진합니다. 넓게 보면 수영복만 입고도 마음대로 활보하는 해수욕장도 하나의 방입니다. 방은 그 방만의 무언가가 있다는 뜻이고 무슨 방에 있느냐에 따라 어떤 사람인가가 결정됩니다.

42장에는 제사장의 방이 나오는데 구약의 이야기이지만 신약성도와 밀접하게 연결되어 있습니다(벧전 2:9). 이 내용이 계시록의 신령한 천국을 묘사함에 있어(계 21:9-22:5) 참조된 것은 신약교회의 영성에 대한 계시라는 뜻입니다. 제사장의 방은 4개로서 성전의 남편 뜰에 2개, 북편 뜰에 2개씩 있습니다(1-12절). 성전 안에 있는 골방과는 다르고 용도도 특별하게 제시되어 있습니다. 중간에 기둥이 없이 지어졌고(6절) 출입문에 각별한 신경을 쓴 것이 느껴집니다(9, 12절).

제사장의 방은 3가지의 거룩한 용도를 가지고 있습니다. 첫째, 제사장은 지성물을 이 방에서 먹을 수 있었습니다(13절). 이전에 제사장들이 제사 음식을 먹을 때 성소 안 뜰의 제단 곁에서만 먹을 수 있었던 것과 다릅니다(레 10:12-13). 하나님께서 제사장들의 편의를 위해 세심한 배려를 하신 것입

니다. 명확한 것은 하나님께 바쳐진 제물은 거룩하게 취급되어야 한다는 점입니다. 둘째, 이 방은 하나님의 성물을 보관하는 곳입니다(13절). 하나님께 드리고 사용되는 것은 성결해야 한다는 원리는 신구약이 동일합니다.

셋째, 이 방은 제사장이 옷을 갈아입는 곳입니다(14절). 제사장은 예배시의 복장과 평상복을 구분해서 사용했는데 이 원리는 신약시대에 연속적으로 적용하지는 않습니다. 외양을 무시해서가 아니라 내면의 심령을 중시하는 진리에 의해서입니다. 이 원리를 오용하여 깨끗한 몸과 의복에 대한 정성을 무시하면 안 됩니다. 성도는 겉과 속이 항상 깨끗한 일치를 이루는 것을 목표로 해야 하기 때문입니다.

성전의 사면 담의 측량이 나오는데 담의 성격이 구별임을 분명히 합니다. 길이는 사면 500척(265m)이고 높이와 두께는 6척(3.2m, 겔 40:5)으로 세속과 구별된 견고한 성전을 계시합니다(15-20절). 담의 두께는 두껍게 하고 높이가 낮은 것은 성전을 누구나 볼 수 있도록 하는 메시지가 담겨 있습니다. 성전에 거하는 제사장이며 세상에 보여 지는 성전인 우리의 거룩한 사명을 되새겨 봅니다.

♦ 에스겔 43장 성경칼럼

5절 | 영이 나를 들어 데리고 안뜰에 들어가시기로 내가 보니 여호와의 영광이 성전에 가득하더라

19절 | 주 여호와의 말씀이니라 나를 가까이 하여 내게 수종드는 사독의 자손 레위 사람 제사장에게 너는 어린 수송아지 한 마리를 주어 속죄제물을 삼되

"별판(성판)을 아십니까?"

군대를 경험하신 분은 금방 아실 것입니다. 군대에서의 별은 장군을 말하며 장군이 가는 곳곳은 별판이 부착되어 있습니다. 장군의 전용차 별판은 덮개가 있어서 장성이 탈 때에만 열게 되어 있습니다. 별판의 배경을 적색, 청색, 하늘색으로 구별되어 육군과 해군과 공군을 한눈에 구별합니다. 이 차의 대우는 장군이 탈 때와 타지 않았을 때 엄청난 차이가 납니다. 40-42장은 성전의 외적인 양식을 척량하고 그 용도를 설명하였습니다. 장군의 차로 비유하자면 하나님의 임재가 없는 성전은 별판을 뗀 전용차와 같습니다. 장군이 안 탄 차가 아무 것도 아니듯이 하나님이 떠난 성전은 영광이 사라집니다.

43장은 여호와의 영광이 다시 성전으로 돌아오는 광경을 묘사합니다. 이것은 이전에 하나님의 영광이 성전을 떠났다는 것을 전제한 것입니다(겔 11:22-24). 하나님의 영광이 떠난 이스라엘은 멸망하고 포로가 되고 성전은 파괴되었습니다. 동문에서 떠났던 여호와의 영광이 이제 에스겔 성전의 동문으로 들어옵니다(1-2절). 이스라엘의 심판이 끝나고 이제 회복이 주어지며 하나님과의 영광스런 교제가 시작됩니다(5절).

이 전환이 단지 육적인 이스라엘만의 이야기가 아님은 그동안 누누이 확인하였습니다(호 2:23). 하나님과의 단절이 죄 때문이라면 회복의 조건이 사죄에 있다는 것은 당연합니다. 동행한 천사가 회개를 일깨우는 장면이 이어지는 이유입니다(6-9절). 새 성전을 세밀히 관찰함으로서 죄를 자각하게 하고 거룩의 법을 일깨워 주십니다(10-12절). 죄를 해결해 주는 장소인 번제단이 등장하고 그 의미를 계시합니다. 4단의 층계는 협력을 의미하고 뿔은 권능을 말하며 정사각형의 바닥은 안전함을 의미합니다(13-17절). 이 예표는 하나님의 구원의 완전성을 보여줍니다.

대표적 제사장인 사독의 후손이 집례 하는 번제는 대속주이신 주님을 예표 하는 의식입니다(19절). 흠이 없는 제물, 피 흘림의 사죄, 완전한 제사장이신 예수님께서 단번에 완전한 속죄를 이루셨습니다(20-27절, 히 9:28). 인간 계열인 아론의 반차가 아닌 홀로 영원한 대제사장이 되셨습니다(히 6:20, 8:26-27). 지금 우리가 제사를 지내지 않고 성취된 구속을 기뻐하며 예배를 드릴 수 있는 근거를 정확하게 알게 됩니다.

에스겔보다 약 오백 년 전에 메시야를 바라보며 참 예배를 고백하는 다윗의 영성이 아름답습니다(시 51:16).

(시 51:17) "하나님께서 구하시는 제사는 상한 심령이라 하나님이여 상하고 통회하는 마음을 주께서 멸시하지 아니하시리이다"

내 안에 계신 주님과 더 좋아지는 날들만 남았습니다(고전 6:19, 엡 3:17).

♦ 에스겔 44장 성경칼럼

9절 | 주 여호와께서 이같이 말씀하셨느니라 이스라엘 족속 중에 있는 이방인 중에 마음과 몸에 할례를 받지 아니한 이방인은 내 성소에 들어오지 못하리라

28절 | 그들에게는 기업이 있으리니 내가 곧 그 기업이라 너희는 이스라엘 가운데에서 그들에게 산업을 주지 말라 내가 그 산업이 됨이라

"모르는 복을 찾아라"

'모르는 복'이란 분명히 있는데 몰라서 못 쓰는 복을 말합니다. 옛 조상이 물려준 감춰진 유산이 떠오르지만 그런 일은 나에게 없다고 보면 됩니다. 모르는 복의 주체는 영적인 영역에서 시작되기에 감각이 없는 자는 눈치 챌 수 없습니다. 구약 성경은 백성들에게 인식할 수 있는 물질적 복도

역사하셨습니다(신 6:10-11). 조건은 순종할 때 주어지는 것이고 불순종함으로 대부분 빼기고 말았습니다.

이 구약적인 구도가 신약에 들어와서 영혼의 축복으로 변환됩니다. 제자들이 식사를 권하자 주님께서 하신 말씀에 힌트가 있습니다.

(요 4:31-32) "그 사이에 제자들이 청하여 이르되 랍비여 잡수소서 이르시되 내게는 너희가 알지 못하는 먹을 양식이 있느니라"

의아해 하는 제자들에게 참된 양식에 대하여 가르쳐 주십니다.

(요 4:34) "예수께서 이르시되 나의 양식은 나를 보내신 이의 뜻을 행하며 그의 일을 온전히 이루는 이것이니라"

하나님께서 맡기신 일을 하는 것이 양식이며 모르는 복을 받는 통로가 됩니다. 신자라면 영육의 복을 받기 원하지만 그 열쇠가 무엇인지 발견하는 사람은 드뭅니다. 주님께서 문을 열어 주셔야 하고 모아 주셔야 합니다(사 22:22, 계 3:7). 주님이 닫고 흩으시면 답이 없는 것이 인생입니다(겔 28:25). 결론은 하나님의 사역을 명령대로 온전히 하면 내가 모르는 복을 주님께서 주신다는 것입니다.

44장에는 성전에 들어오는 자체가 큰 복임을 알려줍니다(4-10절). 나아가 성전에서 사역을 한다면 크고 존귀한 영광이 주어집니다. 이 영광이 사독의 자손 레위 사람 제사장에게 주어진 것은 역사에서 그들이 검증되었기 때문입니다. 영광이 큰 만큼 이들에게 주어진 책임과 자세는 엄격합니다. 그 내용이 자세히 나오는데 마음만 먹으면 쉽게 지킬 수 있는 것입니다. 일의 효율을 위해 베옷을 합당하게 입고 벗어야 하며 머리털은 늘 단정히 해야 합니다(17-20절). 성전 안뜰에 들어갈 때는 포도주를 마시지 말아야 하며 결혼은 정한 규례에 맞는 여자와 해야 합니다(21-22절). 백성에게 성별을 잘 가르치고 재판을 공정하게 하고 시체 규례를 철저히 지켜야 합니다(23-27절).

충성된 사역자에게 주어지는 복락은 하나님께서 기업이 되시는 것입니다. 하나님이 기업이 되신다는 것은 모든 생활을 책임지신다는 뜻입니다. 이 보장은 왕 같은 제사장인 신약성도에게 임하여 모르는 복을 누리도록 해 줍니다(엡 3:20-21).

(마 6:33) "그런즉 너희는 먼저 그의 나라와 그의 의를 구하라 그리하면 이 모든 것을 너희에게 더하시리라"

♦ 에스겔 45장 성경칼럼

1절 | 너희는 제비 뽑아 땅을 나누어 기업으로 삼을 때에 한 구역을 거룩한 땅으로 삼아 여호와께 예물로 드릴지니 그 길이는 이만 오천 척이요 너비는 만 척이라 그 구역 안 전부가 거룩하리라

21절 | 첫째 달 열 나흗날에는 유월절을 칠 일 동안 명절로 지키며 누룩 없는 떡을 먹을 것이라

"네 것, 내 것, 하나님 것"

인간관계에서 가장 예민한 것이 소유에 관한 것입니다. 네 것이냐 내 것이냐 로 신경전을 벌이고 커지면 생사를 걸고 싸우기도 합니다. 이 주제는 정치와 경제로 넓어지고 나라간의 전쟁까지 일으킵니다. 공산주의와 사회주의가 대안으로 등장했지만 인간의 욕심은 더 악한 체제를 만들었습니다. 진리를 구하며 성경을 만난 사람은 '하나님의 것'이라는 세계와 만나게 됩니다(대상 29:11-12, 학 2:8, 롬 11:36).

네 것과 내 것이 아니라 모든 것이 하나님 것이라는 선포에 각양의 반응

이 나옵니다. 귓등으로도 안 듣는 사람이 대부분이지만 믿음을 지키고자 하는 사람은 고민에 빠집니다. 이단은 이 말씀을 이용하여 재산을 착취하기도 합니다. 성경에서 모든 것이 하나님의 소유라는 말씀을 할 때는 이어지는 필수 원리가 있습니다. 하나님께서 인간에게 여러 가지를 맡겨 주셔서 관리하게 하셨다는 청지기 사상입니다(마 24:14-30).

청지기가 하나님의 종이니 그가 가진 모든 것이 하나님 것이 됩니다. 여기에서 하나님께 대한 인간의 태도가 중요하게 떠오릅니다. 하나님의 소유를 위탁받은 청지기가 아차 하는 순간 맡은 것을 자기 것으로 착각할 수 있기 때문입니다(마 21:33-41). 율법을 통해 하나님의 것을 잊지 않도록 한 것이 초태생과 십일조 규례입니다(레 27:26-33).

(말 3:8) "사람이 어찌 하나님의 것을 도둑질하겠느냐 그러나 너희는 나의 것을 도둑질하고도 말하기를 우리가 어떻게 주의 것을 도둑질하였나이까 하는도다 이는 곧 십일조와 봉헌물이라"

이제 45장에는 땅의 모든 소유권이 하나님께 있음을 보여주는 내용이 펼쳐집니다. 땅 분배의 처음을 거룩한 땅을 구별하고 하나님의 소유임을 밝힙니다(1-3절). 이 땅은 모든 땅이 하나님의 것이라는 선포이며 초태생과 십일조와 같은 맥락입니다. 성전을 중심으로 제사장과 레위인의 땅이 분할되고(4-6절) 양편에 왕의 땅이 허락됩니다(7-8절). 만약 이 분할을 거역하고 교권과 왕권을 가지고 욕심을 부리다가는 큰 일이 납니다. 통치자들에 대한 공정과 겸손의 경고가 이어서 나오는 이유입니다(9-20절).

그리스도인이 재물의 욕심에 휘둘려 비도덕적으로 축재한다면 허무한 심판을 받게 됩니다(렘 17:11). 대부분의 큰 재물은 큰 노예로 가는 통로가 됩니다. 에스겔서가 미래의 교회에 대한 비전을 담고 있는 점으로 볼 때

절기에 대한 언급은 주목해야 합니다. 유월절과 장막절을 철저히 지키라고 명령합니다(18, 25절). 유월절은 예수님의 속죄를 늘 확인하며 살아야 한다는 것입니다. 장막절 준수는 고난을 이기며 승리하는 교회가 되라는 것입니다. 성실한 신앙생활은 선한 청지기의 길을 인도합니다.

♦ 에스겔 46장 성경칼럼

10절 | 군주가 무리 가운데에 있어서 그들이 들어올 때에 들어오고 그들이 나갈 때에 나갈지니라

18절 | 군주는 백성의 기업을 빼앗아 그 산업에서 쫓아내지 못할지니 군주가 자기 아들에게 기업으로 줄 것은 자기 산업으로만 할 것임이라 백성이 각각 그 산업을 떠나 흩어지지 않게 할 것이니라

"야자 타임, 왕 게임"

야자 타임이란 나이에 상관없이 시간을 정해 놓고 반말을 할 수 있는 것을 말합니다. 왕 게임은 게임을 통해 왕을 뽑고 왕처럼 벌칙을 줄 수 있는 놀이입니다. 두 가지 모두 젊을 때 할 수 있는 것으로 조금 어긋나면 감정이 상하고 싸움도 일어납니다. 그래도 이 게임을 재미있어 하며 없애지 않는 이유는 인간의 본성인 권력욕을 발산시킬 수 있기 때문입니다. 인간이란 상대보다 손톱만큼이라도 더 세다고 생각하면 갑 질을 하는 존재입니다. 한편에는 자기보다 열 배가 강해도 이겨보겠다고 대드는 근성도 있습니다. 백 배 강하면 협력해서 이익을 취하려 하고 천 배 정도 강해야 꼼짝없이 굴종합니다. 이 에너지의 역설적 효과로 문명이 발달한다고 볼 수도 있습니다.

46장에서는 하나님께서 군주(왕)가 준수해야 할 규례들을 명령합니다. 최고 권력자가 얼마나 타락하여 교만해지기 쉬운지를 아시는 하나님께서 세밀

한 배려를 하시는 것이 느껴집니다. 레위기가 제사와 절기의 목적과 내용을 말씀했다면 본장은 제사에 있어서의 지도자 역할을 강조하고 있습니다. 이 의도 때문에 레위기와 다르게 절기와 제사가 교차되며 언급되고 있습니다.

안식일과 월삭 때에 왕은 번제와 감사제를 드려야 합니다. 제사는 제사장이 주관하고 왕은 정해진 문을 통과하여 지정된 '문 벽 곁'에 서 있어야 합니다(2절). 정한 절기에는 백성들과 구별 없이 한 무리가 되어 움직여야 합니다(10절). 왕좌에 앉고 특별하게 돋보이는 대우를 받는 왕도 하나님 앞에서는 한 명의 죄인입니다. 우리는 이 기본 위치를 벗어나 제사를 외면하거나 제사에서도 주인공이 되려 했던 왕들의 말로를 목격했습니다(대하 26:18-23).

이 정신은 현대 교회에 세상의 권력자가 와도 특별대우를 하지 않는 원리로 적용됩니다. 왕의 경제적 영역인 땅의 기업도 율법의 규례대로 더하려고 하지 말아야 합니다. 권력으로 백성들의 땅을 빼앗는 것은 죽음을 자초하는 것입니다. 우리는 아합 왕이 나봇의 포도원을 율법 때문에 함부로 못하다가 이방 여인 이세벨의 망발로 빼앗아다가 당한 징계를 알고 있습니다(왕상 21장). 군주의 땅은 한 종에게 선의로 주었을 지라도 희년에 돌려받는 것으로 다시 보장됩니다(17절). 이 규례가 목적한 것은 율법의 전체 규정을 왕도 지켜야 한다는 것이며 왕가의 충분한 재정도 배려한 것입니다.

예나 지금이나 지도자의 경제관이 얼마나 중요한지를 배우고 있습니다. 그리스도인의 경제관은 자신의 분복을 만족하며 절제하며 사는 것이 기본입니다(삼상 30:24). 나아가 하나님 것임을 알고 풍족과 비천을 다 관리하는 실력이 진정한 기쁨을 누리게 합니다.

(빌 4:11) "내가 궁핍하므로 말하는 것이 아니니라 어떠한 형편에든지 나는 자족하기를 배웠노니"

♦ 에스겔 47장 성경칼럼

9절 | 이 강물이 이르는 곳마다 번성하는 모든 생물이 살고 또 고기가 심히 많으리니 이 물이 흘러 들어가므로 바닷물이 되살아나겠고 이 강이 이르는 각처에 모든 것이 살 것이며

23절 | 타국인이 머물러 사는 그 지파에서 그 기업을 줄지니라 주 여호와의 말씀이니라

"성전의 궁극적 역할"

구약에서 가장 중요하고 많이 언급되는 주제는 성전(성막)입니다. 하나님 현현의 가시적 장소이고 인간이 하나님과 만날 수 있는 접점인 제사가 드려지는 곳입니다. 만약 성경에서 성막과 성전을 빼면 구원을 설명할 수도 없습니다. 우리는 구속사적으로 참 성전은 예수님이시고 신약 시대에는 성도가 바로 성전이라는 사실을 알고 있습니다. 계시록에 나오는 천국을 완성된 성전이라고 하는 것은 주님과 함께 있기 때문입니다.

(계 21:22) "성 안에서 내가 성전을 보지 못하였으니 이는 주 하나님 곧 전능하신 이와 및 어린 양이 그 성전이심이라"

에스겔서에는 구약의 성전(솔로몬, 스룹바벨)과는 다른 독특한 성전이 계시되어 있습니다. 그래서 이름 붙인 것이 에스겔 성전인데 47장에 궁극적 역할이 계시됩니다. 37장의 마른 뼈 환상은 죽은 자를 살리는 전능하신 하나님의 생기가 계시되었습니다. 이 기적은 생기에게 명령하는 하나님의 말씀이 주도하였습니다. 47장의 생명수 환상도 생명을 살리는 능력에서는 같습니다. 다른 것은 이 생명수가 성전 문지방 밑에서부터 발원했다는 점입니다.

지금까지 성전의 역할인 속죄의 제사가 정적인 것이었다면 이 생명수는 역동적입니다. 동쪽으로 흐르다가 남편으로 선회한 생명수는 일천 척(530m)을 척량할 때마다 깊어집니다(3-5절). 네 번의 척량을 거쳐 풍성해진 생명수는 팔레스틴의 저지대 아라바까지 내려갑니다(6-10절). 사해 바다에 이른 물은 바다를 소성시키고 고기를 살립니다. 강물이 이르는 좌우에는 각종 실과가 열매를 맺고 끊기지 아니합니다(12절). 성전에서 흘러나오는 생명수의 역할은 멸망한 이스라엘의 소성을 가리키지만 모든 만물을 살리는 능력임이 분명합니다.

주님께서는 성령님의 능력이 생명수 같을 것이라고 말씀하셨습니다(요 7:39).

(요 7:38) "나를 믿는 자는 성경에 이름과 같이 그 배에서 생수의 강이 흘러나오리라 하시니"

11절은 생명수의 축복을 받지 못하는 자가 있음을 명시함으로서 경고를 발동합니다. 소금 땅으로 남아 있는 진펄과 개펄은 생물이 살 수 없는데 이는 은혜를 끝까지 거부한 자들을 지목합니다(슥 14:17-19, 계 21:8).

지금도 성령님의 풍성한 기름부음을 거부하는 자들은 이 소금 구덩이와 같을 것입니다. 에스겔서의 마지막이 땅의 경계를 다시 세우고 이방인의 구원을 언급한다는 것은 의미심장합니다(13-23절). 불순종함으로 잃었던 약속의 땅이 회복됨으로서 하나님의 신실하심이 증명되기 때문입니다. 이방인의 구원이 적시됨으로서 새 시대의 특징과 복음의 절정을 선포하고 있습니다. 우리가 구원을 확정하고 믿음을 구사하여 얻는 생활승리는 짜릿합니다.

♦ **에스겔 48장 성경칼럼**

11절 | 이 땅을 사독의 자손 중에서 거룩하게 구별한 제사장에게 돌릴지어다 그들은 직분을 지키고 이스라엘 족속이 그릇될 때에 레위 사람이 그릇된 것처럼 그릇되지 아니하였느니라

35절 | 그 사방의 합계는 만 팔천 척이라 그 날 후로는 그 성읍의 이름을 여호와삼마라 하리라

"종점"

저희 교회 초창기의 별칭은 '종점 교회'이었는데 동기들이 붙여 주었습니다. 위치가 버스 종점 바로 옆은 맞지만 그 때문만은 아닙니다. 늦은 밤 가출한 부녀자가 갈 곳이 없어 버스 타고 종점에 내렸는데 우리 교회가 보였고 들어온 것입니다. 새벽기도 시간에 가면 유아 실에서 자고 있는 부녀자를 만나게 됩니다. 사연을 들어보면 더 이상 갈 곳이 없는 종점 인생입니다. 그 종점이 교회라서 얼마나 다행인지 모릅니다. 지금도 저는 그 때의 섬김으로 하나님께서 긍휼을 베풀고 계신다고 느낍니다. 물리적으로 종점 이야기를 했지만 우리는 인생에서 말년이 좋아야 합니다. 영적으로는 신앙의 종말이 영광스러워야 합니다.

에스겔서가 마감되면서 이스라엘 백성의 마지막이 그려지고 있습니다. 성전에서 나오는 생명수의 영광 기사가 아닌 12지파의 땅 분배로 마치고 있습니다. 이것은 에스겔서가 바벨론 포로일 때 저작되었고 선민의 회복에 대한 희망을 알리는 목적이 있었기 때문입니다. 나아가 영적 공동체의 마지막은 하나님의 심판과 그 상급에 있음을 보여줍니다. 계시록의 끝부분이 열두 지파와 열 두 사도 기록으로 맺는 것과 같은 맥락입니다(계 21:12-17).

지파의 땅 분배에 있어서 특이한 점이 있습니다. 여호수아서는 출생의 순서가 기준이었다면 본장에서는 지나간 역사 속에서 행해온 공과를 기준으로 합니다. 가장 반 하나님적인 성향인 단 지파가 가장 먼 곳에 배치됩니다(1절). 영적 장자인 유다 지파가 예루살렘에 거하고 이에 협력한 베냐민 지파가 근처에 위치합니다(8, 23절). 유일하게 칭찬받는 사독 가문은 신앙의 지조가 하나님을 얼마나 기쁘게 하는지를 증명합니다(11-12절). 내세의 상급을 위하여 신앙 생활하는 것은 유치한 것 같지만 성경은 꼭 필요하다고 권고합니다.

(고전 15:58) "그러므로 내 사랑하는 형제들아 견실하며 흔들리지 말고 항상 주의 일에 더욱 힘쓰는 자들이 되라 이는 너희 수고가 주 안에서 헛되지 않은 줄 앎이라"

성전에 하나님께서 거하신다는 것은 전 이스라엘 공동체의 회복이 이루어진 것을 뜻합니다. 이를 증거 하는 성읍의 각 출입문에 12지파의 이름이 새겨집니다(31-34절). 성읍을 총칭하는 '여호와삼마'라는 이름은 '여호와께서 거기 계시다'라는 뜻입니다(35절). 임마누엘(마 1:23)과 같은 의미의 이 축복은 신앙의 목표이며 우리가 종말에 누려야 할 영광입니다.

(계 3:20) "볼지어다 내가 문 밖에 서서 두드리노니 누구든지 내 음성을 듣고 문을 열면 내가 그에게로 들어가 그와 더불어 먹고 그는 나와 더불어 먹으리라"

하나님께서 나와 함께 계십니다!

다니엘

♦ 다니엘 1장 성경칼럼

8절 | 다니엘은 뜻을 정하여 왕의 음식과 그가 마시는 포도주로 자기를 더럽히지 아니하리라 하고 자기를 더럽히지 아니하도록 환관장에게 구하니
20절 | 왕이 그들에게 모든 일을 묻는 중에 그 지혜와 총명이 온 나라 박수와 술객보다 십 배나 나은 줄을 아니라

"왜 다니엘인가?"

그리스도인이라면 다니엘이라는 인물의 위상을 아실 것입니다. 구약의 계시록으로 일컫는 다니엘서의 저자이고 구약 전체의 의인으로 노아와 욥과 함께 뽑혔습니다(겔 14:14). 여기서 세 사람이 의인으로 뽑힌 기준은 죄가 없다는 것이 아니라 전적 타락한 환경에서 믿음을 지킨 자라는 의미입니다. 다니엘은 성경에서 거의 유일하게 허물이 기록되지 않은 인물입니다. 신앙의 영웅인 노아와 욥과 모세와 요셉과 사무엘과 다윗까지 인간적 흠들은 기록되었습니다.

다니엘은 바벨론과 메대와 바사까지 70년 이상 3대 왕조의 최고 관원으로 있었음에도 대적자들이 약점을 잡지 못했습니다. 세상 지식과 처세와 정치력에 능통했다는 말로 설명할 수 없는 독특한 실력이 있었습니다. 하나님의 지혜를 받아서 된 것임은 맞지만 그 이상의 무언가가 있다고 생각됩니다. 다니엘은 세상에서 볼 때는 정치가이었지만 영적 직분은 하나님의 선지자입니다. 다니엘서에 나오는 환상을 통해 주어진 예언은 4대 왕국을 통과하고 메시야

의 초림과 재림으로 이루어질 하나님 나라의 완성까지 이릅니다(2, 7-9장).

동시대의 이사야와 예레미야와 에스겔의 선지 사역을 결산하는 다니엘서의 종말 예언은 구약 묵시문학의 절정입니다. 1장에는 다니엘의 개인 이력을 잠깐 언급한 후에 왕궁에서 교육받는 장면으로 빠르게 전환됩니다(1-4절). 식민지의 소년 인재를 발굴하여 교육시키는 바벨론의 의도는 명확합니다. 자신들의 신을 믿게 하고 우상 문화에 동화시켜 정치적으로 이용하겠다는 심산입니다. 다니엘과 세 친구의 본래 이름에는 모두 하나님이 들어가 있는데 새 이름은 모두 우상과 관련되어 지어진 배경을 알 수 있습니다(6-7절).

다니엘(하나님이 심판하신다)이 벨드사살(벨이여 그의 생명을 보존하소서)로 바뀌지만 다니엘의 신앙은 더 굳세 집니다. 여기서 '벨'이란 바벨론의 주신으로 '말둑'으로도 불립니다. 미약한 소년이 하나님께서 쓰시는 위대한 일군으로 나아가는 첫걸음이 7절에 나옵니다. 다니엘이 다니엘일 수 있었던 근본은 '뜻을 정한 것'입니다. 바벨론의 왕궁에서 바벨론 식 출세에 뜻을 두지 않고 하나님의 뜻대로 살겠다는 것입니다. 이때가 3년의 수습기간을 마치고 그들의 나이 17세 쯤 되었을 때인데 죽을 각오를 한 것입니다.

산해진미와 최고급 포도주는 율법에 금한 것임을 알고 채식을 선택합니다. 불가능한 것이 없으신 하나님의 역사는 환관장과 그 수하를 감동하여 이 위기를 승리하게 합니다(9-16절). 하나님께 뜻을 둔 자에게는 하나님의 능력이 따르는데 한마디로 천하무적입니다. 모든 바벨론의 석학과 술객들이 다니엘과 세 친구에게 공개적으로 패하게 됩니다(17-20절). 그들보다 10배나 낫다는 것은 완전한 탁월함으로 뜻을 정한 자들에 대한 하나님의 완벽한 보상입니다(고전 1:25). 나라는 멸망으로 치달아 가지만 남은 자의 대표인 다니엘 일행은 하나님께서 가꾸고 있습니다.

♦ 다니엘 2장 성경칼럼

13절 | 왕의 명령이 내리매 지혜자들은 죽게 되었고 다니엘과 그의 친구들도 죽이려고 찾았더라

46절 | 이에 느부갓네살 왕이 엎드려 다니엘에게 절하고 명하여 예물과 향품을 그에게 주게 하니라

"어젯밤 내 꿈을 알아맞혀 보세요"

누가 공개적으로 어젯밤에 자신이 꾼 꿈을 알아 맞혀 보라고 하면 어떤 일이 벌어질까요? 맞추면 100억 원을 주고 못 맞추면 목숨을 내놓아야 한다는 조건입니다. 꾼 꿈을 이야기해 주고 해몽해 달라는 것이 아닙니다. 무슨 꿈이었는지를 알면 해몽은 당연히 맞을 것이라고 합니다. 이 황당한 장면은 가상이 아니라 2장에 나오는 실제상황입니다. 꿈을 꾼 자는 바벨론의 느브갓네살 왕이고 맞추어야 할 사람은 바벨론의 모든 박수와 점쟁이와 술객들입니다. 아무리 꿈부터 알려 달라고 해도 너희 속셈을 알겠다고 하며 잡아 죽이라고 명령합니다(2-12절).

다니엘과 세 친구들도 이 범주에 있으므로 체포하러 들이닥칩니다(13절). 일반적이라면 불똥이 잘못 튀겼다고 난리가 날 터인데 다니엘은 아주 침착합니다. 왕에게 가서 시간을 좀 주면 꿈의 내용과 해석을 해주겠다고 합니다(14-16절). 과연 다니엘은 무슨 생각을 한 것일까요? 1장에서 다니엘은 하나님께 뜻을 정했다고 하였습니다. 뜻은 바로 그 사람이어서 뜻을 하나님께 두었으니 다니엘은 하나님과 함께 있는 셈입니다. 생명이 달린 최고위기에 다니엘은 이 상황을 하나님께서 조성하셨다는 사실을 알았습니다.

만물의 주권자이신 하나님께 기도하면 이 모든 것을 알 수 있었습니다

(17-30절). 단독 플레이가 아닌 팀워크로 이루어진 기도 사역은 응답이 빠릅니다(17-24절). 드디어 지상에서 가장 센 왕과 하나님만 의지하는 한 소년이 맞붙었습니다(25-26절). 다니엘은 자신이 맞추는 꿈과 해석은 자기 능력이 아닌 하나님의 계시였음을 분명히 합니다(27-30절). 이것은 설교자가 받은 은혜를 간증하는 것은 좋지만 메시지가 자기의 창작임을 과시하면 안 된다는 것을 교훈합니다.

이 승부는 다니엘의 입에서 한 큰 신상에 대한 내용이 나오며 사실은 끝났습니다(31-35절). 해석이 각 부위는 바벨론, 메대와 바사, 헬라, 로마라고 하고 종말의 심판주인 메시야가 암시되자 왕은 무릎을 꿇습니다(36-45절). 다니엘 앞에 절을 하지만 하나님께 예의를 갖추는 것으로 볼 수 있습니다(46-47절). 하나님께 뜻을 둔 자에게는 하나님의 세계가 주어지고 이것은 세상이 알지 못하는 비밀입니다.

(고전 2:10) "오직 하나님이 성령으로 이것을 우리에게 보이셨으니 성령은 모든 것 곧 하나님의 깊은 것까지도 통달하시느니라"

다니엘 때의 계시는 꿈이 방편이었지만 우리는 성령과 말씀이 계십니다. 하나님과 함께 한 다니엘 일행이 부와 권력을 얻듯이(48-49절) 말씀을 붙드는 자는 신령한 복을 누립니다(엡 1:17-19).

(엡 3:9) "영원부터 만물을 창조하신 하나님 속에 감추어졌던 비밀의 경륜이 어떠한 것을 드러내게 하려 하심이라"

♦ 다니엘 3장 성경칼럼

18절 | 그렇게 하지 아니하실지라도 왕이여 우리가 왕의 신들을 섬기지도 아니하고 왕이 세우신 금 신상에게 절하지도 아니할 줄을 아옵소서

25절 | 왕이 또 말하여 이르되 내가 보니 결박되지 아니한 네 사람이 불 가운데로 다

니는데 상하지도 아니하였고 그 넷째의 모양은 신들의 아들과 같도다 하고

"27m 높이의 지푸라기 탑"

제목만 보아서는 무슨 뜻인지 알 수가 없을 것입니다. '27m(60규빗)'란 느브갓네살 왕이 세운 금신상의 높이입니다(1절). '지푸라기 탑'이란 다니엘의 세 친구는 그 금신상을 지푸라기처럼 별 가치가 없다고 판단했다는 뜻입니다. 이런 상상을 하면 3장에서 신앙의 지조를 지킨 친구들이 이해가 됩니다. 하나님의 사람은 세상에서 자랑하고 섬기는 우상이 얼마나 허망한지를 알고 있습니다.

이미 창세기에서 하나님을 대적하려는 목적의 바벨탑이 무너지는 것을 보았습니다(창 11장). 사람이 무언가 크고 높은 것을 만들고 금칠을 한다는 것은 우상을 의지한다는 것입니다. 권력자는 그 우상과 자신을 동일시함으로 경배를 받고 싶어 합니다(2-5절). 느브갓네살이 금신상을 만들어 세운 1차적 이유는 전쟁 승리로 대제국을 기념하는 것이었습니다. 두 번째는 2장에 다니엘이 예언한 큰 신상의 몰락이 마음에 걸렸습니다. 바벨론 왕국을 뜻하는 머리만 금이었는데 전체를 금으로 싸면 약점이 가려질 것으로 본 것입니다(2:32-33).

거국적 행사에 지도자로 두각을 나타내고 있는 다니엘의 세 친구가 참석하였습니다. 금신상에 절을 하지 않으면 풀무 불에 던져 넣겠다는 명령이 떨어진 상황입니다(5-6절). 각국 사절들이 악기에 맞춰 절을 하는데 다니엘의 세 친구는 동참하지 않습니다(7절). 다니엘의 세 친구는 그 금신상이 허탄한 우상이고 훅 불면 무너질 지푸라기 탑임을 알고 있습니다. 이들을 시기하는 자들에 의해 참소가 이루어지고 왕의 간곡한 설득에도 뜻을

굽히지 않습니다(9-15절).

여기서 우리가 익히 아는 위대한 신앙고백이 나옵니다. 하나님의 전능하신 구원을 확신한다는 것이고 만약 구출이 없어도 기쁘게 죽겠다는 것입니다(16-18절). 천국을 확신하는 자는 죽음이 최고의 축복임을 알고 있기에 이 고백이 나올 수 있습니다. 그러나 하나님께서는 이들을 그냥 순교하도록 허락하지 않았습니다. 이방인들에게 하나님의 전능성과 주권을 나타내시기로 결정하였습니다. 위대한 신앙의 행동에는 그에 합당한 맞춤대응을 하시는 하나님을 뵙게 됩니다.

최고로 뜨겁게 한 풀무 불에 집행자인 용사들이 타 죽습니다. 세 친구는 겉옷 색과 머리털이 그대로이고 불탄 냄새도 없이 나옵니다(26-27절). 놀라운 것은 풀무 불 안에 있을 때 결박도 풀어지고 신의 아들 같은 이가 함께 활보했음을 왕이 목격한 것입니다(24-25절). 이 사람의 정체에 대해서는 여러 설이 있지만 하나님의 특별한 활동은 틀림없습니다. 나의 신앙을 대하시는 주님의 활동을 무엇일까요?

♦ 다니엘 4장 성경칼럼

16절 | 또 그 마음은 변하여 사람의 마음 같지 아니하고 짐승의 마음을 받아 일곱 때를 지내리라

34절 | 그 기한이 차 매 나 느부갓네살이 하늘을 우러러 보았더니 내 총명이 다시 내게로 돌아온지라 이에 내가 지극히 높으신 이에게 감사하며 영생하시는 이를 찬양하고 경배하였나니 그 권세는 영원한 권세요 그 나라는 대대에 이르리로다

"입은 닫고 지갑은 열어라"

모든 사람에게 해당되는 말이지만 '나이가 들수록'이 앞에 들어가면 좋습니다. 4장을 묵상하며 이 말에 힌트를 얻어 만들어 본 문장을 소개합니다. '출세할수록 마음은 낮추고 눈은 높여라'입니다. 마음을 낮추는 것은 겸손이고 눈을 높인다는 것은 하나님을 바라보라는 것입니다. 좋은 말을 지어 봤지만 이 말의 실천은 거의 불가능합니다.

4장에는 이 주제에 대한 전말이 실화로 드라마틱하게 전개됩니다. 바벨론 왕 하면 느브갓네살이 바로 떠오를 정도로 유명합니다. 그는 아버지 나보폴라살에 이어 바벨론 제국의 2대 왕으로 43년(B.C.605년-B.C.562년)을 통치합니다. 이 기간에 남유다의 2차포로 유수가 있었고 멸망(B.C.586년)도 임하기에 역사서와 예언서에 그의 이름이 수없이 나옵니다. 이스라엘과 바벨론의 관계는 원수이기도 하지만 하나님의 도구로서 적절하게 사용되는 측면이 있습니다. 하지만 바벨론 입장에서 보면 이스라엘은 패전국이고 그들의 신 여호와는 무력한 존재로 보일 수밖에 없습니다. 다니엘과 세 친구를 통해 전능하신 하나님을 몇 번 체험했지만 근본이 변할 수는 없습니다.

이런 배경에서 일어나는 4장의 사건은 하나님께서 전 우주에 대한 주권을 행사하고 있음을 계시합니다. 큰 단위만이 아니라 한 개인에게도 맞춤전략으로 역사하시는 하나님을 뵙게 됩니다. 느브갓네살의 두 번째 꿈과 해석은 교만할 수밖에 없는 자에 대한 경고로 시작되었습니다(16절). 다니엘이 교만하면 꺾어진다는 예언(19-27절)이 성취된 것은 해몽이 있은 후 1년이 지나서입니다. 왕이 1인칭 화법으로 고백하는데 하나님의 은혜를 체험한 것이 분명합니다(28절). 그는 자신이 정신병이 발발하여 왕좌를 비운 것은 교만에 의해서임을 고백합니다. 바벨론 왕궁 지붕 위를 거닐면서 수도의 위용을 본 순간 자신이 얼마나 위대한지를 느꼈습니다(29절).

고대 왕국은 왕궁과 성벽과 수도의 장엄함으로 우열이 결정됩니다. 676 구역으로 구성된 바벨론의 위엄이 자기를 향하여 경배하는 것처럼 보였습니다. 마음을 낮추고 입을 닫으며 하늘을 봐야 할 때에 내가 이것을 이루었다고 외칩니다(30절). 이 말이 끝나기 전에 하늘의 선고가 떨어지고 정신병이 발생합니다(31-32절). 자신을 짐승으로 인식하고 짐승의 생활 방식을 따르는 '정신병(인사니아 조안 트로피카)'을 7년 동안 앓게 됩니다(33절).

하나님을 부인하고 하나님의 영광을 차지하려는 교만은 멸망의 앞잡이임을 웅변하고 있습니다(잠 16:18). 그루터기가 때가 되어 살아나는 것처럼 회개하며 회복된 그의 고백을 어찌 보아야 할까요?(34-37절).

(고후 6:2) "이르시되 내가 은혜 베풀 때에 너에게 듣고 구원의 날에 너를 도왔다 하셨으니 보라 지금은 은혜 받을 만한 때요 보라 지금은 구원의 날이로다"

♦ 다니엘 5장 성경칼럼

3절 | 이에 예루살렘 하나님의 전 성소 중에서 탈취하여 온 금 그릇을 가져오매 왕이 그 귀족들과 왕후들과 후궁들과 더불어 그것으로 마시더라
30절 | 그 날 밤에 갈대아 왕 벨사살이 죽임을 당하였고

"겹치는 그 때"

삼진 아웃 제도라는 것이 있습니다. 잘못이 있을 때 주의와 경고를 거쳐 세 번째는 퇴출(아웃)된다는 뜻입니다. 이것은 일정 조직원들에 한정되는 것으로 대상이 익명일 경우에는 '원 아웃 제도'가 적용되기도 합니다. 절대 주차하면 안 되는 지역에서 위반을 한다면 삼진 아웃이 아닌 원 아웃이 실행되어 용서가 없습니다. 그러면 하나님의 징계는 이 둘 중에 어디에 속할까요?

원 아웃은 분명히 아닐 것이고 삼진 아웃보다 더 기회가 주어질 것입니다.

성경의 수많은 인물들을 향하여 참으시는 하나님은 너무 익숙합니다(민 14:27). 오래 참으시는 은혜는 선민만이 아니라 모든 사람에게 주신다고 말씀하십니다(딤전 2:4). 4장에서 느브갓네살 왕에게 이 은혜를 주신 하나님께서 5장에서는 벨사살 왕에게 심판을 내리십니다. 본문에서만 보면 벨사살이 느브갓네살의 아들처럼 표현되었지만(18절) 그동안 4명의 왕이 있었습니다. 4명의 총 즉위 기간이 12년밖에 되지 않았고 벨사벨은 통치 12년 만에 바벨론의 마지막 왕으로 기록됩니다. 벨사살 왕의 최후와 바벨론의 멸망은 하나님의 주권에 속하여서 때에 맞춰 이루어진 것은 분명합니다(26절). 하지만 인격적인 하나님의 역사로 볼 때 벨사살의 심판에는 결정적 사유가 있음을 능히 짐작할 수 있습니다.

벨사살에게는 그의 선조인 느브갓네살의 교만과 회개가 거울로 분명히 제시되었습니다. 7년의 정신병으로 고통을 겪은 느브갓네살을 보고 절대 교만하면 안 된다는 것을 배워야 했습니다. 메대의 침공 속에서 귀족 천명을 모으고 술잔치를 벌이는 것은 무지몽매성 교만입니다(1절). 교만은 악을 겹치게 하는 능력을 발휘하여 예루살렘 성전에서 강탈한 금은그릇에 술을 담아 돌립니다. 여자들이 거룩한 기구에 손을 대는 것은 율법에 금한 것으로 이는 패전국의 신인 하나님을 모독한다는 표시입니다.

한 걸음 더 나아가 그 술을 마시고 그들의 우상 앞에 나가 찬양한 것은 하나님 모독의 극치입니다(3-4절). 바로 그 때에 왕궁 석회 벽에 글씨가 쓰여지기 시작한 것은 하나님의 인내가 끝나고 심판이 시작되었다는 뜻입니다(5절). 바로 즉사시킬 수도 있는 그를 과정을 겪게 하신 것은 두 인물을 등장시키고 심판의 이유를 선포하기 위함입니다. 선대의 교훈을 잘 알고 있는 태후

(왕비)가 다니엘의 소개자로 나선 것은 다니엘이 잊혀 진 존재였기 때문입니다(10-13절). 후들거리는 벨사살(6절) 앞에 선 다니엘의 당당한 모습은 하나님과 동행하는 일군의 권세가 얼마나 강한지를 보여줍니다(17-24절).

아람어인 '메네 메네 데겔 우바르신'은 무가치한 무게 단위의 조합으로 세상 지혜는 풀 수가 없습니다. 다니엘은 '세어지고 세어지고 달아보니 부족하여 나누어지다'란 뜻을 역사적 심판으로 정확하게 해석합니다. 이 심판은 벨사살과 바벨론에게 임한 것이었지만 실상은 나에게도 적용되는 예언임을 직감할 수 있습니다. 나도 때가 되면 재어져서 심판에 이를 것이기 때문입니다(롬 2:7-8). 다만 예수님의 의를 힘입은 상급의 심판이라는 것이 다를 뿐입니다(고후 5:10).

♦ 다니엘 6장 성경칼럼

5절 | 그들이 이르되 이 다니엘은 그 하나님의 율법에서 근거를 찾지 못하면 그를 고발할 수 없으리라 하고

23절 | 왕이 심히 기뻐서 명하여 다니엘을 굴에서 올리라 하매 그들이 다니엘을 굴에서 올린즉 그의 몸이 조금도 상하지 아니하였으니 이는 그가 자기의 하나님을 믿음이었더라

"신앙은 약점인가?"

군대나 회사에서 단체장이나 직속상관이 어떤 종교를 믿는지는 매우 중요합니다. 기독교인일 경우에는 신앙생활에 도움을 받지만 반대일 때는 신앙이 약점으로 작용합니다. 불교 국가인 태국에서 기독교인은 공무원이 제한된다는 선교사의 언급을 들은 적이 있습니다. 이런 전제를 하고 6장의 다니엘을 보게 되면 여러 상황이 이해가 됩니다. 5장의 벨사살 왕이 죽으

면서 바벨론 시대는 막이 내리고 잠시 동안의 메대 왕조가 시작됩니다. 메대와 바사는 연합으로 근동의 패권을 잡았지만 메대의 다리오 왕의 시대는 얼마 가지 못합니다.

다니엘은 벨사살 말기에 이어서 다리오 왕의 신임을 받아 총리에 오릅니다(5:29-6:2). 털어도 먼지 하나 안 나온다는 말이 있듯이 다니엘은 조금의 빈틈도 없는 총리이었습니다. 그 지혜와 능력은 타의 추종을 불허할 정도로 탁월하여 누구나 인정하고 있습니다(3-5절). 어느 나라 어느 집단이든 2인자에 대한 권력 투쟁은 치열하여 적대자들이 다니엘을 가만 둘리가 없습니다. 간교하고 끈질긴 경쟁자들이 드디어 다니엘의 약점을 찾아냈습니다. 다니엘이 예루살렘을 향하여 문을 열고 하루에 세 번씩 무릎 꿇고 기도하는 것을 정탐하여 알아낸 것입니다(5절). 쾌재를 부른 그들은 다니엘을 얽어 맬 계략을 세우고 착수합니다.

왕에 대한 충성심을 명분으로 30일 동안 왕 외에는 누구에게도 기도하지 않도록 조서를 반포하게 합니다(6-9절). 어긴 자는 사자 굴에 넣어 처형하도록 어인이 찍힙니다. 이 상황을 보고 어떤 생각이 드십니까? 이제 다니엘은 신앙을 지키면 죽는 것이고 신앙을 버리면 생명은 살지만 배교한 자가 되는 것입니다. 그러나 이것은 인간의 생각이고 영적인 세계의 셈법은 반대입니다. 다니엘의 기도를 막고 해치는 자는 하나님을 대적하는 것으로 여기는 것이 영적 법칙입니다.

다니엘의 신앙은 약점이 아니라 어떤 상황에서도 강점이 된다는 것이 증명됩니다. 사자 굴에서 천사의 보호를 받는 모습은 다니엘의 세 친구의 풀무 불에서의 구원과 닮았습니다(22절). 다른 것이 있다면 참소 자들이 그 처자와 함께 사자 굴에 던더져 뼈도 못 추리게 된 점입니다(24절). 사자 굴에서 절대적 보호를 받는 다니엘 이야기는 소설도 아니고 신화도 아닌 하나님께서 역사하신 실화입니다.

하나님께서는 스스로 영광과 능력을 드러내실 수 있지만 자기 사람을 통하여 나타내기를 원하시는 것입니다. 우리 시대에도 이 원리는 동일해서 목숨을 건 신앙은 그 보상이 돌아옵니다. 얕은 신앙은 약점이 되지만 굳센 신앙은 강점이 됩니다(23절). 우리에게는 구원받는 믿음(엡 2:8)위에 역사하는 믿음(갈 5:6)을 건축하는 과제가 주어졌습니다.

♦ 다니엘 7장 성경칼럼

19절 | 이에 내가 넷째 짐승에 관하여 확실히 알고자 하였으니 곧 그것은 모든 짐승과 달라서 심히 무섭더라 그 이는 쇠요 그 발톱은 놋이니 먹고 부서뜨리고 나머지는 발로 밟았으며

27절 | 나라와 권세와 온 천하 나라들의 위세가 지극히 높으신 이의 거룩한 백성에게 붙인 바 되리니 그의 나라는 영원한 나라이라 모든 권세 있는 자들이 다 그를 섬기며 복종하리라

"미래를 알면?"

우리는 미래를 안다면 대박일 것이라는 생각부터 합니다. 내일에 일어날 일만 알아도 부귀영화를 끌어 모을 수 있기 때문입니다. 하나님께서 정하신 법칙은 인간이 미래 일을 모르도록 하신 것입니다.

(약 4:14) "내일 일을 너희가 알지 못하는도다 너희 생명이 무엇이냐 너희는 잠깐 보이다가 없어지는 안개니라"

인간이 미래를 알게 되면 성실하게 살지 않을 뿐더러 영원을 사모하는 마음도 안 가집니다(전 3:11-14). 그렇다면 성경의 수많은 예언은 어떤 목

적에서 주어진 것일까요? 미래를 허락해 주시는 다른 원리가 있음을 알 수 있습니다.

(암 3:7) "주 여호와께서는 자기의 비밀을 그 종 선지자들에게 보이지 아니하시고는 결코 행하심이 없으시리라"

참된 종을 통한 미래의 예언을 알리시는 하나님을 뵙게 됩니다.

문제는 가짜 선지자가 압도적으로 많다는 사실입니다. 성경의 예언서를 독창적으로 해석하고 사람을 끌어 모으는 자가 있다면 경계해야 합니다. 우리는 많은 이단과 삯꾼 목자들이 득실거리는 시대에 살고 있습니다(겔 33:31). 다니엘이 2장에 이어 7장에서 당시부터 종말까지 되어 질 일들을 계시 받고 있습니다. 그런데 그의 반응이 우리의 생각과는 다릅니다. 근심과 번민이 가득 차 있는데(15절) 해석을 듣고서는 번민과 불편은 계속되었지만 예언은 마음에 간직하였습니다(28절). 하나님의 뜻을 잘 전하여 하나님의 백성이 온전한 종말신앙을 갖도록 하겠다는 일념이 느껴집니다. 이 모습이 참 선지자의 모습으로서 이익을 챙기려는 장사꾼 선지자와 구별이 됩니다.

7장은 네 짐승 환상의 예언으로 계시록의 내용과 대조하여 해석해야 합니다(계 13, 17장). 우리 세대에서 볼 때 이미 이루어진 앞의 세 짐승(바벨론, 바사, 헬라 왕국) 환상은 해석하기 쉽습니다(4-6절, 8:20-21). 그러나 네 째 짐승(로마 제국)과 연결되는 후대의 사건들은 우리 미래에 이루어질 것으로 신중한 접근이 필요합니다(19-21, 23-25절). 세상 권력의 잔인성과 포악성을 상징하는 야수의 핍박 속에 성도들이 환란을 당하는 것은 분명합니다(25절). 하지만 우리는 주님의 권능으로 최후 승리가 주어지는 것을 잊지 말아야 합니다(22, 26-27절).

이 환상 속에 하나님께서 부리는 천군천사의 능력은 우리로 하여금 영적 비밀을 소유하게 합니다(9-10절). 주님께서 자신에게 인용하신 13-14절은 메시야의 전 우주적 통치권을 선포하는 것입니다(마 24:30). 네 째 짐승에게서 나온 작은 뿔(8, 21절)은 적그리스도를 가리키며 결국은 전능자에 의해 패퇴합니다(22절). 우리에게 종말의 승리를 알게 하셔서 담대함과 성실함을 가다듬게 하시는 주님을 찬양합니다(27절).

(마 25:13) "그런즉 깨어 있으라 너희는 그 날과 그 때를 알지 못하느니라"

♦ 다니엘 8장 성경칼럼

3절 | 내가 눈을 들어 본즉 강 가에 두 뿔 가진 숫양이 섰는데 그 두 뿔이 다 길었으며 그 중 한 뿔은 다른 뿔보다 길었고 그 긴 것은 나중에 난 것이더라

25절 | 그가 꾀를 베풀어 제 손으로 속임수를 행하고 마음에 스스로 큰 체하며 또 평화로운 때에 많은 무리를 멸하며 또 스스로 서서 만왕의 왕을 대적할 것이나 그가 사람의 손으로 말미암지 아니하고 깨지리라

"다니엘보다 믿음이 더 좋아야 할 이유"

선뜻 제목이 말이 안 된다고 생각하실 것입니다. 어떻게 다니엘의 위대한 신앙과 영적 체험을 능가할 수 있겠습니까? 하지만 8장을 정확히 해석한다면 우리가 다니엘보다 믿음이 더 좋아야 한다는 논리가 성립됩니다. 다니엘이 직접 받은 두 번째에 해당되는 이상을 받은 해는 첫 번째 이상을 받은 지(7:1) 2년이 지난 벨사살 제 3년입니다(1절). 그렇다면 B.C.553년경이라고 볼 수 있습니다. 벨사살은 바벨론의 마지막 왕이고 8장에 주어진 예언은 바벨론의 멸망과 메대 바사의 등장과 멸망, 헬라의 패권과 분립까지 이어집니다.

그렇다면 헬라의 알렉산더 대왕이 B.C.323년에 죽었으니 거기까지만

해도 230년 후까지 예언한 것입니다. 알렉산더가 죽은 후 22년 만에 헬라는 네 개의 제국으로 분립됩니다(22절). 8장에는 그 중 셀류쿠스 왕조를 계승한 안티오쿠스 에피파네스가 하나님을 대적하는 기사까지 이어집니다(23-25절). 그가 극심한 유대교 박해를 하고 성전 모독을 한다는 예언이 실제로 일어나고 마치는 시기가 확정되어 있습니다(9-14절).

예언대로 역사에서 성전이 회복되는 때는 B.C.165년 12월 25일로서 다니엘은 338년 후까지 바라본 것이 됩니다. 이 엄청난 환상을 보고 가브리엘 천사장으로부터 해석도 들은 다니엘의 체험은 따라 갈 수가 없습니다. 그가 지쳐서 여러 날을 앓다가 일어나서도 제 정신이 아니었다는 고백이 이해가 됩니다(27절). 두 뿔 가진 숫양은 메대와 바사를 말하는데 연합하여 바벨론을 무너뜨립니다. 여기서 나중에 난 뿔이 바사인데 메대의 짧은 통치에 이어 바사 제국으로 통일됩니다(3절).

주변국들을 정복하며 강해졌지만(4절) 숫염소의 등장으로 멸망하는데 바로 헬라 알렉산더의 등장입니다. 그의 왕국이 7장에서는 표범으로 상징하고 8장에서는 온 지면을 땅에 닿지 않게 다녔다고 표현합니다(5절). 알렉산더가 얼마나 신속하게 정복 사역을 하고 바사를 무너뜨렸는지를 묘사합니다(6-7절). 하나님께서는 가브리엘을 통해 이 이상이 수백 년 동안 이루어질 역사임을 나라 명까지 밝히며 말씀합니다(15-21절). 혹시 이상한 자가 잘못 해석할까 싶어 손에 쥐어주는 느낌입니다.

8장의 해석이 여기까지 오다 보니 이제 우리가 다니엘보다 믿음이 더 좋아야 할 이유가 드러났습니다. 다니엘은 초월적 환상을 통해 하나님의 구속사를 보았지만 우리는 세계사를 통해 예언의 성취를 목격하였습니다. 인간 사회도 과거의 검증을 통해 현재를 점검하고 미래를 확신합니다. 우리는 말씀을 이루시고 일을 성취하시는 완전하신 하나님을 만났습니다.

(렘 33:2) "일을 행하시는 여호와, 그것을 만들며 성취하시는 여호와, 그의 이름을 여호와라 하는 이가 이와 같이 이르시도다"

다니엘처럼 주님 명령대로 순종하는 자가 충분히 될 수 있습니다(요 21:6). 주님.. 영육의 무릎을 꿇습니다(렘 33:3).

♦ 다니엘 9장 성경칼럼

2절 | 곧 그 통치 원년에 나 다니엘이 책을 통해 여호와께서 말씀으로 선지자 예레미야에게 알려 주신 그 연수를 깨달았나니 곧 예루살렘의 황폐함이 칠십 년 만에 그치리라 하신 것이니라

23절 | 곧 네가 기도를 시작할 즈음에 명령이 내렸으므로 이제 네게 알리러 왔느니라 너는 크게 은총을 입은 자라 그런즉 너는 이 일을 생각하고 그 환상을 깨달을지니라

"아.. 전염되다!"

불청객 바이러스 때문에 몇 년 동안 무척 힘들었습니다. 전염(감염)되었다는 말은 혐오감 플러스 격리로 연결되었습니다. 여기서 전염의 역발상은 좋고 착한 전염입니다. 옆에서 누가 울면 함께 울게 되고 그 슬픔을 나누면서 함께 치유를 받습니다. 착한 일이 릴레이로 벌어지고 기부운동이 바이러스처럼 퍼져 나갈 때도 있습니다. 교회사에서 그리스도인의 영적 부흥의 불길은 마치 전염되듯이 일어났습니다. 영적 은혜의 역사는 개인적으로도 전염됩니다. 누가 내 옆에 있는가는 그리스도인의 경건의 체크 포인트 중 하나입니다.

9장에는 바람직한 영적 전염의 모델이 제시되어 있습니다. 다니엘이 성경을 읽는 중에 예레미야의 서책을 보고 큰 깨달음을 얻습니다. 그동안 구체적으로 기도하지 못했던 고국의 회복 기간에 대한 눈이 열렸습니다.

(렘 25:12) “여호와의 말씀이니라 칠십 년이 끝나면 내가 바벨론의 왕과 그의 나라와 갈대아인의 땅을 그 죄악으로 말미암아 벌하여 영원히 폐허가 되게 하되”

또한 예레미야가 바벨론에 끌려간 자들에게 편지한 내용에 큰 도전을 받게 됩니다(29:1, 10). 동시대에 본국에서 활동하는 눈물의 선지자 예레미야의 뜨거운 열정에 전염된 것입니다. 기도의 용사였던 다니엘이 이제 선민의 고토 회복에 대한 기한이 정해졌음을 알고 그에 맞는 기도자가 됩니다. 성경을 정독 묵상하는 신자는 위대한 기도자의 모습이 거의 비슷하다는 느낌을 받았을 것입니다(스 9장). 금식하고 베옷을 입고 재를 덮어 쓰고 통회 자복합니다(3-4절).

나라의 멸망이 율법을 어기고 불순종하고도 회개하지 않음에 있음을 알고 있습니다(10-11절). 이를 돌아보며 뼈저린 죄의 자백을 하고 긍휼을 구합니다(9, 18절). 긍휼은 원어로 ‘라함’으로 ‘자궁’이란 뜻입니다. 수태한 여성이 자기의 태아에 갖는 무한한 사랑처럼 하나님의 사랑을 붙들고 용서를 구하고 있습니다. 놀라운 것은 다니엘의 기도를 대하시는 하나님의 반응입니다. 가브리엘 천사가 직접 응답하는 메신저로 나타나는데 다니엘이 기도를 시작할 때 명령이 떨어졌다고 알립니다(21-23절).

주님 뜻에 맞는 기도를 찾는 것이 응답의 비결입니다. 칠십 이레의 환상에 들어 있는 이스라엘의 회복과 원대한 종말 예언은 정확하게 이루어질 것입니다(24-27절). 연약한 나의 기도도 금 대접에 담겨 보좌에 열납되고 역사되는 것이 분명합니다(계 8:3-5).

(계 8:3) “또 다른 천사가 와서 제단 곁에 서서 금향로를 가지고 많은 향을 받았으니 이는 모든 성도의 기도와 합하여 보좌 앞 금 제단에 드리고자

함이라"

♦ 다니엘 10장 성경칼럼

5절 | 그 때에 내가 눈을 들어 바라본즉 한 사람이 세마포 옷을 입었고 허리에는 우바스 순금 띠를 띠었더라

8절 | 그러므로 나만 홀로 있어서 이 큰 환상을 볼 때에 내 몸에 힘이 빠졌고 나의 아름다운 빛이 변하여 썩은 듯하였고 나의 힘이 다 없어졌으나

"대표"

인생을 살면서 대표를 안 해 본 사람은 거의 없을 것입니다. 크게는 국가 대표부터 작게는 가정의 대표까지 경험합니다. 무언가를 처음 해본 사람도 대표라고 부를 수 있습니다. 성경 전체를 볼 때 인간 대표는 아담이고 구원받은 자의 대표는 아브라함입니다. 메시야를 가장 근접하여 예표 한 인물의 대표는 다윗이라고 정의하고 있습니다(마 1:1). 구약에서 하나님과 가장 많이 대화한 사람은 모세이고 신약에서 주님과 가장 가까이 있던 사람은 베드로라고 볼 수 있습니다.

그렇다면 구약에서 성자 예수님의 현현을 가장 깊이 체험한 인물은 누구일까요? 일단 겉으로 볼 때 구약에서 예수님은 정식으로 나타나지 않습니다. 그러나 초월적인 존재의 등장에 있어서 표현하는 강도로 보아 주님의 현현은 분명히 있었습니다. 사람으로 나타났으나 나중에 천사로 해석되는 경우가 있습니다(창 18:1-5). 천사로 나타났으나 천사 이상의 존재로 설명하는 사례도 있습니다(수 5:13-15, 왕하 19:35).

성자 예수님이 신성에 가장 가깝게 현현한 장면이 10장에 펼쳐집니다.

다니엘이 이 영광을 경험한 대표 인물입니다. 계시록의 사도 요한에게 현현할 때처럼 완벽하게 알리지는 않지만 주님께만 붙이는 수식이 여럿 등장합니다. '한 사람'으로 호칭하며 '세마포 옷'과 '그 몸은..

무리의 소리'의 표현은 그리스도에 관한 묘사에만 사용되는 것입니다(5-6, 눅 24:4, 겔 1:14, 계 1:13-16). 주님의 현현 앞에 다른 자들은 못 보고도 놀랐지만 다니엘은 마치 썩은 자처럼 되었다고 고백합니다(7-8절).

신적 권위에 압도당한 다니엘의 내적, 외적인 상태를 극적으로 보여줍니다. 하나님 앞에 죄인 된 인간이 절대 설 수 없다는 사실을 증명하고 있습니다. 다니엘의 겸비가 시작되면서 주님의 활동이 시작되었다는 것은 기도 응답의 신비에 속합니다(12절). 천사장 미가엘이 도와 준 영적 세계의 쟁투는 주권이 주님께 있음을 증거 합니다(13절). 기절 상태인 다니엘을 친히 만지시고 고치시고 회복시키는 손길은 우리가 사모할 소원입니다(15-19절). 노령의 선지자에 대한 주님의 배려는 마지막 날까지의 예언을 주는 것으로 나아갑니다.

12장까지 이어지는 계시의 내용은 계시록과 짝이 되어 종말의 예언으로 우뚝 서 있습니다. 다니엘처럼 나도 이 경이로운 체험을 해보고 싶다고 할 필요는 없습니다. 계시가 완성되어서 가능성도 없고(계 22:18-19) 대표의 체험을 내 것으로 받아들이는 것이 지혜이기 때문입니다. 더 깊은 은혜는 말씀과 성령이 우리 안에 내주해 계시는 것입니다.

(고전 2:10) "오직 하나님이 성령으로 이것을 우리에게 보이셨으니 성령은 모든 것 곧 하나님의 깊은 것까지도 통달하시느니라"

♦ 다니엘 11장 성경칼럼

3절 | 장차 한 능력 있는 왕이 일어나서 큰 권세로 다스리며 자기 마음대로 행하리라
32절 | 그가 또 언약을 배반하고 악행하는 자를 속임수로 타락시킬 것이나 오직 자기의 하나님을 아는 백성은 강하여 용맹을 떨치리라

"세속사, 구속사"

성경을 읽다 보면 구속사 중심으로 저작되었다고 생각됩니다. 이스라엘 이야기가 대부분이고 이방나라는 조연급이나 엑스트라 정도로 보입니다. 반면에 세속사를 배운 사람의 시각은 이스라엘 역사는 완전 아웃사이더로 취급됩니다. 세속의 나라는 힘의 논리로 결정되는데 이스라엘은 객관적으로 작은 나라이기 때문입니다. 이런 관점에서 보면 근동 지역의 패권을 잡은 강국들이 이스라엘을 업신여긴 것이 이해됩니다.

이런 기존의 관점을 정면으로 깨뜨릴 수 있는 내용이 11장에 펼쳐집니다. 다니엘에게 이 예언이 주어진 시기는 B.C.534년입니다(10:1). 11장의 예언은 그 때부터 헬라 시대를 지나 분열되어 지속된 B.C.150년까지 약 384년의 역사입니다. 이 예언은 역사 선상에서 그대로 실현될 것임을 제시하기 위해 나라를 실명으로 기록하였습니다(2절). 이스라엘 이야기는 핍박을 당하는 여운만 주면서(35절) 이방나라의 쟁투를 다룹니다.

수백 년의 세속사를 정확히 예언하고 그 말씀이 실재화되었습니다. 이것은 하나님께서 구속사는 물론이고 세속사까지 완벽하게 주관하신다는 것을 증거합니다. 사람이 쓰는 역사는 지나온 사건을 다루지만 하나님은 나라의 흥망과 함께 인물의 성향까지 미리 다 아십니다. 바사를 무너뜨린 무적의 알렉산더 대왕이었지만 후대는 다 죽고 분열이 일어납니다(3-4절).

측근 장군 네 명이 분립했고 남방 왕과 북방 왕의 쟁투가 계속됩니다.

톨레미 왕조(애굽)와 셀류투스 왕조(시리아)의 전쟁과 경합은 19절까지 기록됩니다. 20절부터 시작되는 북방 왕가 자체의 변화들은 세상 권력의 속성을 알리고 있습니다. 수많은 과정을 겪으며 닿는 목적지가 하나님을 대적하려는 것입니다. 세속 권력은 여호와 유일 신앙에 적대적이라는 것은 탄탄한 사실입니다. 그리스도인은 세상이 왜 기독교에 호의적이지 않을까 하는 회의를 품을 필요가 없습니다.

안티오쿠스 4세인 에피파네스(B.C.175~163)는 적그리스도의 예표입니다. 자신을 신격화하고 '신들의 신(데오스)'으로 동전에 자기의 초상을 새길 정도입니다. 비천한 출신의 콤플렉스를 온갖 포악과 신성모독으로 풀려 합니다(36-39절). 성전의 기물을 약탈하고 예루살렘 성 안에 이방 군대를 주둔시킵니다. 지혜로운 신실한 자들의 순교는 남은 자를 유지시키는 씨앗이 됩니다(32-33, 35절). 다니엘에게 들려준 이 예언은 궁극적으로 사탄의 종말론적 핍박을 예표 합니다. 동시에 극한의 환난 속에서도 자기 백성을 구원하시는 하나님을 뵙게 합니다.

♦ 다니엘 12장 성경칼럼

2절 | 땅의 티끌 가운데에서 자는 자 중에서 많은 사람이 깨어나 영생을 받는 자도 있겠고 수치를 당하여서 영원히 부끄러움을 당할 자도 있을 것이며
12절 | 기다려서 천삼백삼십오 일까지 이르는 그 사람은 복이 있으리라

"진리의 금고"

저는 평생 금고를 가져 본 적은 없지만 진리의 금고는 있습니다. 진리의

금고는 잠겨 있는 것이 아니라 항상 열려 있습니다. 언제든지 꺼내어 나누어 주려는 목적으로 준비했기 때문입니다. 다니엘서 12장을 묵상하다가 어느 순간 '진리의 금고이다'라고 외치게 되었습니다. 11장은 남방 왕과 북방 왕의 쟁투를 통하여 세상 역사속의 영적 측면을 보았습니다. 12장은 이 모든 것의 결론을 지으면서 마지막 때의 질문과 대답을 하고 있습니다. 그 대답 가운데에 구도자들이 궁금했던 영적 비밀들을 살포시 드러내고 있습니다.

1절의 '그 때'는 마지막 때를 의미하며 1차적으로는 에피파네스의 최후를 말하지만 종말론적으로는 최후의 환난 기간을 의미합니다. 세상은 종말에 대하여 무지하지만 구속사를 아는 그리스도인은 끝을 준비해야 합니다. 큰 군주로 소개되는 미가엘에 대한 지식은 놀라운 보화입니다(1절). 환난의 때에 천사들의 활동이 있다는 것은 우리에게 큰 위로와 함께 담대함을 줍니다. 주님께서도 약자들에게 각자의 천사가 있음을 말씀하셨습니다(마 18:10, 히 1:14, 시 91:11).

2절은 부활의 실상을 온전히 보여줍니다. 잠은 죽음이고 티끌은 무덤인데 의인과 악인의 부활이 있음을 분명히 합니다. 이 진리는 구약에서 유일한 언급이며 계시록의 백보좌 심판(계 20:11-15)전에 일어날 것입니다. 이어지는 진리는 참된 지혜자는 영혼을 구령하는 전도자임을 선포한 것입니다(3절). 전도와 양육에 관련된 열매만이 상급에 유효하다는 것이 성경의 진리입니다(살전 2:19-20). 내가 받은 모든 것이 이 목적에 쓰임 받지 아니하면 천국에서는 쓰레기가 됩니다.

계시의 종결에 이어 성취의 시기에 대한 보화는 영적 대화를 통해 계시됩니다(5-12절). 여기에 나오는 한 때 두 때 반 때와 1,290일과 1,335일에 대한 해석은 신비의 영역에 놓아야 합니다. 혹시 맞춘다 하더라도 주님께서 이단이라고 선언하셨기 때문입니다(마 24:26). 종말은 시기를 맞추는 것이 요점이 아니라 어떤 자세로 맞이하는가가 긴요합니다(마 25:1-13).

12장의 마지막 진리의 보화는 다니엘의 죽음의 내용에 들어 있습니다. 70여 년 동안 충성했던 노령의 다니엘에게 평안과 상급을 약속합니다(13절). 하나님의 사람은 죽음에 대하여 초연할 수 있는 경지까지 들어갈 수 있음을 보여줍니다(삼상 20:3). 영생의 구원과 함께 행위의 상급이 차등적으로 주어진다는 진리는 부활장의 선포이기도 합니다(고전 15:35-44). 혹시 물질의 금고는 부족할지라도 진리의 금고는 풍성하기를 소원합니다.

호세아

♦ 호세아 1장 성경칼럼

2절 | 여호와께서 처음 호세아에게 말씀하실 때 여호와께서 호세아에게 이르시되 너는 가서 음란한 여자를 맞이하여 음란한 자식들을 낳으라 이 나라가 여호와를 떠나 크게 음란함이니라 하시니

11절 | 이에 유다 자손과 이스라엘 자손이 함께 모여 한 우두머리를 세우고 그 땅에서부터 올라오리니 이스르엘의 날이 클 것임이로다

"그 영화 실화이니 꼭 보세요"

실화를 바탕으로 한 영화는 의미가 있습니다. 논픽션으로 불리 우고 다큐의 방식으로도 제작되는데 웬만한 내용이라면 영화로 만들지 않을 것입니다. 있을 수 없는데 엄연히 일어난 사건이 호세아서에 나옵니다. 호세아와 고멜의 기가 막힌 스토리로서 특이한 점은 하나님이 등장하는 것입니다. 그리고 이 이야기를 좁게는 북이스라엘 백성에게 꼭 보라고 하시고 넓게는 모든 인류가 필히 보아야 한다고 선언합니다.

호세아라는 이름의 뜻은 '구원'으로서 여호수아와 예수아와 같은 의미입니다. 호세아가 예수님의 예표라는 이미지를 풍기고 있습니다. 그는 북이스라엘의 선지자로서 기원전 8세기의 여로보암 2세 통치 말기부터 약 40년 동안 활동하였습니다. 이 시기는 북왕국의 번영과 쇠퇴가 교차하며 정치와 종교의 암울한 역사를 쓰고 있을 때입니다. 여로보암 왕 이후에도 6명의 왕이 그의 활동기간에 있었지만 일절 언급이 없는 이유는 그들을 인

정하지 않는다는 메시지입니다.

고국의 멸망을 지켜보았음에도 그 기사는 없이 독특한 가정의 결혼 이야기가 중심입니다. 여기서 아내로 등장하는 고멜의 음란성은 바로 북이스라엘의 배교와 타락을 상징하고 있음을 알게 합니다. 계속 바람을 피우는 아내를 둔 선지자 남편이 하나님의 명령에 따라 아내를 계속 용서하고 데려 옵니다. 다른 것은 용서해도 아내의 연속된 부정을 계속 용서할 남편은 없습니다. 그럼에도 마치 다큐 영화처럼 이 내용을 보여주는 하나님의 의도는 한 가지입니다. 바로 그 남편이 하나님이라는 것이고 이스라엘은 용서받지 못할 영적 간음을 하고 있음을 알라는 것입니다.

경험적 신인 동형론적 스토리를 통해 음녀 이스라엘이 회개하고 돌아오기를 촉구하고 있습니다. 하나님께서는 호세아의 세 자녀 이름을 통하여 통렬한 마음을 나타냅니다. 이스르엘(하나님께서 흩으시다), 로루하마(사랑을 받지 못하다), 로암미(내 백성이 아니다)는 강력한 경고입니다(3-9절). 이 이름대로 북이스라엘은 B.C.722년 앗수르에게 멸망당하고 흩어지며 하나님이 떠난 무리가 되어 버립니다. 그렇다면 호세아를 통한 사랑과 용서가 무위로 돌아간 것처럼 보입니다.

하지만 하나님의 사랑은 끊어지지 않고 회복의 약속을 주십니다. 먼 훗날 남유다도 결국 멸망하고 이제 한 덩이가 되어 돌아오게 된다는 약속입니다(10-11절). '한 우두머리'는 구약적인 표현으로는 다윗이고 구속사적으로는 메시야를 의미합니다. 흩으신 '이스르엘'의 하나님(5절)께서 메시야를 통해 다시 심으시는 '이스르엘'의 성취를 이루신다(11절)고 말씀합니다. 영화가 끝나면 감상평이 이어지는데 호세아와 고멜의 스토리는 우리에게 무엇을 줄까요?

(엡 2:4~5) "긍휼이 풍성하신 하나님이 우리를 사랑하신 그 큰 사랑을 인하여 허물로 죽은 우리를 그리스도와 함께 살리셨고 (너희는 은혜로 구원을 받은 것이라)"

♦ 호세아 2장 성경칼럼

5절 | 그들의 어머니는 음행하였고 그들을 임신했던 자는 부끄러운 일을 행하였나니 이는 그가 이르기를 나는 나를 사랑하는 자들을 따르리니 그들이 내 떡과 내 물과 내 양털과 내 삼과 내 기름과 내 술들을 내게 준다 하였음이라

6절 | 그러므로 내가 가시로 그 길을 막으며 담을 쌓아 그로 그 길을 찾지 못하게 하리니

"징계위에 회부되다"

징계위원회는 해당 조직원에 대한 처벌을 논의하고 판결하는 곳입니다. 잘못이 있어 여기에 회부되면 어떤 결과든지 받아들여야 합니다. 가벼운 근신, 권고, 봉사명령, 감봉 등이 있지만 중죄에 해당되면 자격정지, 제명, 출회 등이 집행될 수 있습니다. 인격적인 조직이라면 책벌이 있기 전에 피소된 자의 충분한 소명을 듣게 됩니다. 이 말은 인격적인 조직이 아니어서 얼마든지 억울한 일이 발생할 수 있다는 것을 전제합니다.

2장의 내용을 볼 때 선민인 이스라엘은 하나님의 징계위에 올라와 있는 것 같은 분위기입니다. 상징적인 비유와 극단적 표현이 사용되면서 북이스라엘의 징계가 결정되고 있습니다. 다만 세상과 다른 것은 징계가 처벌을 통한 회복에 목적이 있다는 것입니다. 1장의 고멜을 은유하는 '어미'는 북이스라엘 국가이고 그 '자식'은 백성 개인임을 알 수 있습니다(1절). 양쪽 모두 범죄가 극심하다는 것은 국가적으로나 백성 개인적으로 극악한 죄를

지었다는 것입니다(2절).

특히 일반 여인의 음행을 넘어 창기가 목적을 가지고 몸을 드러냈다고 적시합니다(3절). 남편인 하나님을 버리고 적극적으로 주변 국가가 섬기는 신에게 연애하듯이 달려갔습니다(5절). 하나님께로부터 받은 그 좋은 선물들을 우상에게 바쳤습니다. 그 결정적 이유는 그 복이 하나님께로부터 온 것임을 잘 모르고 있다는 것에 있습니다(8-9절). 저자가 척박한 광야에서 하나님이 선민에게 모든 것을 베푸셨다는 역사를 소환하는 이유입니다(3절).

인간이 우상에게 열정적으로 빠져 들어가는 이유는 간단합니다. 말씀을 계속 공급받지 못하는 사람은 자기 스스로 하나님 자리에 앉아 창조주 하나님을 거부하도록 되어 있습니다. 우상이 주는 말초자극적인 즉흥적 쾌락과 포장된 가짜 복에 장단을 맞출 수밖에 없습니다. '떡과 물(음식)'과 '양털과 삼(옷)'과 '기름과 술(향락)'을 이방 신이 준다고 착각합니다(5절). 어느새 물들어 문화화 된 악한 습성과 불의한 삶을 돌이킬 실력이 없습니다. 이에 대한 하나님의 방법은 징계를 통해 회복의 수순을 밟게 하는 것입니다.

말로 해서 도저히 듣지 않는 창녀 이스라엘에게 가시와 담의 징계가 떨어집니다(6절). '가시'는 몸에 닥치는 심한 질병의 고통이고 '담'은 인간이 해결하기 어려운 기근, 전쟁, 노예, 번뇌 등으로 해석할 수 있습니다. 이 장면은 면면히 계속되어 지금 우리 시대에 더욱 악하게 재현되고 있습니다(딤후 3:1-7). 처음부터 우상숭배를 정책으로 삼은 북이스라엘은 예언대로 남유다에 비하여 일찌감치 망하고 회복은 요원합니다. 다만 주변 나라에게 기회가 없다는 예언(암 1:3-2-3)에 비해 회복의 약속(14-23절)이 주어진 것은 다행입니다. 후회해도 소용없는 상태로 가기 전에 정신 바짝 차리고 잘 살아야 하겠습니다(7절).

♦ 호세아 3장 성경칼럼

2절 | 내가 은 열다섯 개와 보리 한 호멜 반으로 나를 위하여 그를 사고
3절 | 그에게 이르기를 너는 많은 날 동안 나와 함께 지내고 음행하지 말며 다른 남자를 따르지 말라 나도 네게 그리하리라 하였노라

"정화와 숙성"

정화는 더러운 것에서 깨끗하게 되는 것입니다. 숙성은 충분히 이루어졌다는 것인데 '성'을 '반성할 성'으로 바꾸면 깊이 반성한다는 뜻도 됩니다. 이 두 단어는 죄를 벗 삼아 지내는 인간이 늘 상고해야 할 항목입니다. 그리스도인의 정체는 옛사람은 죽었지만 죄의 몸은 가지고 사는 존재라고 정의합니다.

(롬 6:6) "우리가 알거니와 우리의 옛 사람이 예수와 함께 십자가에 못 박힌 것은 죄의 몸이 죽어 다시는 우리가 죄에게 종 노릇 하지 아니하려 함이니"

거듭난 것도 확신하고 성실한 신앙생활도 하는데 죄로부터 자유롭지 못한 원인에 이 죄의 몸이 있습니다. 거듭난 새 사람에게 죄의 몸은 엄청난 영향을 끼칠 수 있어 죄를 짓는 동력이 됩니다. 하지만 죄의 몸의 본질은 성령으로 말미암아 다스릴 수 있는 영역에 있습니다. 죄의 몸의 원래 뜻은 죄를 짓게 하는 역할을 뺏긴 존재라는 뜻입니다. 이것을 모르고 죄의 몸의 성향에 따라 끌려가면 죄의 노예가 될 수 있습니다(로마서 6장 칼럼 참고). 우리는 생명의 성령의 법이 죄와 사망의 법을 이기는 영역에 거하고 있기에 죄의 몸의 영향을 거부할 수 있다는 의미입니다(롬 8:2). 이 확정된 영적 원리를 적용하는 항목에 바로 정화와 숙성의 단계가 있습니다.

3장에서 고멜은 3자녀를 낳은 후에 가출하여 다른 남자와 살고 있습니

다. 하나님께서 호세아에게 고멜을 다시 데려와 아내로 삼으라는 명령을 내립니다(1절). 은 열다섯 개와 보리 한 호멜 반은 은 30세겔에 해당되며 당시의 노예 한 명의 몸값입니다(2절, 레 27:4). 노예 상태(이스라엘의 포로생활)로 전락된 고멜을 거두어 온 호세아는 그녀에게 정화와 숙성의 과정을 제안합니다(3절). 많은 날 동안을 강조하는 것은 이 과정이 단기간에 이룰 수 없음을 보여줍니다. 마치 그리스도인이 성화를 향해 씨름하고 몸부림치는 평생의 여정이 비쳐집니다.

호세아는 고멜을 향하여 음행의 결과가 얼마나 비참한지를 돌아보며 참회의 시간을 가지라고 권고합니다. 자신도 고멜과 동침하지 않고 정화와 숙성의 시간을 갖겠다고 약속합니다. 영적 성숙의 길은 반드시 혼자가 아닌 동행자가 있어야 하는 원리를 알려줍니다. 우리 시대는 인간 편에서는 목사와 교사가 있고(엡 4:11,12) 영적인 세계에서는 보혜사 성령님이 계십니다(요 14:26, 롬 8:26).

호세아와 고멜의 회복된 결혼 생활은 새로운 은혜에 의해서임을 알 수 있습니다. 정치가 무너지고 혼합적 종교 행위도 무의미한 가운데(4절) 다윗 왕이 등장합니다(5절). 정확히 말하면 다윗의 후손에서 오실 구원주를 말씀합니다. 하나님의 불변의 사랑과 함께 신자의 성화를 향한 갈망이 어우러지는 3장입니다. 성령님의 감동으로 이루어지는 말씀의 묵상은 임마누엘의 체험으로 보상합니다.

♦ 호세아 4장 성경칼럼

1절 | 이스라엘 자손들아 여호와의 말씀을 들으라 여호와께서 이 땅 주민과 논쟁하시나니 이 땅에는 진실도 없고 인애도 없고 하나님을 아는 지식도 없고

17절 | 에브라임이 우상과 연합하였으니 버려 두라

"구원의 실체-관계"

구원하면 어떤 생각이 떠오르십니까? 일단 천국과 영생이 생각나고 구원받은 자가 금생에서 받을 축복이 뒤따릅니다. 주님 대속의 사랑과 구원생활을 인도하시는 성령님에게 감사하게 됩니다. 이 정답을 다른 말로 표현하면 어떤 것이 나올까요? 구원의 실체를 가장 쉽게 알려주는 개념이 있다면 바로 관계입니다. 성경은 하나님과 원수 되었던 관계가 예수님의 의로 화평한 관계로 바뀐 것을 구원이라고 선포합니다.

(롬 5:1) "그러므로 우리가 믿음으로 의롭다 하심을 받았으니 우리 주 예수 그리스도로 말미암아 하나님과 화평을 누리자"

죄와 허물로 죽었고(엡 2:1) 마귀를 아비로 두었던(요 8:38, 44) 우리가 하나님의 자녀라는 관계가 이루어졌습니다(요일 5:1, 10). 구원은 거듭난 것이며(요 3:3) 새로운 피조물(고후 5:17)이며 아들이라는 새 신분이 주어진 것입니다(롬 8:14-15). 그렇다면 하나님께서 주도하신 구원의 관계에서 우리가 해야 할 의무가 있음은 당연합니다. 호세아는 이스라엘에게 4장부터 마지막까지 9편의 설교를 하면서 이 관계를 집중적으로 선포합니다. 선포이지만 냉정한 정죄와 고소로 재판정 분위기를 뿜어냅니다.

누구와 관계를 이루기 위해서는 상대를 잘 알기 위한 노력은 필수입니다. 이스라엘은 선민으로 율법과 성전과 제사의 축복을 받았음에도 하나님을 아는데 실패하였습니다. 진실이 없었고 인애도 없었고 하나님을 경험하는 지식에 관심이 없었습니다(1, 6절). 희한한 것은 번성하고 풍요할수록 영적 범죄는 더 커졌다는 사실입니다(7절). 그들이 하나님을 외면하는 만큼 우상 숭배에 열심이고 이방인들보다 더한 악을 행하는 이유는 기득권을 오용했기 때문입니다.

그 영광스럽던 선지자의 중심지 '길갈'은 이방신 숭배 중심지가 됩니다. '하나님의 집(벧엘)'은 속이는 자의 집(벧아웬)이 되어 일찌감치 송아지 숭배지가 됩니다(15절). 영적 지도자인 선지자와 제사장은 자기 이익에 눈이 멀어 죄악 된 백성들과 같이 동일하게 무너집니다(5, 9-10절). 종교적 죄악은 도덕적 범죄의 입구가 되고 방치하는 순간 성적 타락으로 치달아 갑니다. 전국토가 음행과 쾌락의 현장이라고 지적하며 참소하는 호세아의 처절함을 목격합니다(11-14절).

관계의 최고봉이 자기를 주는 사랑이라면 최악의 관계는 유기입니다. 하나님이 북이스라엘을 더 이상 간섭하지 아니하고 버려두겠다는 것은 저주 중의 저주입니다(14-18절). 북이스라엘에게 준 이 경고가 거울(mirrorr)이라면 바울이 준 유기는 창(window)으로 나타납니다.

(롬 1:24) "그러므로 하나님께서 그들을 마음의 정욕대로 더러움에 내버려 두사 그들의 몸을 서로 욕되게 하게 하셨으니"

신앙생활을 잘 하는 비결은 삼위일체 하나님과의 관계를 아름답게 하는 데 있습니다.

♦ 호세아 5장 성경칼럼

4절 | 그들의 행위가 그들로 자기 하나님에게 돌아가지 못하게 하나니 이는 음란한 마음이 그 속에 있어 여호와를 알지 못하는 까닭이라

12절 | 그러므로 내가 에브라임에게는 좀 같으며 유다 족속에게는 썩이는 것 같도다

"죄와 좀과 암"

이 세 가지의 공통점은 무엇일까요? 일단 나쁜 이미지로 각인되어 있지만 피할 수 없다는 특징이 있습니다. 평상시에는 그리 심각하지 않다가 결

정적인 순간 큰 영향을 끼치는 속성을 가졌습니다. 죄를 안 짓고 사람은 없고 좀(곰팡이, 애벌레)과의 동행은 필요악의 성격이 있습니다. 암은 정상세포가 악성세포에게 질 때 생기는 것으로 죄의 능력과 비슷합니다. 치명적인 암에 걸리면 목숨을 잃어 버리듯이 죄의 삯은 사망입니다(롬 6:23). 죄와 좀은 제거할 때를 놓치면 불치의 암처럼 감당할 수 없게 됩니다.

이스라엘의 죄악을 지적하면서 심판의 과정에 좀(썩게 하는 것)을 도입하신 하나님의 시청각 교육은 최상입니다(12절). 죄가 작고 안 보이는 좀처럼 시작되었지만 결국 나라를 삼키는 근원이 될 것을 말씀하십니다. 죄의 강한 전염성과 무지막지한 지배력은 마음을 차지하는 것에서 나옵니다. 이스라엘이 하나님께 돌아가지 못하는 근원에는 음란을 하나님보다 더 사랑하는 마음에 있습니다(4절).

여로보암 2세 때의 이스라엘 전성기는 타락의 엑셀레이터를 힘차게 밟는 기회가 되었습니다(5절). 하나님의 말씀과 은혜를 소홀히 하는 순간 죄의 가속은 누구도 제어할 수 없습니다. 죄의 쾌락으로 인한 중독성과 상하부를 휩쓴 죄의 보편적 문화는 역사까지 다시 쓰게 합니다(3절). 이를 예레미야 선지자는 구제불능성이라고 탄식합니다.

(렘 13:23) "구스인이 그의 피부를, 표범이 그의 반점을 변하게 할 수 있느냐 할 수 있을진대 악에 익숙한 너희도 선을 행할 수 있으리라"

하나님의 말씀(정의와 사랑과 거룩)에 대한 갈망을 외면하는 순간 죄의 좀이 나를 사로잡는 것을 직시해야 합니다. 북이스라엘의 죄악은 지도자인 왕과 제사장의 책임이 가장 큽니다(1절). 에브라임(이스라엘)은 하나님의 것(미스바, 벧엘, 실로)을 우상의 소유로 만들어 버립니다(8절). 국방을 외세에 의지하는 영적 간음은 율법을 정면 부인하는 망령된 행위입니다(13

절). 5장은 호세아가 북이스라엘의 선지자이었음에도 남유다에 대해서도 정죄하는 것을 볼 수 있습니다(5, 8, 10, 12, 14절). 특히 백성들의 사유 재산을 뺏는 지계 표 이동의 교활한 죄는 어느 곳에서나 있는 상류층의 고질적 악행임을 지적합니다(10절).

남유다가 북이스라엘과 상대 평가에서는 나을지라도 하나님의 절대 평가는 피해갈 수 없습니다. 그리스도인이 교인과의 관계에서 하나님의 절대 평가를 의식하며 영적 위치를 잡아야 할 것을 교훈합니다. '좀'처럼 들어 온 '죄'가 치명적 '암'으로 발병되어 심판하지 아니하면 안 되는 지경에 이르렀습니다. 자체 치유가 안 되는 남북 왕국 모두에게 사자(앗수르)와 젊은 사자(바벨론)가 들이닥쳐 물어뜯게 됩니다(14절). 얼굴을 돌리신 하나님 앞에 어떤 회개가 있을 것인지에 대한 여운을 남기며 5장은 마감됩니다(15절).

♦ 호세아 6장 성경칼럼

3절 | 그러므로 우리가 여호와를 알자 힘써 여호와를 알자 그의 나타나심은 새벽빛 같이 어김없나니 비와 같이, 땅을 적시는 늦은 비와 같이 우리에게 임하시리라 하니라

9절 | 강도 떼가 사람을 기다림 같이 제사장의 무리가 세겜 길에서 살인하니 그들이 사악을 행하였느니라

"안되면 되게 하라?"

군대나 회사에서 아무리 어려운 일도 해 내라는 명령과 함께 듣던 말입니다. 강조하는 의미의 느낌표(!)를 붙여야 하는데 물음표가 나왔습니다. 안 되는 것을 다 해내는 집단은 없기 때문입니다. 힘써 열심히 최선을 다하

라는 것에 의미를 두면 됩니다. 영적 세계에서 가장 어려운 일은 그동안 수없이 강조했던 진정한 회개입니다. 이스라엘 역사가 초기부터 말기까지 징계와 회개와 구원과 범죄로 그리고 다시 징계로 악순환된 것을 우리는 알고 있습니다. 이것은 진정한 회개가 어렵다는 것이고 지속하기는 거의 불가능하다는 뜻입니다.

그렇다면 하나님 입장에서 '안 되면 되게 하라'는 명령과 함께 해낼 수 있는 매뉴얼을 주셨을 것입니다. 진정한 회개의 성취가 없다는 것이 하나님의 책임으로 돌리면 안 된다는 것입니다. 어떤 의미에서 성경 전체가 이 매뉴얼일 수도 있지만 6장에는 회개 확정문으로 명명할 수 있는 원리가 선포됩니다(1-3절). 물론 이 내용은 호세아가 기도하는 형식으로 표현되어 하나님의 직접 명령은 아니지만 회개의 정형은 분명합니다. 성격은 호세아 당시와 함께 장차 남은 자와 후대의 교회시대에도 주어진 권고라고 볼 수 있습니다.

회개의 출발은 죄를 깨닫는 것에서 시작합니다. 죄의 심판으로 찢겨진 원인이 자신에게 있음을 시인하지 아니하면 다음 단계는 없습니다. 회개의 속성을 극적으로 보여주는 탕자의 비유는 탕자가 망한 후에 아버지를 생각할 때 일어납니다(눅 15:11-32). 후회는 상대가 없지만 회개는 용서해 주시는 하나님이 계시다는 것이 결정적으로 다릅니다. 도로 낫게 해 주시고 싸매어 주시는 하나님은 참 좋으신 분이십니다(1절). 여기서 죄를 깨닫고 시인하지 않고 불평하거나 대적하는 자가 많다는 것은 크나큰 비극입니다.

회개의 다음 단계는 심판의 기간이 길지 않음을 인식하고 회복을 확신하는 것입니다. 2절에 나오는 이틀 후에 살리고 제 삼일에 일으킨다는 뜻은 시대별로 적용되지만 빠르게 꼭 이루어짐을 뜻합니다. 다음 회개의 단계는 힘써 하나님을 알아야 하는 것입니다(3절). 여기서 '힘써'는 원어로

'라자프'인데 '추적하다, 뒤따르다'라는 뜻입니다. 행동을 통해 달라져야만 하고 지속성을 요구합니다.

하나님께서는 진정한 회개에 새벽빛같이 일정하고 내리는 비같이 정확하게 은혜를 베푸십니다(3절). 4절에 나오는 인간의 실상을 금방 없어지는 아침 구름과 이슬로 비유하는 것과 대조됩니다. 실화인 세겜 도피성의 제사장들이 행한 약탈과 살인은 영적 지도자가 얼마나 타락할 수 있는지를 전시합니다(9절). 안 되는 회개지만 끊임없이 도전하겠습니다.

♦ 호세아 7장 성경칼럼

5절 | 우리 왕의 날에 지도자들은 술의 뜨거움으로 병이 나며 왕은 오만한 자들과 더불어 악수하는도다

8절 | 에브라임이 여러 민족 가운데에 혼합되니 그는 곧 뒤집지 않은 전병이로다

"명문인데 슬픕니다"

성경을 읽다가 어쩜 이리 명문장을 쓸 수 있을까라는 생각이 들 때가 있습니다. 성경은 최종적으로는 하나님의 영감을 받아 쓴 것이지만 인간의 환경과 인격과 자질이 녹아져 있습니다. 절절한 사랑을 묘사한 아가서와 어떤 철학도 감히 견줄 수 없는 욥기와 전도서는 쉽사리 페이지를 넘기지 못합니다. 바울서신은 치밀한 교리의 서술 속에 하나님의 사랑이 충만하게 넘쳐납니다. 선지서의 사무친 외침은 너무 외로워서 그 상황에 들어가서 선지자를 포옹해 주고 싶은 마음이 생깁니다.

예술가라면 예수님을 믿지 않아도 성경을 읽어야 감동적 작품을 창작할 수 있다는 권고는 맞는 말입니다. 그러나 성경의 목적은 저자의 글 솜씨를

자랑하는데 있지 않습니다. 하나님의 뜻을 전하고 회개하여 구원의 백성으로 살라는 사랑의 편지입니다. 회화체로 쓰여 진 7장을 묵상하면서 그 표현에 놀라게 됩니다. 죄악 된 공동체와 인간의 실체적 진실을 명문으로 묘사하지만 너무나 슬프게 읽혀집니다.

거의 예레미야 애가 수준인데 실제로 같은 연대를 배경으로 하고 있습니다. 북이스라엘의 말기 왕권 쟁탈전에 대한 비유가 등장하기 때문입니다. 여로보암 2세의 전성기를 마치고 아들 스가랴는 살룸에게 암살됩니다. 살룸은 왕위에 오른 지 한 달 만에 므나헴에게 살해되고 므가헴의 아들 브가히야는 베가에게 죽습니다. 베가는 마지막 왕 호세아가 일으킨 쿠테타로 생을 마감합니다(왕하 15:8-30).

저자는 이 비극적 원인에 대하여 '달궈진 화덕'이란 비유를 동원하여 묘사합니다(4-7절). 뜨겁게 달궈진 화덕처럼 몸이 달궈져 죄를 위해서 모든 준비를 마치고 과감히 행하는 시대라는 것입니다. 신정국가는 기초부터 아예 없었고 하나님에 대한 감각이 없는 모든 자는 죄짓는 것밖에 다른 길이 없습니다. 말세를 살아가는 이 시대와 너무나 닮았다는 것과 함께 우리는 더하다는 판단이 우러납니다(눅 18:8). 내치가 달궈진 화덕이라면 북이스라엘의 외교는 '뒤집지 않는 전병'이라고 묘사합니다(8절). 한쪽은 새까맣게 타고 다른 쪽은 뒤집지 않아 반죽 그대로 있는 떡은 아무 쓸데가 없습니다. 하나님을 의지하면 강해지는데(15절) 주변 열방과 혼합하게 되어 망하게 된다는 뜻입니다(8-10절).

하나님 외에 의지하는 것이 오히려 자기를 잡아먹는다는 원리는 의존하던 앗수르에게 멸망당함으로 증명됩니다(11절). 이것은 외국과 교역하지 말라는 것이 아니라 신앙의 정체성을 빼기고 혼잡하게 되는 것을 경계하라는 메시지입니다. 불신자와의 관계는 피할 수 없지만 신앙을 타협하다가 잃으면 망하게 된다는 교훈입니다. 북이스라엘이 어리석은 비둘기처럼 그물에 빠지고 공중의 새처럼 떨어져 포로가 되는 것은 하나님의 징계입니다(11-12절). 공동체를 위한 부흥과 개인 경건을 향한 열정을 간구합니다.

♦ 호세아 8장 성경칼럼

1절 | 나팔을 네 입에 댈지어다 원수가 독수리처럼 여호와의 집에 덮치리니 이는 그들이 내 언약을 어기며 내 율법을 범함이로다

12절 | 내가 그를 위하여 내 율법을 만 가지로 기록하였으나 그들은 이상한 것으로 여기도다

"율법과 복음"

결과에는 반드시 원인이 있습니다. 이스라엘이 망한 직접 이유는 우상숭배와 외세를 의존한 것입니다. 이 두 가지 죄악의 원인은 율법을 어긴 것에서 나왔습니다(1절). 율법이란 하나님께서 자기 백성과 맺은 언약의 내용입니다. 율법은 하나님의 뜻과 사역의 성격을 알려줍니다. 하나님의 섭리와 사랑이 담겨 있고 교제하는 방법을 알려줍니다. 인간에게 필요한 지식을 제공하고 윤리 규칙을 지켜 행복하게 합니다. 율법은 개인과 가정과 교회와 국가의 모든 영역에 적용하도록 주어졌습니다.

율법은 십계명을 돌판에 직접 새겨 주셨고 또한 상세히 조목조목 불러 기록하게 하셨습니다. 학자들은 613가지 항목으로 분석하였지만 하나님께서는 만 가지로 주셨다고 확인하십니다(12절). 여기서 만이라는 숫자는 완전하다는 뜻으로 부족함이 없다는 것입니다. 이렇게 중요한 율법을 이스라엘이 지키지 않은 이유는 무엇일까요? 이 질문은 시대를 넘어 복음시대에

살고 있는 우리에게도 주어진 것입니다. 기독교인이 하나님의 말씀을 진정으로 지키지 않고 있다는 진단이 나오기 때문입니다.

이스라엘이 율법을 지키지 않은 이유는 자신과 관계가 없다고 생각한 것에 있습니다(12절). 먼 옛날 조상들에게 준 것으로 여기고 당장 필요한 현안에는 적용하기가 싫었습니다. 마치 그리스도인이 복음의 말씀이 자기 생활과는 상관없다고 하는 모습과 비슷합니다. 선민의식(교회 출석)과 종교 행위(헌신과 봉사)로서 구원은 보장되고 나머지는 내키는 대로 살겠다고 정한 것입니다. 이를 호세아는 욕정이 들끓고 고집이 센 들 나귀 같다고 지적합니다(9절).

이스라엘은 율법을 떠남으로 신정 다윗 왕조를 부인하며 시작했고 이는 끝없는 정변으로 이어졌습니다(4절). 안 보이는 하나님보다 겉보기에 찬란한 금송아지를 만들어 섬기는 만행을 감행합니다(5-6절). 강국에 잘 보여 뇌물을 바치며 안보를 유지하려 했지만 도리어 잡혀 먹습니다(1, 7-9절). 율법을 떠난 개인과 국가가 멸망하여 수치를 당하듯이 복음을 외면한 신자의 길도 동일합니다.

율법과 복음은 하나님의 뜻이라는 점에서는 같지만 기능에서는 다릅니다. 정죄와 심판 기능의 율법은 은혜의 복음으로 안내하는 몽학선생의 역할을 하였습니다. 복음시대의 성령님은 준비가 없고 열심을 내지 않는 심령에게 역사하지 않는다는 사실을 직시해야 합니다(롬 8:26, 살전 5:19). 은혜시대를 오해하여 말씀을 지키기 위한 열심을 외면하는 것은 절대 어리석음입니다.

♦ 호세아 9장 성경칼럼

3절 | 그들은 여호와의 땅에 거주하지 못하며 에브라임은 애굽으로 다시 가고 앗수르에서 더러운 것을 먹을 것이니라

17절 | 그들이 듣지 아니하므로 내 하나님이 그들을 버리시리니 그들이 여러 나라 가운데에 떠도는 자가 되리라

"에덴 추방, 가나안 추방"

추방이란 어떤 영역에서 쫓겨나는 것입니다. 어떤 형태이건 대단한 형벌이고 저주입니다. 추방 명령은 어떤 절대적 금기를 깼을 때 내립니다. 에덴에서의 추방은 선악과라는 금기를 어겼을 때 일어났습니다. 선악과를 먹은 인간은 자기가 하나님이 되어 하나님과 동거할 수 없게 되었습니다. 이 원리를 이해할 때 이스라엘이 가나안에서 추방되어 포로로 끌려갈 수밖에 없음을 알게 됩니다. 가나안 땅은 하나님께서 선민에게 허락한 낙원의 의미가 있습니다(출 3:5).

영육에 필요한 모든 것이 충족되는 곳으로서 젖과 꿀이 흐른다고 묘사됩니다. 그곳에 거하여 축복을 누리는 조건은 하나님께 순종하는 것입니다(신 30:20). 가나안 땅은 하나님이 주인이기에 타락한 인간은 본질적으로 거주할 수 없습니다. 지금까지 확인하였듯이 선민은 철저히 실패하였습니다. 에덴에서의 금기가 선악과였다면 가나안에서의 금기는 율법이었습니다. 9장에서 호세아가 기브아와 바알브올을 소환한 것은 율법을 어긴 잔인무도한 사건이기 때문입니다(9-10절).

호세아 당시에 더 짙어진 죄악은 모든 방면에 흘러 넘쳤습니다. 연약하여 짓는 것이 아니라 고의로 계획을 세워서 대담하게 악을 행합니다. 하나

님을 체험했고 율법을 알면서도 짓는 죄악은 심각하고 고약합니다. 지도자부터 일반 백성까지 즐거이 범하는 총체적 악행은 거룩과 영광과 축복을 상실하게 합니다(3, 6절).

선민의 가나안 추방은 교회시대를 사는 그리스도인에게 예표가 됩니다. 교회시대에도 꼭 지켜야 한 선악과가 있기 때문입니다. 첫째, 십자가로 상징되는 구속의 복음을 거부하면 하나님의 나라에서 추방됩니다(고전 1:18, 2:2). 둘째, 십계명으로 대표되는 하나님은 말씀을 지키지 아니하면 보호를 받지 못합니다(약 2:17-26). 셋째, 십일조 정신(말 7-12)으로 상징되는 하나님의 주권을 인정하지 아니하면 축복을 받을 수 없습니다(고후 9:6-8).

9장은 추방을 먼저 예언하고 포로 전에 받을 심판에 대한 것을 후에 언급합니다(10-17절). 이것은 하나님과 동행함이 없는 신앙생활을 할 때 오는 처참함을 알려주는 것입니다. 하나님의 임재가 없는 공동체의 허무함(11-12절)과 열매 없는 삶의 빈천함(12, 14, 16절)은 당황스럽습니다. 길갈의 영광(수 4:19-24)을 죄악으로 망친 이스라엘의 전철은 절대 따르지 말아야 하겠습니다(15절). 안 죽으려고 교통신호는 꼭 지키면서 영적 금기에는 관심도 없는 세태를 어찌할까요?

♦ 호세아 10장 성경칼럼

2절 | 그들이 두 마음을 품었으니 이제 벌을 받을 것이라 하나님이 그 제단을 쳐서 깨뜨리시며 그 주상을 허시리라

12절 | 너희가 자기를 위하여 공의를 심고 인애를 거두라 너희 묵은 땅을 기경하라 지금이 곧 여호와를 찾을 때니 마침내 여호와께서 오사 공의를 비처럼 너희에게 내리시리라

"첫사랑, 끝 사랑"

대중가요가 떠오르지만 담겨진 의미는 다양합니다. 첫사랑이 끝 사랑까지 되면 완전한 사랑이지만 인간 사이에는 불가능합니다. 기원하는 마음으로 노래하는 모습은 아름답습니다. 인간의 사랑이 변하는 원인을 논하자면 한이 없을 것입니다. 여기서 누구라도 인정할 만한 원인 하나가 등장합니다. 처음 사랑이 끝까지 가지 못하는 결정적 이유는 두 마음을 가지고 있기 때문입니다. 마음이 하나가 아니고 둘로 나뉘어져 있는데 사랑이 하나일리가 없습니다.

이런 원리에 익숙한 인간은 영적인 세계에 와서도 두 마음을 품습니다. 하나님을 끝까지 사랑하지 못하는 한계는 결국 인간의 두 마음에 있다고 결론을 내리고 있습니다(2절). 지금 내린 결론은 앞서의 귀납적 전개에서 나온 것입니다. 이스라엘의 대표 죄악인 우상숭배와 외세 의존은 율법을 안 지켜서 생긴 것이었습니다(8장). 하나님의 율법을 지킬 수 없는 것은 두 마음을 품었기 때문입니다. 결국 이 죄악의 원인에 대한 추적의 끝에는 마음이 있었습니다.

두 마음은 하나님과 우상을 함께 섬긴 것으로 시작되었지만 대세는 우상으로 가 버리게 됩니다(5절). 타락한 인간 본성은 즉흥적인 쾌락과 가시적 안목을 만족시킬 것 같은 우상에게 금세 속아 버립니다. 이스라엘은 번영할수록 명목과 형식에 빠져 자기 이익에 몰두하는 몹쓸 포도나무가 되어 버렸습니다(1절). 이에 대한 하나님의 조치는 단번의 심판이 아닌 징계를 통하여 기회를 부여하시는 것이었습니다.

죄악에 습관화되어 단단하게 굳어진 마음을 바꾸는 방법은 기경해야만 합니다(12절). 논밭을 갈아엎어야만 씨를 뿌릴 수 있듯이 마음을 뒤집는 징계가 멸망과 포로생활이었습니다. 그들의 선민의식과 종교적 자긍심을 깨뜨리지 아니하면 참된 은혜를 흡수할 수 없었습니다. 자기 백성의 고통이 하나님의 본심은 아니지만 이 사랑의 채찍만이 희망이 되었습니다. 기경된 마음에는 하나님의 은혜의 단비(새 영, 새 마음)가 약속되어 있습니다(겔 36:26-27). 멸망 속에 내려지는 새 은혜의 시대는 영적 안목을 가진 자만 기대할 수 있습니다.

우리 신앙생활에서 일어나는 고난에는 어떤 메시지가 담겼을까요? 주님께 기울어진 마음을 가질 때만 알아챌 수 있습니다. 다윗이 이 감각을 위해 탄원하는 장면은 성경의 최고 명장면 중의 하나입니다.

(시 51:17) "하나님께서 구하시는 제사는 상한 심령이라 하나님이여 상하고 통회하는 마음을 주께서 멸시하지 아니하시리이다"

♦ 호세아 11장 성경칼럼

1절 | 이스라엘이 어렸을 때에 내가 사랑하여 내 아들을 애굽에서 불러냈거늘

10절 | 그들은 사자처럼 소리를 내시는 여호와를 따를 것이라 여호와께서 소리를 내시면 자손들이 서쪽에서부터 떨며 오되

"거룩에의 도전"

거대 담론을 펼치지 않더라도 인생은 도전이라고 말할 수 있습니다. 의식주와 자연과의 관계도 도전이고 가정과 학업과 직장과 사업도 도전의 연속입니다. 꿈을 위하여 끈질기게 도전하고 업적을 위한 모험적 도전도 해야 합니다. 가장 큰 것은 영적인 것으로 종교에 영혼을 맡기는 도전입니다. 하나님의 백성은 거룩을 향한 도전이 사명으로 주어졌습니다.

(레 11:45) "나는 너희의 하나님이 되려고 너희를 애굽 땅에서 인도하여 낸 여호와라 내가 거룩하니 너희도 거룩할지어다"

그런데 여기에서 급브레이크가 걸립니다. 거룩에의 도전에 판판이 실패했다는 경험이 쌓여 있기 때문입니다. 이스라엘 백성들의 실패는 성경의 증언이고 신자들의 실패는 임상에서 목격됩니다. 솔직한 사람은 항복하고 손을 들지만 위선적인 사람은 외식으로 방향을 잡습니다. 실패를 합리화하고자 이상론과 현실을 조화시켜 제 나름대로 모드를 만들어갑니다. 명명하여 '거룩의 딜레마'가 발생한 것입니다. 거룩이 불가능하다면 하나님께서 안 되는 것을 시키신 것이고 거룩할 수 있다면 결과가 왜 없느냐는 것입니다.

11장에서는 이 난제에 대한 힌트가 어렴풋이, 그러나 정확히 드러나 있습니다. 하나님께서 이스라엘의 어렸을 때가 애굽에 있을 때이고 내 아들이라고 호명하십니다(1절). 즉 하나님과 이스라엘은 아버지와 아들 사이임을 분명히 하십니다. 아버지가 아들을 대하는 방식은 공의와 사랑입니다. 이에 따라 아버지를 배신한 이스라엘은 징계를 받게 되었지만 부자관계는 끊어지지 않았습니다(히 12:5-11).

이스라엘을 아들로서 온전하게 하는 하나님의 방법은 독생자를 내어주셔서 순종하게 하신 것입니다. 예수님께서 헤롯의 칼을 피해 애굽에 갔다가 순종하여 나오신 사건(마 2:13-23)은 호세아서의 예언 성취입니다(1절). 불순종한 이스라엘과 정반대로 예수님께서는 전 생애의 사역을 순종하였습니다(마 14:36). 이 역사를 10절에서 '사자처럼 소리를 발하시는 여호와'라고 표현합니다. 육적 이스라엘의 실패가 메시야의 대속 사역으로 역전되고 아들로서 돌아올 수 있게 되었습니다.

이 은혜가 무조건적으로 주어지는 것이 아님을 알려주는 구절이 11절입니다. 애굽에서의 새같이, 앗수르에서부터의 비둘기같이 떨며 오는 이들은 경건한 남은 자를 상징합니다. 거룩에의 도전은 예수님의 공로를 의지하고 순종하는 자에게 허락된다는 원리가 밝혀지고 있습니다.

(엡 4:23~24) "오직 너희의 심령이 새롭게 되어 하나님을 따라 의와 진리의 거룩함으로 지으심을 받은 새 사람을 입으라"

♦ 호세아 12장 성경칼럼

4절 | 천사와 겨루어 이기고 울며 그에게 간구하였으며 하나님은 벧엘에서 그를 만나셨고 거기에서 우리에게 말씀하셨나니

12절 | 야곱이 아람의 들로 도망하였으며 이스라엘이 아내를 얻기 위하여 사람을 섬기며 아내를 얻기 위하여 양을 쳤고

"좋아하는 사람, 정이 가는 사람"

성경의 인물 중에 좋아하는 사람을 뽑으라면 누가 1위일까요? 기독교 문화권에서는 요한(사도)일 것입니다. 요한의 영어명인 '존(John)'이라는 이름을 가진 사람이 제일 많은 것이 증거입니다. 제자 중에 막내로서 사랑을 많이 받았고 마리아를 보살폈으며 성경 저작(요한복음, 요한서신, 계시록)의 영성도 이유가 됩니다. 방향을 돌려 성경에서 정이 가는 인물을 찾는다면 야곱이 두각을 나타낼 것입니다. 좋아하는 것과 다르게 정이 가는 것은 자신과 비슷한 사람에게 가도록 되어 있습니다.

야곱은 여러 결점을 가진 인물입니다. 모태에서부터 쌍둥이 형 인 에서의 발꿈치를 잡고 나옴으로 천성부터 교활했다는 것을 암시해 줍니다(3절). 이 열등감은 그의 인격 형성에 막대한 영향을 끼쳐 여러 사건을 만들

어 냅니다. 우리는 성급하고 자존감이 낮고 부정직한 야곱을 보면서 허물 많은 자신을 위로하게 됩니다. 그러나 야곱이 허물의 대표 인물로만 끝났다면 결코 정감 있는 인물이 될 수가 없습니다. 야곱은 그 성정 때문에 풍운아처럼 살았지만 변화의 아이콘으로 우뚝 서 있습니다.

하나님과 그의 벧엘 만남은 영적인 인물로 나아가게 합니다(4절, 창 28:10-22, 35:1-15). 얍북 강가에서의 씨름은 사기꾼을 암시하는 야곱이라는 이름이 하나님과 겨뤄 이겼다는 이스라엘로 바뀌게 합니다(3절, 창 32:22-32). 12장에서 호세아는 이스라엘이 하나님께 돌아오라는 메시지를 전하고 있습니다. 우상 숭배와 외세 의존의 허망함을 지적하지만 야곱이 변화했듯이 이스라엘의 가능성을 알리고 있습니다. 야곱이 환도 뼈가 부러지며 이스라엘로 바뀐 것처럼 어떤 단계가 있어야 할 것을 예시합니다.

조상에게 언약하신 하나님께서 이스라엘에게도 함께 하실 것을 알려 줍니다(5절). 제발 돌아와서 하나님의 인애와 공의를 지키고 바라볼 것을 권고합니다(6절). 언약의 하나님을 바라보면서 이스라엘의 현실적 교만을 정죄하는 호세아의 마음을 헤아려 봅니다. 호세아는 변화의 상징인 야곱을 소환하면서 한번이 아닌 여러 번의 성화 단계가 있었음을 보여줍니다. 아람의 들로 도망하여 인간적으로 몸부림친 과정에서 하나님의 돌봄의 신비를 예시합니다(12절).

내 힘으로 살겠다고 똘똘 뭉쳐 있는 야곱에게서 자연스럽게 나의 모습을 발견합니다. 그렇다면 그 자아를 깨뜨리고 하나님께 나아가는 모습에 내가 있기를 바라는 마음은 과욕이 아닐 것입니다. 정이 가는 인물로서 단점은 극복하고 장점을 닮아 가면 참 좋겠습니다. 완전하신 주님은 롤모델이고 허물 많은 야곱은 성화의 가능성을 주는 모델로 다가와 있습니다.

(사 41:14) "버러지 같은 너 야곱아, 너희 이스라엘 사람들아 두려워하지 말라 나 여호와가 말하노니 내가 너를 도울 것이라 네 구속자는 이스라엘의 거룩한 이이니라"

♦ 호세아 13장 성경칼럼

1절 | 에브라임이 말을 하면 사람들이 떨었도다 그가 이스라엘 중에서 자기를 높이더니 바알로 말미암아 범죄하므로 망하였거늘

3절 | 이러므로 그들은 아침 구름 같으며 쉬 사라지는 이슬 같으며 타작 마당에서 광풍에 날리는 쭉정이 같으며 굴뚝에서 나가는 연기 같으리라

"넘사-벽"

'넘을 수 없는 사차원의 벽'이라는 뜻입니다. 매우 뛰어나서 따라 잡을 수 없고 이길 수 없고 대적할 상대도 없을 때 사용합니다. 호세아서를 묵상하면서 이스라엘의 악함을 너무 많이 목격했습니다. 그 항목들을 자세히 보았고 근본원인에 대한 추적도 해 보았습니다. 선지자의 폭발적인 경고도 먹히지 않고 애끓는 사랑의 행위도 외면합니다. 훈계와 징계의 소용돌이가 몰아쳤지만 상태는 갈수록 더 악해져 갑니다. 하나님께로 돌아올 수 없는 단단한 넘사 벽이 있는 것이 분명합니다. 그 넘사 벽을 찾아낸다면 교회시대의 우리도 큰 유익이 있을 것입니다.

다른 책과 구별되어 호세아서에서 많이 사용되는 호칭 하나에 힌트가 있습니다. 이스라엘을 끊임없이 '에브라임'으로 교차하여 부르고 있습니다. 북이스라엘의 대표 지파이기에 그럴 수 있지만 다른 의도가 느껴집니다. 에브라임 지파는 북이스라엘에 합류한 10지파의 리더이고 초대 왕인 여로보암이 이 지파 출신입니다. 이전의 여호수아와 사무엘도 에브라임 지

파 출신입니다. 더 올라가면 에브라임은 열두 지파의 실질적 장자인 요셉(대상 5:1-2)의 차자로서 형을 제치고 장자에 올랐습니다(창 48:12-14).

우리는 다윗의 정통성을 가진 남유다를 중심으로 구속사를 보지만 에브라임의 시각은 달랐습니다. 실제적으로 분열 왕국의 여로보암 2세 때에는 솔로몬 시대 때의 영토를 회복하기도 하였습니다(왕하 14:25). 호세아 선지자가 사역을 시작한 이 시기는 에브라임의 전성기여서 교만이 하늘을 찌르고 있었습니다. 지식이 있는 자가 겸손한 것은 역설적 넘사 벽입니다(고전 8:1).

그보다 더 어려운 넘사 벽은 번성을 이룬 자가 하나님을 의지하는 것입니다. 하나님께서 주신 축복을 까맣게 잊고 교만해지고 자기 자랑에 함몰되는 비극이 일어납니다. 에브라임은 더 나아가 하나님을 부인하고 우상을 섬기는 데까지 서슴없이 치달아 갑니다(1-2절). 하나님을 의지하는 대신 인간 왕에게 의탁하며 외세까지 끌어들입니다(15-16절). 심판의 단호함은 저들이 믿는 우상과 외세를 곧 사라지는 구름, 이슬, 쭉정이, 연기로 만들어 버립니다(3절).

교회시대를 살면서 하나님의 번성과 축복을 구하는 것이 잘못된 것은 아닐 것입니다. 하지만 풍요와 번영이 하나님을 의지하는 것에 넘사 벽이 될 수 있다는 것을 분별해야 합니다. 에브라임의 함정은 지금 우리 주변에도 촘촘히 설치되어 있습니다(벧전 5:8). 지혜로운 청지기로서 맡겨진 권능과 축복을 잘 사용해야 하겠습니다.

♦ 호세아 14장 성경칼럼

2절 | 너는 말씀을 가지고 여호와께로 돌아와서 아뢰기를 모든 불의를 제거하시

고 선한 바를 받으소서 우리가 수송아지를 대신하여 입술의 열매를 주께 드리리이다

9절 | 누가 지혜가 있어 이런 일을 깨달으며 누가 총명이 있어 이런 일을 알겠느냐 여호와의 도는 정직하니 의인은 그 길로 다니거니와 그러나 죄인은 그 길에 걸려 넘어지리라

"...를 찾습니다"

거리에서 가끔 실종자를 찾는 전단지와 현수막을 만납니다. 그 내용을 보면 실종자를 찾고 싶은 간절함이 전달됩니다. 성경은 실종자 찾기의 최고 다큐멘터리입니다. 허구가 아닌 실재이고 꾸밈이 없는 진실의 이야기입니다. 찾는 분은 하나님이고 실종자는 타락한 인간입니다. 인간이 개인이라면 선민인 이스라엘은 단체로 볼 수 있습니다. 하나님의 실종자 찾기 결과가 궁금합니다.

호세아서로만 보자면 13장까지는 실패로 굳어지는 것 같았습니다. 도저히 우상숭배를 못 끊고 하나님 대신 인간 왕과 외세를 의존하는 행태가 고쳐질 것 같지 않았습니다. 하나님을 유일한 살 길이라고 인정하지 않는 인간 심리는 어디에서 오는 것일까요? 일단 우상이 마음에 들어 오면 하나님이 밀리는 현상에 있습니다. 이것은 모든 종교가 '샤머니즘(무속, 이기주의)'에 흡수되는 현상으로 증명됩니다. 두 번째는 인간이 하나님의 자리를 차지한 선악과의 후유증 때문입니다. 자기 힘으로 안전을 지킬 수 있다고 하는 과대망상이 하나님을 외면하게 합니다.

이 구제불능의 추세가 14장에 들어서며 돌변합니다. 호세아가 강력하게 회개를 외치고 진정한 회개자의 자세를 권고합니다(1절). 말씀을 수용하고 인격을 다 바친 고백이 드려지고 외세가 아닌 하나님만 의지하는 것이 진

정한 회개임을 드러냅니다(2-3절). 그 결과는 하나님의 사랑이 이슬처럼 임하고 번영의 백합화와 튼튼한 백향목의 영광이 회복됩니다(4-7절). 그토록 완악하던 에브라임이 우상에 돌아서는 고백이 나오고 하나님께서 후속적인 열매를 약속하십니다(8절).

여기까지만 보면 하나님의 실종자 찾기는 성취된 것으로 보이는데 9절이 남아 있습니다. '이런 일(심판의 경고)'을 깨닫는 지혜의 사람이 거의 없다는 탄식조의 말씀을 하시는데 바울의 고백과 일치합니다(롬 11:30-33). 바울이 증거한대로 이스라엘은 구속사에서 진정한 회개에 실패하고 멸망했습니다. 호세아가 하나님의 극진한 사랑으로 실종자를 찾은 것은 북이스라엘에 대한 예언보다 더 깊은 의미가 있음을 알 수 있습니다.

예수님으로 말미암아 일어나는 대속의 사랑이 아니고는 진정한 회개가 일어날 수 없습니다. 9절 후반에 나오는 여호와의 도에 들어 올 수 있는 의인은 은혜 받은 회개자임을 알려줍니다. 이 의인이 구약에서는 소수의 남은 자(롬 9:27)이고 신약에서는 구주를 영접한 성령의 사람일 것입니다(고전 12:2). 오직 예수, 오직 은혜의 간절함이 호세아서의 결론입니다(롬 7:22-25).

요엘

♦ 요엘 1장 성경칼럼

4절 | 팥중이가 남긴 것을 메뚜기가 먹고 메뚜기가 남긴 것을 느치가 먹고 느치가 남긴 것을 황충이 먹었도다

15절 | 슬프다 그 날이여 여호와의 날이 가까웠나니 곧 멸망 같이 전능자에게로부터 이르리로다

"설마 하나님이.."

설마가 들어간 유명한 말은 '설마가 사람 잡는다'입니다. 믿는 것이 탈이 난다는 의미가 있어 설마는 의심을 주는 이미지로 사용됩니다. 이 설마를 하나님 앞에 붙이는 순간 하나님을 의심하려는 설정이 되어 버립니다. 하나님을 부인하는 무신론은 단순하게 대처하면 됩니다. 그러나 하나님에 대한 의심을 품게 하여 오류가 있는 지식을 주입하면 위험하고 치유하기 힘듭니다. 얼마 전에 진화 생물학자인 '리처드 도킨스'가 현대인에게 던진 하나님을 의심케 하는 질문은 큰 반향을 일으켰습니다. 사랑의 하나님이 그의 창조물인 인간을 설마 지옥에 보내겠느냐는 것입니다. 나아가 하나님은 지옥을 만드셨을 리가 없다고 장담합니다.

지옥이 없다면 심판도 없다는 것이고 인간은 금생만이 가장 중요한 것으로 결론이 납니다. 많은 불신자에게 위로가 되고 믿음 생활에 회의가 있는 자에게 배교의 기회를 주었습니다. 하나님의 심판을 의심하게 하는 도전에 해답을 줄 수 있는 책이 요엘서입니다. 기원전 8세기 남유다의 요엘

선지자에 의해 쓰여 진 이 책은 짧지만 굵직한 메시지를 전합니다. 명료하고 탁월한 표현력으로 유다에 임박한 심판을 경고하고 있습니다.

특별히 구약 성경 전체에서 신약교회에서의 성령 강림에 대한 약속은 획기적입니다. 하나님의 영을 모든 믿는 육체에 부어 주실 것이라고 구체적으로 예언합니다(2:28-32). 이를 여호와의 날로 정하고(15절) 그 그림자인 심판이 이스라엘에게 임할 것을 경고합니다(3절). 1장에 나오는 메뚜기 재앙에 대한 묘사는 하나님 심판의 철저함을 선포합니다. 하나님께서 심판을 안 하실 것이라는 오해는 사랑의 하나님만 알고 공의의 하나님을 모를 때 생깁니다. 공의로 심판할 때 사랑의 구원이 베풀어 질 수 있음을 알아야 합니다.

심판 도구인 메뚜기의 여러 기능을 나타내는 팥중이, 느치, 황충의 완벽한 노략은 인간이 살 수 없는 환경을 만듭니다(4절). 포도주는 끊기고 농사는 망치고 가족은 해체되고 제사드릴 제물도 전무한 총체적 몰락입니다(5-9절). 하나님과의 관계에서 영적 불감증은 희락을 뺏기고 환경은 깨지고 신분의 정체성을 사라지게 합니다(10-12절).

선지자는 재앙의 파멸이 끝이 아니라 회개를 통한 회복이 있음을 예언합니다(13-14절). 이 심판의 성격이 종말적 여호와의 날에 있음을 드러냅니다(15절). 전능자에게서 나오는 심판의 완벽성은 누구도 막을 수 없는 불가항력적 능력입니다(16절). 기독교 신앙은 하나님의 사랑을 충만히 받되 하나님 공의의 심판을 의식할 때 온전해집니다. 성경에 나오는 하나님의 사람과 교회사에서 사용된 일군은 이 '두려운 사랑(경외)'을 한 자들이었습니다.

♦ 요엘 2장 성경칼럼

28절 | 그 후에 내가 내 영을 만민에게 부어 주리니 너희 자녀들이 장래 일을 말할 것이며 너희 늙은이는 꿈을 꾸며 너희 젊은이는 이상을 볼 것이며

32절 | 누구든지 여호와의 이름을 부르는 자는 구원을 얻으리니 이는 나 여호와의 말대로 시온 산과 예루살렘에서 피할 자가 있을 것임이요 남은 자 중에 나 여호와의 부름을 받을 자가 있을 것임이니라

"부어지는 날"

스포츠 경기에서 마지막 결승타를 친 선수에게 쏟아지는 물세례는 익사이팅합니다. 그 양이 아무리 많아도 기쁘게 받아들입니다. 때로는 큰 물동이의 물을 머리에 들이부을 때도 있습니다. 성경에서 부어진다는 표현은 초월적 능력이 임할 때 사용됩니다. 무서운 것은 악독한 상류층을 향하여 하나님께서 진노를 부어 버리겠다고 하신 것입니다(호 5:10). 특히 영적 지도자가 책임을 다하지 않고 사리사욕을 쫓을 때는 하나님의 진노가 쏟아집니다. 가장 좋은 것은 하나님의 성령으로 말미암아 사랑이 부어지는 것입니다.

(롬 5:5) "소망이 우리를 부끄럽게 하지 아니함은 우리에게 주신 성령으로 말미암아 하나님의 사랑이 우리 마음에 부은바 됨이니"

인간 자체만 보면 구제불능인데 하나님의 사랑이 들이부어져서 구원의 은혜를 받았습니다(엡 2:1, 8). 이것을 교리에서는 '불가항력적 은혜'라고 명명하였습니다. 요엘서 2장은 구약의 모든 예언 중에 성령 강림에 대한 가장 탁월한 표현을 하고 있습니다. 에스겔이 성령의 권능에 대한 핵심을 예언했다면(겔 36:26-27) 요엘은 대상과 사명을 말씀합니다(28-30절). 성령이 임하면 하나님의 말씀을 전하는 선지자가 될 것을 모세도 예언하였습니다(민 11:29).

종합하면 성령을 받으면 하나님의 말씀을 정확하게 전하는 자가 된다는 것입니다. 장래 일을 말하고 꿈을 꾸며 이상을 보는 사역은 말씀과 관련된 사역입니다(28절). 성령을 받을 대상이 만민(모든 육체)이라고 하여 모든 인간을 가리키는 것은 아닙니다. 신분에 상관이 없는 것이며 '믿는 자(32절)'는 차등 없이 성령을 받게 된다는 의미로 오순절 때에 성취됩니다.

2장에서 주목해야 하는 것은 성령 강림과 '재림전의 사건(31-32절)'을 동시적으로 예언한 것입니다. 이것은 종말적 구원은 하나님의 적극적 개입으로 이루어지고 그 증표가 성령의 내주인 것을 가리킵니다. 성령을 모셨기에 구원의 보증을 받을 수 있다는 의미입니다. 2장 초반에 나오는 죄로 인한 철저한 심판(1-11절)은 하나님의 은혜를 입은 자(12-17절)만 구원받을 수 있다는 반증이 됩니다. 성령의 부음을 받았다는 것은 하나님과 끊임없는 교통을 한다는 의미입니다.

주님께서 하나님과 하나이듯 성령을 받은 성도는 주님과 하나가 됩니다(요 17:21). 교회시대는 성령시대이기에 성령과 상관없이 신앙 생활하는 성도는 있을 수 없습니다. 혹시 성령의 임재에 대한 감각이 희미하다면 믿음을 구사해야 합니다. 성령의 역사가 없었다면 고백도 없었을 것이고(고전 12:2) 성령의 내주는 믿음으로만 확인할 수 있습니다(엡 3:17). 남은 자 중에 부름을 받을 자에 대한 하나님의 초대에 눈길이 머뭅니다(32절).

♦ 요엘 3장 성경칼럼

12절 | 민족들은 일어나서 여호사밧 골짜기로 올라올지어다 내가 거기에 앉아서 사면의 민족들을 다 심판하리로다

20절 | 유다는 영원히 있겠고 예루살렘은 대대로 있으리라

"2,800여 년 전에 최후를 예언하다"

하나님의 사람이 얼마나 대단한 것인지는 여러 측면에서 평가할 수 있습니다. 기적적인 전쟁 승리도 있고 천상의 신비한 체험도 있을 것입니다. 성경 저자로 볼 때 가장 많은 분량을 쓴 모세가 있고 선지자로는 예레미야가 대단합니다. 종말의 심판과 구원을 계시 받은 에스겔과 다니엘과 사도 요한은 신비의 대표주자입니다. 그러면 요엘의 특출함은 무엇일까요? 지금도 오지 않은 최후의 심판을 가장 멀리서 예언했다는 점입니다.

적어도 B.C.800년경에 요엘서를 썼으니 요한의 1900여년과 에스겔, 다니엘의 2,600여 년 전보다 앞선 것이 분명합니다. 수천 년 후의 일을 하나님께 받아 예언한 요엘은 영원 속의 비밀을 아는 자가 되었습니다. 최후의 심판이 언제일지 모르니 기록 경신은 계속될 것입니다. 3장은 구약에서 모든 민족에 대한 하나님의 최후 심판을 가장 잘 묘사한 부분입니다. 이 내용은 1차적으로는 이스라엘의 원수들에 대한 심판입니다. 하지만 역사적 정황으로 볼 때 하나님의 사람들을 괴롭힌 적그리스도 세력에 대한 징벌입니다. 유다와 예루살렘의 영광이 본장에 예언된 것처럼 세속사에서 이루어지지 않았기 때문입니다(20절).

여호사밧 골짜기에서 이루어지는 열국에 대한 심판의 기준은 이스라엘에게 행한 것을 그대로 보응하는 원리가 적용됩니다(1-6절). 이방 민족의 핍박의 근저에는 하나님 자녀들의 숫자를 줄이려는 음모가 있음을 지적합니다(7-8절). 지금도 적그리스도의 전략 목표는 그리스도인의 배교이고 신앙 전수를 끊는데 있습니다.

심판은 그리스도의 명령으로 천군천사가 동원되고 심판의 상징 도구로서 칼과 낫과 포도주 틀이 사용됩니다(9-13절). 심판주의 출현이 이방에게는 두려움이지만 이스라엘에게는 힘과 구원이 됩니다. 대적자들과 언약 백성 사이의 엄정한 경계를 보임으로 심판의 중립지대는 없다는 것을 명확히 합니다. 여호와의 날에 자연의 엄청난 변화는 동일 예언에 모두 나타납니다(14-15절, 벧후 3:10, 12).

(계 6:12) “내가 보니 여섯째 인을 떼실 때에 큰 지진이 나며 해가 검은 털로 짠 상복 같이 검어지고 달은 온통 피 같이 되며”

최후의 심판 후에 있을 천국의 속성은 생명과 풍성과 기쁨입니다(18절). 이 모든 축복은 하나님과 함께 거함으로 이루어집니다(20절, 계 21:22-23). 요엘이 예언의 축복을 받았다면 우리는 구속사를 아는 축복을 받았습니다. 구약의 4천여 년과 교회사의 2천여 년의 영적 노하우(knowhow)를 사용할 수 있는 세대에 살고 있기 때문입니다. 롤모델과 반면교사도 무수히 주셨고 특별히 말씀을 실천할 수 있게 하는 성령님이 내주하십니다. 이제 순종하고 충성하기만 하면 됩니다

아모스

♦ 아모스 1장 성경칼럼

1절	유다 왕 웃시야의 시대 곧 이스라엘 왕 요아스의 아들 여로보암의 시대 지진 전 이년에 드고아 목자 중 아모스가 이스라엘에 대하여 이상으로 받은 말씀이라
2절	그가 이르되 여호와께서 시온에서부터 부르짖으시며 예루살렘에서부터 소리를 내시리니 목자의 초장이 마르고 갈멜 산 꼭대기가 마르리로다

"세련된 사람, 강직한 사람"

두 스타일 중에 이상형을 고르라면 어느 쪽이 많을까요? 제가 보기에는 세련된 사람 편이 많을 것 같습니다. 유식할 것 같고 대하기에도 편하고 상류층일 것 같은 이미지가 있습니다. 하지만 처세술에 강해 상황에 따라 변신할 가능성은 높을 것 같습니다. 강직한 사람은 심지가 굳어 의리가 있고 성실한 이미지가 있습니다. 다만 자기 확신이 강하여 관계에서의 재미는 덜할 것 같은 선입견이 따라 옵니다.

그렇다면 하나님께서 선호하는 일군은 어떤 스타일일까요? 정답은 두 캐릭터 뿐 만이 아니라 모든 사람을 다 사용하십니다. 출신과 직업과 배경에 따라 차별하지 않습니다. 약하고 천하고 미련한 자를 들어 쓰시지만(고전 1:26-29) 그 반대인 사람도 차별하시지 않습니다. 나기 전부터 택정된 나실인 사무엘과 세례 요한이 있고 노후에 빛난 시므온과 안나도 있습니다. 일군은 하나님께 소명을 받는 것이 필수이고 순종과 충성의 의지가 있는 것으로 결정됩니다.

아모스서가 열리면서 첫 문장에 그의 소명 시기와 직업이 부각되어 있습니다. 여로보암 지진 전 이년에 '드고아의 목자 아모스'입니다(1-2절). B.C.760 년경이고 예루살렘과 16km 떨어진 드고아에서 목축업을 하던 자에게 소명이 주어집니다. 선지자로서 직업적인 훈련을 받지 않았고 정통적 종교인이 아닌 것은 분명합니다. 그러나 아모스서에 나오는 그의 율법 지식과 영성과 강직한 메시지는 예사롭지 않습니다. 하나님의 전적 은혜인 것은 맞지만 목자 시절에 쌓은 내공이 바탕에 있는 것이 틀림없습니다. 세련된 요엘 선지자와는 다르게 투박하면서도 강경한 심판의 메시지가 강하게 울려 퍼집니다.

유다 출신이지만 북이스라엘의 벧엘로 이주하여 사역을 감당하다가 심한 반발로 인해 유다로 돌아와서 아모스서를 기록하였습니다. 8가지 예언(1:1-2:16)과 3가지 설교(3:1-6:14)와 5가지 환상(7:1-9:10)과 5가지 약속(9:11-15)으로 이루어져 있습니다. 순박하지만 호소력 있는 문장은 그의 출신과 인격이 어우러진 것으로 서정 문학의 진수로 인정받고 있습니다.

1장은 주변 국가들의 심판을 신탁(oracle)의 형식으로 선포합니다. '여호와께서 이와 같이 말씀하시되'와 '여호와께서 말씀하셨느니라'를 전후에 사용합니다. 자신의 실력이 아닌 신적 권위를 명확히 세우고 있습니다. 열방들에 대한 심판의 순서(다메섹, 가사, 두로, 에돔, 암몬, 모압)의 끝에 이스라엘에 대한 심판이 있음을 암시합니다. 아모스를 부르신 하나님께서 나를 부르실 때 준비되어 있기를 소원합니다.

♦ 아모스 2장 성경칼럼

1절 | 여호와께서 이와 같이 말씀하시되 모압의 서너 가지 죄로 말미암아 내가 그 벌

	을 돌이키지 아니하리니 이는 그가 에돔 왕의 뼈를 불살라 재를 만들었음이라
6절	여호와께서 이와 같이 말씀하시되 이스라엘의 서너 가지 죄로 말미암아 내가 그 벌을 돌이키지 아니하리니 이는 그들이 은을 받고 의인을 팔며 신 한 켤레를 받고 가난한 자를 팔며

"넌 장남이잖아"

핵가족 시대에 대가족의 분위기는 이해하기 어렵습니다. 다만 위의 한마디 의미는 누구나 쉽게 이해가 될 것입니다. 똑같은 잘못을 해도 장남에게 더 무거운 처벌이 돌아가는 원리입니다. 장남이 억울해서 항변해도 부모의 '넌 장남이잖아'라는 한마디로 평정됩니다. 장남에게 특권이 주어지는 질서에서 그의 책임이 강조되는 것은 당연합니다. 이 원리는 성경의 상벌원리에서도 적용되고 있습니다.

먼저 부활의 상급은 차등이 있음을 분명히 합니다(고전 15:38-42). 해와 달과 별의 영광이 다르고 별과 별들의 영광이 다릅니다. 아모스 2장은 벌을 받는 원리에서 그 대상에 따라 다른 기준으로 심판하심을 보여줍니다. 1장에서 열국의 심판이 있고 2장에 들어서며 모압과 유다와 이스라엘의 심판이 선고되는데 각각 기준이 다릅니다. 1장의 열국의 심판의 기준은 선민인 이스라엘에게 행한 것과 일반 도덕률이 기준이었습니다.

그런데 모압의 심판 기준에 하나의 변화가 생깁니다. 이스라엘과의 관계가 아닌 이웃 국가인 에돔과의 사이에서 있었던 죄를 지적합니다(1절). 에돔 왕의 뼈를 불살라 재를 만드는 것은 모독을 주는 잔인한 죄악입니다. 이 심판은 하나님께서 이스라엘만의 주권자가 아니라 전 국가를 통치하시는 분임을 계시합니다.

이어서 유다에 대한 심판이 나오는데 이방국들에게 한 서언이 그대로 반복됩니다. '서너 가지 죄악으로 그 벌을 돌이키지 않겠다'고 하시는 그 내용입니다(4절). 유다가 이방 국가와 다름없는 죄를 지었다는 것인데 실상은 더 악하다는 의미입니다. 위의 장남의 비유처럼 하나님과의 관계에서 특별대우를 받았는데 책임을 다하지 못한 것입니다. 율법을 알면서도 어긴 그 못된 죄에 멸망의 심판이 떨어집니다(5절). 이것은 복음의 축복을 누리는 그리스도인이 세상 사람과 같은 죄를 짓고 있는 것에 대한 경고입니다.

북이스라엘에 대한 심판의 기준은 하나님과의 관계성입니다. 율법을 받았는데 알면서도 죄를 더하여 악랄하게 지었습니다(6-8절). 본래 이스라엘의 정체는 구원의 기적인 출애굽을 경험하고 광야의 축복을 누린 것에 있습니다(9-12절). 이스라엘을 향한 심판의 급박함과 완벽성은 누구도 빠져나갈 수 없다는 것을 선포하고 있습니다(13-16절). 만약 그리스도인이 자신의 의와 헌신으로 신앙의 용사를 자처한다면 그 착각을 부술 수 있는 말씀입니다. 신앙의 핵심은 하나님과의 관계임을 다시금 확인합니다.

♦ 아모스 3장 성경칼럼

7절 | 주 여호와께서는 자기의 비밀을 그 종 선지자들에게 보이지 아니하시고는 결코 행하심이 없으시리라

11절 | 그러므로 주 여호와께서 이와 같이 말씀하시되 이 땅 사면에 대적이 있어 네 힘을 쇠하게 하며 네 궁궐을 약탈하리라

"경광등"

긴급함을 알릴 때 차의 위쪽에 다는 붉은 등을 말합니다. 평상시에는 사용하지 않다가 꼭 필요할 때만 사용합니다. 이 등은 사적 영역에서 함부로

사용할 수 없고 공공에 관련이 있을 때에 사용됩니다. 우리는 인생을 살면서 수많은 위험을 만납니다. 그 때마다 경고등이 켜지고 그에 맞게 대처하면 좋겠지만 쉽지가 않습니다. 대부분의 경우 사전 경고는 주어지지만 제대로 알아채는데 실패하기 때문입니다. 신앙생활에서 위기와 재앙에 대한 경고등은 수없이 켜지도록 하나님께서 설정해 놓으셨습니다.

구약에서는 선지자를 통하여 말씀하셨고 신약에서는 성경과 성령으로 알려 주십니다. 우리의 예배와 기도와 설교에는 많은 경광등이 번쩍이고 있습니다. 아모스가 세 편의 설교를 시작하는데 3장은 이스라엘의 현재에 대한 말씀입니다. 그런데 시작을 자신이 전하는 예언의 권위에 대한 설명을 길게 하고 있습니다. 아무리 정확하고 대단한 예언이라도 메신저의 권위가 안 세워지면 소용이 없기 때문입니다.

예언의 대상이 언약의 백성임을 알리고(2절) 자신은 하나님의 명령으로 전하고 있음을 확실히 합니다. 결코 자신의 충동이나 의분에서 나온 메시지가 아니라 하나님의 주권을 순종하는 행위임을 드러냅니다(3-6절). 현대 설교자도 자기 주관이나 이익이 아닌 하나님의 뜻만 전하겠다는 자세를 늘 새겨야 합니다. 징계는 하나님의 비밀로서 그동안 선지자를 통해 수없이 말씀하셨다고 언급합니다(7절). 자신도 이 반열에 들어 예언하지 아니하면 견딜 수 없음을 강조합니다(8절).

내용은 죄악에 대한 징벌이지만 하나님의 마음은 이 경고를 듣고 회개하기를 원하신다고 내 비칩니다. 신앙의 경고를 받았을 때 어떻게 행동하는가는 영원한 숙제입니다. 대부분 알아듣지 못하고 지나가고 알아들어도 행동할 실력이 없는 경우가 많습니다. 수도인 사마리아에 주어진 징벌의 예언이 역사에서 정확하게 이루어진 것은 회개가 없었다는 증거입니다(9-10절).

11절의 대적은 앗수르 군대이며 사마리아 사면의 포위가 일어납니다. B.C.733년에 디글랏 빌레셀 3세가 길르앗과 갈릴리를 침략하고 살만에셀 5세가 사마리아를 포위하고 B.C.722년에 멸망시킵니다(왕하 17:2-6). 경고를 주어도 돌아서지 않는 이스라엘은 멸망하고 열방에게 수치를 당하게 됩니다(14-15절). 그리스도인이 경고를 받았음에도 죄악에서 돌이키지 아니하면 이 같은 수욕을 당합니다. 심판의 와중에도 '극소수의 남은 자(양의 두 다리, 귀 조각)'를 구원하시는 하나님을 뵙게 됩니다(12절). 구원의 연속성을 확신하며 혈족의 구원을 주님께 의탁합니다(행 16:31).

♦ 아모스 4장 성경칼럼

1절 | 사마리아의 산에 있는 바산의 암소들아 이 말을 들으라 너희는 힘 없는 자를 학대하며 가난한 자를 압제하며 가장에게 이르기를 술을 가져다가 우리로 마시게 하라 하는도다

4절 | 너희는 벧엘에 가서 범죄하며 길갈에 가서 죄를 더하며 아침마다 너희 희생을, 삼일마다 너희 십일조를 드리며

"성실한 그리스도인에게"

교리와 현상으로 볼 때 완벽한 그리스도인은 없습니다. 신앙생활에서의 성화는 과정의 연속이기에 완벽한 구원은 영화 때에 이루어집니다.

(롬 8:30) "또 미리 정하신 그들을 또한 부르시고 부르신 그들을 또한 의롭다 하시고 의롭다 하신 그들을 또한 영화롭게 하셨느니라"

구원의 서정에서 칭의에서 영화로 바로 넘어가고 성화가 생략된 것은 은혜의 속성 때문입니다.

성화는 너무나 다양하여 구원의 절대 조건이 될 경우 혼돈을 일으키게

됩니다. 성화가 필요 없다는 뜻이 아니라 사람의 기준으로 성화를 판단하면 오류가 생긴다는 것입니다. 이런 관점에서 성실한 그리스도인이란 평가는 최고의 칭찬입니다. 성실하지 못한 자에 비하여 성실한 그리스도인은 칭찬받아 마땅합니다. 문제는 성실에는 함정이 있어 온전한 이해가 필요합니다. 외적 의무를 잘하는 성실에 만족하고 내적 성실을 외면하는 경우가 있기 때문입니다.

여기서 내적 성실이란 성실의 목적을 잊지 않는 것을 뜻합니다. 무엇 때문에 성실하게 신앙생활을 해야 하는지를 늘 의식해야 합니다. 4장은 이스라엘의 지도층과 백성들의 과거 죄악상을 심도 있게 서술 합니다. 우리는 북이스라엘은 온통 우상숭배와 사회적 죄악에 휩싸여 있다는 선입견이 있습니다(1절). 하지만 저들 중에 성실하게 제사를 드리고 헌신도 하고 있음을 기술합니다(4-5절). 매일 제사 드리고 3일마다 십일조를 드리니 우리보다 종교적으로 성실한 것 같습니다. 그런데 외적으로는 하나님을 향한 것이지만 내적으로는 자기 우상에게 하고 있다고 책망합니다.

신앙 전통의 장소인 벧엘(창 28:18-18, 35:1-7, 삼상 10:3)과 길갈(수 5:2-12)이 우상숭배 중심지가 되어 버렸습니다(호 10:5, 8, 15). 이 외식적인 종교행위는 주님 사역 시에는 바리새인과 사두개인들의 모습이었습니다.

(마 23:23) "화 있을진저 외식하는 서기관들과 바리새인들이여 너희가 박하와 회향과 근채의 십일조는 드리되 율법의 더 중한 바 정의와 긍휼과 믿음은 버렸도다 그러나 이것도 행하고 저것도 버리지 말아야 할지니라"

사람은 혹시 속일 수 있을지 모르나 하나님을 속일 수는 없습니다. 저들에게 내리는 7가지(기근, 가뭄, 풍재와 깜부기, 팥중이, 전염병, 전쟁, 지진)의 재앙은 회개할 기회를 주는 것이었습니다(6-11절). 완악해진 마음이 징조를 보고 회개하는 것은 거의 불가능한 것을 알 수 있습니다. 주님께서도 말씀에 강팍한 심령을 보고 안타까워하셨습니다(눅 7:31-32). 성실의 목적이 주님에게 맞춰 있지 아니하면 외식적 신앙으로 치달아 갑니다. 신앙의 타성을 경계하고 생활예배의 성실을 쌓아야 하겠습니다.

(시 37:3) "여호와를 의뢰하고 선을 행하라 땅에 머무는 동안 그의 성실을 먹을거리로 삼을지어다"

♦ 아모스 5장 성경칼럼

8절 | 묘성과 삼성을 만드시며 사망의 그늘을 아침으로 바꾸시고 낮을 어두운 밤으로 바꾸시며 바닷물을 불러 지면에 쏟으시는 이를 찾으라 그의 이름은 여호와시니라

24절 | 오직 정의를 물 같이, 공의를 마르지 않는 강 같이 흐르게 할지어다

"왜 하나님만 찾아야 할까요?"

부정적인 측면에서 세상과 기독교는 적대적입니다. 기독교는 세상의 사조를 두 가지 이유로 인정하지 않습니다. 첫째는 세상을 지배하는 사단의 영이 하나님의 것을 부인하며 훼방하기 때문입니다. 둘째는 기독교가 전하는 유일신과 유일한 구원의 방법을 세상은 받을 수가 없어서입니다. 만약 기독교가 다른 종교도 구원이 있다고 타협한다면 적대적인 관계는 해소할 수 있을 것입니다. 하지만 그렇게 하는 순간 하나님의 언약과 구원과 성경과 교회는 다 소멸됩니다.

세상에 선민으로 던져진 이스라엘 입장에서 생각을 해보겠습니다. 출애굽의 구원과 광야의 기적과 영광의 성소를 체험하였습니다. 신정왕국의 능력과 율법을 전수받은 특권도 누려왔습니다. 은혜가 충만할 때는 이 모든

것이 꿈만 같고 기쁨이었지만 시험의 사이클이 문제이었습니다. 눈을 들어 세상을 보니 자그마한 자기 나라를 빼고는 모조리 우상을 숭배하고 있었습니다. 인간적으로 볼 때 세상은 강하고 황홀하고 쾌락이 넘칩니다. 지도자들의 속성상 하나님보다 더 매력적인 것이 보이기 시작하는데 교회 청년들이 언뜻 오버랩 됩니다.

율법을 떠나 세상으로 갈 때의 가속도와 전염성은 누구도 못 말립니다. 참된 선지자들의 외침은 저들의 머리털 하나도 건들지 못하고 허공으로 날라 갑니다. 총체적 부정부패와 개개인의 영적 무력화는 징벌의 심판 외에는 방법이 없습니다. 바로 이 환경에서 아모스가 전하는 5장의 메시지는 애가(lamentation)일 수밖에 없습니다(1절). 선지자의 통탄이 하나님의 마음이라는 것이 절실히 느껴집니다. 심판의 결과를 '예언자적 완료형'을 사용함으로서 기정사실화 시킵니다(2-3절).

단 한 가지 희망을 주는 것은 이 절망의 순간에도 하나님을 찾으라는 메시지가 계속되는 것입니다(4, 6, 14, 15절). 하나님을 떠난 결과로 잃은 것은 하나님을 찾을 때 회복할 수 있습니다. 하나님을 찾아야 할 이유는 하나님만이 주권자가 되시기 때문입니다(8절). 묘성과 삼성을 만드셨다는 것은 우주의 주인이라는 뜻입니다. 낮과 밤을 바꾸신다는 것은 시간의 주권자임을 확인하는 것입니다. 바닷물을 지면에 쏟으시는 것은 자연만물의 운행자이심을 선포하는 것입니다.

주님께서는 하나님만이 하실 수 있는 '7가지의 표적(요한복음)'을 행하심으로 자기계시를 하셨습니다. 가득한 불법과 악행을 제거하고 정의와 공의를 펼 수 있는 길은 하나님께 순종하는 길 외에는 없습니다(22절). 이 정의와 공의는 정치인의 슬로건이 아니라 충성된 그리스도인의 사명입니다.

♦ 아모스 6장 성경칼럼

1절 | 화 있을진저 시온에서 교만한 자와 사마리아 산에서 마음이 든든한 자 곧 백성들의 머리인 지도자들이여 이스라엘 집이 그들을 따르는도다

7절 | 그러므로 그들이 이제는 사로잡히는 자 중에 앞서 사로잡히리니 기지개 켜는 자의 떠드는 소리가 그치리라

"최고의 착각"

착각과 건망증과 치매 중에서 어떤 것이 심각할까요? 예를 든 순서대로 착각보다는 건망증이 싫고 건망증보다는 치매가 심각하다고 할 것입니다. 자기 정신을 잃고 사는 치매는 암보다 더 무섭다는 사회적 공감대가 이루어져 있습니다. 그렇다면 착각은 수월한 편인데 심각한 착각을 소개해 보겠습니다. 바로 신앙의 착각이며 하나님에 대한 인간의 착각은 최고에 속합니다. 육적, 정신적 치매는 이 세상에 대한 것이지만 영적 착각은 영원세계와 직결됩니다.

6장에는 이스라엘과 유다의 지도자들에 대한 교만과 그 심판을 서술하고 있습니다. 시온(남유다)은 종교적 중심지이고 사마리아(북이스라엘)는 정치적 중심지를 의미합니다(1절). 이스라엘의 지도자들은 하나님께서 시온에 거하시고 그들을 만나 주신다는 사실을 확신하고 있었습니다.

(시 132:13~14) "여호와께서 시온을 택하시고 자기 거처를 삼고자 하여 이르시기를 이는 내가 영원히 쉴 곳이라 내가 여기 거주할 것은 이를 원하였음이로다"

하나님께서 시온에 거하신다는 확신은 보호와 평안으로 연결되었고 이를 기자는 교만하다고 판단합니다(1절). 그들은 하나님의 선민이고 제사

의 당사자이기에 안전하다고 생각했던 것입니다. 바로 이것이 최고의 착각이었습니다. 시온에 거하시는 하나님의 축복은 저들과 온전한 관계를 맺을 때에 주어지는 것입니다. 저절로, 기계적으로, 장소 개념으로서의 시온의 안전은 없습니다. 신앙은 하나님과의 인격적 반응에서 이루어지는 것으로서 장소와 형식이 보장해 준다는 생각은 착각입니다.

결국 이 착각은 지도자들로 하여금 마음껏 향락을 즐기는 동기가 되었습니다. 이방 도시인 갈레와 하맛과 가드의 경고가 자신들과는 상관없다고 치부합니다(2절). 심판의 날을 의식하지 않고 먹고 노래하고 취합니다. 포도주를 대접으로 마신다는 것은 방탕의 끝까지 가보자는 심산입니다(6절). 요셉의 환난을 근심하지 않는다는 것은 백성중의 어려운 자를 돕는 것은 관심이 없다는 뜻입니다(6절).

하나님과의 관계를 무시하고 종교적 형식으로 만족하며 자기를 위해 달려가는 이들의 모습을 보며 무엇이 떠오르십니까? 교회 출석과 교인의 의무 실행에 만족하고 세상 방식대로 사는 교회 중직자의 모습이 연상됩니다. 먼저 된 자의 책임 원리는 심판의 순서에도 적용되어 지도자들이 먼저 잡혀 갑니다(7절). 권세와 쾌락의 본거지인 궁궐은 이방 국에 의해 완벽하게 무너지고 전 국토는 끝에서 끝까지 유린됩니다(8-14절). 생활의 착각은 불편으로 끝나지만 영적 착각은 영적 멸망으로 갈 수 있기에 정말 조심해야 합니다. 하나님의 뜻인 말씀을 올바로 배워 절대 교만하지 않겠습니다(딤전 6:3-5).

♦ 아모스 7장 성경칼럼

3절 | 여호와께서 이에 대하여 뜻을 돌이키셨으므로 이것이 이루어지지 아니하리라 여호와께서 말씀하셨느니라

8절 | 여호와께서 내게 이르시되 아모스야 네가 무엇을 보느냐 내가 대답하되 다

림줄이니이다 주께서 이르시되 내가 다림줄을 내 백성 이스라엘 가운데 두고 다시는 용서하지 아니하리니

"매일 재다"

사람이 사는 방식은 다른 것 같지만 의식주의 패턴을 벗어날 수는 없습니다. 의식주 외의 생활 속에서 공통적으로 하는 것 중의 하나가 체중을 재는 것입니다. 성인이 되면 키는 안 재지만 체중계가 있다면 몸무게는 매일 재게 됩니다. 건강과 몸매를 위한 노력으로 볼 때 좋은 습관입니다. 몸무게를 성실하게 재듯이 영적 척량을 매일 한다면 얼마나 좋을까하는 생각으로 연결됩니다. 이 영적 척량에 대한 이야기가 7장에서 실감나게 펼쳐집니다.

9장까지 총 5가지의 묵시적 환상이 나타나는데 다림줄 환상은 세 번째에 해당됩니다. 메뚜기 재앙과 불 심판은 아모스의 간절한 중보기도를 하나님께서 응답하셔서 거둬들입니다(3, 6절). 선지자는 하나님의 대변자이지만 동시에 백성들의 탄원을 드리는 중보자의 역할도 감당하고 있습니다. 다림줄 환상이 앞선 두 환상과 다른 것은 두 가지입니다. 중보기도가 없어 이 심판은 중보기도를 통해 거둬들일 수 없다는 성격을 보여줍니다. 또한 하나님께서 아모스의 이름을 부르시고 대화하심으로 자기 종에 대한 긍휼과 사랑을 나타냅니다(8절).

아모스는 다림줄을 띄우고 쌓은 담 곁에 서 계시는 주님을 보았습니다(7절). 다림줄은 수직으로 곧게 내려진 줄을 말하는데 하나님의 심판의 기준을 의미합니다. 쌓은 담은 이스라엘의 도성이지만 궁극적으로는 백성들의 행위를 뜻합니다. 건축물이 똑바로 올라가지 못하면 반드시 허물어야 합니다. 하나님의 다림줄에 바로 서지 못한 이스라엘에게 심판이 불가피함을

알려줍니다. 웃음거리가 된 이삭의 산당과 변질된 이스라엘의 성소는 철저히 훼파될 것입니다(9절). 북이스라엘의 전성기를 이끌었던 여로보암 가문은 멸절되어 버릴 것입니다(9절).

신앙생활에서 심판의 다림줄을 의식하는 것과 그렇지 않은 것의 차이는 이어지는 기사에서 드러납니다. 참 선지자인 아모스의 사역을 못 마땅하게 여긴 당시의 제사장 아마샤가 시비를 겁니다(10절). 나는 정통인데 너는 유다 출신 목동 촌놈으로 풋내기가 아니냐며 예언의 입을 막으려 합니다(12-13절). 주님의 다림줄을 의식하지 않고 주의 종을 핍박하던 아마샤에게 가문의 저주가 떨어집니다(16-17절).

하나님이 배경이 된 아모스의 위력은 예언의 결과로서 증명이 됩니다. 체중계에 매일 오르는 육적 루틴이 다림줄을 항상 주목하는 영적 루틴으로 발전되면 참 좋겠습니다. 우리에게 이 다림줄은 말씀과 성령이심을 이미 눈치 채셨을 것입니다.

(히 3:13) "오직 오늘이라 일컫는 동안에 매일 피차 권면하여 너희 중에 누구든지 죄의 유혹으로 완고하게 되지 않도록 하라"

♦ 아모스 8장 성경칼럼

1절 | 주 여호와께서 내게 이와 같이 보이셨느니라 보라 여름 과일 한 광주리이니라

12절 | 사람이 이 바다에서 저 바다까지, 북쪽에서 동쪽까지 비틀거리며 여호와의 말씀을 구하려고 돌아다녀도 얻지 못하리니

"제철 과일"

과일을 먹을 때마다 하나님의 후의에 감사하게 됩니다. '오곡백과'란 말

은 5가지 곡식(쌀, 보리, 조, 콩, 기장)과 수많은 과일을 의미합니다. 만약 과일도 적은 종류만 주셨다면 다양한 크기와 모양과 색깔과 향기와 맛을 누리지 못했을 것입니다. 과일은 제철에 나온 것이 제일 맛있고 몸에도 좋습니다. 신토불이는 몸과 땅은 하나로서 천리 안에서 생산된 열매가 좋다는 것입니다. 과학의 발달로 제철 과일의 의미가 사라졌지만 여름 과일의 한계는 분명합니다. 수박, 포도, 참외, 토마토, 키위, 복숭아 등의 여름 과일은 익으면 바로 수확해야 하고 소비도 빨리 해야 합니다.

이 배경으로 8장의 여름 과일 한 광주리 환상을 보면 저절로 해석이 됩니다. 하나님께서 아모스에게 보여주신 여름 과일은 이스라엘을 뜻합니다. 완전히 익은 여름 과일을 속히 처리해야 하듯이 이스라엘이 죄악으로 무르익어 처리를 지체할 수 없게 되었습니다(1-2절). 기쁨으로 시작되었던 제철 과일 이야기가 비극적 심판으로 전환되는 순간입니다. 찬란했던 궁전의 영화가 애곡으로 바뀌고 시체가 던져지고 겹겹이 싸여 감당이 안 됩니다(3절). 이어지는 이스라엘의 죄악에 입이 벌어지지만 그 실상이 우리 시대에 더 악하게 재현되고 있다는 것에 놀라게 됩니다.

빈천한 자들에 대한 인권 유린이 성행합니다(4절). 상행위를 위해서라면 월삭과 안식일을 범하는 것은 가볍게 여깁니다(5절). 주일 예배를 필수가 아니고 선택이라고 생각하는 이 시대 풍조와 닮았습니다. 하나님의 백성이 돈을 위해서라면 부피(에바)도 속이고 무게(세겔)도 속이는 사기를 칩니다(5절). 사람을 물건으로 보고 인신매매를 거리낌 없이 실행합니다(6절). 분노한 하나님께서 스스로에게 맹세하시며 심판을 현실화합니다(7절). 지진이 일어나고 전우주적으로 임한 심판을 피할 자는 아무도 없습니다(8-9절).

독자의 장례를 치르는 아픔에 비교되는 슬픔이 휘몰아칩니다(10절). 육적 기근이 몰아닥치는데 더 무서운 것은 하나님 말씀의 기근입니다. 말씀이 사라지고 나서야 귀함을 알지만 이미 때는 늦었습니다(11-12절). 인생의 황금기인 아름다운 처녀와 젊은 남자도 말씀이 없으면 끝입니다(13절). 하나님을 외면하고 섬겼던 그 동안의 우상들은 돌덩이처럼 무력합니다(14절). 길거리마다, 심지어 교회까지 자기와 돈과 쾌락을 사랑하는 물결에 휩싸인 말세가 우리 앞에 펼쳐져 있습니다(딤후 3:1-4). 지금 이 시간 말씀을 붙들고 씨름하는 것보다 더 큰 축복은 없습니다(딤 후 3:16-17).

♦ 아모스 9장 성경칼럼

8절 | 보라 주 여호와의 눈이 범죄한 나라를 주목하노니 내가 그것을 지면에서 멸하리라 그러나 야곱의 집은 온전히 멸하지는 아니하리라 여호와의 말씀이니라

12절 | 그들이 에돔의 남은 자와 내 이름으로 일컫는 만국을 기업으로 얻게 하리라 이 일을 행하시는 여호와의 말씀이니라

"감춰진 영광"

도박에서 쓰이는 최고의 멘트는 비속어 같지만 '까봐'입니다. 올 인한 베팅의 마지막 패를 까는 순간의 스릴은 최고입니다. 그렇다면 인간의 심성 깊숙이 숨겨진 마지막 패는 무엇일까요? 다양한 대답이 나오겠지만 저는 '영광'이라고 생각합니다. 인간 욕구 중의 상위 개념인 자유와 가장 근접되어 있기 때문입니다. 자유를 종교적 욕구라고 본다면 종교의 끝은 영광입니다. 영광은 타락한 인간에게는 없고 구원받은 자에게만 회복되는 속성입니다.

바울은 새 언약의 일군에게 위임되는 하나님의 영광을 언급하였습니다(고후 3:9). 영광을 얻기 위해 자랑을 한다면 수치이므로 영광의 속성은 드러나지 않는 것입니다. 멋지고 아름다운 사역에서 하나님의 영광을 나타

내고 그 빛을 받아 덕을 볼 수는 있을 것입니다. 하지만 본질적으로 마지막 날까지 하나님의 영광은 감춰져 있도록 설정되어 있습니다. 이 속성을 모르고 주의 종이 영광을 나눠 먹고자 하는 순간 잘못되기 시작합니다.

우리는 성경에서 하나님의 영광을 수없이 목격하지만 불신자에게는 철저히 숨기시는 하나님을 발견합니다(마 13:10-11). 인간 입장에서는 그 큰 권능을 펼치셔서 영광을 받으시면 좋겠다고 생각하지만 번번이 어긋납니다. 9장은 아모스서의 결론으로 이스라엘의 멸망과 회복을 전하고 있습니다. 철저한 심판과 영광의 회복을 다루면서 역시 하나님의 영광은 숨기는 패턴이 계속됩니다.

말씀을 무시한 자들에게 말씀의 기근을 준 것처럼(8:11) 거짓된 제사를 드린 보응으로 성전은 파괴됩니다(1절). 전우주적 심판과 철저한 보응과 완벽한 구별의 심판을 말씀합니다(1-6절). 회개하지 않는 이스라엘에게는 이방인을 대하듯이 심판합니다(7, 10절). 이제 회복에 대한 말씀으로 들어가는데 대상은 역시 남은 자입니다(8-9절). 주목할 예언은 '다윗의 장막을 세우는 것'과 에돔의 남은 자'와의 연결입니다.

다윗의 장막을 다시 세우는 일은 역사에서 일어나지 않았기에 이 예언은 메시야의 사역임을 알 수 있습니다(11절). 에돔은 성경 전체에서 이스라엘 적대 세력의 대표로서 오직 다윗만이 정벌하였습니다(왕하 8:13-14). 이것은 다윗의 씨인 그리스도만이 이방에게 구원을 베풀 수 있음을 계시합니다. 에돔에 남은 자가 있다는 것은 교회시대에 만민에게 복음이 임함을 의미합니다(12절). 교회의 영광은 임했지만 세상은 여전히 감춰진 하나님의 영광을 발견하지 못합니다(13-15절). 우리도 오직 믿음의 눈으로만 하나님의 영광을 뵐 수 있습니다(히 11:1-2).

오바댜

♦ 오바댜 1장 성경칼럼

3절 | 너의 마음의 교만이 너를 속였도다 바위 틈에 거주하며 높은 곳에 사는 자여 네가 마음에 이르기를 누가 능히 나를 땅에 끌어내리겠느냐 하니

21절 | 구원 받은 자들이 시온 산에 올라와서 에서의 산을 심판하리니 나라가 여호와께 속하리라

"원 포인트 레슨"

중요한 한 가지를 집중적으로 배우는 것을 말하며 쪽 집게 과외로도 불립니다. 학업이나 운동을 비롯해 인생 모든 영역에서 적용될 수 있습니다. 고수와 전문가에게 받는 이 레슨의 효과로 성공하는 사례가 많습니다. 구약에서 가장 짧은 오바댜서를 만나면서 마치 이 레슨을 받는다는 생각이 들었습니다. 저자인 오바댜는 예언적 권위의 배경인 자기소개를 생략한 채 바로 본론으로 들어갑니다. 고수인 강사가 수업내용으로 자신을 증명하겠다는 모습과 비슷합니다.

다만 오바댜는 그 내용이 세상의 것이 아닌 하나님의 묵시임을 선포함으로 권위를 세웁니다(1절). 예언의 내용은 에돔의 멸망과 이스라엘의 회복입니다. 그렇다면 원 포인트는 '에돔의 멸망'임이 분명합니다. 연대는 에돔인과 관련된 외국 군대의 예루살렘 점령 사건이 있는 것으로 보아 B.C.586년 전후로 보입니다(10-12절). 남유다의 선지자로서 에돔의 구속사적 의미를 정확히 통찰하고 있음을 알 수 있습니다.

본장에 나오는 에돔과 에서와 드만은 모두 야곱의 쌍둥이 형인 에서의 후손을 일컫는 용어입니다. 에돔은 나라와 지역에 연관된 이름이고 드만은 중심도시 이름입니다. 구약에서 나라는 각자의 상징적 의미가 있습니다. 18절의 야곱 족속은 유다가 대표인 남유다이고 요셉 족속은 에브라임이 대표인 북이스라엘을 가리킵니다. 애굽은 이스라엘이 벗어날 육체적 상전이라면 바벨론은 세상 권세를 가진 우상 숭배국입니다. 이런 측면에서 에돔은 이스라엘과 혈족이면서 원수가 되는 적대국을 상징합니다.

형제가 사이가 좋으면 최고의 혜택이 오가지만 원한을 품으면 끝까지 원수가 됩니다. 에돔이 이스라엘의 멸망을 고소해하며 기뻐하는 모습의 배경입니다(12절). 출발이 잘못되었을 때 돌이키는 것이 얼마나 어려운지가 증명됩니다. 에돔이 거한 지역은 사해 남동쪽 산악지역으로 난공불락의 요새입니다(3절). 수도인 베트라는 3km에 걸친 좁은 계곡으로 되어 있어 적은 군사로 방어가 되었습니다. 여기에서 에돔의 교만이 나왔고 이 교만은 형제 국을 핍박하는데 사용됩니다(10절).

이 그림은 영적으로 세상이 교회를 대하는 태도입니다. 에돔의 심판이 이스라엘의 구원과 동시적으로 일어나는 것은 종말까지 세상과 교회가 대립한다는 것을 뜻합니다(17-18절). 역사에서 이스라엘의 왕성함이 없었다는 것은 18절이 교회의 승리를 의미한다는 증거입니다(15-16절). 교회를 적대하는 세상을 사랑하도록 설정된 것은 우리에게 그 실력도 주어졌다는 것을 의미합니다(마 5:44).

요나

♦ 요나 1장 성경칼럼

10절 | 자기가 여호와의 얼굴을 피함인 줄을 그들에게 말하였으므로 무리가 알고 심히 두려워하여 이르되 네가 어찌하여 그렇게 행하였느냐 하니라

17절 | 여호와께서 이미 큰 물고기를 예비하사 요나를 삼키게 하셨으므로 요나가 밤낮 삼 일을 물고기 뱃속에 있으니라

"참 다행이다"

누가 어떤 이야기를 할 때 나오는 반응입니다. 자기에게 생긴 일일 때도 안도의 한숨을 쉬며 내뱉을 수 있습니다. 드문 경우이지만 남의 이야기가 꼭 나의 것이라고 공감되었을 때에도 나올 수 있는 말입니다. 이야기체로 되어 있는 요나서의 내용을 깊이 들여다보면 세 번째에 해당되는 '참 다행이다'가 나올 수 있습니다. 일단 불순종하는 요나에게 책망과 징벌보다 긍휼을 베푸시는 하나님을 만나면서 참 다행이다가 나옵니다. 다른 방법도 있겠지만 사명자를 끝까지 붙들어 사용하시는 하나님은 참 미쁘신 분입니다(고전 10:13).

요나 이야기는 기독교인이라면 너무나 익숙한 내용이라서 잘 안다고 생각합니다. 그러나 요나가 바로 나를 가리킨다고 대입하는 순간 놀랄만한 메시지가 쏟아집니다. 요나서는 전 인류에 대한 하나님의 주권과 이스라엘의 이방 세계에 대한 책임을 주제로 한 책입니다. 편협한 배타적 민족주의에 싸여 있던 선민에게 새 지평을 열어주고 있습니다. 하나님의 자비가 이스라엘에게만 머물지 않고 모든 민족에게 미친다는 구원의 보편성을 선포합니다.

이런 하나님의 의도를 요나는 알 수 없었기에 불순종의 오류를 계속합니다.

앗수르의 행정 수도인 니느웨 성의 죄악이 극심한 가운데 하나님께서 요나를 선교사로 파송합니다(2절). 적국이 회개하여 구원받는 것을 싫어한 요나는 반대 방향인 다시스로 가는 배에 승선합니다(3절). 하나님의 뜻을 알지 못하여 반대로 행동하는 우리의 모습이 클로즈업됩니다. 그대로 두었다면 유기의 비극이 되었겠지만 요나에게 기회가 주어집니다. 태풍과 제비뽑기와 선원과의 실랑이 등은 모두 하나님의 간섭입니다(4-10절).

영적 감각이 살아난 요나는 자기를 바다에 던지라고 요구하고 큰 물고기 뱃속에 들어갑니다(12-15절). 모든 것이 끝난 요나의 상태이지만 물고기 뱃속의 3일은 구속사에서 최고의 표적이 됩니다(17절).

(마 12:39) "예수께서 대답하여 이르시되 악하고 음란한 세대가 표적을 구하나 선지자 요나의 표적 밖에는 보일 표적이 없느니라"

요나는 주님의 죽음과 부활을 극적으로 보여주는 구약적인 예표가 됩니다(마 12:40).

요나 사건이 우리의 이야기가 될 수 있는 소스는 우리도 사명자라는 점에 있습니다. 아주 인간적인 감정으로 행동하면서 결정적일 때 항복하며 은혜를 구하는 요나와 우리는 닮았습니다. 그대로 놔두면 큰일 날 요나처럼 나도 주님께서 손길을 거두면 끝입니다. 엘리사와 아모스 사이에 40년 동안 선지자가 요나 외에는 없었다는 것은 비약적 적용이 가능합니다. 이 시대의 나도 나만의 독특한 사명이 주어진 것이 분명하기 때문입니다.

(마 25:21) "그 주인이 이르되 잘하였도다 착하고 충성된 종아 네가 적은 일에 충성하였으매 내가 많은 것을 네게 맡기리니 네 주인의 즐거움에 참여할지어다 하고"

◆ 요나 2장 성경칼럼

2절 | 이르되 내가 받는 고난으로 말미암아 여호와께 불러 아뢰었더니 주께서 내게 대답하셨고 내가 스올의 뱃속에서 부르짖었더니 주께서 내 음성을 들으셨나이다

10절 | 여호와께서 그 물고기에게 말씀하시매 요나를 육지에 토하니라

"마지막에 할 수 있는 것"

누가 큰 물고기 뱃속에 3일 동안 있었다고 하면 믿으시겠습니까? 나아가 그 속에서 살아 나왔다고 덧붙이는 순간 어떻겠습니까? 당장 미친 사람으로 상대도 안할 것입니다. 이런 세상의 관점은 성경 비평학자들로 하여금 요나 이야기를 신화로 취급하고 상징적으로 해석하게 하였습니다. 이 이야기는 역사에서 유일무이한 사건으로 하나님을 생각하지 않고는 접근 자체가 안 됩니다.

요나가 물고기 뱃속에 들어간 것은 1차적으로는 바다에서 죽을 것을 보호한 것입니다. 영적으로는 불순종의 결과로 징계를 받은 것이고 나아가 새로운 세계에로의 초대로 볼 수 있습니다. 요나는 물고기 뱃속에 들어가서 죽어야 마땅한데 살아 있음을 의식하며 영성을 깨우게 됩니다. 살아 있지만 한치 앞도 모를 때 영성의 전부는 하나님을 향하도록 되어 있습니다. 저는 임종 직전에 있는 분들을 많이 만나 보았는데 그 때의 관심은 오직 내세와 구원이었습니다. 그토록 좋아했던 재산과 가족까지 우선순위에서 사라져 있었습니다.

우리가 전도할 때 당장 예수님을 안 믿더라도 천국과 지옥에 대하여 알려야 하는 이유입니다(히 9:27). 마지막 지점인 죽음의 상태에 있는 요나

가 마지막 해야 할 것은 기도이었습니다. 해야 할 것이 아니라 할 수 있는 것이 기도밖에 없었습니다. 우리가 신앙생활에서 기도하지 않는 것은 기도 외에 할 것이 너무 많기 때문입니다. 요나의 기도는 소망(3-4절)과 구원(5-6절)과 감사(7-9절)의 순서로 되어 있습니다. 이 기도의 내용은 시편에 나오는 수많은 내용과 겹쳐 있습니다(2절, 시 30:3).

그 곳에 시편 두루마리가 있을 리가 없습니다. 그렇다면 그의 머리에 하나님에 대한 지식이 가득 차 있었다는 것입니다. 우리도 성경을 정독묵상하며 신앙의 저축을 해 놓는다면 결정적일 때 사용할 수 있습니다. 하나님께 상달되는 정확한 기도는 하나님의 뜻과 자신의 간절한 소원이 일치되어야 합니다(10절). 여기서 심술궂은 상상을 한번 해 보았습니다. 만약 요나가 회개기도를 하지 않았다면 하나님의 구원도 없지 않았겠느냐는 질문입니다.

각자 대답이 다르겠지만 요나는 은혜를 받아 기도한 것만은 분명합니다. 종교개혁의 슬로건에 '오직 은혜(Sola gratia)'가 있다는 것은 우리의 축복입니다. 아무리 절망적인 마지막 순간이라도 우리에게는 기도의 은혜가 있습니다.

(삿 16:28) "삼손이 여호와께 부르짖어 이르되 주 여호와여 구하옵나니 나를 생각하옵소서 하나님이여 구하옵나니 이번만 나를 강하게 하사 나의 두 눈을 뺀 블레셋 사람에게 원수를 단번에 갚게 하옵소서 하고"

♦ 요나 3장 성경칼럼

2절 | 일어나 저 큰 성읍 니느웨로 가서 내가 네게 명한 바를 그들에게 선포하라 하신지라

8절 | 사람이든지 짐승이든지 다 굵은 베 옷을 입을 것이요 힘써 하나님께 부르짖을 것이며 각기 악한 길과 손으로 행한 강포에서 떠날 것이라

"동업자, 동역자"

어린 시절 어른들이 인생의 금언이라며 전해준 말이 있습니다. 동업은 절대 하지 말라는 것입니다. 아무리 미덥고 좋아도 이익이 걸리는 순간 사고가 난다는 경험에서 나온 말입니다. 논리상으로 동업은 혼자 하는 것보다 당연히 좋은 결과가 나와야 합니다. 소위 시너지 효과로서 역량의 향상과 피차 보완재 역할을 할 수 있기 때문입니다. 이상의 결론을 내자면 '성숙을 갖춘 동업은 성공하지만 죄 성의 인간으로서는 어렵다' 입니다.

성숙을 갖춘 동업을 따로 이름을 붙이자면 동역자(fellow work)입니다. 동업자와의 차이점은 목적이 일치함으로 이익 이상의 가치를 지향한다는 것입니다. 바울이 주님의 일군을 하나님의 동역자로 명명한 것을 주목해야 합니다.

(고전 3:9) "우리는 하나님의 동역자들이요 너희는 하나님의 밭이요 하나님의 집이니라"

인간의 언어는 오해할 여지가 있어 하나님의 동역자라는 용어는 하나님과 같은 급으로 격상할 우려가 있습니다.

이 생각은 교만을 들이고 하나님을 조절할 수 있다는 착각으로 갈 수 있습니다. 정확히 하나님과 인간 사역자는 '종속적 동역자(subordinate partner)'의 관계임을 잊지 말아야 합니다. 하나님의 사역은 하나님의 주권에 의하여 역사되고 인간을 통하여 이루어진다는 의미입니다. 이 원리를 명확하게 증거 하는 사건이 3장에 펼쳐집니다. 기운을 차린 요나에게 하나님의 재소명이 주어지는데 감격적입니다. 처음의 불순종은 없어지고 순종하는 요나는 우리가 사모할 모습입니다.

주목할 단어는 처음 명령에는 '향하여(쳐서) 외치라'였지만(1:2) 이번에는 '선포하라'입니다(2절). 처음 명령 때는 요나의 선포 행위가 중심이었지만 이번에는 하나님의 메시지가 강조되었습니다. 역사는 하나님께서 하시는 것이고 인간 동역자는 말씀만을 잘 전하면 된다는 뜻입니다. 이것은 외국 선교사인 요나가 단 하루에 전한 경고가 니느웨 성의 철저한 회개로 나타난 것으로 증명됩니다(4절). 자국 선지자가 울며 자극적 행위까지 동원하여 전한 경고에도 꿈쩍하지 아니한 이스라엘과 대조됩니다.

니느웨성 회개의 의미는 이스라엘 시대가 저물고 신약교회에서 이방인 구원이 이루어지는 것의 예표입니다. 요나서는 베드로가 이방인 구원섭리를 수월하게 영접하는 교과서가 되었을 것입니다(행 10장). 하나님께서 회개를 얼마나 기뻐하시는지를 알게 해주는 니느웨성의 큰 구원은 구약의 신비입니다. 짐승까지 회개에 동참시키는 행동은 환경까지 바꾸는 진정성을 보여주는 것입니다(7-9절). 하나님께 순종하는 동역자로 성품을 다하여 사용되기를 소원합니다.

♦ 요나 4장 성경칼럼

1절 | 요나가 매우 싫어하고 성내며
9절 | 하나님이 요나에게 이르시되 네가 이 박넝쿨로 말미암아 성내는 것이 어찌 옳으냐 하시니 그가 대답하되 내가 성내어 죽기까지 할지라도 옳으니이다 하니라

"내가 찾는 하나님이 아니었어요"

교회를 출석하다가 안 나오는 이유를 묻는 질문에 대한 대답입니다. 하나님이 자기의 생각과 달랐다는 것입니다. 전능하신 하나님께서 마음에 평

안도 주고 소원도 이루어 주실 줄 알았는데 기대가 어긋난 것입니다. 하나님을 자기가 필요할 때 소환할 수 있는 수호신 정도로 여긴 것입니다. 이 모습을 보며 성경도 모르고 신앙 연륜이 부족해서 그런 것이라고 넘어가도 될까요? 절대 그렇지 않다는 것은 우리 모두가 잘 압니다. 신앙이 좋다고 하는 신자 중에도 자기가 만든 하나님을 믿는 경우는 수없이 목격됩니다(출 32:4). 오죽하면 기분 나쁘면 천국도 안 간다는 말이 나왔겠습니까?

4장에 나오는 요나는 하나님에 대한 편견이 얼마나 무서운지를 보여주는 샘플입니다. 그 시대의 거의 유일한 선지자인 요나는 하나님에 대한 지식에는 흠이 없었습니다. 이것은 그가 고백한 기도 속에서 증명됩니다(2절). 하나님의 성품을 잘 알고 있지만 하나님의 섭리에는 눈을 뜨지 못한 것이 문제였습니다. 오직 이스라엘만을 위한 하나님으로 알 때 니느웨의 구원을 이해할 수 없었습니다.

선민의식이라는 편협한 시각에 이방인 구원 사역은 기분 나쁜 사건이 되어 버렸습니다(1절). 자기 마음에 맞지 않은 결과를 보고 항변을 넘어 죽고 싶다고 강짜를 부립니다. 닫힌 사고와 영적 무지는 하나님께 다가서서 배우고 순종하는 능력을 삭제해 버립니다. 이런 요나를 향한 하나님의 대처는 우리로 하여금 옷깃을 여미고 마음을 살피게 합니다.

벼락을 치시기보다 자상하게 알아듣도록 설득합니다. 하나님께서 동원하신 박 넝쿨과 벌레와 동풍은 요나가 마음을 전환하기에 충분합니다(5-8절). 니느웨 성의 60만 명으로 추정되는 사람의 구원과 박 넝쿨을 대조합니다(10-11절). 하지만 요나의 마지막 대답은 아무리 말씀하셔도 '내가 옳습니다' 입니다(9절). 이방인 구원에 기분 나쁜 것과 자기의 선지자 위신에 목숨을 건 요나의 모습 속에 우리가 발견되는 것은 어쩐 일일까요? 하나님의 보편적 사랑을 애써 외면하고 나와 악연인 사람은 지옥가야 마땅하다고 여기는 마음이 부끄럽습니다.

요나의 대답이 아닌 하나님의 질문으로 이 책을 마치는 것은 우리에게 숙제를 준 것입니다. 요나의 실패를 교훈 삼아 바울은 이방인에 대한 구원 섭리에 쓰임 받을 수 있었을 것입니다(롬 9:24-33). 하나님을 내가 원하여 누르면 바로 나오는 자판기처럼 여기면 믿음의 실족이 옵니다(롬 5:3-5). 하나님의 뜻을 살피어 그 시간 그 장소에 대기하는 훈련을 잘해야 하겠습니다(사 6:8).

미가

♦ 미가 1장 성경칼럼

3절 | 여호와께서 그의 처소에서 나오시고 강림하사 땅의 높은 곳을 밟으실 것이라
7절 | 그 새긴 우상들은 다 부서지고 그 음행의 값은 다 불살라지며 내가 그 목상들을 다 깨뜨리리니 그가 기생의 값으로 모았은즉 그것이 기생의 값으로 돌아가리라

"반복인데 느낌이 다르다"

제자훈련 시리즈 중에 '대화의 기술'이 있습니다. 그 중의 한 가지 원리가 '아이 메시지(I massage)'입니다. 상대방을 지적하는 것이 아니라 내 마음을 표현하는 것입니다. 아내가 늦게 들어온 남편에게 자초지종을 따지는 게 아니라 걱정한 자기 마음을 이야기하는 것입니다. 메시지는 같지만 표현을 달리하면서 관계를 좋게 하는 지혜입니다. 우리는 그동안 많은 선지서를 통과하여 미가서까지 왔습니다. 미가서의 주제도 다른 선지서와 내용이 크게 다르지 않습니다. 같은 시대의 선지자인 이사야, 아모스, 호세아와 같이 이스라엘의 심판과 회복에 대한 예언입니다(1절).

반복되는 말씀에 지루할 수 있지만 중요한 내용은 거듭 말할 수밖에 없습니다. 많은 선지자가 이야기한다는 것은 증인의 성격이 있고 확실성을 보증하는 것입니다. 나아가 선지자마다 같은 내용을 다른 측면에서 접근함으로서 하나님의 성품을 계시합니다. 예를 들어 이사야는 궁중시인이며 정치가이고 예언의 대상이 왕과 지도층입니다. 반면에 미가는 촌락의 시인으

로서 전도자이며 사회 개혁가로서 평민의 신앙을 언급합니다. 미가서에서 가장 유명한 메시야의 탄생 장소 예언은 미가에게 허락된 독특한 은혜입니다(5:2, 마 2:5-6).

1장은 이스라엘의 죄악의 근본 원인에 대한 분별로 시작합니다. 하나님께서 성소에서 나오신다는 것은 심판의 임박함을 의미합니다(2-4절). 이스라엘의 죄의 핵심은 우상숭배로서 모든 죄의 근원이 종교적 영역에서 일어난다는 것을 분명히 합니다(5-7절). 허물과 산당을 평행시킴으로서 우상숭배의 죄가 모든 영역에 영향을 주었음을 증거 합니다(5절). 기생은 창녀를 말하는데 이스라엘은 자원하여 죄를 짓고 보상을 위하여 우상숭배를 하였습니다(7절).

미가가 벌거벗은 몸으로 활보하며 통곡한 것은 노예의 모습이 될 이스라엘을 보여주는 몸짓 예언입니다(8절). 심판의 성격은 돌연적으로 일어나 대처할 수 없음을 선언합니다(9절). 미가는 이스라엘의 심판을 예언함에 있어 다윗과 사울의 관계를 연상시키는 표현을 사용합니다. 사울의 죽음을 상징하는 가드로부터 사울로부터 피하여 숨은 아둘람 동굴까지 12곳을 섭렵합니다(10-15절).

지명과 반대되는 현상들을 통하여 이스라엘 심판의 의외성을 묘사합니다. 예를 들어 '아름답다'는 의미인 '사빌이 오히려 벗은 몸으로 수치를 당한다고 말씀합니다(11절). 이 역전 시리즈는 사람의 눈에 좋게 보인 우상이 하나님의 저주로 바뀐다는 메시지입니다. 우리가 원하는 축복이 얼마든지 우상이 될 수 있다는 지적에 놀라지 아니할 수 없습니다.

♦ 미가 2장 성경칼럼

1절 | 그들이 침상에서 죄를 꾀하며 악을 꾸미고 날이 밝으면 그 손에 힘이 있으므로 그것을 행하는 자는 화 있을진저

12절 | 야곱아 내가 반드시 너희 무리를 다 모으며 내가 반드시 이스라엘의 남은 자를 모으고 그들을 한 처소에 두기를 보스라의 양 떼 같이 하며 초장의 양 떼 같이 하리니 사람들이 크게 떠들 것이며

"계획 vs 계획"

어떤 목적을 달성하기 위해서는 계획이 있어야 합니다. 단순한 계획을 넘어 여러 변수를 감안한 기획을 고급지게 설계라고 부르기도 합니다. 계획을 세우는데 있어서 가장 중요한 것은 상대가 있음을 아는 것입니다. 그 상대는 작게는 개인과 조직이고 크게는 사회와 국가라는 환경입니다. 나아가 세상에서 천운이라고 부르지만 기독교 용어로 하나님의 뜻이 있습니다.

2장은 하나님 없이 계획을 세우는 강한 자가 등장하면서 시작합니다. 침상에서 죄를 꾀하며 악을 꾸미는 목적은 가진 힘을 가지고 약한 자를 약탈하기 위해서입니다(1절). 밤에 계획하고 낮에 행동한다는 것은 거기에만 올 인한다는 뜻입니다. 저들은 계획대로 밭과 집과 사람과 산업을 강탈하는데 성공합니다(2절). 힘을 가진 자가 그 힘을 옳게 사용하는 일은 희귀합니다. 기독교인일지라도 성령의 열매인 절제를 훈련받지 아니하면 거의 불가능합니다(갈 5:22-23). 가진 자는 마치 달리는 탱크와 같아서 계속 탐욕을 채워야만 존재하는 속성을 가졌습니다.

이만하면 되었다고 탐욕의 탱크에서 내려오는 자가 드문 이유입니다. 바르게 해서 채울 실력이 없기에 힘없는 자를 대상으로 약탈하는데 여념이

없습니다. 이대로 가면 악한 자의 전성시대가 계속되겠지만 천만의 말씀입니다. 하나님께서 이들에게 재앙을 계획하셨다고 선언합니다(3절). 여기서 '계획하나니'의 원어는 '호쉐브'인데 1절의 악한 자의 '꾀하고'와 동일한 단어입니다.

계획과 계획이 맞붙었는데 어떤 승부가 벌어질까요? 저들의 죄악이 자신들의 목을 조르고 속박을 당해 꺾이게 됩니다(3절). 율법을 어기고 동족의 소유를 빼앗았지만 그것은 패역자인 앗수르에게 넘어갑니다(4절). 강자가 주도하는 것 같은 현상에 사회 분위기는 거짓 선지자를 선호하게 됩니다(6-11절). 하나님의 계획이 성공되지 않는 것 같은 외형에 실망할 수 있지만 이것이 끝이 아닙니다. 갑자기 미가가 남은 자의 영광을 노래하면서 하나님의 계획의 절정이 펼쳐집니다.

보스라의 양떼가 많다는 표현은 남은 자가 심히 작을 것이라는 선입견을 깨게 합니다(12절). '보스라'는 에돔의 한 성읍 이름이지만 그 뜻인 '벽으로 둘러싸다'라는 이미지를 차용하고 있습니다. 요새와 같은 울타리 안에 보호받는 양떼처럼 하나님의 사람은 완전한 계획에 의해 인도함을 받습니다(13절, 시 92:5).

(시 139:17) "하나님이여 주의 생각이 내게 어찌 그리 보배로우신지요 그 수가 어찌 그리 많은지요"

♦ 미가 3장 성경칼럼

1절 | 내가 또 이르노니 야곱의 우두머리들과 이스라엘 족속의 통치자들아 들으라 정의를 아는 것이 너희의 본분이 아니냐

5절 | 내 백성을 유혹하는 선지자들은 이에 물 것이 있으면 평강을 외치나 그 입에 무엇을 채워 주지 아니하는 자에게는 전쟁을 준비하는도다 이런 선지자에

대하여 여호와께서 이르시되

"분간하기 어려울 때"

분간은 옳고 그름과 좋고 나쁨을 가리는 일입니다. 분간에 있어서 가장 중요한 분야는 사람의 정체를 구별할 때입니다. 분간을 잘못하면 손해를 입기도 하고 크게는 인생을 망칠 수도 있습니다. 영적인 세계는 분간을 분별이라고 바꾸어 부르며 9가지 은사 중에 영분별의 은사가 있습니다(고전 12:10). 일반 영역보다 깊은 차원임을 알 수 있고 기도를 통해 얻을 은사입니다(고후 1:11).

현대인들이 받는 정보의 양은 100년 전보다 1,000배 이상 많다고 해도 과언이 아닙니다. 그중에 참이 있고 거짓이 있는데 분간하여 소화하는 것이 쉽지 않습니다. 더구나 영적인 세계에서 주어지는 지식을 잘못 받게 되면 이단으로 끌려갈 수도 있습니다. 그리스도인은 자신이 믿고 있는 신앙의 내용이 진리인지를 분별해야 합니다. 이는 초대교회 때에 베뢰아 사람들이 했던 고민이기도 합니다. 진리를 분별하는 첫째 비결은 성경을 매일 상고할 때 주어집니다(행 17:11). 성경을 잘 배우고 기도생활을 성실히 한 신자는 이단이 접근할 때 금세 분별할 수 있습니다.

둘째는 마귀의 속성을 알면 거짓 지도자를 가려낼 수 있습니다. 거짓과 욕심과 살인의 열매 중 하나라도 두드러지면 마귀에게 속한 자입니다(요 8:44). 셋째는 예수님에 대한 반응으로 분별할 수 있습니다. 예수님이 육체로 오신 것을 부인하는 자는 적그리스도의 편입니다(요일 4:1-3). 예수님께서 이 땅에 육체로 오셔서 이루신 십자가와 부활과 승천에 흠을 내면 이단입니다.

이런 신약적인 관점에 비하여 3장에 나오는 지도층과 거짓 선지자의 분별 법은 차원이 다르게 보입니다. 하지만 의미를 추적하면 서로 맞닿아 있음을 알 수 있습니다. 이스라엘 지도층의 죄의 원인은 하나님의 정의를 실천하지 않은 것에서 시작됩니다(1절). 정의의 원어인 '미쉬파트'는 율법을 준수한 결과를 의미합니다. 약탈의 화신인 저들이 하나님을 대적하는 자라는 것은 금방 분별할 수 있습니다(2-3절). 거짓 선지자의 분별은 사람에게 좋은 말을 하여 이익을 얻는 자를 가려내면 됩니다(5절).

그 때나 지금이나 말씀에서 증거 되는 심판보다 인간이 구하는 평안을 외치는 자가 환영받는 것은 동일합니다. 코앞만 보고 사는 거짓 지도자들에게 응답이 끊어지고(4절) 예언이 금지되고(6-7절) 전공동체의 파멸(12절)이 점진적으로 확대됩니다. 중심에 주님을 모시고 주님이 주신 사역에 충성하는 종으로 살기를 소원합니다(갈 1:10).

(행 4:19) "베드로와 요한이 대답하여 이르되 하나님 앞에서 너희의 말을 듣는 것이 하나님의 말씀을 듣는 것보다 옳은가 판단하라"

♦ 미가 4장 성경칼럼

5절 | 만민이 각각 자기의 신의 이름을 의지하여 행하되 오직 우리는 우리 하나님 여호와의 이름을 의지하여 영원히 행하리로다

7절 | 발을 저는 자는 남은 백성이 되게 하며 멀리 쫓겨났던 자들이 강한 나라가 되게 하고 나 여호와가 시온 산에서 이제부터 영원까지 그들을 다스리리라 하셨나니

"교회의 본 모습?"

교회에서 지극한 대접을 받는 사람은 초신자입니다. 초신자는 예수님을

아직 영접 안하였거나 영접한지 얼마 안 된 사람을 말합니다. 교역자를 비롯한 온 교우가 새 신자에게 관심을 가지고 잘해 주려고 합니다. 한 영혼이 온 천하보다 귀함을 잘 알기에 최선을 다합니다(막 8:36). 가끔 진심에 감격한 초신자가 인사를 합니다. '나 같은 사람이 뭐 길래 이렇게 잘해 주나요?' 뭐라고 대답을 해야 하는데 입을 떼기가 망설여집니다. 이때의 대답은 '교회는 원래 이런 곳이예요'입니다.

이 대답을 속으로만 하는 이유는 교회의 본래 모습은 사랑과 능력이 넘치기 때문입니다. 교회의 샘플인 초대교회의 영광된 모습은 지상천국 수준입니다.

(행 4:32) "믿는 무리가 한마음과 한 뜻이 되어 모든 물건을 서로 통용하고 자기 재물을 조금이라도 자기 것이라 하는 이가 하나도 없더라"

이 모습을 잃고 계산적이고 한계적인 사랑을 하는 실상에 할 말을 못하게 된 것입니다.

전장의 예루살렘 파멸과 대조되는 장면이 4장에 전개됩니다. 피의 도시에서 평화의 도시가 된 것은 끝 날에 메시야의 강림이 이루어졌기 때문입니다. 여기에서의 끝 날이란 다른 성경에서 말일, 마지막 날, 마지막 때라고 불리어집니다(1절). 이스라엘 역사에서는 포로 귀환의 날이지만 구속사에서는 초림과 재림 사이의 교회시대를 의미합니다.

시온은 구약에서 하나님의 현현 장소이고 신약에서는 교회를 상징합니다(2절). 이방이 모여 말씀을 듣고 하나님의 통치가 이루어집니다(행 2:42-47). 메시야의 시대에는 공격형 무기(칼, 창)가 일하는 도구(보습, 낫)가 됩니다(3절). 포도나무와 무화과나무 아래 앉아 평화롭고 안락한 모습은 그리스도 왕국의 특권입니다(4절). 교회시대의 독특한 특징은 이방 민족에게 복음이 퍼져 나가는 것입니다(5절).

4장의 하이라이트는 남은 자에 대한 해석입니다. 돌아온 백성들이 저절로 남은 자가 되는 것이 아니라 남은 자로 만들어진다(리슈에리트)는 표현을 사용합니다. 저는 자와 쫓겨난 자와 환난 받은 자가 강한 나라가 된다는 것은 권능이 입혀진다는 뜻입니다(6-7절). 치열한 영적 전투를 묘사하는 가운데 최후 승리가 보장되어 있습니다(11-13절). 전투하는 교회의 상처투성이만 보고 우리는 주눅들 필요가 없습니다. 승리하는 교회의 자화상을 확인하며 영적 전투에서 분발해야 하겠습니다(갈 1:4-5).

♦ 미가 5장 성경칼럼

2절 | 베들레헴 에브라다야 너는 유다 족속 중에 작을지라도 이스라엘을 다스릴 자가 네게서 내게로 나올 것이라 그의 근본은 상고에, 영원에 있느니라

4절 | 그가 여호와의 능력과 그의 하나님 여호와의 이름의 위엄을 의지하고 서서 목축하니 그들이 거주할 것이라 이제 그가 창대하여 땅 끝까지 미치리라

"전투 방식"

사람마다 지문이 다르듯이 사는 방식도 다릅니다. 대립이 불가피한 인간은 이를 대처하는 방식도 다를 수밖에 없습니다. 분기탱천하여 강하게 밀어 붙인다고 꼭 이기는 것이 아닙니다. 참고 양보한다고 해서 누가 알아주고 승리를 선사해 주는 것도 아닙니다. 그렇다면 그리스도인이 이 세상과 상대하여 승리하는 성경적 원리가 궁금해집니다. 성경의 전체적인 결론은 악을 정면으로 대적하지 말고 하나님께 의뢰하는 것입니다(롬 13:1-7). 이 원리의 내면에는 약한 성도가 악한 권력에게 다치지 않아야 하는 장치가 숨겨져 있습니다.

하나님의 나라는 영적 전투가 필수이고 이 전투는 믿음의 능력으로 하는 것이 분명합니다. 그리스도인은 주님께서 어떤 전투를 하셨는가를 보고 따라야 할 것입니다. 4장이 하나님 나라의 속성이 초점이었다면 5장은 그 나라를 통치할 왕을 언급합니다. 이스라엘의 종말론적 회복이 전쟁의 과정을 통해 성취됨을 밝히면서 하나님 나라의 투쟁적 성격을 보여줍니다. 장차 나타날 시온의 왕이 어떤 분이며 어떻게 대적을 물리치고 승리할 것인지를 말씀합니다. 이 원리는 교회와 성도가 어떤 방식으로 세상과 상대해야 하는지의 교과서입니다.

미가서에서 가장 유명한 2절은 주님의 탄생 장소에 대한 예언입니다(마 2:1-8). 에브라다는 베들레헴의 옛 이름으로 '열매를 많이 맺음'이란 뜻입니다. 베들레헴이 '떡집'이란 뜻이니 함께 풀면 열매가 많이 맺히는 떡집이 됩니다. 영적으로 보자면 초라한 집에서 태어난 메시야이지만 그 열매는 창대할 것을 선언합니다. 예수님이 마구간에서 태어나 구유에 뉘인 것은 세속 권력의 배경이 전혀 없음을 나타냅니다(눅 2:7). 세상의 통치방식과 전혀 다른 '목가적(목축) 왕'이 오신 것입니다(4절).

주님의 통치 방식은 맡겨진 양떼를 먹이고 키우는 것이 핵심입니다(요 10:10). 세상 왕국을 세우고 지상을 통치하려고 오시지 않았습니다(막 10:45). 힘이 없어서가 아니라 오신 목적이 아예 다릅니다.

(마 26:53) "너는 내가 내 아버지께 구하여 지금 열두 군단 더 되는 천사를 보내시게 할 수 없는 줄로 아느냐"

힘의 통치가 아닌 고난(3절)과 섬김의 통치를 세상이 알아볼 리가 없습니다(5-9절).

영적 전쟁에 의하여 시온의 정결 작업이 이루어지지만 아는 사람(남은 자/3, 7, 8절)만 알게 되어 있습니다(10-15절). 겨자씨와 누룩 비유는 하나님 나라는 작고 은밀하지만 반드시 열매가 있다는 사실을 증명합니다(마 13:31-33). 주님의 통치를 배우고 실천하는 그리스도인이 우리의 목표입니다.

♦ 미가 6장 성경칼럼

2절 | 너희 산들과 땅의 견고한 지대들아 너희는 여호와의 변론을 들으라 여호와께서 자기 백성과 변론하시며 이스라엘과 변론하실 것이라

4절 | 내가 너를 애굽 땅에서 인도해 내어 종 노릇 하는 집에서 속량하였고 모세와 아론과 미리암을 네 앞에 보냈느니라

"변호인 미가"

변호사를 법정에서는 변호인이라고 부릅니다. 형사 재판에는 반드시 변호인이 있어야 재판이 성립됩니다. 수임료를 낼 수 없는 사람은 국선 변호인이 선임됩니다. 이 그림은 하나님의 재판정에서도 벌어집니다. 마지막 날의 심판에서 죄를 기소하는 검사는 사탄이고 죄인을 변호하는 역할은 예수님이 하십니다. 이와 비슷한 모습이 6장에 벌어지는데 특이한 점은 미가가 두 역할의 변호인으로 나오고 있습니다.

5장까지의 미래 예언을 마치고 현재의 이스라엘 실상을 폭로하며 나온 광경입니다. 이스라엘의 산들과 땅의 견고한 지대를 증인으로 채택함으로 고소의 내용이 절대 증거임을 강조합니다(2절). 미가는 먼저 하나님의 변호인으로 이스라엘과 변론하게 됩니다. 이스라엘이 순종하지 않은 것에 대해 하나님께서 작용하였는지를 묻습니다(3절). 이어서 죄의 항목을 지적하기보다 죄를 지은 근본 원인에 대하여 말씀합니다.

여기서 출애굽을 언급하는 것은 하나님과 이스라엘 사이가 언약적인 관계임을 확인하는 것입니다(4절). 하나님의 언약과 은혜를 망각한 것이 이스라엘이 잘못된 이유임을 밝힙니다. 이것은 신약성도가 예수님의 속죄의 법을 잊고 다른 방법으로 구원받고자 하는 것에 해당됩니다. 이어서 나오는 발람 사건과 싯딤에서 길갈까지의 여정 언급은 하나님의 활동에 모자람이 없고 성취되었다는 뜻입니다(5절). 불성실한 이스라엘임에도 하나님의 성실은 변치 않았습니다. 이 사건들은 인간의 어떤 전략도 하나님 백성의 진로를 막을 수 없다는 원리입니다.

무엇 때문에 예수님을 안 믿었다는 핑계는 심판대에서 절대 통하지 않습니다. 미가는 탄식조의 의문문을 통해 백성들의 변론을 대행합니다. 가장 좋은 제물과 가장 귀한 맏아들을 바친다 할지라도 착각임을 역설적으로 설파합니다(6-7절). 하나님께서는 외식적 종교 행위보다 말씀을 실천하는 것을 원하신다고 답변하십니다(8절). 신약적 표현으로는 이웃 사랑과 하나님 사랑에 열매가 있어야 한다는 것입니다(막 12:28-31).

(갈 5:14) "온 율법은 네 이웃 사랑하기를 네 자신 같이 하라 하신 한 말씀에서 이루어졌나니"

중심이 잘못되었을 때 구체적 죄악은 살벌하게 솟구치게 되고 감당할 수 없게 됩니다. 불의한 상인과 부자의 거짓과 횡포는 누리던 축복까지 빼앗기는 심판에 이릅니다(10-15절). 오므리와 아합 가문의 우상숭배의 죄악까지 편만하게 퍼진 상태는 멸망으로 갈 수밖에 없습니다(16절). 하나님의 법정은 종말에만 있는 것이 아니라 우리의 신앙생활 현장에 있음을 확인하게 됩니다. 변호인인 주님께서 함께 한다는 것은 놀라운 위로입니다(요 15:5).

◆ 미가 7장 성경칼럼

2절 | 경건한 자가 세상에서 끊어졌고 정직한 자가 사람들 가운데 없도다 무리가 다 피를 흘리려고 매복하며 각기 그물로 형제를 잡으려 하고

20절 | 주께서 옛적에 우리 조상들에게 맹세하신 대로 야곱에게 성실을 베푸시며 아브라함에게 인애를 더하시리이다

"절대 절망, 절대 자비"

성경을 읽다가 수시로 깜짝 놀랍니다. 하나님의 나라를 인간의 상식으로 이해할 수 없기 때문입니다. 나아가 정리가 힘든 항목이 있는데 서로 반대적인 내용이 있는 경우입니다. '해석해야 할 책'이라는 성경의 정의가 있는 이유입니다. 성경 전체를 볼 수 있는 내공과 광역적 신학수업과 영성의 함양이 필요합니다.

미가서의 마지막 7장을 열면서 의인은 한 명도 없다는 선언을 만납니다(1-2절). 경건한 자와 정직한 자로 표현했지만 예레미야는 정의를 행하며 진리를 구하는 자로 불렀습니다(렘 5:1). 이 논조는 아브라함과 에스겔과 다윗도 설파하였습니다(창 18:23-33, 겔 22:30, 시 14:1-3). 복음의 핵심 교리인 로마서에서도 시편 구절을 인용하여 인간의 전적 부패를 선고하였습니다(롬 3:10-12).

의인이 없다는 절대 선언과 남은 자 구원의 방정식은 어떻게 풀어야 할까요? 구약의 남은 자 사상은 행위에 의한 것이 아닌 은혜를 받아들인 자에게 주어진 것입니다. 죄인으로 멸망당해 마땅하지만 하나님의 언약을 붙들고 의지한 사람을 뜻합니다. 이 남은 자 안에 이방인들이 참여하고 그 실체가 신약 교회임을 암시하고 있습니다. 결국 구약의 남은 자 구원은 오실 메

시야의 언약을 바라본 것이고 우리에게는 실재가 된 것입니다. 미가가 7장에서 다양한 문학적 표현으로 달려간 골인 지점이 '언약의 맹세'인 이유입니다(20절).

애가(1-6절)와 시(7-10절)와 신탁(11-13절)과 기도문(14-17절)후에 송영(18-20절)안에 야곱과 아브라함의 언약이 드러납니다. 의인이 한 명도 없다는 절대 절망에서 하나님의 절대 자비가 이루어진 원인은 무엇일까요? 사회는 물론이고 가족원들끼리도 원수가 된 상태(2-6절)를 온전케 한 능력은 어디에서 왔을까요? 중간 단계의 하나님을 신뢰하는 시와 멸망 선고가 있었지만 하나님의 남은 자 보호가 있었습니다. 주님께서 주의 기업의 양 떼를 먹이신 것입니다(14절). 언약을 기억하사 생명의 싹을 이어가신 하나님의 절대 자비는 메시야의 대속으로 완성됩니다(18-19절, 히 10:17).

예수님의 완전하고 영원한 속죄는 하나님의 성실과 인애로 성취되었습니다(히 9:12). 성실(에메트)과 인애(헤세드)는 어린 양 되신 예수님에게 적용된 은혜와 진리입니다(요 1:14). 절대 자비는 예수님의 오심이며 죽으심이고 사죄이며 부활이며 새 언약이었습니다. 남유다(야곱)와 북이스라엘(아브라함)에게 적용된 하나님의 언약은 우리에게 실재화되었습니다. 미가가 그토록 그리워했던 주님을 우리는 몸에 모시고 있습니다(고전 6:19). 절대 절망에서 절대 자비를 구하면 최고로 복된 사람이 됩니다.

나훔

♦ 나훔 1장 성경칼럼

3절 | 여호와는 노하기를 더디하시며 권능이 크시며 벌 받을 자를 결코 내버려두지 아니하시느니라 여호와의 길은 회오리바람과 광풍에 있고 구름은 그의 발의 티끌이로다

10절 | 가시덤불 같이 엉크러졌고 술을 마신 것 같이 취한 그들은 마른 지푸라기 같이 모두 탈 것이거늘

"더디신 하나님?"

더디다는 것은 어떤 움직임이나 일에 걸리는 시간이 오래일 때 사용합니다. 원어의 의미는 '콧구멍이 길다'이며 분노의 콧김을 천천히 내뿜는 것을 말합니다. 이 더디다는 성품을 하나님께 수식할 때는 분노와 연결됩니다(3절).

(시 103:8) "여호와는 긍휼이 많으시고 은혜로우시며 노하기를 더디 하시고 인자하심이 풍부하시도다"

속전속결을 좋아하는 인간의 성정으로 볼 때 하나님의 더딘 성품이 답답할 수도 있습니다. 하지만 죄악에 분노하셔서 급하게 징벌하시는 하나님을 상상하면 아찔합니다. 세상에서도 좀 더딜 지라고 확실하게 일하는 사람이 실력자입니다. 하지만 이것은 시간이 필요하고 크게는 역사 속에서 평가되기에 일반인들은 선호하지 않습니다.

나훔서는 니느웨의 멸망을 선포한 책입니다. 저자인 나훔은 엘고스 사람이라는 것(1절)외에 정보가 없고 예수님의 족보에 같은 이름이 한번 나옵니다(눅 3:25). 활동 연대는 B.C.633-612 년경으로 예레미야와 하박국과 스바냐와 동시대입니다. 그렇다면 요나가 펼친 니느웨의 회개 사역과는 150년의 차이가 나고 앗수르의 전성시대임을 알 수 있습니다. 요나 때는 미미했던 국력이었지만 나훔 때는 중동의 패권을 잡았고 남유다를 거의 속국화했던 상태였습니다. 하나님이 없는 강대국이 겸손한 적이 없듯이 니느웨는 교만했고 우주 여왕 '이쉬타르'를 섬기는 우상숭배는 하늘을 찔렀습니다.

니느웨는 창세기에 세상 힘의 조상인 니므롯이 건설한 도시(창 18:11)로 티그리스 강 동편이며 현재 이라크의 모술 근교입니다. 요나서 이후의 요나도 궁금하지만 니느웨도 궁금했는데 결국 패역의 심판이 임합니다. 하나님의 인내에도 불구하고 회개는 없었고 구속의 타이밍에 맞추어 메대 바사 연합군에 의해 B.C.612년에 멸망합니다.

나훔서의 시적 우수성은 구약에서 최고로 인정받는데 생생한 비유로 명확한 메시지를 전하기 때문입니다. 강성했던 앗수르가 쇠퇴의 길로 들어선 것은 히스기야 때의 하룻밤 사이에 일어난 185,000명 몰살 사건입니다(왕하 19:35-36). 여호와의 천사의 능력으로 이루어진 이 모습을 나훔은 시적으로 묘사합니다. 서로 엉켜 풀어지지 않는 가시덤불이 불속에 던져 타버린 것같이 앗수르 군대가 절멸되었다는 것입니다(10절).

하나님의 전능성 앞에서는 세계 최강의 군대도 한낱 불쏘시개 지푸라기에 불과합니다. 노하기는 더디 하시지만 회개하지 않을 때 죄에 대한 심판은 반드시 신속하고 맹렬하게 하시는 하나님을 뵙게 됩니다. 니느웨의 심판은 선민에게 회복의 기회가 됩니다. 절기를 지키고 서원을 갚으라는 명령은 강요된 의무가 아니라 감사의 축복입니다(15절). 성경 속에 들어와 하나님을 경험하는 자는 시행착오를 피할 수 있는 실력을 쌓게 됩니다.

(시 92:1) "..아침마다 주의 인자하심을 알리며 밤마다 주의 성실하심을 베풂이 좋으니이다"

♦ 나훔 2장 성경칼럼

4절 | 그 병거는 미친 듯이 거리를 달리며 대로에서 이리저리 빨리 달리니 그 모양이 횃불 같고 빠르기가 번개 같도다

13절 | 만군의 여호와의 말씀에 내가 네 대적이 되어 네 병거들을 불살라 연기가 되게 하고 네 젊은 사자들을 칼로 멸할 것이며 내가 또 네 노략한 것을 땅에서 끊으리니 네 파견자의 목소리가 다시는 들리지 아니하리라 하셨느니라

"배후 찾기"

누가 무슨 말을 할 때 의도를 파악하는 것이 중요합니다. 말과 속마음이 다를 때가 많기 때문입니다. 사회적 이목을 끄는 사건이 일어나면 배경과 배후에 대한 추적에 들어갑니다. 크게는 역사를 기록하는데 있어서도 배후가 있어 음모설이 횡행하기도 합니다. 성경을 만난 사람은 영적인 세계에 대한 안목을 갖게 됩니다. 그냥 보면 선택에 의해 일어난 것 같은데 영적 배후가 있음을 눈치 채게 됩니다.

나훔서에 나타난 니느웨의 멸망 사건은 하나님께서 배후가 되신 것을 명확히 선포하고 있습니다. 하나님께서 앗수르의 대적이 되어 멸절시켰다고 선포합니다(13절). 전쟁은 앗수르와 바벨론이 붙었지만 하나님께서 전사가 되어 싸우셨다고 선언합니다. 바벨론이 하나님의 도구임은 성경 곳곳에서 말씀하십니다.

(렘 51:20) “여호와께서 이르시되 너는 나의 철퇴 곧 무기라 나는 네가 나라들을 분쇄하며 네가 국가들을 멸하며”

시간이 지나 바벨론 역시 바사에 의해 멸망하고 고레스는 이스라엘의 귀환을 위한 도구가 됩니다(대하 36:22-23). 니느웨의 몰락에서 바벨론의 전광석화 같은 공격 장면은 하나님께서 하신 것을 상징합니다. 횃불 같고 번개 같은 신속함은 심판의 급격성으로 대상자가 절대 피할 수 없음을 강조합니다(3-5절). 13km의 니느웨 성벽은 높이가 33m이고 성벽 위의 길은 마차 세대가 동시에 지나갈 수 있었습니다. 65m의 망대가 1,500개가 있었고 115개의 수문은 사방에 강물이 흐르게 하여 난공불락의 요새를 만들었습니다(8절).

그러나 탐욕과 잔인과 거짓으로 쌓아온 교만한 아성은 한방에 넘어 집니다. 그토록 믿었던 우상도, 고귀한 신분의 왕후도, 잔인하게 모았던 재물도, 풍족했던 백성의 생활도 삽시간에 무용지물이 되어 버립니다(6-10절). 도망도 못가고 숨을 수도 없는 절망의 모습은 종말시의 대적자들의 모습입니다(계 21:8). 사자의 잔혹함으로 호령했던 앗수르의 참혹한 몰락은 하나님을 대적한 것에 대한 징벌입니다. 히스기야를 압박하며 하나님을 모욕했던 랍사게와 산헤립이 소환됩니다. ‘여호와는 절대 내 손에서 너희를 구원할 수 없다’고 큰소리를 쳤던 것을 잊을 수가 없습니다(왕하 18:33-35, 대하 32:17).

지금도 이런 망발을 하는 자들이 주변에 있지만 저들의 말로는 비참할 것입니다. 회개의 가능성이 있는 자에게 인내하시지만 끝까지 대적하는 자에게는 심판이 번개같이 임함을 잊지 말아야 합니다. 이 말은 조금만 생각하면 지금 바로 회개하지 아니하면 큰일 난다는 메시지입니다. 인생지침 중에 하나님께서 대적하는 자는 절대 되지 않겠다는 항목을 넣어야 하겠습니다.

(시 56:9) “내가 아뢰는 날에 내 원수들이 물러가리니 이것으로 하나님이 내 편이심을 내가 아나이다”

♦ 나훔 3장 성경칼럼

1절 | 화 있을진저 피의 성이여 그 안에는 거짓이 가득하고 포악이 가득하며 탈취가 떠나지 아니하는도다

8절 | 네가 어찌 노아몬보다 낫겠느냐 그는 강들 사이에 있으므로 물이 둘렀으니 바다가 성루가 되었고 바다가 방어벽이 되었으며

"요나 시대, 나훔 시대"

공식적인 역대 최고 지혜자인 솔로몬이 노년에 쓴 책이 전도서입니다. 형통과 곤고에 대처하는 지혜에 대하여 노련한 정의를 내리고 있습니다(전 7:14). 형통할 때 기뻐하고 곤고할 때 되돌아보는 것이 중요합니다. 그런데 그 이유를 밝히는 다음 말을 주목해야 합니다. 하나님께서 이 두 가지를 병행하게 하셨고 미래를 알지 못하게 했다는 것입니다. 그렇다면 형통할 때 기뻐하는 것과 생각하는 것을 동시에 해야 한다는 뜻이고 곤고할 때도 똑같이 해야 합니다.

신앙의 타락은 형통할 때 가능성이 높다는 것을 역사는 증명합니다. 형통할 때 제대로 하나님을 생각하지 아니하면 거의 타락한다고 보면 됩니다. 나훔서는 요나서와 깊은 연관이 있습니다. 요나 때에 성의 없는 심판 경고였지만 회개하여 구원받았고 150년의 유예가 생겨 나훔 때에 이르렀기 때문입니다. 그때는 회개가 되었는데 나훔 때는 완벽하게 실패한 이유는 무엇일까요? 요나 때의 니느웨는 여로보암 2세가 통치하던 북이스라엘보다 국력이 약한 상태이었습니다. 3년 간격의 두 차례 심한 역병으로 백

성들의 마음도 겸비해져 있었습니다. 이때에 들려온 회개하지 않으면 40일 후에 멸망한다는 메시지에 통회자복이 일어났습니다.

반면 나훔 때의 니느웨는 중동의 사자 같은 맹주로서 열방을 주무르고 있었습니다. 천혜의 요새와 용맹한 군사와 재물의 풍성함에 천하에 부러울 것이 없습니다. 이제 앗수르는 존립의 전쟁이 아닌 세력 확장과 야망을 위하여 전쟁을 하는 악한 나라가 되었습니다. 종교와 도덕의 음행을 넘어 거짓 외교로 약소국을 팔아먹는 정치적 음행까지 자행합니다(4절). 악한 왕의 대표인 아하스가 이에 편승하여 행한 외교는 망국의 씨를 심은 것입니다(왕하 16장).

한참 나쁜 길로 가다보면 돌아올 길을 잃듯이 나훔 때의 니느웨는 회개할 수 없는 지경에 이르렀습니다. 나훔의 멸망 예언은 확정판결이 되었습니다(1-6절). 나훔은 주변 나라에게 악한 짓을 하여 아무도 도울 수 없는 니느웨를 향하여 노아몬보다 처참한 길을 갈 것이라고 선고합니다(7-8절). 노아몬은 '아몬의 신전이 있다'는 뜻으로 B.C.663년 앗수르에게 완전 붕괴된 애굽의 옛 수도입니다.

돕는 도시가 있었어도(9절) 멸망을 당한 당대의 사례를 들어 니느웨의 완벽한 몰락을 선포합니다(11-19절). 니느웨의 회개와 회개 없음의 차이는 '되돌아보는 것의 유무'에 있었습니다. 형통과 부요와 강성은 하나님을 생각하는 것에 마비를 가져올 수 있음을 경고하고 있습니다(마 6:24). 평안과 방심의 방정식은 쉽고도 어렵습니다.

하박국

♦ 하박국 1장 성경칼럼

2절 | 여호와여 내가 부르짖어도 주께서 듣지 아니하시니 어느 때까지리이까 내가 강포로 말미암아 외쳐도 주께서 구원하지 아니하시나이다

6절 | 보라 내가 사납고 성급한 백성 곧 땅이 넓은 곳으로 다니며 자기의 소유가 아닌 거처들을 점령하는 갈대아 사람을 일으켰나니

"질문 있습니다"

최고의 인재를 배출하는 유대인 교육의 비결은 토론입니다. 주입식 교육은 경직된 사고를 만들지만 토론은 다양성을 접하기에 준비를 미리 해야 합니다. 하교한 자녀에게 부모가 무엇을 배웠느냐를 묻지 않고 어떤 질문을 했느냐를 확인합니다. 우리가 학교 다닐 때 질문하는 학생이 우등생이었던 것을 기억하면 됩니다. 하박국서의 첫 장면은 하나님께 질문하는 선지자의 모습으로 시작됩니다. 건방진 것 같고 불평하는 어투가 슬쩍 보이지만 본질은 아주 진지하고 정직한 내용임을 알 수 있습니다. 성도로서 누구라도 의문을 제기할 신앙 문제를 대타로 질문한다는 생각이 듭니다.

신약의 로마서가 구원 교리를 밝히는 논문이라면 하박국서는 구약의 신앙 변증서라고 볼 수 있습니다. 현대에 이 주제의 책은 '필립 얀시'가 쓴 '하나님 당신께 실망했습니다'가 있습니다.

하박국서의 기록 연대는 B.C.612년경으로 역사적 사실인 갈대아 사람의 침입을 언급한 것으로 추정하였습니다(6절). 저자인 하박국은 스스로

선지자라고 밝힌 세 명(학개, 스가랴) 중의 한 명으로 유다 출신입니다(1절). 자신이 처한 포악한 사회상으로 괴로워하는 모습을 볼 때 의롭게 살려고 몸부림친 사람임을 알 수 있습니다.

1장에서 하박국의 질문에 하나님께서 대답을 하시는 장면은 큰 위로가 됩니다. 수많은 사람이 하나님께 질문을 했지만 응답을 받지 못한 것을 목격했기 때문입니다(시 13:1). 사실 교회시대에는 성경이 완성됨으로서 모든 대답은 성경에 나와 있습니다. 하박국이 하는 질문에 처음부터 답변이 주어진 것은 아닙니다. 하박국의 첫 호소가 부르짖어도 듣지 않으시고 외쳐도 구원하지 않는다고 항변하는 것이었기 때문입니다(2절).

극심한 사회악이 동료도 해치는 강포에 이르렀다고 외칩니다(3절). 그럼에도 심판이 없으니 악이 공의와 율법을 무너뜨리고 있다고 호소합니다(4절). 드디어 하나님의 답변이 임하는데 하박국의 기대했던 내용이 아닙니다. 구원이 아니라 갈대아 사람을 통해 이스라엘을 심판하겠다고 확언하십니다(5-6절). 나아가 바벨론이 얼마나 강군이고 잔인하여 완벽하게 휩쓸 것인지를 부언합니다(7-11절). 하박국은 어찌 악한 나라를 멸망시키지 않고 선민을 죽이는 도구로 사용할 수 있는지를 연이어 질문합니다.

의인의 고난과 악인의 번성에 대한 하나님의 침묵은 시대를 넘어 지금까지도 계속되고 있습니다(13절). 하나님의 주권을 믿는 우리는 기다릴 수 있으나 세상에게 어떻게 설명해야 할지 난감합니다.

(사 45:7) "나는 빛도 짓고 어둠도 창조하며 나는 평안도 짓고 환난도 창조하나니 나는 여호와라 이 모든 일들을 행하는 자니라 하였노라"

이어지는 내용을 통하여 기독교 변증론을 바르게 체득해야 하겠습니다.

♦ 하박국 2장 성경칼럼

4절 | 보라 그의 마음은 교만하며 그 속에서 정직하지 못하나 의인은 그의 믿음으로 말미암아 살리라

14절 | 이는 물이 바다를 덮음 같이 여호와의 영광을 인정하는 것이 세상에 가득함이니라

"정답을 발표합니다"

난이도가 높은 문제일수록 정답을 내기 어렵습니다. 영적 세계의 정답이 쉽게 나올 리가 없습니다. 하박국이 제기한 의인이 압제를 당하고 악인이 번영하는 모순은 최 난이도의 문제입니다. 악인을 도구로 하여 선민을 심판하겠다는 하나님께 의문을 품지 않는 것이 오히려 이상합니다(1장). 하박국의 신실함은 준비하고 기다리라는 하나님의 명령을 순종하는 것으로 드러납니다.

외적으로는 파수꾼의 자리를 잡고 잠잠히 내적인 귀를 열고 대기합니다(1절). 묵시를 판에 명백히 새기라는 것은 이 예언이 정답이라는 것이고 거짓 예언으로부터 보호하고 전수하기 위한 목적도 있습니다(2절). 묵시의 실행은 정확하게 이루어질 것이며 정한 때가 있음을 강조합니다(3절). 하나님께서 정답을 말씀하셔도 인간이 접수하지 못하는 것은 바로 이 '정한 때'를 놓치고 기다리지 못하기 때문입니다.

드디어 4절에 그 유명한 '의인은 믿음으로 살리라'라는 신앙정답이 선포됩니다. 전제는 악인의 교만과 불의가 뒤덮어도 믿음으로 살라는 것입니다. 어찌 보면 싱거운 것 같은 이 정답이 얼마나 중요한지는 성경과 교회사에서 드러납니다. 바울이 이신칭의 교리를 세운 로마서의 근원이 되었고

루터의 종교개혁 슬로건이 되었습니다. 과연 믿음이란 무엇이기에 모든 것을 덮고 정복하고 끌고 가는 능력이 나오는 것일까요?

믿음의 히브리어 '에무나토'는 공평, 견고, 확실, 영원 등의 의미를 함유하고 있습니다. 조합하면 믿음은 '공평한 신뢰성의 의'를 가리킵니다. 타락한 사람에게서 발원된 것이 아닌 하나님의 선물임을 암시합니다(엡 2:8). 믿음의 본질은 하나님을 아는 것이고 하나님께서 하신 일을 바라보는 것입니다. 세상의 수많은 방해를 극복하고 하나님을 신뢰하고 기다리는 자세가 믿음입니다. 멸망이 눈앞에 있고 악한 바벨론이 노리고 있는 이 지점에 사람이 할 수 있는 일은 사실상 없습니다. 물리적으로 하박국이 1이라면 바벨론은 만만배가 강한 것은 누구나 알고 있습니다.

바벨론의 악함을 심판하겠다는 미래 언약(6-20절)과 지금의 대기 상태에서 할 수 있는 것이 바로 믿음을 구사하는 것입니다. 하나님께서 악한 자들에게 보응하실 때 하나님의 영광이 온 세상을 덮을 것임을 예언합니다(14절). 정답 다음에 바로 악한 자들에 대한 5가지 재앙이 선포된 것은 믿음을 구사할 수 있는 근거를 주신 것입니다. 우리가 보기에는 대단히 더디게 보이지만 하나님의 심판의 섭리는 신속히 움직이고 있습니다. 오직 믿음으로 사는 자만이 이것을 보며 담대히 살 수 있습니다. 하나님의 설복에 감격한 하박국의 반응과 행보가 기대됩니다.

♦ 하박국 3장 성경칼럼

2절 | 여호와여 내가 주께 대한 소문을 듣고 놀랐나이다 여호와여 주는 주의 일을 이 수년 내에 부흥하게 하옵소서 이 수년 내에 나타내시옵소서 진노 중에라도 긍휼을 잊지 마옵소서

18절 | 나는 여호와로 말미암아 즐거워하며 나의 구원의 하나님으로 말미암아 기

"두려움과 기쁨"

인간 감정의 양극단에 두려움과 기쁨이 있습니다. 3장의 하박국에게 양립할 수 없을 것 같은 이 두 감정이 교차하여 들이닥치고 있습니다. 조울증처럼 보이기도 하지만 하나님 앞에서의 기도의 내용이니 그럴 리는 없습니다. 그가 1-2장에서의 난제에 완벽한 대답을 얻은 것 같지는 않습니다. 하지만 악인은 결국 망하고 의인은 믿음으로 말미암아 산다는 것을 깨달은 것은 확실합니다. 하나님과 영적 대화를 한 것만으로도 충만할 수 있었고 신실한 자의 영역에 들어온 것입니다(3-15절).

1절의 '시기오놋'은 '열정적인 시가'라는 어원에서 나왔으며 하박국의 강한 감정을 보여줍니다. 현대 음악 용어로 보자면 '화려하고 빠르게'를 의미하는 '비바체(vivace)'의 시가라고 볼 수 있습니다. 하나님의 현현(theophany)을 경험한 자의 공통적인 반응은 두려움입니다(16절). 인간은 하나님의 본체를 만나면 죽기 때문에 상황에 따라 여러 현현을 하는 것을 성경은 증언합니다. 하박국이 묵시를 받고 나서 기도한 본장은 두 절을 빼놓고는 감사와 찬미로 되어 있습니다. 극도의 감격과 흥분한 마음을 표현하는데 결국 기쁨으로 마무리를 합니다(17-19절).

곳곳에 두려움을 나타내는 것은 현재의 상황에서 곧 닥칠 진노에 대한 염려를 떨치기 어렵기 때문입니다(2절). 최종 영광은 믿음으로 확인하더라도 현재의 상황에서 두려움을 느끼고 있습니다. 이 장면을 보면서 우리의 예배 모습을 비쳐봅니다. 찬양하고 기도하며 경배하는 믿음의 내면에 꿈틀거리는 염려와 두려움을 보게 됩니다. 하나님을 절대 신뢰하는 감각이 떨어지는 순간 이 두려움 때문에 은혜를 잃을 수도 있습니다.

이런 의미에서 하박국의 모범은 신앙의 모델이 됩니다. 수년 내에 부흥하게 해 달라는 기도는 죽은 자를 살려 달라는 뜻입니다(2절). 부흥이란 원어로 '히야'이며 죽은 것이나 다름없는 것을 살린다는 의미입니다. 이스라엘의 현 상태가 완전 절망인데 과정은 두렵지만 살려주실 것을 탄원하고 있습니다. 하박국은 믿음으로 사는 원형이 하나님을 기뻐하는 것에 있음을 선언합니다(18절). 농사에 소출이 없고 목축하는 자가 가축이 없는 절망을 이기는 힘은 여호와를 즐거워하는데 있다고 노래합니다(17절).

이것은 본래 사람에게 필요한 모든 것은 하나님께로부터 온다는 원리에서 나왔습니다(대상 29:11-12). 주님께서는 걱정하는 제자들을 향하여서 이 영역을 정확히 가르치셨습니다(마 6:25-34). 예배드리고 기도할 때 두려워하지 말고 하나님만 기뻐하는 자에게 복락이 임합니다.

(벧전 5:7) "너희 염려를 다 주께 맡기라 이는 그가 너희를 돌보심이라"

스바냐

♦ 스바냐 1장 성경칼럼

2절 | 여호와께서 이르시되 내가 땅 위에서 모든 것을 진멸하리라
12절 | 그 때에 내가 예루살렘에서 찌꺼기 같이 가라앉아서 마음속에 스스로 이르기를 여호와께서는 복도 내리지 아니하시며 화도 내리지 아니하시리라 하는 자를 등불로 두루 찾아 벌하리니

"보편성"

보변성이란 모든 것에 미치거나 통하는 성질을 말합니다. 일반성과 공통성으로 불리기도 합니다. 보편성은 구원론과 교회론에 필수적으로 들어갑니다. 누구나 예수님만 믿으면 구원받고 교회는 어느 장소와 시대에도 속성이 같다는 것이 보편성입니다. 이 보편성을 잘 알아야 하나님의 섭리와 역사를 성찰할 수 있습니다. 스바냐서의 주제는 '여호와의 날'이며 심판의 날을 준비하라는 메시지입니다. 연대는 요시야 시대이고 내용으로 볼 때 종교개혁 전입니다(1절).

그렇다면 히스기야 이후 므낫세와 아몬의 47년 악정을 겪은 지 얼마 안 된 시점임을 알 수 있습니다. 스바냐의 선지 사역이 요시야의 개혁에 영향을 끼쳤다는 것을 알 수 있습니다. 1장에 나오는 예언에서 주목할 것은 우상숭배에 깊이 빠진 유다에게 진멸의 심판이 주어지는 것입니다(2-3절). 땅 위의 모든 것을 진멸한다는 표현은 마치 노아의 홍수 심판을 소환합니다(창 6:7). 인간과 생태계가 똑같이 절멸된다는 것은 구원이 보편성인 것

처럼 심판도 보편성임을 알려줍니다. 유다에 대한 보편적 심판은 종말 때에 오셔서 온 세상을 심판하는 주님을 계시합니다.

심판의 대상에 예외가 없음을 세밀하게 묘사합니다. 방백과 왕자들의 이교도 행세, 이웃에게 포악한 약탈을 한 하수인들, 부정직한 불의의 상인들에게 진노가 임합니다(8-11절). 특별히 주목할 대상은 여호와께 무관심한 자들에 대한 심판입니다. 이들을 '찌끼같이 가라앉아서'라고 묘사하는데 방관자에 대한 상징적 표현입니다(12절). 평소에 하나님을 전혀 의식하지 않고 자기 마음가는대로 산 자들이 모든 것을 잃는 심판을 받습니다(13절).

이 말씀은 심판의 보편성을 모르고 기독교는 자기와 상관없다고 여기는 자에게 청천 벽력같은 선고입니다. 종교는 다 싫고 골치 아프다고 외면한 자들의 갈 길은 지옥입니다. 심판의 큰 날은 가깝고 급속하게 임합니다(14절). 누구나 알도록 자연의 대 변혁이 일어나고 불택자들의 두려움은 피는 티끌로, 살은 분토로 변할 정도입니다(15-17절). 하나님처럼 섬겨 쌓았던 은과 금과 재산은 지푸라기에 불과합니다(18절).

하나님의 질투의 불은 우상을 섬긴 온 땅과 모든 주민들을 삼켜 버립니다. 스바냐의 경고는 잠시 요시야의 종교개혁을 일으켰지만 멸망을 막는 데는 역부족이었습니다. 죄악의 문화화와 기울어진 영적 운동장이 얼마나 위험한지를 똑바로 보게 됩니다. 이 시대의 스바냐인 우리의 외침은 과연 얼마나 영향력이 있을까요?

♦ 스바냐 2장 성경칼럼

3절 | 여호와의 규례를 지키는 세상의 모든 겸손한 자들아 너희는 여호와를 찾으며

10절	공의와 겸손을 구하라 너희가 혹시 여호와의 분노의 날에 숨김을 얻으리라 그들이 이런 일을 당할 것은 그들이 만군의 여호와의 백성에 대하여 교만하여졌음이라

"늦었다고 생각할 때가.."

다음 말은 '가장 빠른 때이다'가 유명합니다. 새로운 기회를 인지하는 순간 바로 실행에 옮기는 것이 중요하다는 것입니다. 기회를 살리지 못하더라도 준비되어 있으면 다음 기회에 잡을 수 있다는 격언입니다. 이 교훈의 적용이 드문 이유는 기한을 핑계로 도전을 회피하는 마음을 가진 사람이 다수이기 때문입니다. 소위 귀찮으면 다 싫다는 '귀차니즘'은 강력하여 알고도 행하지 않는 인간 군단을 형성합니다.

불신자가 예수님을 지독하게 믿지 않는 결정적 이유에 귀차니즘이 있습니다. 익숙한 자기 생활을 바꾼다는 것은 충격적 사유나 성령의 역사가 아니면 불가능합니다. 이스라엘 백성이 선지자들의 회개 촉구를 듣고도 돌아오지 않는 실상을 알 수 있습니다. 1장에는 선전포고적인 심판이 선포됨으로 진노의 필연성이 강조되었습니다. 2장은 분위기가 바뀌어서 심판을 벗어날 수 있는 가능성이 제시됩니다. 늦었다고 생각할 때가 가장 빠를 때라는 원리가 회개에 적용되었습니다.

세상의 늦은 일들은 기회가 없지만 회개의 기회는 마지막까지 열려 있습니다. 노아의 방주 때에도 마지막 7일간의 기회를 주었습니다(창 7:4). 하지만 노아 가족 외에 한 명도 회개하지 않는 비극을 목격하였습니다. 2절의 하나님의 회개 촉구에는 긴박함이 실려 있습니다. 같은 의미를 4가지의 문장으로 변형시켜 반복함으로 애타는 긍휼을 나타냅니다.

이 메시지는 시공간을 넘어 우리에게도 동일하게 주시는 회개에로의 초대입니다. 진정한 회개는 부끄러움을 알고 하나님만 찾으며 법도를 준행하는 데까지 이르러야 합니다(3절). 최종적으로 하나님의 부르심의 목적인 거룩(구별)함에 이르러야 합니다(레 26:12, 11:45). 주변국에 대한 심판 이유는 교만과 함께 선민에게 향한 악행임을 선명하게 알립니다(10절). 선민을 괴롭히는 행위가 하나님을 모독하는 것임을 저들은 알지 못했습니다(11절). 동(암몬과 모압), 서(블레셋), 남(구스), 북(앗수르)의 주변국들이 똑같이 이스라엘을 괴롭힌 나라임이 특이합니다.

교회사와 현실에서 기독교가 세상의 공격 대상이 되었다는 것은 전혀 이상한 일이 아닙니다. 여기에서 기독교는 주저앉지 말고 탁월한 영역 주권(sphere sovereignty)의 열매를 맺어야 합니다. 영역 주권은 모든 곳에 하나님의 주권이 있고 그리스도의 소유가 아닌 것이 없다는 것입니다. 열방 심판은 하나님의 주권을 보여주는 것이고 구원의 손길도 펼치시는 것으로 나아갑니다(7절). 근본적 회개를 한 그리스도인은 현재적 회개가 이어질 때 영적으로 살 수 있습니다(요일 1:8-10).

♦ 스바냐 3장 성경칼럼

17절 | 너의 하나님 여호와가 너의 가운데에 계시니 그는 구원을 베푸실 전능자이시라 그가 너로 말미암아 기쁨을 이기지 못하시며 너를 잠잠히 사랑하시며 너로 말미암아 즐거이 부르며 기뻐하시리라 하리라

19절 | 그 때에 내가 너를 괴롭게 하는 자를 다 벌하고 저는 자를 구원하며 쫓겨난 자를 모으며 온 세상에서 수욕 받는 자에게 칭찬과 명성을 얻게 하리라

"모델 하우스"

집을 사려는 사람에게 보여 주려고 미리 실제와 똑같이 지어 놓은 집을 말합니다. 전 세계적으로 모델 하우스라고 사용하며 중국은 주택 모형이라고 합니다. 요즘에는 사이버 모델 하우스가 있어 물리적인 집에 안 가고도 확인하는 편리를 제공합니다. 그리스도인의 최종 목적지는 천국입니다. 천국은 개인은 죽음 후에 가는 것이고 역사적으로는 종말 때에 완성됩니다. 그렇다면 금생을 살면서 천국의 모델 하우스를 미리 구경하는 방법은 무엇일까요? 환상(이상)이나 임사체험으로 천국을 다녀 온 사람의 간증이 있지만 신뢰도는 낮고 허점이 있습니다.

성경을 통해 보는 것이 가장 확실합니다. 요한계시록에 묘사된 천국의 모습은 놀랍고 찬란하고 영광스럽습니다(계 21:10-21). 문제는 이 모습이 진짜 천국의 전부라고 생각하면 안 됩니다. 계시록을 묵시록이라고 부르는 이유는 이 내용이 묵시, 즉 꿈이라는 특징을 가지고 있다는 것입니다. 인간이 생각하는 것 이상이 꿈에 나올 수 없듯이 천국 모습도 전부 알 수는 없는 것입니다. 결론은 우리가 천국에 가면 계시록에 나온 것보다 만 만 배나 더 좋을 것입니다.

지금까지 천국의 모습을 이야기했다면 더 중요한 것은 천국의 속성입니다. 천국은 멋있고 아름다워 서가 아니라 하나님께서 함께 하시기 때문에 천국입니다.

(계 21:3) “내가 들으니 보좌에서 큰 음성이 나서 이르되 보라 하나님의 장막이 사람들과 함께 있으매 하나님이 그들과 함께 계시리니 그들은 하나님의 백성이 되고 하나님은 친히 그들과 함께 계셔서”

하나님께서 함께 하시는 임마누엘의 실재가 천국이고 이를 지상에 나타낸 곳은 모델 하우스가 됩니다.

3장은 예루살렘의 형벌과 보호(1-13절)로 시작되지만 천국의 속성으로 마감됩니다. 천국의 속성인 임마누엘이 이루어지고 사랑의 교제가 충만하게 이루어집니다. 17절 한 절만 내 말씀이 되어도 평생 신앙의 시험은 얼씬도 못할 것입니다. 나를 향하여 기쁨을 이기지 못하시고 즐거이 부르는 주님 앞에 살고 있습니다. 세상에서 수욕을 받지만 주님은 칭찬과 명성을 아낌없이 주십니다(19-20절).

3장이 천국 속성의 모델 하우스라면 사도행전은 교회가 천국 사역의 모델 하우스임을 보여줍니다(행 2:42-47). 성령 충만을 받은 교회와 성도는 이 세상에 천국을 보여주는 샘플입니다.

(행 2:32) "믿는 무리가 한마음과 한 뜻이 되어 모든 물건을 서로 통용하고 자기 재물을 조금이라도 자기 것이라 하는 이가 하나도 없더라"

초대교회에 비해 초라하지만 주님과 동행하고 말씀을 지키는 분량만큼 천국을 나타내는 것임은 확실합니다. 손을 늘어뜨리지 말고(16절) 주님 사랑 많이 받고 나눠주는 그리스도인을 소망합니다(마 5:16).

학개

♦ 학개 1장 성경칼럼

7절 | 만군의 여호와가 말하노니 너희는 자기의 행위를 살필지니라
14절 | 여호와께서 스알디엘의 아들 유다 총독 스룹바벨의 마음과 여호사닥의 아들 대제사장 여호수아의 마음과 남은 모든 백성의 마음을 감동시키시매 그들이 와서 만군의 여호와 그들의 하나님의 전 공사를 하였으니

"촉매제"

촉매란 자신은 변화하지 않으면서 다른 물질에게 변화를 주는 것을 말합니다. 일반적으로 촉매제란 어떤 일을 유도하거나 변화시키는 역할을 비유할 때 사용합니다. 역사와 인생에서 촉매제의 역할은 좋은 면과 나쁜 면으로 나누어집니다. 유사어로는 '퍼스트 펭귄(first penguin)'이 있는데 무리 중에 선두로 행동하여 영향을 끼칠 때 사용합니다. 그리스도인은 항상 선한 역할의 촉매제로 사용되어야 합니다.

학개서는 성전 재건이 중단된 상태에서 학개가 등장하며 시작됩니다. 고레스 칙령이 B.C.538년이고 이 때 시작한 성전 재건이 다리오 2년인 B.C.520년이 되었으니 18년이 지난 시점입니다(1절). 에스라서에 나타난 대로 성전 재건은 사마리아인의 방해로 중단되었습니다. 초기의 열정은 사라지고 비용 부담도 증가되면서 신앙의 용기도 사라진 현실입니다. 스룹바벨과 함께 예루살렘에 귀환한 학개에게 하나님께서 4차례에 걸쳐 명령을 내립니다(2-3절). 성전 재건 중단의 책임이 사마리아에게 있지 않고 이스

라엘에게 있음을 경고합니다.

학개가 촉매 역할을 할 수 있다는 것은 준비된 선지자였다는 것입니다. 그는 여호와의 사자라고 불리어지는데(13절) 사자는 천사(말라크)라는 뜻이고 이렇게 불리 운 선지자는 그가 유일합니다. 권세 있는 학개의 메시지에 지도자와 백성들이 깨어납니다. 이스라엘의 저주가 성전 재건을 제쳐놓고 자기 집에 우선순위를 둔 것에 있음을 책망합니다(4절). 하나님의 사역에 우선순위를 두지 아니하면 제아무리 노력을 하여 돈을 벌어도 구멍 뚫린 전대에 넣는 것 같습니다(5-6절).

교인 중에 열심히 살았지만 지독한 불운으로 거지처럼 사는 사례가 있는데 이 말씀(9-11절)을 돌아 볼 필요가 있습니다. 주님께서 열면 닫을 자가 없고 닫으면 열 자가 없습니다.

(계 3:7) "빌라델비아 교회의 사자에게 편지하라 거룩하고 진실하사 다윗의 열쇠를 가지신 이 곧 열면 닫을 사람이 없고 닫으면 열 사람이 없는 그가 이르시되"

우리는 어떡하든 주님께서 열어 주셔서 그 복으로 사는 신앙생활을 소원해야 합니다.

절대 주권의 말씀에 지도자들과 백성이 감동하고 순종하여 나옵니다(12-14절). 명의의 침 한 방에 막힌 혈이 뚫리듯이 학개의 충성을 하나님께서 사용하십니다. 여기서도 숨겨진 남은 자가 나오는데 하나님의 준비가 놀랍습니다(14절). 당시의 성전 재건은 영적, 도덕적 결핍에 대한 회복에 의미가 있었습니다. 하지만 더 깊은 섭리가 있는데 스룹바벨 성전은 오실 메시야를 예표 한다는 사실입니다. 솔로몬 성전보다 예수님께 훨씬 가까운 영광의 성전을 짓는데 그들이 사용되고 있습니다. 하나님께 사랑을 둔 나의 숨은 헌신들이 구속사에 어떤 역할을 할지 주님만이 아십니다.

♦ 학개 2장 성경칼럼

3절 | 너희 가운데에 남아 있는 자 중에서 이 성전의 이전 영광을 본 자가 누구냐 이제 이것이 너희에게 어떻게 보이느냐 이것이 너희 눈에 보잘것없지 아니하냐

9절 | 이 성전의 나중 영광이 이전 영광보다 크리라 만군의 여호와의 말이니라 내가 이 곳에 평강을 주리라 만군의 여호와의 말이니라

"안 보이는 것이 보이기까지.."

어린이의 최고 관심사는 장난감입니다. 부모의 재력에 따라 장난감은 크고 화려해 집니다. 그러나 조금 자라면 장난감은 눈길도 안 주고 친구를 제일 좋아합니다. 장난감의 변천은 성인이 되었을 때 극적으로 갈라집니다. 소시민은 식도락과 게임과 레저와 폼 나는 장식품이 장난감 역할을 합니다. 재벌은 스포츠 팀이나 자선 재단 등이 나름의 장난감입니다. 정치 권력자들은 정책 업적과 국리민복이 최선의 장난감일 수 있습니다.

여기서 보이지 않는 형이상학적인 장난감을 도입해 봅니다. 보이는 장난감이 개인차에 의한 차별에 영향을 받았다면 보이지 않는 세계는 이런 차별이 없어야 합니다. 그런 의미에서 책이라는 장난감은 탁월합니다. 책도 돈이 들어가지만 도서관에 가면 해결됩니다. 저는 중학교 시절까지 학교 도서관의 책을 몽땅 읽은 기억이 생생합니다. 비약해서 인간의 최고 장난감(?)은 종교입니다. 불경스럽지만 맥락으로 표현할 때 그렇습니다. 특히 기독교의 믿음은 보이지 않는 것에 최고의 가치를 두고 있습니다.

(히 11:1) "믿음은 바라는 것들의 실상이요 보이지 않는 것들의 증거니"

이 위대한 믿음의 정의가 학개서 2장의 성전 이야기를 푸는 열쇠입니다. 유대력 B.C.520년 6월 1일에 주어진 말씀에 순종하여 성전 재건이 시작되고 한 달쯤 지날 때이었습니다. 공사가 중단되었는데 이유는 솔로몬 성전보다 너무나 초라하다는 것입니다(3절). 학개를 통해 하나님의 말씀이 주어지는데 기존의 발상을 깨고 있습니다. 성전이란 하나님께서 함께 하신다는 것인데 스룹바벨 성전이 솔로몬 성전보다 탁월하다는 것입니다. 외형적으로 아무리 화려해도 그곳에서 우상숭배를 한다면 영광은 떠나고 성전은 훼파됩니다(대하 36:18-19).

진정한 성전인 예수님은 보이는 성전과 비교할 수 없는 영광을 가지고 있습니다(6-9절, 요 2:19). 스룹바벨 성전은 법궤와 그룹과 세키나(영광의 구름)는 없었지만 예수님과 가까이 있었습니다. 신약 시대에 스룹바벨 성전도 497년 만에 없어지고 가짜 성전(헤롯)이 세워지고 있었던 것은 보이는 성전 시대가 마감된 것을 의미합니다. 예수님의 모형인 스룹바벨을 내 종이라고 부른 것(23절)은 성도의 새 성전 시대를 계시합니다(고전 6:19). 보이는 성물들을 모두 없애고(히 9:9-10) 우리 몸을 성전 삼으신 진리를 깊이 묵상하게 됩니다.

스가랴

♦ 스가랴 1장 성경칼럼

3절 | 그러므로 너는 그들에게 말하기를 만군의 여호와께서 이처럼 이르시되 너희는 내게로 돌아오라 만군의 여호와의 말이니라 그리하면 내가 너희에게로 돌아가리라 만군의 여호와의 말이니라

17절 | 그가 다시 외쳐 이르기를 만군의 여호와의 말씀에 나의 성읍들이 넘치도록 다시 풍부할 것이라 여호와가 다시 시온을 위로하며 다시 예루살렘을 택하리라 하라 하니라

"만군의 여호와"

하나님은 이름을 붙일 수 없습니다. 이름이 있다는 것은 그 이름에 갇힌다는 것이고 제한된 존재입니다. 여호와라는 뜻이 스스로 있는 자(나는 나다)이니 이름이 아닙니다(출 3:13-14). 성경은 다른 신과는 전혀 다른 주권자이신 하나님을 계시합니다. 엘로힘(하나님)과 구별되는 여호와라는 성호는 선민과의 언약과 관련되었을 때 사용합니다. 신약에 여호와라는 호칭이 없는 것은 이스라엘과의 관계를 넘어 전 인류의 구원의 지평이 열린 시대이기 때문입니다. 이제 하나님을 향하여 만군의 여호와라는 성호가 붙는 이유를 알아 보겠습니다. 이 호칭은 포로 후 선지서인 학개서에서 14회, 스가랴서에서 53회, 말라기서에서 24회가 쓰였습니다. 스가랴 1장에서 9번 나오고 3절에 3번 기록되었습니다.

후기 선지서에 집중적으로 나오는 것은 귀환한 남은 자들에게 위로와 격려가 필요했기 때문입니다. 만군의 여호와는 역사의 주권자이심과 모든

권세를 주관하사 그 뜻을 성취하신다는 뜻입니다. 스가랴서는 학개서와 동시대에 쓰여 졌고(1절) 성전 재건을 독려하며 영적 회복에 용기를 주고 있습니다. 메시야에 대한 계시가 풍부하고 초림과 재림이 겹쳐 있으며 환상과 예언이 상징적이어서 해석이 어려운 책입니다. 내용 전개는 권면과 환상(1-6장)에 이어 금식에 대한 현재적 명령이 주어지고(7-8장) 심판과 구원에 대한 예언(9-14장)이 혼합되어 나옵니다.

1장의 시작에 회개를 촉구하는 것은 이 단계가 없으면 말씀을 들은 준비가 안 되기 때문입니다. 그리스도인도 회개(자백)의 순서를 놓치면 은혜 받는데 있어 손해 본다는 것을 새겨야 합니다. 2-6절은 회개하는 주체가 귀환민이 아니라 포로 전 조상들의 죄를 회상함으로 그들의 죄를 반복하지 않도록 경고하는 내용입니다. 우리가 성경을 거울처럼 보며 나의 모습을 비쳐보는 것과 같은 원리입니다. 회개는 돌아오라는 뜻인데 만군의 여호와를 세 번 동원하는 것은 꼭 순종해야 함을 강조하는 것입니다(3절).

1장에 나오는 '말 탄 자'와 '네 뿔과 네 대장장이' 환상은 낙심한 백성에게 격려와 위로를 주는 것입니다. 말 탄 자의 환상은 언약 백성이 비록 고난을 당하고 있다 할지라도 하나님께서는 열심을 내고 있음을 보여줍니다. 홍마를 탄 여호와의 천사가 회복을 상징하는 화석류 나무 사이에 서므로 희망의 날이 온다는 것을 계시합니다(8-17절). 네 뿔과 네 대장장이 환상은 이스라엘을 공격하거나 괴롭힌 세력은 반드시 멸망될 것을 예언합니다(18-21절). 이것은 역사에서 열국들의 각축전 속에 이루어지지만 궁극적으로는 주님의 재림 시에 성취될 것입니다.

하나님께서 말씀하시고 선지자는 신중하게 여쭙고 천사는 자상하게 설명하는 구조가 참 신비롭습니다(9-17절). 우리가 하나님의 현현인 말씀(요

1:1)을 붙들고 씨름하는 모습을 주님은 얼마나 기뻐하실까요? 성령님께서 가르치시고 생각나게 해 주시겠다고 하시니 놀라운 감사가 솟아나옵니다(요 14:26).

♦ 스가랴 2장 성경칼럼

4절 | 이르되 너는 달려가서 그 소년에게 말하여 이르기를 예루살렘은 그 가운데 사람과 가축이 많으므로 성곽 없는 성읍이 될 것이라 하라

8절 | 만군의 여호와께서 이같이 말씀하시되 영광을 위하여 나를 너희를 노략한 여러 나라로 보내셨나니 너희를 범하는 자는 그의 눈동자를 범하는 것이라

"실력을 보여 주세요"

실력이란 실제로 갖추고 있는 힘이고 어떤 일을 해낼 수 있는 능력인 역량과 동의어입니다. 실력이나 역량이 없는 사람에게 일을 맡길 수는 없습니다. 인재 경영을 최우선에 둔 기업이 최고 실력을 갖춘 인물에게 백지수표를 내미는 것이 이해가 됩니다. 이런 관점에서 최고의 실력을 갖춘 분은 당연히 하나님이십니다. 하나님의 속성 중에 전지전능성과 영원성과 무소부재성만 알아도 이의가 나올 수 없습니다. 그럼에도 불구하고 하나님의 실력을 의심하는 사람이 많은 이유는 무엇일까요? 의심이라기보다 자기에게 와 닿지 않는다는 표현이 맞을 것입니다.

수많은 기적을 하나님은 보여주셨지만 자기 이익과 연결을 못하여 실감을 못하는 것입니다. 기적이 매일 일어나도 하나님을 믿지 않는 것은 광야의 이스라엘 백성을 보면 증명됩니다. 성경을 보고 믿는 것이 정석이지만 성령이 역사하지 않으면 결과는 없습니다(눅 16:31). 전적 부패한 인간에게 믿음이 들어가는 방법은 보이지 않는 것을 믿게 하는 길밖에 없습니다. 보이지

않지만 하나님의 말씀이고 뜻이기에 순종하는 것이 믿음의 본질입니다(히 11:1). 이런 믿음의 본질을 파악할 때 성경의 사건들이 해석이 됩니다.

2장은 1장에 나오는 두 가지 환상에 대한 결론인 세 번째 환상으로 시작합니다. 척량자가 줄을 가지고 예루살렘 성을 잰다는 것은 회복이 시작되었다는 뜻입니다(1-2절). 새롭게 된 성은 포로 후의 성의 재건을 의미하지만 궁극적으로는 완전한 구원을 예표 합니다. 2장에 나타난 예루살렘 성의 완전한 모습이 역사 속에 성취된 적이 없었기 때문입니다. 교회와 천국의 모습이라고 볼 수 있는 하나님의 성의 영광은 하나님의 실력을 알아차리는 데에 충분합니다.

예루살렘에 사람과 육축이 많다는 것은 소수의 남은 자에서 다수의 부흥시대가 온다는 예언입니다(4절). 성곽이 없다는 것은 담이 없다는 뜻으로 악인이 제거되고 평안이 임함을 의미합니다(4절). 그 이유는 하나님께서 불성곽이 되시기 때문인데 마치 광야의 불기둥이 연상됩니다(5절). 하나님의 백성들을 괴롭히는 세력을 흩으시고 눈동자처럼 지켜 주시겠다고 하십니다(7-9절). 신분은 하나님의 자녀이고 상태는 하나님과 동행이며 감정은 기쁨입니다(10-13절).

깊은 신앙을 가지지 못하는 원인이 하나님의 능력에 대한 회의라면 충분히 해결할 수 있습니다. 다만 그 조건은 내가 직접 경험한 것이 아니라도 성경에 나오는 내용을 믿는 것입니다. 믿음의 또 다른 이름은 순종이고 순종할 수 있는 힘은 미래에 대한 소망에 있습니다.

(롬 5:4) "인내는 연단을, 연단은 소망을 이루는 줄 앎이로다"

♦ 스가랴 3장 성경칼럼

1절 | 대제사장 여호수아는 여호와의 천사 앞에 섰고 사탄은 그의 오른쪽에 서서 그를 대적하는 것을 여호와께서 내게 보이시니라

9절 | 만군의 여호와가 말하노라 내가 너 여호수아 앞에 세운 돌을 보라 한 돌에 일곱 눈이 있느니라 내가 거기에 새길 것을 새기며 이 땅의 죄악을 하루에 제거하리라

"죄 지었으면 벌 받아야지"

이 말을 하는 사람에게 잘못 되었다고 할 수는 없습니다. 종교적으로는 인과응보이고 사회적으로는 신상필벌이고 자연 원리로는 심은 대로 거둔다 입니다. 그러면 사탄이 인간 심판 법정에서 이 말을 한다면 어떻게 할까요? 이 상황은 가정이 아니라 실제로 일어나고 있습니다. 사단이 하는 일은 크게 두 가지로 대적하는 것(벧전 5:8)과 참소하는 일(계 12:10)이기 때문입니다.

3장의 네 번째 환상은 대제사장 여호수아가 여호와의 사자 앞에 심판받기 위해 서 있는 모습으로 시작합니다. 여호수아는 모든 이스라엘 백성을 대표하는 사람이고 그 죄가 깊어 사탄의 참소를 받게 된 것입니다. '불에서 꺼낸 그슬린 나무(2절)'같은 이스라엘 공동체는 아무 쓸모없는 존재가 되었음을 보게 됩니다(암 4:11). 사탄의 탄핵은 정당해 보이고 이스라엘은 꼼짝없이 벌(사망)을 받아야 합니다.

그런데 여기서 영적 반전이 일어납니다. 죄의 삯은 사망으로 지옥이 당연하지만 하나님의 은사인 예수 그리스도 안에 있는 영생이 등장한 것입니다.

(롬 6:23) "죄의 삯은 사망이요 하나님의 은사는 그리스도 예수 우리 주 안에 있는 영생이니라"

이것은 대통령 사면과 같은 속성이지만 그 효력은 감히 비교할 수가 없습니다. 대통령 사면령이 그 관련법에 의하여 실행되듯이 더러운 죄인(3절)의 사면은 주님의 속죄로 이루어집니다.

(요 19:30) "예수께서 신 포도주를 받으신 후에 이르시되 다 이루었다 하시고 머리를 숙이니 영혼이 떠나가시니라"

주님의 마지막 말씀인 '다 이루었다'는 원어(테텔레스타이)로 죄 값을 '다 치루었다'는 뜻입니다. 주님은 권력자와 윤리학자와 의사가 아닌 속죄양으로 죽으러 오셨습니다(사 53:4-6). 신자는 은혜의 복음을 묵상할 때 하나님께서 치르신 엄청난 대가를 꼭 기억해야 합니다. 형편없는 여호수아와 백성들이었지만 사죄를 받고 아름다운 옷과 정결한 관이 씌워집니다(4-5절). 이제 그 행색에 맞게 직무를 하고 구별된 삶을 살면 상급이 주어질 것입니다(6-7절).

이 예표는 신약 성도가 구원 이후에 생명과 성령의 법으로 살 것을 명령받는 것입니다(롬 8:1-4). 3장에는 주님을 대망하기에 부족함이 없는 상징적 용어가 주어지는데 '내 종 싹'과 '일곱 눈이 있는 돌'입니다(8-9절). 대제사장 여호수아가 예표 한 내 종 싹은 메시야로서 겸손히 순종하신 주님을 의미합니다. 일곱 눈의 모습은 무한한 지성과 완벽한 전지성을 상징하고 단번에 이루실 사역을 예표 합니다. 이스라엘의 초라한 모습이 하나님의 은사로 공의가 입혀지듯이 우리에게는 성령과 사랑이 부어졌습니다(롬 5:5). 나무 아래 서로 초대하는 훈훈한 모습은 교회의 본질이며 사명입니다(10절).

♦ 스가랴 4장 성경칼럼

6절 | 그가 내게 대답하여 이르되 여호와께서 스룹바벨에게 하신 말씀이 이러하

니라 만군의 여호와께서 말씀하시되 이는 힘으로 되지 아니하며 능력으로 되지 아니하고 오직 나의 영으로 되느니라

14절 | 이르되 이는 기름 부음 받은 자 둘이니 온 세상의 주 앞에 서 있는 자니라 하더라

"잘 묻는 자가 지혜롭다"

지식이 넓고 경험이 풍부한 사람은 여러 방면에 유익합니다. 단점은 교만하기 쉽고 여기에서 나온 습관이 남에게 묻는 않는 것입니다. 웬만한 건 알고 있기에 다른 사람의 말에 리액션도 인색합니다. 여기까지는 세상 사는데 큰 불편이 없고 손해도 보지 않지만 영적 세계는 사정이 달라집니다. 영적 지식은 배워서 아는 것과는 다르고 경험이 많다고 정비례로 좋아지지도 않습니다. 영적 지식이 올바르지 아니하면 멸망으로 갈 수 있습니다. 하나님의 사역과 신앙생활은 늘 하나님께 여쭙고 해야 합니다. 그 방법은 기도가 가장 중요하지만 말씀 묵상이 뒷받침되어야 합니다.

4장에는 아주 특이한 모습이 길게 묘사되는데 스가랴와 천사의 대화 장면입니다. 천사가 무엇을 보느냐고 물으면 스가랴가 본 것을 대답합니다. 환상이 이해가 되지 않은 스가랴가 의미를 묻자 천사는 바로 대답을 안 합니다. 정말 모르겠느냐고 다시 묻고 스가랴가 모르겠다고 대답하자 그제서야 뜻을 설명합니다(1-5절). 스가랴의 질문 태도도 훌륭하지만 이번에 주어진 환상이 중요하다는 의도가 보입니다.

다섯 번째 환상의 내용을 종합하면 '순금 등대 두 개와 그 두 잔에 기름을 공급하는 두 감람나무'입니다. 신앙 연륜이 있거나 이단에 관심 있는 분들은 금방 눈치를 채셨을 것입니다. 두 감람나무를 울 구워 먹는 이단 교주가 여러 명 있었기 때문입니다. 후세를 예상하고 이 기사를 쓴 것은 아니겠

지만 천사의 자상한 설명이 고맙게 느껴집니다. 이 환상은 스룹바벨로 하여금 성전 재건 사역에 낙심하지 말도록 격려하는 것입니다(6절). 나아가 영적 사역자들이 다른 방법으로 일하지 말고 하나님의 영으로 일해야만 할 것을 지도합니다(6절).

등대는 교회를 가리키고 두 감람나무는 등불에 지속적으로 기름을 공급하는 역할을 하는 것을 상징합니다. 두 감람나무는 1차적으로 당시의 제사장 대표인 여호수아와 통치자 역할인 스룹바벨을 가리킵니다. 그러나 궁극적으로는 구속사역을 완성하시고 돌보시는 메시야를 예표합니다. 하나님의 교회와 성도는 주님으로부터 은혜(금 기름)를 지속적으로 공급받아야 합니다(11-14절).

둘이라는 숫자에 초점을 두고 가짜 메시야를 찾는 어리석음은 금물입니다. 신 내린 무당이나 배워서 하는 무당이나 모두 저주를 받습니다. 올바른 영적 지식에 쌓는데 있어서 신중해야 할 것은 아무리 강조해도 모자람이 없습니다. 주님께 붙어 있어 그 진액을 받아 빛을 내는 우리는 참 복 있는 사람입니다(시 1:3, 요 15:4-5).

♦ 스가랴 5장 성경칼럼

3절 | 그가 내게 이르되 이는 온 땅 위에 내리는 저주라 도둑질하는 자는 그 이쪽 글대로 끊어지고 맹세하는 자는 그 저쪽 글대로 끊어지리라 하니

11절 | 그가 내게 이르되 그들이 시날 땅으로 가서 그것을 위하여 집을 지으려 함이니라 준공되면 그것이 제 처소에 머물게 되리라 하더라

"(　)앞에 장사 없다"

각자 괄호 안에 들어갈 단어가 생각날 것입니다. 부동산의 경우에는 금리라는 말을 집어넣으면 좋을 것입니다. 금리가 높으면 어떤 정책을 써도 주택 가격은 오르지 않습니다. 인간 본성에 관련된 단어로는 이익(욕망)이 들어갈 수 있습니다. 기업과 상업이 욕망의 수요를 이용하는 이유입니다. 다단계와 금융 피라미드와 코인 등의 대박 시스템이 계속 생성되는 이유는 극단적인 욕망을 부추기기 때문입니다.

영적 세계에서 쓸 수 있는 괄호안의 용어로는 '죄 성'을 들 수 있습니다. 죄 성 앞에 자연적 인간이 얼마나 무력한지 성경과 역사는 증언합니다. 5장은 두 가지 환상이 주어지는데 내용은 이스라엘의 죄악에 대한 징계입니다. 4장까지의 격려하심과 하나님 나라의 영광을 보여준 환상과 전혀 다른 분위기입니다. 포로 귀환 이후에도 유다 전역에 죄악이 만연하고 있었음을 알 수 있습니다.

날아가는 두루마리 환상은 온 지면에 두루 행해지는 심판을 의미합니다. 두루마리는 율법을 말하며 크기가 성전 현관과 같다는 것은 절대 권위를 나타냅니다(2절). 하나님의 심판은 공개적이고 신속하여 어느 곳도 어느 누구도 어떤 죄악도 피할 수 없고 숨길 수 없습니다(3-4절, 시 139:8-9). 다행인 것은 이 철저한 심판은 저주의 협박에 목적이 있는 것이 아니라 참된 회개를 요구하는 것입니다. 뒤이어 나오는 일곱 번째 환상에서 죄에 대한 정화와 추방이 이루어지기 때문입니다.

인류 역사를 바꾼 10대 발명품 중에 하수도가 있다는 것은 놀라운 성찰입니다. 만일 하수도가 없었다면 인류는 역병에 노출되어 전멸할 수도 있었습니다. 배설물과 쓰레기 처리가 필수이듯이 죄악의 처리는 영적 생명의 활로입니다. '에바 속의 있는 여인' 환상은 악을 원천적으로 봉쇄하여 멀리 추방함을 의미합니다(6-11절). 에바와 여인은 악을 상징하고 옮겨지는 시날 땅은 악의 본거지에 해당됩니다. 납땜을 당한 에바 속의 음행한 여인은 바벨의 옛 이름인 시날 땅에 유배됨으로 죄악이 처리됨을 선포합니다.

이는 마치 대속죄일에 이스라엘의 죄를 전가 받아 광야로 나가 영원히 돌아오지 못하는 아사셀 염소가 연상됩니다.

(레 16:10) "아사셀을 위하여 제비 뽑은 염소는 산 채로 여호와 앞에 두었다가 그것으로 속죄하고 아사셀을 위하여 광야로 보낼지니라"

하나님의 심판의 엄격함과 은혜의 용서를 목격하게 됩니다(히 8:12). 이제 괄호 안에 들어갈 두 단어가 결정되었습니다. '심판'앞에 장사 없고 '은혜'앞에 장사가 없는데 은혜는 믿음으로 받는 자에게만 해당됩니다.

♦ 스가랴 6장 성경칼럼

5절 | 천사가 대답하여 이르되 이는 하늘의 네 바람인데 온 세상의 주 앞에 서 있다가 나가는 것이라 하더라

12절 | 말하여 이르기를 만군의 여호와께서 이같이 말씀하시되 보라 싹이라 이름하는 사람이 자기 곳에서 돋아나서 여호와의 전을 건축하리라

"하나님이 안 느껴질 때?"

불신자나 초신자가 하나님을 느끼고 사는 경우는 아주 드뭅니다. 믿음의 비밀이 있고 성경에 계시된 하나님을 아는 신자가 어떨 때에 회의에 빠질 수 있느냐는 주제입니다. 이 질문은 하나님이 안 계시고 역사하시지 않는다는 차원의 문제가 아닙니다. 1차적으로는 자연 재해에 대한 해석이 안 될 때 나옵니다. 그러나 본질적인 질문은 사람에 대한 해석이 안 될 때 일어납니다. 차라리 악인은 원죄라는 안경을 끼면 이해가 되지만 수많은 자

연인의 다양한 고난을 볼 때는 난감한 생각이 듭니다.

빈민과 난민과 격리된 사람들의 모습을 보며 하나님과 전혀 상관이 없지 않느냐는 생각이 불쑥 솟는 것입니다. 성경은 이 질문에 어떤 대답을 하고 있을까요? 6장은 마지막 여덟 번째 환상을 보여주며 우리의 회의에 대한 대답을 하고 있습니다. 네 병거가 각기 색깔이 다른 말 네 마리와 함께 두 구리 산 사이에 등장합니다. 네 병거와 네 말은 하나님의 진노와 긍휼을 베푸는 대리 사역자입니다. 스가랴서에는 네 뿔, 네 대장장이, 네 바람이 나오는데 사방을 상징합니다. 주석가들은 네 말의 색깔에 대하여 역할에 따른 의미를 부여합니다(2-4절). 홍마는 전쟁과 피, 흑마는 재난과 절망, 백마는 기쁨과 번영, 어룽지고 건장한 말은 양극의 혼합된 상태라고 해석합니다.

다른 이론도 있겠지만 사방으로 펼쳐지는 하나님의 통치가 복잡하고 다양하게 보이는 것은 분명합니다. 네 말이 이방에 나가 치르는 전쟁과 심판과 긍휼은 하나님의 손길이 세상 모든 방면에 적용되는 것을 증명합니다. 자연 재해나 인간의 정치적 사건까지 우리는 못 보지만 하나님의 장중에 있습니다. '네 바람'이 하나님의 영이라고 천사가 해석함으로서 하나님의 주재권을 확실히 합니다(5절). 사람이 보기에는 이해가 안 되어도 하나님의 뜻(북쪽의 바벨론 정벌)은 때에 맞게 이루어집니다(8절).

사람에게는 변칙처럼 보이지만 네 병거가 나오는 두 구리 산은 하나님 섭리의 탄탄함과 불변을 상징합니다(1절). 지금까지 8가지 환상의 총 결론은 여호수아의 대관식입니다(9-15절). 4장의 스룹바벨이 메시야를 예표하였듯이 통치자인 여호수아도 싹(순)으로서 메시야의 사역을 예표 합니다(12절). 이방인이 참여한 금은 면류관은 왕을 의미하며 이후의 성전 재건에 이방인의 동참을 예언합니다(11-15절).

우리는 참 성전인 예수님에 의하여 이방인의 영광된 구원이 성취된 것을 알고 있습니다.

(엡 3:6) "이는 이방인들이 복음으로 말미암아 그리스도 예수 안에서 함께 상속자가 되고 함께 지체가 되고 함께 약속에 참여하는 자가 됨이라"

세상의 변칙적 소용돌이 속에 하나님이 안 느껴질 때 어떻게 할 것인지가 정해졌습니다. 성경에서 하나님께서 하신 일을 확인하고 세상을 더 넓고 길게 보아야 하겠습니다(롬 11:33-36).

♦ 스가랴 7장 성경칼럼

5절 | 온 땅의 백성과 제사장들에게 이르라 너희가 칠십 년 동안 다섯째 달과 일곱째 달에 금식하고 애통하였거니와 그 금식이 나를 위하여, 나를 위하여 한 것이냐

9절 | 만군의 여호와가 이같이 말하여 이르시기를 너희는 진실한 재판을 행하며 서로 인애와 긍휼을 베풀며

"믿음생활의 정석"

정석하면 바둑이 생각납니다. 고수가 되면 정석 이상의 변칙도 사용하지만 정석을 배우지 않고 가지는 못합니다. 이 정석의 길은 어느 공부와 직업에서도 필요하며 신앙생활도 예외가 아닙니다. 믿음의 정석(정해진 방식)이 세상 생활의 정석과 다르다는 것은 이미 아실 것입니다. 만약 세상에서 익힌 생활 방식대로 교회에서 행하게 되면 시련이 올 수밖에 없습니다.

7장은 믿음 생활의 중요한 몇 가지 정석을 금식을 매개로 하여 가르치고 있습니다. 7장은 첫 환상을 본 시점(1:1)으로부터 2년 정도가 경과되었고 다시 시작된 성전 재건은 반 정도 진행되었을 때입니다(1절). 벧엘 사람이 스가랴에게 부하를 보내 5월에 금식하던 것을 계속 해야 하는지를 질문합니다

(2-3절). 5월 금식의 배경은 B.C.586년 5월 7일 바벨론으로부터 예루살렘 성전이 파괴된 것을 애통해 하며 시작된 것입니다. 포로 생활 동안 계속된 이 금식 규례를 귀환이 이루어진 후에도 지켜야 하는지를 묻는 것입니다.

스가랴에게 임한 하나님의 말씀은 참된 금식에 대한 정석을 알려줍니다. 7월에 하던 금식(유다 총독 암살과 유대인 살해 사건, 왕하 25:23-25)까지 언급하면서 누구를 위한 금식인지를 묻습니다(5-6절). 본래 하나님께서 지정한 금식은 대속죄일 뿐(레 16:29)이었는데 자발적인 금식일을 만든 것입니다. 시간이 지나면서 금식의 의미는 사라지고 형식과 외식으로 흘렀고 괴로운 행위가 되었습니다. 자발적인 것은 대부분 기복에서 발원되기에 하나님 사랑과 상관없는 방향으로 가게 됩니다.

하나님의 참된 금식에 대한 교훈은 이사야와 아모스에게도 주어진바 되었는데 신앙 윤리에 대한 것입니다(7절). 외적 금식보다 생활의 윤리가 더 중요하며 마치 금식하는 자세로 지켜야 할 것을 말씀합니다. 진실한 재판의 시행을 가장 먼저 말씀하시는 것은 중요하고 기본이 되기 때문입니다(9절). 재판의 원어 '미쉬파트'는 공의, 정의라는 뜻이며 이는 영어의 재판관(justice)과 동의어입니다. 사회와 국가의 부패 도는 재판관의 부패와 정비례합니다. 재판이 공정하지 않을 때 사랑이 식어지고 연약한 자들이 압제당하고 악을 획책하는 풍조로 달려갑니다(9-10절).

그리스도인의 신앙은 사회를 향하여 외식적 종교행위가 아니라 실생활의 의(윤리)로 표현하도록 되어 있습니다. 이를 실패하면 세상은 신앙을 짓밟으며 전도는 막힙니다(마 5:13). 말씀을 듣기 싫어하는 인간의 모습을 묘사하는 표현이 압권입니다. 등을 돌려 외면하고 귀를 악착같이 막으며 마음은 금광석처럼 단단히 다지고 닫습니다(11-12절). 멍에를 거부하는 황소의 모습에서 착안한 이 자세를 인간이 하고 있는데 심판외의 길은 없었습니다(13-14절). 신앙의 정석은 매일 말씀 듣고 기도하며 명령을 순종하는 것입니다.

♦ 스가랴 8장 성경칼럼

3절 | 여호와가 이같이 말하노라 내가 시온에 돌아와 예루살렘 가운데에 거하리니 예루살렘은 진리의 성읍이라 일컫겠고 만군의 여호와의 산은 성산이라 일컫게 되리라

22절 | 많은 백성과 강대한 나라들이 예루살렘으로 와서 만군의 여호와를 찾고 여호와께 은혜를 구하리라

"회복, 초림, 재림, 천국"

'하나를 가르치면 열을 알아듣는(문일지십)' 사람이 있습니다. 이런 사람이 총명한 이유는 '일지관지(하나를 알면 모든 것을 아는 지혜)'에 있습니다. 제대로 아는 주요 원리가 다른 것에도 적용된다는 뜻입니다. 하나의 외국어를 통달하면 다른 외국어도 쉽게 익히는 것과 비슷합니다. 구약의 예언서는 근본 원리 하나를 알 때 해석의 지평이 열립니다. 반대로 이 원리를 모르면 수많은 예언의 해석에 혼돈이 옵니다.

'이스라엘의 회복'과 '메시야의 강림(초림과 재림)'이 동일한 예언 속에 겹쳐 있는 경우가 있습니다. 멀리 보면 한 산인데 가까이 가면 여러 산이 겹쳐 있는 것과 같이 회복과 초림과 재림을 예언합니다. 이스라엘의 회복 후에 대한 예언이 실제 이스라엘 역사에서 일어나지 않았다는 것을 확인할 수 있습니다. 예루살렘이 진리의 성읍이 되지 않았고 완벽한 부흥도 없었고 이방인의 구원도 풍성하지 않았습니다(3-8절). 그렇다면 이것은 초림 후의 교회시대와 재림 후의 천국에 대한 예언이라고 보면 됩니다.

2장과 8장의 이스라엘 회복과 영광은 영적 이스라엘인 교회시대에 주어진 능력입니다. 육적 이스라엘과 영적 이스라엘 모두가 아브라함의 언약에 의한 긍휼이 임하게 된 것입니다. 하나님과 아브라함의 언약은 늘 이스라엘 전체와 만민까지 이른다는 것이 핵심입니다. 이 언약의 원조는 창세기 12장 2절이고 본장에는 8절에 나와 있습니다. 그러므로 이스라엘의 회복과 영광에 대한 내용은 교회 시대에 사는 우리의 소유가 될 수 있습니다. 이스라엘에게 약속과 함께 지켜야 할 계명이 주어지듯이(15-17절) 우리에게도 새 계명이 주어졌습니다(요일 2:7-11).

(요 13:34) "새 계명을 너희에게 주노니 서로 사랑하라 내가 너희를 사랑한 것 같이 너희도 서로 사랑하라"

8장에는 메시야의 구체적 사역을 전제하고 은혜 시대의 신앙의 질을 말씀합니다. 이전의 금식이 외형과 날짜에 중점이 있었다면 이제는 사랑에서 나온 기쁨의 절기가 됩니다. 주님께서도 금식은 객관적 절기가 아닌 영적 상태로 행해야 함을 가르쳐 주셨습니다.

(마 9:15) "예수께서 그들에게 이르시되 혼인집 손님들이 신랑과 함께 있을 동안에 슬퍼할 수 있느냐 그러나 신랑을 빼앗길 날이 이르리니 그 때에는 금식할 것이니라"

금식이 자기의 문제 해결을 위해 시작했다가 주님과의 관계로 귀결되는 이유입니다.

이스라엘 백성들의 은혜를 목격한 이방인들이 돌아오는 광경(20-23절)은 초대교회에서 실제로 성취됩니다. 초대교회의 특징인 말씀과 성령의 충만을 후대 교회가 따르는 만큼 그 영광의 성취가 이루어집니다. 다만 초대교회도 단회적 기적의 모델임을 알 때 후대 교회는 내면적 열매를 지향하게 됩니다. 약속을 믿고 진지하게 맡은 바 사명에 충성하겠습니다(롬 12:3-8).

♦ 스가랴 9장 성경칼럼

8절 | 내가 내 집을 둘러 진을 쳐서 적군을 막아 거기 왕래하지 못하게 할 것이라 포학한 자가 다시는 그 지경으로 지나가지 못하리니 이는 내가 눈으로 친히 봄이니라

16절 | 이 날에 그들의 하나님 여호와께서 그들을 자기 백성의 양 떼 같이 구원하시리니 그들이 왕관의 보석 같이 여호와의 땅에 빛나리로다

"알아보세요"

무엇인가에 대하여 알아본다는 것은 중요하기 때문입니다. 여기에 꼭이라는 단서가 붙으면 안 알아보면 큰 탈이 난다는 것입니다. 알아보는 것에 대해 이보다 더 강한 표현이 있습니다. '믿어질 때까지 계속 알아보세요'입니다. 느낌이 오셨겠지만 바로 예수님에 대한 것입니다. 인간의 금생과 내세는 예수님에 대해 어떻게 아느냐로 결정됩니다. 정확히는 '예수가 어떤 분이고 어떤 일을 하셨고 그 결과는 무엇인가'입니다.

이 세 가지를 알고 어떤 반응을 보이느냐에 따라 천국과 지옥이 결정됩니다. 신약이 이 대답을 직설적으로 하고 있다면 구약은 사건과 은유를 통하여 간접적으로 하고 있습니다. 예수님에 대한 이 세 가지를 모두 보여 주는 9장은 독특하고 매우 소중합니다. 처음은 선민과 원수인 주변국의 심판으로 출발합니다. 다메섹과 하맛과 두로와 시돈과 아스글론과 에그론과 가사와 아스돗과 블레셋까지 이어집니다(1-7절).

블레셋의 남은 자의 구원 참여가 살며시 들어 있는 것은 이방 구원의 소망을 보여주는 것입니다(7절). 이 예언은 하나님의 도구인 알렉산더 대왕이 B.C.333년 침공함으로 성취됩니다. 그런데 이 심판에서 유다가 보호 받는

다고 예언되고 실제 역사에서 성취됩니다(8절). 예수님의 초림을 위한 환경적 준비임이 분명합니다. 이는 초림 때에 로마 제국이 영육의 준비(식민지 정책, 언어, 도로 등)를 한 것과도 연결됩니다.

이제 메시야의 초림에 대한 핵심 예언이 나옵니다. 왕이신 주님은 공의로우시며 구원을 베푸시며 겸손하여서 나귀 새끼를 타고 오십니다(9절, 마 21:1-10). 구원의 사역에 어떤 병기도 사용하지 않으시고 죽으심으로 언약의 속죄양이 되십니다(11절, 사 53:1-6). 세상에서는 무력한 죽음 같아 보이지만 세상의 모든 권세를 정복하는 사역입니다(12-15절). 속죄 사역의 결과는 양떼 같은 하나님 백성의 구원과 축복입니다(16절).

구원받은 자는 왕관의 보석이 되어 빛나는 신분이 됩니다. 구원의 무리가 빛이 난다는 것은 높임을 받았다는 선언입니다.

(엡 2:6) "또 함께 일으키사 그리스도 예수 안에서 함께 하늘에 앉히시니"

이 영광은 내세에서만이 아닌 현실에서도 형통함과 아름다움과 강건의 축복으로 주어집니다(17절). 예수님을 정확히 깊이 알고 믿는 자에게는 항상 기쁨이 넘칩니다.

(빌 4:4) "주 안에서 항상 기뻐하라 내가 다시 말하노니 기뻐하라"

♦ 스가랴 10장 성경칼럼

9절 | 내가 그들을 여러 백성들 가운데 흩으려니와 그들이 먼 곳에서 나를 기억하고 그들이 살아서 그들의 자녀들과 함께 돌아올지라

12절 | 내가 그들로 나 여호와를 의지하여 견고하게 하리니 그들이 내 이름으로 행하리라 나 여호와의 말이니라

"작은 순종, 큰 은혜"

꼴불견이란 차마 볼 수 없을 정도의 거슬리고 우스운 모습을 말합니다. 기독교인 중에 으뜸 꼴불견이 있다면 무엇일까요? 일단 교만한 모습이 떠오르는데 겸손으로 포장되었을 때가 심각합니다. 자신은 겸손한 자세라고 생각하고 행하는데 결국은 자기 자랑이 될 때가 많은 것입니다. 간증 시간에 하나님의 은혜를 이야기하면서 자기의 순종이 핵심이 될 때가 많습니다. 정말 조심하지 아니하면 간증에 교만의 죄가 침투하기 쉽습니다.

정확한 방정식은 하나님의 은혜가 만이라면 자기의 순종은 하나 정도라고 정하는 것이 좋습니다. 그 하나도 은혜로 되어 진 것이니 그저 감사하는 태도가 최선입니다. 그나마 하나님께서 순종의 영역을 허락해 주신 것으로 만족해야 합니다. 사람의 작은 순종을 하나님의 큰 은혜로 사용해 주신 것이 믿음의 선진들이 받은 증거입니다(히 11:1-2). 10장은 이스라엘의 온전한 회복의 세부적 진술입니다. 9장의 이스라엘 회복의 원론적 내용과 더불어 하나님의 주도권이 돋보입니다.

거짓 선지자에게 속고 자기 생각의 우상을 만들고 점을 치는 백성들에게 소망은 없어 보입니다(2절). 이스라엘의 승리가 하나님의 사역임을 분명히 하고 있습니다(3-7절). 준마와 같게 하고 견고하게 하신 주체가 하나님이었습니다. 목자가 휘파람을 불어 양을 모으는 것처럼 하나님께서는 자기 백성을 불러 모으십니다(8절). 징계로 이방에 흩으셨으나 다시 부르셨습니다(9절). 이 부분에서 인간의 작은 순종이 나오는데 먼 곳에서 '하나님을 기억하였다'는 언급입니다.

탕자의 비유는 하나님을 기억해야 하는 것이 인간이 해야 할 순종의 영역임을 증명합니다(눅 15:17). 불뱀에 물려 죽어가던 백성들이 놋뱀을 쳐다보는 작은 순종을 통해 구원받은 것도 같은 맥락입니다(민 21:4-9). 흩어진 이스라엘의 남은 자들은 이제 거하던 곳의 열매인 자녀를 데리고 귀환합니다(9절). 여기서의 자녀란 영육을 통합한 것으로 개종한 이방인도 합류하게 되는 것입니다. 이 그림은 초림 후에 유대인의 전도로 열방의 많은 사람이 그리스도를 영접함으로 확장됩니다(행 2:5-11).

하나님의 전능하심은 세상 강국인 애굽과 앗수르를 무릎 꿇립니다(10-11절). 이스라엘 백성들은 자신과 세상을 확인하며 하나님만 의지하게 합니다(12절). 인간의 곤고한 길을 돌아 왔지만 하나님 주권에 골인한다면 그 여정은 가치가 있습니다. 언제 어디서나 하나님을 기억하는 작은 순종은 최고급의 임마누엘 신앙으로 가게 합니다.

♦ 스가랴 11장 성경칼럼

4절 | 여호와 나의 하나님이 이르시되 너는 잡혀 죽을 양 떼를 먹이라

12절 | 내가 그들에게 이르되 너희가 좋게 여기거든 내 품삯을 내게 주고 그렇지 아니하거든 그만두라 그들이 곧 은 삼십 개를 달아서 내 품삯을 삼은지라

"거부의 대가"

세상살이는 단세포가 아닌 '다(복합)세포'로 형성되어 다양하고 입체적입니다. 씨줄과 날줄로 복잡하게 얽혀 있어 자칫하면 무언가의 포로로 잡힐 수도 있습니다. 수없이 많은 제안이 오가고 승낙과 거부를 주고받습니다. 이 과정의 권리와 의무에 대한 쟁투는 날카롭습니다. 질서와 자유의 큰 담론이 거세게 불어오기도 합니다. 이 담론을 영적으로 확장하면 하나님의 주권과 인간의 자유의지로 연결됩니다. 세상에서의 제안도 거부하면 안 되

는 것이 있습니다. 한국의 남성이 병역을 거부하거나 사업가가 세금을 거부하면 반드시 그 대가를 치릅니다.

그렇다면 비약을 거듭하여 하나님을 거부하면 어떻게 될까요? 현대어로는 '예수님을 끝까지 거부하고 안 믿으면 그 대가는 무엇인가'라는 질문입니다. 11장에는 이 질문에 대한 대답이 나와 있습니다. 그렇다면 논리적으로 볼 때 인간이 하나님을 거부하는 자유는 있다는 것을 전제하고 있습니다. 하지만 이 전제에 오류가 있다는 것을 구원받은 자녀는 눈치 챌 것입니다.

10장의 승리와 구원의 분위기가 본장에서 처절한 심판의 예언으로 바뀐 이유는 구원의 양면성 때문입니다. 구원이란 믿는 자는 영생이지만 거부한 자는 영벌의 심판입니다(마 25:46). 예수님의 초림 자체가 구원과 멸망이 동시에 임한 것입니다(고전 1:18).

(요 3:18) "그를 믿는 자는 심판을 받지 아니하는 것이요 믿지 아니하는 자는 하나님의 독생자의 이름을 믿지 아니하므로 벌써 심판을 받은 것이니라"

하나님을 거부한 이스라엘 백성이 장차 올 메시야를 은 삼십에 팔아넘길 것이 예언됩니다(12절). 은 삼십의 가치는 당시의 죽은 노예의 몸값이니 메시야를 하찮은 것으로 여긴 것입니다(출 21:32). 메시야를 거부하고 죽인 유대인의 대가는 그들의 영광과 자랑을 다 뺏기는 것으로 나타납니다(1-3절). 그뿐 아니라 예언대로(4절) A.D.70년 로마의 티투스 장군의 예루살렘 침공 때에 유대인 150만 명이 살육당합니다. 양떼를 산 자는 로마인이고 판 자와 목자는 유다의 지도자들로 심판을 피할 길이 없습니다(5- 10절).

참 목자를 잃고 거짓 목자에게 속은 대가는 은총과 연합의 축복을 상실한 것입니다(13-17절). 흔하고 평범해 보이는 예수 믿는 유무의 결과가 얼마나 놀라운 것인지를 확인해 보았습니다. 불가항력적 은혜(irresistible grace)를 경험한 바울의 고백이 나의 고백으로 다가옵니다.

(고후 5:14) "그리스도의 사랑이 우리를 강권하시는도다 우리가 생각하건대 한 사람이 모든 사람을 대신하여 죽었은즉 모든 사람이 죽은 것이라"

매일 던져지는 믿음의 요구에 대한 응답을 잘해야 하겠습니다.

♦ 스가랴 12장 성경칼럼

1절 | 이스라엘에 관한 여호와의 경고의 말씀이라 여호와 곧 하늘을 펴시며 땅의 터를 세우시며 사람 안에 심령을 지으신 이가 이르시되

10절 | 내가 다윗의 집과 예루살렘 주민에게 은총과 간구하는 심령을 부어 주리니 그들이 그 찌른 바 그를 바라보고 그를 위하여 애통하기를 독자를 위하여 애통하듯 하며 그를 위하여 통곡하기를 장자를 위하여 통곡하듯 하리로다

"동행, 동참"

성경에서 하나님과 구원받은 자의 관계는 여러 형태로 묘사됩니다. 왕과 백성, 목자와 양, 주인과 종은 수직적 관계로 하나님의 주권자 되심에 근거합니다. 성도가 하나님을 향하여 믿음의 본질인 순종의 자세를 가져야 할 것을 교훈합니다. 남편과 아내, 신랑과 신부, 친구 및 동역자는 신뢰와 사랑의 관계가 기본입니다. 이 관계를 이상적으로 이루기 위해서는 하나님과 동행하는 믿음의 감각이 필요합니다. 하나님께서 가장 많이 약속하신 것이 동행의 축복입니다. 하나님과 함께 하는 성도는 보호와 승리와 기쁨이 넘치는 생활을 누립니다.

그러면 동행의 축복보다 높은 차원의 신앙 관계는 없을까요? 위의 관계를 보면서 내가 생각한 가장 중요한 것이 빠졌다면 그것일 가능성이 있습

니다. 바로 하나님은 아버지가 되시고 나는 자녀가 된 것입니다. 정확히는 하나님의 아들은 독생자 예수이고 우리는 양자가 된 것입니다.

(롬 8:15) "너희는 다시 무서워하는 종의 영을 받지 아니하고 양자의 영을 받았으므로 우리가 아빠 아버지라고 부르짖느니라"

하나님의 아들이 되는 것은 다른 관계와 구별되는 무언가를 기대하게 합니다. 동행은 가장 큰 축복이지만 아들에게는 '동참'의 영역이 주어집니다. 아들에게는 아버지가 주시는 상속이 있는데 이것은 동참의 영역에 들어와야 허락됩니다. 아들은 영광의 상속을 받기 위한 동참이 요구되는데 성경은 이를 고난이라고 합니다.

(롬 8:17) "자녀이면 또한 상속자 곧 하나님의 상속자요 그리스도와 함께 한 상속자니 우리가 그와 함께 영광을 받기 위하여 고난도 함께 받아야 할 것이니라"

12장에 나타난 이스라엘의 궁극적 승리 예언은 성도의 진면목을 보여줍니다. 이 예언은 초림 후의 교회시대와 재림 후의 천국을 최종 목표로 하고 있습니다. 성경에서 '그 날(3절)'을 쓸 때는 역사적 종말을 포함한 것이며 예언된 내용도 완전한 승리와 보호를 말씀합니다(2-9절). 강팍과 패역의 대명사인 이스라엘 백성들에게 은총과 간구하는 심령이 부어집니다(10절). 마치 독자를 잃을 때와 개혁 군주 요시야가 전사할 때(11절, 대하 35:20-27)처럼 통곡하며 회개하는 광경이 펼쳐집니다.

그 이유가 드러나는데 자신들이 메시야를 찌른 것을 알게 되었다는 것입니다. 초대교회의 성령의 강림과 베드로의 설교에 어찌 할꼬 하며 통회자복하는 모습이 소환됩니다(행 2:36-38). 독생자를 내어주신 '아버지의 마음에 동참하게 된 자'들 속에 내가 있음을 발견합니다. 하나님을 아버지라 부를 때 왜 눈물이 고이는지 비로소 알 것 같습니다. '따로'라는 말을 11번 반복함으로 회개는 각 개인에게 속한 것임을 확실히 합니다(12-14절).

♦ 스가랴 13장 성경칼럼

1절 | 그 날에 죄와 더러움을 씻는 샘이 다윗의 족속과 예루살렘 주민을 위하여 열리리라

9절 | 내가 그 삼분의 일을 불 가운데에 던져 은 같이 연단하며 금 같이 시험할 것이라 그들이 내 이름을 부르리니 내가 들을 것이며 나는 말하기를 이는 내 백성이라 할 것이요 그들은 말하기를 여호와는 내 하나님이시라 하리라

"커트라인, 불문율"

커트라인이란 말을 듣는 순간 여러 감정이 있을 것입니다. 일정한 인원을 뽑는 시험에서 합격권에 든 마지막 점수이기 때문입니다. 떨어진 것보다는 다행이지만 아슬아슬함이 느껴집니다. 커트라인은 상대평가의 시험을 전제로 합니다. 그런 의미에서 절대평가인 기독교 신앙은 커트라인이 없습니다. 하나님이 숫자를 정해 놓고 그것을 채우기 위하여 수준이 안 되는 사람을 합격시킬 수는 없습니다.

그런데 인간은 구원에 꼭 커트라인이 있는 것처럼 느끼고 있습니다. 그 이유는 사람들을 비교하며 우열을 판단하는 관습에 있습니다. 나아가 성경에 나오는 내용이 커트라인이 있다는 착각을 줍니다. 계시록의 구원의 숫자인 144,000명(계 14:1)이 생각나고 나병환자 열 명 중 한 명만이 주님께 사례한 비율도 신경 쓰입니다(눅 17:11-19).

13장에서 3분의 2는 멸망하고 3분의 1만 남는다는 것도 커트라인처럼

보입니다(8절). 3분의 1도 모질게 시험하고 연단된 자만 하나님의 백성이라 부른다니 걱정됩니다(9절). 그러나 구원은 오직 예수님을 믿는 것으로 이루어지니 이 행위가 구원의 조건일 리는 없습니다. 한편 신앙생활에 커트라인은 없지만 불문율이 있는 것은 명확합니다. 불문율이란 암묵적으로 지켜지는 규칙을 의미하는데 신앙에도 있습니다. 저런 행동을 하는 사람은 구원이 의심스럽고 하나님의 일군이 아니다 라는 선이 있습니다.

13장은 메시야 시대에 이루어질 예루살렘의 정화를 예언합니다(1절). 이때의 예루살렘은 신약교회와 재림 때를 함께 예표 하는 것으로 우리에 대한 적용이 될 수 있습니다. 적어도 그리스도인이라면 우상숭배는 확실히 끊어내야 한다고 명시합니다(2절). 교회에 출석하면서 굿 당도 다니고 이단도 기웃거린다면 하나님의 자녀일 리가 없습니다. 종교적 외식과 거짓이 습관이 된 사람은 거룩한 교회 공동체의 일원으로 인정할 수 없습니다(3-6절).

7절은 메시야의 지상 사역과 수난을 예언한 것인데 사역자의 연단과 연결됩니다. 주님께서 잡힐 때에 친히 인용하신 말씀으로 목자이신 주님의 십자가 길에서 흩어진 제자들을 보여줍니다(마 26:56). 이 흩어짐의 과정은 자신의 의가 아닌 하나님의 은혜로 남겨진 자들에게 연단을 선사합니다. 연단에 대하여 힘들다는 선입견보다 정결의 과정이라고 받아들일 때 축복이 됩니다(13절). 교회는 출석 교인과 거듭난 성도와 사역자인 제자로 구성되어 있습니다. 내가 어디에 속해 있는지를 알고 연단을 통한 업그레이드를 하는 자가 복됩니다(벧후 1:4-8).

♦ 스가랴 14장 성경칼럼

3절 | 그 때에 여호와께서 나가사 그 이방 나라들을 치시되 이왕의 전쟁 날에 싸운

	것 같이 하시리라
20절	그 날에는 말 방울에까지 여호와께 성결이라 기록될 것이라 여호와의 전에 있는 모든 솥이 제단 앞 주발과 다름이 없을 것이니

"최종적 영광!"

영광(glory)이란 '빛나고 아름다운 영예'입니다. 타락한 인간은 본질적으로 이 영광을 스스로 쟁취할 수 없습니다. 인간 사이에서 쓰는 영광은 비교 우위에서 나온 칭찬에 속합니다. 진정한 영광은 하나님께만 돌리는 것이며 신자는 찬양과 예배로 드립니다. 그렇다면 신앙 과정에서 신자에게 주어지는 영광은 어떤 속성일까요? 이를 잘 보여주는 것이 모세가 하나님의 영광을 접한 후에 백성에게 보인 모습입니다. 얼굴의 광채가 너무 빛나 수건을 쓰고서야 백성 앞에 나선 것입니다(출 34:33-35). 바울은 이 모습을 사환으로서의 모세로 해석하고 말씀의 영광을 일깨웁니다(고후 3:13-16). 새 언약의 일군들은 은혜의 종으로서 위임적인 영광이 있을 것을 약속합니다(고후 3:6-11).

스가랴서의 마지막인 14장에는 구원의 완성이 있을 때 일어날 최종적 영광을 예언합니다. 이스라엘 역사의 전쟁과 승리를 예로 들어 종말에 임할 메시야 사역을 선포하고 있습니다. 하나님께서는 전쟁에서 승리하시고 평화 시에는 백성들에게 안정을 주십니다(1-11절). 이 전쟁은 계시록의 아마겟돈 전쟁에서 실현됩니다(계 16, 19, 20장). 하나님을 대적하는 무리들은 철저한 징계를 받습니다(12-15절, 계 19:17-21, 20:7-10). 염병으로 살과 눈이 썩고 한편끼리 서로 쳐서 자멸하며 소유물에까지 재앙이 임합니다.

이어지는 최종적 영광의 모습은 두 가지의 독특한 광경이 펼쳐집니다. 첫째, 이방인을 포함한 믿는 자들이 온전한 예배를 드리게 되고 순종의 유무에 따라 복과 화가 주어집니다(16-19절). 지금 우리의 예배가 최종적 구속의 완성을 미리 경험하는 속성이 있음을 깨닫게 합니다. 둘째, 말방울에까지 '여호와께 성결'이 기록된다는 사실입니다(20절). 여기서 말방울은 이전 백성들의 일상적인 평범한 삶을 의미합니다. 백성들의 일상생활에 하나님의 성결이 임한 것입니다.

오직 대제사장만이 머리에 쓰는 관의 정금 판에만 쓰였던 봉헌의 문구가 신자의 모든 생활에 임한 것입니다(벧전 2:9).

(출 28:36) "너는 또 순금으로 패를 만들어 도장을 새기는 법으로 그 위에 새기되 '여호와께 성결'이라 하고"

성전의 모든 솥과 제단 앞 주발이 다름이 없다는 것은 신성한 것과 속된 것의 구별이 없어짐을 의미합니다(20절).

하나님 나라의 최종적 영광은 세속의 문화가 사라지고 종교적 귀천도 없어지는 것으로 나타납니다. 레위적 제사 의식이 단절되고 사랑의 관계로 모든 것이 이루어지는데 이것이 천국의 모습입니다(계 21:22). 천국의 모형인 교회가 이 모습을 얼마나 닮아 가느냐에 따라 최종적 영광을 드러낼 것입니다.

말라기

♦ 말라기 1장 성경칼럼

1절 | 여호와께서 말라기를 통하여 이스라엘에게 말씀하신 경고라
7절 | 너희가 더러운 떡을 나의 제단에 드리고도 말하기를 우리가 어떻게 주를 더럽게 하였나이까 하는도다 이는 너희가 여호와의 식탁은 경멸히 여길 것이라 말하기 때문이라

"마음을 알아보는 방법"

사람의 마음을 알아보는 것은 일단 어렵습니다. 흔히 10년을 겪어 보아도 모르겠다는 말을 흔하게 합니다. 이것은 결정적인 위기를 경험하지 않았을 때에 해당됩니다. 대부분의 관계는 하나를 보면 열을 알 수 있습니다. 식사를 하거나 선물을 주고받을 때 한방에 알 수 있고 경조사 한두 번으로도 판단됩니다.

개척 교회 당시에 교인이 교회와 목사를 얼마나 우습게 여기는지를 경험하였습니다. 자기 집 소파를 새로 사면서 쓰던 소파를 교회에 가져다 놓는 사람도 있었습니다. 교회학교 어린이가 자기 말을 안 들어 주었다고 눈똘망히 뜨고 교회 끊겠다고 엄포를 놓기도 합니다. 그 때마다 어른이건 아이이건 점잖게 목사 위해 교회 나오는 것이 아니라 자신을 위해 나오는 것이라고 한 마디만 합니다.

이 사례는 말라기서에서 하나님과 이스라엘 백성 간에 일어난 이야기와 흡사합니다. 말라기는 12소선지서와 구약의 마지막 책입니다. 말라기 이후 세례 요한까지 400년 이상 하나님의 예언이 사라진 암흑시대로 돌입합니다. 말라기는 신구약 중간시대의 영적 풍토를 간접적으로 볼 수 있는 내용을 담고 있습니다. 말라기의 기록 연대는 B.C.450 년경으로 바사 치하에 있을 때이고 포로 귀환 후 100년이 다 되어 갑니다. 성전 재건이 끝나고 수십 년이 되었는데도 선지자들이 약속 한 영광의 메시야 도래는 이루어지지 않았습니다.

백성들의 한계가 드러나고 신앙의 회의가 꿈틀거리며 형식적 종교행위 속에 영적 감각은 바닥을 기고 있습니다. 말라기는 6가지의 논쟁을 23개의 질문과 그에 대한 답변으로 구성되었습니다. 이스라엘의 패역함에도 불구하고 하나님의 인내와 자상함을 보여주는 것입니다. 1장의 시작부터 하나님의 변하지 않는 사랑이 선언됩니다. 하지만 바로 반격이 돌아오는데 언제 어떻게 사랑하였는가로 대항합니다(2절). 여기서 하나님께서 야곱과 에서의 이야기를 하신 이유는 조건 없는 사랑을 하셨다는 뜻입니다. 결국 완전 멸망해 버린 에돔을 상기시키며 아브라함 언약이 살아 있음을 말씀합니다.

곤고함의 원인이 하나님께 있는 것이 아니라 불순종한 이스라엘에게 있음은 알립니다. 하나님을 두려워하지 않고 멸시한 실상을 낱낱이 예시하며 섭섭함을 토로합니다(6-7절). 하나님께 도전하는 이 경거망동한 이스라엘의 모습은 시대를 떠나 계속되기에 주목해야 합니다. 더러운 떡과 훔친 물건과 흠 있는 희생 제물을 속여 드리고 말뿐인 기도를 해도 무엇이 잘못인지 모르고 있습니다(7-14절). 차라리 성전 문을 닫았으면 좋겠다는 경고(10절)는 우리와 상관이 없는지 점검해야 하겠습니다.

9절 | 너희가 내 길을 지키지 아니하고 율법을 행할 때에 사람에게 치우치게 하였으므로 나도 너희로 하여금 모든 백성 앞에서 멸시와 천대를 당하게 하였느니라 하시니라

15절 | 그에게는 영이 충만하였으나 오직 하나를 만들지 아니하셨느냐 어찌하여 하나만 만드셨느냐 이는 경건한 자손을 얻고자 하심이라 그러므로 네 심령을 삼가 지켜 어려서 맞이한 아내에게 거짓을 행하지 말지니라

"의원 선 것은 사람 죽인다"

이 속담의 원 뜻은 '밥은 설익어도 사람을 살리지만 의사가 서투르면 사람을 죽인다'입니다. 생명과 관련된 중요한 일을 맡은 자는 뛰어나야 할 것을 강조합니다. 이 탁월함 안에 꼭 있어야 할 것이 정의(올바름)입니다. 힘 있는 자가 올바름이 없으면 자기 이익을 위한 행동으로 가기에 매우 위험합니다. 정치인과 법관과 의사가 부패한 사회는 불의가 판치고 결국 약자가 고통을 당하게 됩니다.

병원에 가면 의사가 병보다 사람을 먼저 본다는 느낌이 듭니다. 사람을 본다는 것은 이 환자를 통해 뽑아낼 이익을 계산한다는 뜻입니다. 이 모양새는 종교에도 나타나는데 그 폐해는 의사는 비교할 바가 못 됩니다. 2장에는 이스라엘을 향한 하나님의 경고가 떨어집니다. 백성들보다 먼저 제사장들을 책망하는 것은 그 책임이 더 중대하다는 것입니다. 제사장은 레위 후손에게 주어진 것으로 언약으로 체결되었습니다.

이 직분을 잘한 자에게는 생명과 평강이 보장됩니다. 하나님께서는 제사장직의 모본을 소환하는데 바알브올 사건 때의 비느하스입니다(민 25:11-13).

(민 25:13) “그와 그의 후손에게 영원한 제사장 직분의 언약이라 그가 그의 하나님을 위하여 질투하여 이스라엘 자손을 속죄하였음이니라”

참된 제사장은 하나님을 경외하며 바른 생활을 하고 백성들을 잘 가르치고 죄악에서 떠나도록 인도해야 합니다(4-6절).

당시의 제사장들은 말씀을 잃음으로 이 모본을 따를 힘도 빼앗겼습니다. 선을 행하지 않으면 악으로 가듯이 백성들을 이익의 도구로 보게 됩니다. 9절의 ‘사람에게 치우치게 행하였다’는 구절은 개역 성경에서 ‘편벽되이 하였다’로 번역되었습니다. 원어인 ‘노쉬임 파임’은 ‘얼굴을 들게 하였다’입니다. 즉 당시의 제사장들이 사람의 외적 면모를 보고 판단하여 탐욕을 채웠다는 뜻입니다. 저들을 향한 하나님의 심판은 저들이 행한 대로 멸시와 천대를 당하게 하는 것입니다.

이 원리는 지금도 적용되어 상업 형 목사들이 가는 길과 동일합니다. 형통과 번성의 외적 모양과는 다르게 세상에서는 수욕을 당하고 있습니다. 영적으로 고장이 나면 백성들의 실생활에 죄의 폭탄이 터집니다. 인간 근본 단위인 가정에 통혼이 일어나고 이혼이 터지고 경건한 자손이 끊어집니다(10-17절). 경건한 신앙생활은 모든 관계에 기본이 되고 능력이 됩니다. 경건의 모양만 갖춘 신앙을 떠나 경건의 능력으로 열매를 맺어야 하겠습니다.

(딤후 3:5) “경건의 모양은 있으나 경건의 능력은 부인하니 이 같은 자들에게서 네가 돌아서라”

♦ 말라기 3장 성경칼럼

9절 | 너희 곧 온 나라가 나의 것을 도둑질하였으므로 너희가 저주를 받았느니라

18절 | 그 때에 너희가 돌아와서 의인과 악인을 분별하고 하나님을 섬기는 자와 섬기지 아니하는 자를 분별하리라

"구약을 요약해 주세요"

만약 누가 이런 요구를 한다면 어떻게 대처할까요? 방대하고 난해한 구약을 요약할 수 없다는 생각부터 들 것입니다. 다만 주제별로는 할 수 있다는 방법론이 떠오릅니다. 그 한 주제를 제시해 보겠습니다. 하나님께서 기뻐하시는 것과 미워하시는 것을 요약하는 것입니다. 미워하시는 것은 교만과 우상숭배와 음행입니다. 구약 역사에서 이 세 가지를 끊어내지 못한 이스라엘은 계속하여 징벌을 받게 됩니다. 하나님께서 기뻐하시는 것은 하나님과 이웃을 사랑하라는 율법을 지키는 일입니다. 이 율법을 잘 지키는 방법이 안식일 준수와 십일조 의무입니다.

기본적인 이 두 가지를 지키지 아니하면 다른 율법은 지켜낼 수가 없습니다. 안식일은 시간의 주권을 하나님께 드리는 것으로 영적 예배생활의 그릇입니다. 그리스도인이 주일을 안 지키고 보호를 받을 수 없는 것과 같습니다. 십일조로 대표되는 헌신은 생활의 모든 주권을 하나님께 드리는 표식입니다. 신약의 십일조는 숫자의 차원을 넘어 사랑의 동기가 추적되는 속성이 있습니다. 외적 표식으로 보이는 주일과 십일조의 의무는 하나님 주권 신앙을 세우고 정의로운 일군을 만들어 갑니다.

3장은 구약의 결론 같은 내용입니다. 하나님께서는 불의를 행하며 악의에 찬 질문을 하는 저들의 의중을 아시고 정확한 대답을 하십니다. 공의의 하나님에 대한 회의에 세례 요한의 출현과 메시야의 초림으로 응답하십니다(1-5절). 구원만이 아니라 심판으로 오시는 메시야는 구약 예언서의 공통점입니다. 메시야에 대한 예언은 동시대 백성들에게 용기를 주고 메시야 대망을 준비하도록 합니다(6절).

고통의 원인을 하나님께 핑계 대는 백성들에게 철퇴가 내려지는데 하나님께 한 도둑질을 지적합니다(7절). 십일조와 헌물은 하나님의 것인데 자기 마음대로 사용했으니 도둑질을 한 것입니다(7-9절). 신약의 온전한 십일조는 모든 것이 하나님 소유임을 확인하고 기쁘게 더 드리려고 하는 마음에 있습니다. 십일조를 아직도 숫자로만 계산하는 신자는 영적 축복의 그릇이 미비 된 것입니다(10-12절).

자신이 온전한 십일조를 하고 있는지를 알려면 덜 드리고 싶은지 더 드리고 싶은지를 체크하면 됩니다. 마지막 때에 하나님을 경외한 자와 존중히 여기는 자를 기록한 기념 책에 우리 이름이 녹명되어 있기를 소원합니다(16절). 악인과 선인을 구별하는 날에 하나님의 아들로서 '특별한 소유.가 되기를 소망합니다(17-18절).

♦ 말라기 4장 성경칼럼

2절	내 이름을 경외하는 너희에게는 공의로운 해가 떠올라서 치료하는 광선을 비추리니 너희가 나가서 외양간에서 나온 송아지 같이 뛰리라
4절	너희는 내가 호렙에서 온 이스라엘을 위하여 내 종 모세에게 명령한 법 곧 율례와 법도를 기억하라

"400여 년 동안의 숙제"

방학은 학교생활을 멈추고 다른 환경을 만드는 기회가 되어 기대됩니다. 방학에는 공부 감각을 유지하기 위함과 새 학기 준비를 위하여 숙제가 주어집니다. 여러 효과가 있는 일기 숙제는 매일 해야 하므로 어렵습니다. 말라기를 마지막으로서 이스라엘에게는 적어도 400년 이상 선지자가 출현하지 않았습니다. 이것을 방학이라고 보기에는 적당하지 않지만 말씀이 선포되지 않았다는 면에서는 영적 방학으로 볼 수 있습니다. 이스라엘 백성들은 세례 요한이 오기까지 마지막 선지서인 말라기를 기억했을 것입니다.

4장을 읽으면 방학 전의 마지막 종례 같은 분위기를 느끼게 됩니다. 당시에 신구약 중간시대가 400년 이상 지속될 것이라고 생각한 사람은 없었을 것입니다. 이 기간 동안 바사는 헬라에게 멸망하고 헬라는 로마에게 정벌되었습니다. 이 길고 살벌한 환경에서 하나님께서는 자기 백성들이 해야 할 숙제를 내고 계시는 것입니다.

첫 번째로 내준 숙제는 악인과 선인의 심판이 공의에 의해 이루어짐을 늘 기억하는 것입니다. 악인은 용광로 불에 타버리는 지푸라기처럼 멸망할 것을 선포합니다(1절). 악인을 철저히 밟아 의인의 발바닥 밑에 재가 되게 하시겠다고 하십니다(3절). 하나님을 경외하는 의인에게는 공의로운 해가 떠올라서 온전케 하시고 자유를 주겠다고 약속하십니다(2절). '치료하는 광선'을 영어 성경에서는 원어상의 '그의 날개 안에서 치료하다(with healing in its wings)'로 번역하였습니다.

두 번째 해야 할 숙제는 호렙산에서 주어진 율법을 기억하라는 것입니다(4절). 말씀을 기억하고 지키려고 씨름하는 자는 하나님을 잘 섬길 수 있습니다. 세 번째는 메시야를 대망하여 준비하며 살라는 숙제입니다. 메시야에 앞서 엘리야를 보내겠다고 하는데 우리는 세례 요한임을 목격하였습니다(5절). 그가 와서 해야 할 정죄와 심판의 사역은 율법의 최고 기능입니다(6절). 주님을 직접 가리키며 이 사역을 온전히 한 세례 요한은 인간 중에 가장 큰 자라고 인정하였습니다(마 11:11).

이 귀하고 복된 숙제를 잘했을까가 궁금한데 당연히 우등생은 있었습니다.

(눅 2:29-30) “주재여 이제는 말씀하신 대로 종을 평안히 놓아 주시는도다 내 눈이 주의 구원을 보았사오니”

마리아와 요셉, 사가랴와 엘리사벳, 안나, 시므온, 목자들, 동방박사, 무명의 남은 자들입니다. 초림을 기다리는 숙제와 재림을 기다리는 우리의 숙제가 닮아 있다는 생각이 번쩍 듭니다(살전 5:1-11). 다만 우리는 세례 요한에게 없었던 성령의 내주가 이루어져 있습니다(마 11:11).

(롬 8:4) “육신을 따르지 않고 그 영을 따라 행하는 우리에게 율법의 요구가 이루어지게 하려 하심이니라”

‘주여 오시옵소서!(Come, O Lord!, 계 22:20)’

마태복음

♦ 마태복음 1장 성경칼럼

1절 | 아브라함과 다윗의 자손 예수 그리스도의 계보라
12절 | 바벨론으로 사로잡혀 간 후에 여고냐는 스알디엘을 낳고 스알디엘은 스룹바벨을 낳고

"열리다, 가리키다"

'한 송이 국화꽃을 피우기 위해 봄부터 소쩍새는 그렇게 울었나 보다' 서정주의 시 '국화 옆에서'는 이렇게 시작됩니다. 뒤이어 나오는 서사는 마음을 심쿵하게 합니다. 한 송이 국화꽃에 담겨진 서정도 이리 울컥한데 하나님께서 내미는 손길은 어떠하겠습니까? 구약 성경을 거쳐 온 분은 마태복음이 열리기까지 얼마나 처절한 사연이 있었는지를 아실 것입니다. 시간적으로 보아도 말라기 이후 계시가 끊어진지 450여 년이 지났습니다. 영광스럽던 다윗의 왕통이 끊어진 남유다의 멸망(B.C.586년)으로부터는 600여 년이 흘렀습니다.

구약의 핵심 메시지는 메시야를 대망하라는 것인데 드디어 주님께서 강림하셨습니다. 우리는 구약의 사건과 인물들이 예수님을 가리키고 있었음을 알고 있습니다.

(히 1:1) "옛적에 선지자들을 통하여 여러 부분과 여러 모양으로 우리 조상들에게 말씀하신 하나님이"

신약의 첫 책이 먼저 저작된 마가복음이 아니라 마태복음부터 시작된

이유는 구약과의 연결 때문입니다. 마태복음의 주제는 옛 언약을 다 이루시고 새 언약을 주시는 메시야를 증거 하는 것입니다. 개종한 유대인들을 향하여 구약과 예수와의 관계성을 설명합니다. 다른 복음서와 구별되는 다윗 왕통과 그 혈통의 계보로 책을 시작하는 이유입니다. 유대인들은 하나님이라는 호칭을 함부로 부를 수 없기에 하나님의 나라를 하늘나라(천국)라고 쓰고 있습니다.

계보 속에 담겨진 예수님의 유대적 왕통은 언약의 성취가 완성되었음을 선포합니다. 구약에서 아달랴의 악정으로 끊어질 뻔 했던 다윗 왕통을 숨겨진 요아스로 역전시킨 것을 보았습니다(역대하 22장 칼럼 참조). 히스기야의 치유 후 15년은 후대인 므낫세가 태어나기 위한 숨은 그림이 있었습니다(대하 33:1). 남유다의 멸망 후 육적으로 끊어진 다윗 왕조가 영적으로 이어진 것은 스룹바벨의 등장으로 증명되었습니다(12절, 학 2:20-23).

육적 혈통이 영적 혈통으로 전환되는 것은 오직 예수님의 대속으로 이루어집니다. 성령으로 잉태되어 성육신하신 주님(18-23절)께서 십자가에서 흘린 피가 택한 자를 거듭나게 합니다.

(요 19:34) "그 중 한 군인이 창으로 옆구리를 찌르니 곧 피와 물이 나오더라"

그리스도의 보혈로 거듭난 자가 영적 혈통을 이어가기에 성도는 금수저보다 귀한 '영수저'가 되었습니다(벧전 1:18-19).

이제 아브라함과 다윗의 계보(1절)가 나와 어떤 관계가 있는지가 증명되었습니다. 더욱 신비로운 것은 나를 향한 구원의 계획이 창세 이전부터 세워져 있었다는 선포입니다.

(엡 1:4-5) "곧 창세전에 그리스도 안에서 우리를 택하사 우리로 사랑

안에서 그 앞에 거룩하고 흠이 없게 하시려고 그 기쁘신 뜻대로 우리를 예정하사 예수 그리스도로 말미암아 자기의 아들들이 되게 하셨으니"

마태복음이 열리며 예수님이 등장하고 그 안에 내가 있음을 알게 하는 족보에 가슴이 벅 차 오릅니다. 최고의 영수저로서 영적 특권을 발휘하는 마태복음 여행이 기대됩니다.

♦ 마태복음 2장 성경칼럼

4절 | 왕이 모든 대제사장과 백성의 서기관들을 모아 그리스도가 어디서 나겠느냐 물으니

11절 | 집에 들어가 아기와 그의 어머니 마리아가 함께 있는 것을 보고 엎드려 아기께 경배하고 보배합을 열어 황금과 유향과 몰약을 예물로 드리니라

"사람을 봐 가며 자랑하기"

세상의 시기 질투가 당연한 것은 타락한 성품 때문입니다. 문제는 믿는 사람과 믿는 공동체에서입니다. 공식대로라면 주님의 성품을 따라 사는 그리스도인은 시기 질투가 없어야 합니다. 하지만 시기 질투가 있는 것은 똑같고 이를 감추어야 하므로 교활함이 스며듭니다. 이를 경험하여 알게 되면 자랑을 함부로 할 수 없습니다. 사람을 봐 가며 자랑해야 하는 처세술이 나오게 됩니다. 2장에 들어서며 이 주제가 나온 것은 예수님을 대하는 다양한 반응 때문입니다.

수백 년을 기다리던 메시야가 탄생하였으니 대환영을 하고 기뻐해야 하는데 반대입니다. 일단 메시야의 탄생 자체에 대하여 무관심한 계층이 대부분입니다. 이 사실은 이사야가 예언했듯이 예수님이 이새의 뿌리에서 나왔기 때문입니다(사 11:1). 다윗의 아버지인 이새의 신분은 왕이 아니라 시

골 촌부입니다. 예수의 초림은 초라할 것이 예언되었고 성취되었습니다. 성경의 구속 원리를 모르는 사람은 예수님이 최고 권력자로 오시지 않은 것을 의아해 합니다.

그러나 초림의 예수님은 죽으러 오셨고 대속물이 되십니다(막 10:45). 세상의 시기 질투는 나눌 몫(파이)의 유무와 크기에 따라 결정됩니다. 영적인 세계에서도 이 원리가 적용되는데 가장 크게 걸린 자가 헤롯왕입니다. 유대인의 왕으로 오신다는 예언을 알고 있는 그는 예수님을 죽여야 자기가 산다고 설정합니다(3-8, 16-18절). 에서의 후손에 속하는 그는 적그리스도의 역할을 하고 있습니다.

두 번째는 종교인 그룹으로 제사장과 서기관들입니다(4-6절). 영적 감각이 없는 저들은 예수님을 자기들의 기득권을 뺏는 자로 착각하였습니다. 결국 이 그룹의 주도에 의하여 주님은 십자가에 달리게 됩니다(눅 22:1-6). 이 시대에도 자기 주머니를 위해서라면 예수를 팔 수 있는 종교 그룹이 횡행합니다.

마지막 인물군은 주님의 탄생을 기뻐하며 경배하는 경건의 무리입니다(1-2, 9-12절). 본장에서는 동방박사가 등장하는데 타 복음서에 많이 나오는 이 그룹의 헌신이 빛납니다. 구원의 갈망과 복음의 사명에 최선을 다하는 자들은 언제나 귀합니다. 주님을 선택하는 것은 우리에게 먼저 주었지만 종말에는 주님께서 택하고 버린다는 것을 각인해야 합니다. 예언(호 11:1)대로 애굽으로 피하였다가 출애굽한 예수님의 여정은 하나님의 신실성을 증명합니다(13-15절). 예수님을 자랑하며 살기를 소원합니다(고후 2:15, 5:20).

12절	손에 키를 들고 자기의 타작마당을 정하게 하사 알곡은 모아 곳간에 들이고 쭉정이는 꺼지지 않는 불에 태우시리라
16절	예수께서 세례를 받으시고 곧 물에서 올라오실새 하늘이 열리고 하나님의 성령이 비둘기 같이 내려 자기 위에 임하심을 보시더니

"예수님 세례의 의미?"

어떤 시험에서 이 문제가 나왔다면 정답을 쓸 수 있으신지요? 성경 전체의 내용과 어긋남이 없고 복음에 충실한 답을 쓴다면 우등상을 받을 수 있습니다. 이 질문은 성자 하나님이 죄인이 받는 세례를 안 받아도 되지 않느냐는 의문에서 나왔습니다. 실제적으로 세례 요한은 세례를 받으러 오신 주님을 말렸습니다(13-14절). 이 때 주님께서는 자신이 세례를 받는 것이 모든 의를 이루는 것이라고 말씀하십니다(15절). 여기서 '모든 의'라는 것은 하나님의 뜻을 이룬다는 의미입니다. 죄인이 아닌 예수님이 죄인이 받는 세례를 받는 것이 하나님의 의를 이룬다는 논리입니다.

그렇다면 신성을 가지신 주님이 이제 세례를 받음으로 인성을 가진 죄인의 대표가 된다는 것입니다. 죄인의 대표가 되어야만 죄를 담당할 수 있고 대속물이 될 수 있습니다. 즉 주님은 세례를 받으므로 모든 인류의 죄를 담당하는 어린 양이 되신 것입니다. 이는 요한복음에서 세례 요한이 정확하게 선포합니다.

(요 1:29) "이튿날 요한이 예수께서 자기에게 나아오심을 보고 이르되 보라 세상 죄를 지고 가는 하나님의 어린 양이로다"

예수님께서 세례를 받아 죄인의 대표가 되었다면 인간은 예수님과 연합하여 죄 없으신 예수님과 같은 신분을 얻게 됩니다. 이것은 현상적으로 되었다는 것이 아니고 법적으로 선언된 것입니다. 바울은 이 사실을 그리스도와의 연합 사상으로 교리화 시켰습니다(롬 5:3-5). 주님의 세례 장면에서 삼위일체 하나님이 모두 등장하여 영광을 드러낸 이유입니다(16-17절).

세례 요한의 물세례가 주님의 수세로 마감되고 이제 성령의 세례 시대로 들어가게 됩니다. 세례 요한은 메시야의 사역을 평탄케 하는 회개의 세례를 베푸는 사역을 마치고 사라지는 수순으로 갑니다. 율법의 기능인 정죄와 심판(2-10절)에 이어 몽학 선생(11-12절)의 역할까지 다한 것입니다. 택정된 나실인으로 태어나서 광야의 의로운 삶을 통해 예언(말 4:4-5)대로 엘리야의 역할을 감당하였습니다.

인성을 가진 메시야에게 율법하의 질서를 준수하게 하고 율법의 완성을 이루게 하는 사역을 한 것입니다. 구약 선지자가 했던 사역을 온전히 행한 세례 요한에게 여자가 난 자(모든 인간) 중에 가장 큰 자라는 타이틀이 주어집니다.

(마 11:11) "내가 진실로 너희에게 말하노니 여자가 낳은 자 중에 세례 요한보다 큰 이가 일어남이 없도다 그러나 천국에서는 극히 작은 자라도 그보다 크니라"

그런데 이어지는 '그러나' 후의 말씀은 우리의 눈을 번쩍 뜨게 합니다. 천국에 있는 자는 모두 세례 요한보다 큰 자라는 것입니다. 은혜 시대의 성령으로 거듭난 천국 백성의 영광이 찬란함을 알 수 있습니다.

(요일 3:22) "사랑하는 자들아 우리가 지금은 하나님의 자녀라 장래에 어떻게 될지는 아직 나타나지 아니하였으나 그가 나타나시면 우리가 그와 같을 줄을 아는 것은 그의 참모습 그대로 볼 것이기 때문이니"

♦ 마태복음 4장 성경칼럼

1절 | 그 때에 예수께서 성령에게 이끌리어 마귀에게 시험을 받으러 광야로 가사
10절 | 이에 예수께서 말씀하시되 사탄아 물러가라 기록되었으되 주 너의 하나님께 경배하고 다만 그를 섬기라 하였느니라

"나가자, 싸우자, 이기자"

스포츠와 군대와 회사에서 외치는 익숙한 구호입니다. 열심히 하자는 독려와 승리하지 아니하면 망한다는 절실함이 겹쳐 있습니다. 이런 구도에 습관이 된 인간의 생각은 신앙생활에도 이어집니다. 열심을 내고 죽도록 싸워야만 신앙의 열매를 얻는다고 생각합니다. 이 과정이 두려워 겁을 먹고 지레 포기하는 사람이 대부분입니다. 그렇다면 대부분이 포기하는 이런 신앙의 양태가 하나님의 뜻일 수는 없습니다.

4장에 나오는 예수님의 광야 시험은 이 주제에 대한 정답을 제공합니다. 하나님의 뜻을 모르고 이 시험 장면을 보면 주님의 신앙을 본받자는 교훈으로 갑니다. 40일을 밤낮 금식하셨고 사탄의 시험을 이기신 주님에게 메시야의 권능이 주어졌다고 연결합니다. 메시야의 능력과 권위가 이 시험으로 확증되어 사역에 길로 들어섰다고 해석합니다. 무난하고 신앙의 적용도 탁월한 이 해석은 출발부터 잘못 되었습니다. 광야의 시험은 메시야 자격을 주기 위한 준비가 아닌 주님의 첫 사역입니다. 예수님은 싸우고 이겨서 메시야 자격을 얻은 것이 아니라 메시야이기에 승리하신 것입니다.

광야에 나간 것 자체가 성령에 이끌려 나갔고(1절) 시험을 비등하게 이긴 것이 아니라 이미 승리한 내용을 선언한 것입니다. 이 시험의 성격을 확실히 이해하려면 반대 짝(사 34:16)인 에덴동산을 소환해야 합니다. 최고

의 환경인 낙원에서 아담과 하와는 3가지의 시험에 넘어 갔습니다. 먹음직, 보암직, 탐스러움의 유혹에 패배하였는데(창 3:6) 주님께서 최악의 환경인 광야에서 물리쳤습니다(3-10절). 싸워서 이긴 것이 아니라 이긴 것을 확증하고 선포한 것이 광야 시험 사건의 의미입니다. 이제 주님을 따르는 영적 군사들은 내 힘으로 사탄과 싸우는 것이 아니라 주님의 승리를 덧입고 사용하면 됩니다.

그러므로 기도할 때 예수님 이름으로 하는 것이고(요 14:13-14) 모든 사역도 주님 이름으로 해야 합니다(골 3:17). 이것은 신약 시대에 주어진 확실한 권능이지만 구약에도 많은 예표로 보여 주셨습니다. 여호사밧이 군대 앞에 찬양대를 세워 승리함으로 하나님께서 싸우신 것을 증명하였습니다(대하 20:20-23). 앗수르의 군사 185,000명이 이스라엘 군사의 수고 없이 하룻밤에 시체로 되었습니다(왕하 19:35). 이 원리는 하나님께서 천지 창조를 마치시고 안식하시며 인간에게 첫날을 안식일로 주신 것이 원조입니다(창 2:1-3).

광야의 3가지(물욕, 교만, 신앙) 시험은 너무 강하여 사람의 실력으로는 이길 수 없습니다. 내가 예수님 안에 있는 자임을 확인할 때 이 전투를 승리할 수 있습니다.

(요일 2:16-17) "이는 세상에 있는 모든 것이 육신의 정욕과 안목의 정욕과 이생의 자랑이니 다 아버지께로부터 온 것이 아니요 세상으로부터 온 것이라 이 세상도, 그 정욕도 지나가되 오직 하나님의 뜻을 행하는 자는 영원히 거하느니라"

♦ 마태복음 5장 성경칼럼

3절 | 심령이 가난한 자는 복이 있나니 천국이 그들의 것임이요

12절 | 기뻐하고 즐거워하라 하늘에서 너희의 상이 큼이라 너희 전에 있던 선지자들도 이같이 박해하였느니라

"나에게 산상수훈이란?"

산상수훈이란 주님께서 갈릴리 호수 주변의 어느 산에서 한 설교입니다. 여기서 수훈은 후대에 전수될 가르침이란 뜻이고 수훈 대신 쓰이는 보훈은 주옥같은 말씀이라는 것입니다. 7장까지 이어지는 산상수훈은 공생애 초기에 주어짐으로 마태는 주님께서 구약의 성취자임을 선명히 드러냅니다. 주님께서는 이 내용을 다른 기회에도 자주 설교하신 것으로 보입니다(평지수훈:눅 6장).

산상수훈의 탁월함은 기독교인이 아니라도 이 교훈을 따라 사는 자들이 나올 정도입니다. 인도의 간디는 주님의 이 교훈의 영향으로 비폭력 투쟁을 하였다고 고백하였습니다. 공해가 없던 그 시절에 산위에 옹기종기 모여들어 주님의 말씀을 듣는 심령들을 생각해 보았습니다. 권세 있고 바쁜 자들보다 가난하고 천한 민초들이 대부분이었을 것입니다. 그렇다고 그들이 주님의 말씀을 듣고 변화되어 대단한 사람이 된 것은 아닙니다. 주님이 잡히시고 죽으실 때 대부분이 배신하고 떠났듯이 인간은 쉽게 변화되지 않는 것은 분명합니다. 하지만 이 때 들었던 말씀이 성령을 받고 난 후에 얼마나 큰 능력으로 발휘되었을까를 추측해봅니다.

구약 배경을 가지고 있는 자들에게 새 율법 해석과 메시야 왕국의 새로운 기준이 주어지고 있습니다. 그리스도인의 사명(13-16절)과 의의 수준(17-48절)이 주어지는데 쉽게 이를 수 없는 것은 당연합니다. 성령을 받기 전인 그 때와 현격히 다른 우리도 산상수훈을 지켰다고 자신할 사람은 없

습니다. 이 모든 사정을 아시는 주님께서 팔복을 산상수훈의 서론으로 하신 이유입니다. 이 내용을 팔복이라고 부르는 이유는 부가 절에 있는 '..복이 있나니' 때문입니다. 복이라면 눈귀를 부릅뜨는 우리의 기대와는 다르게 조건절의 내용은 범상치 않습니다.

창세기 1장 1절을 통과하지 못해 믿음이 스톱된 것처럼 '심령이 가난한 자'라는 말에 브레이크가 걸립니다. 심령이 가난하다는 것은 어떤 환경을 말하기보다 하나님만 의지할 수밖에 없는 영적 상태를 의미합니다(3절). 인간은 다른 수단과 방법이 있을 때 하나님 앞에 겸손하게 나오지 않습니다. 부자이고 권력이 있으며 지성이 풍부한 사람이 자원하여 주님 앞에 나오는 경우는 없습니다. 애통하며 일심으로 하나님을 찾기는 더 어렵습니다(4절).

이 현상 때문에 하나님의 초대가 예사롭지 않습니다. 사랑하는 택자를 가시(육신의 병)와 담(환경의 질곡)으로 막아서서 타락의 길에서 돌아오게 하겠다고 하십니다(호 2:6). 심령의 상태가 하나님을 향하여 준비되지 아니하면 산상수훈의 보화는 나와 상관이 없습니다. 하지만 나의 마음이 기경되어 옥토가 될 때 산상수훈을 지키는 복을 받을 수 있습니다.

(마 13:8) "더러는 좋은 땅에 떨어지매 어떤 것은 백 배, 어떤 것은 육십 배, 어떤 것은 삼십 배의 결실을 하였느니라"

아, 복 있는 사람은 심령이 가난하고 애통하고 의에 주린 자이었습니다(12절).

♦ 마태복음 6장 성경칼럼

1절 | 사람에게 보이려고 그들 앞에서 너희 의를 행하지 않도록 주의하라 그리하지 아니하면 하늘에 계신 너희 아버지께 상을 받지 못하느니라

7절 | 또 기도할 때에 이방인과 같이 중언부언하지 말라 그들은 말을 많이 하여야

들으실 줄 생각하느니라

"이렇게 하면 큰 손해 봅니다"

이익을 위해서 못할 것이 없는 곳이 인간세계입니다. 그러나 법이라는 제동 장치가 있어 삼가게 되고 이것이 질서로 형성됩니다. 작은 이익을 위해 법을 어기다가는 큰 손해를 볼 수밖에 없습니다. 그렇다면 신앙 행위에 있어서 법의 기능을 가진 금기 사항이 무엇인지 궁금합니다. 6장은 5장의 신앙적 교리에 이어 신앙 행위의 구체적 지침을 말씀합니다. 구약 율법 정신을 완성시킨 산상수훈은 경건생활의 능력을 3가지로 정리합니다(1-18절).

구제와 기도와 금식으로서 이것을 진실하게 행할 때 경건의 능력이 따라 옵니다. 경건의 능력은 영육간의 축복과 직결되기 때문에 잘 배워서 실천해야 합니다. 제자들이 주님께 기도를 가르쳐 달라고 요청한 것은 기도는 배워야만 잘 할 수 있다는 뜻입니다(눅 11:1). 축복의 통로인 기도를 잘못하면 오히려 화가 된다는 것은 기도의 금기를 어기면 안 된다는 의미입니다. 6장에 나오는 경건 생활의 축이 되는 구제와 기도와 금식에서 공통적으로 하지 말아야 할 것은 외식입니다(1절).

외식의 헬라어인 '휘포크리시스'는 가장하고, 꾸미고, 속이다라는 뜻입니다. 외식하는 이유는 사람에게 보여 자신을 높이기 위해서입니다. 하나님 앞에서 해야 할 선을 사람에게 보이려고 하는 순간 행위의 목적이 어긋나게 됩니다. 하나님께 드리면 보화가 되는데 사람에게 보이려 하니 돌덩이가 되는 셈입니다. 금덩이를 돌덩이로 바꾸었으니 손해 차원이 아니라 망한 것입니다. 구제가 자랑이 되면 상을 뺏기고 기도를 외식으로 하면 하늘의 응답은 없습니다(2, 5절). 그 힘든 금식을 사람에게 보이려고 하면 하나님께서는 아예 외면하십니다(16-18절).

바리새인의 외식하는 기도와 교만한 기도를 책망하신 주님께서 금기를 한 가지 더 알려주십니다. 이방인처럼 중언부언하는 기도를 금지합니다(7절). 중언부언의 원어 '밭타르게세테'는 신약에서 여기에만 사용된 단어로 일종의 의성어입니다. 아무 의미 없는 말을 거듭하는 것으로 보여 지는데 이방인들의 모습입니다. 이방인의 신은 비인격적이어서 응답이 없으므로 그들도 신을 질리게 만드는 것을 갈멜산상에서 목격하였습니다.

(왕상 18:28) "이에 그들이 큰 소리로 부르고 그들의 규례를 따라 피가 흐르기까지 칼과 창으로 그들의 몸을 상하게 하더라"

인격적인 하나님은 우리가 필요한 것을 구하기 전에 다 아신다고 가르쳐 주십니다(8절). 이것은 기도하지 말라는 것이 아니고 짧게 기도하라는 뜻은 더욱 아닙니다. 성령 안에서 정직하고 진실하게 믿음으로 기도하는 자세를 가르쳐 주시는 것입니다.

(고전 2:10) "오직 하나님이 성령으로 이것을 우리에게 보이셨으니 성령은 모든 것 곧 하나님의 깊은 것까지도 통달하시느니라"

♦ 마태복음 7장 성경칼럼

1절 | 비판을 받지 아니하려거든 비판하지 말라

12절 | 그러므로 무엇이든지 남에게 대접을 받고자 하는 대로 너희도 남을 대접하라 이것이 율법이요 선지자니라

"대인관계를 잘 하려면?"

세상에서 대인관계를 잘 하려는 목적은 이익과 행복에 있습니다. 대인

관계에 실패하여 파생되는 사고는 끔찍합니다. 세상과 속성은 다르지만 하나님 나라의 백성들도 대인관계를 잘해야 합니다. 세상의 이익과 행복의 목적보다 더 높은 가치가 있기 때문입니다. 하나님의 뜻인 율법의 전체적 결론은 이웃 사랑입니다.

(갈 5:14) "온 율법은 네 이웃 사랑하기를 네 자신 같이 하라 하신 한 말씀에서 이루어졌나니"

이웃 사랑의 열매가 없다면 천하를 휘두른다 할지라도 하나님의 사람이 아닙니다. 그런데 이웃 사랑이 최종 목표라면 성경은 휴머니즘의 교과서로 그칠 수 있습니다. 하나님께서 우리를 구원하시고 사용하시는 최종 지점은 하나님과의 관계입니다. 하나님께서는 우리를 온전한 자녀로 보양하고 우리는 하나님께 영광을 돌려야 하는 관계임을 확인해야 합니다.

(고전 6:20) "값으로 산 것이 되었으니 그런즉 너희 몸으로 하나님께 영광을 돌리라"

하나님께 영광을 돌리기 위한 과정에 이웃 사랑과 착한 행실이 있습니다(마 5:16). 이 논리는 이웃 사랑의 대인관계가 하나님과의 관계(대신관계)와 밀접한 관련이 있다는 결론을 내리고 있습니다. 7장은 이웃에 대한 행위 규범으로 시작합니다. 불신자를 비롯한 이웃을 향하여 화합의 원리와 단절의 원리를 가르칩니다. 타인을 비판한다는 것이 얼마나 위험한지를 알려줍니다(1-5절). 한편으로는 비 신앙적인 악한 생활로부터 과감하게 돌아설 것도 말씀합니다(6절).

그리고 12절에 세상에서도 유명하고 인정받는 황금률(The golden rule)이 나옵니다. '대접을 받고자 하는 대로 대접하라'는 이 말씀은 이웃 사랑을 할 수 있는 도구를 손에 쥐어주고 있습니다. 타인도 나에게 기대하고 있으니 내가 먼저 하면 대인관계는 틀림없이 성공한다는 것입니다. 그렇다면 먼저 할 수 있는 힘이 성공요소가 되는 셈입니다. 그 힘은 이기적인 나에게서 나올 수 없고 하나님께로부터 주어지게 됩니다.

'그러므로'로 시작되는 12절의 앞에 있는 내용이 정답이 됩니다. 구하면 주시고 찾으면 찾게 해 주시면 두드리면 만나 주시는 하나님께 기도하라는 것입니다(7-8절). 이 응답의 얼마나 확실한 것인지를 육신의 아버지와 영적 아버지인 하나님을 대비하여 설득합니다(9-11절). 대인관계는 결국 대신관계에 의해 성패가 결정되는 것입니다. 산상수훈을 지켜내는 것은 아주 좁은 문을 통과하는 것이지만 할 수 있다는 확신이 생기기 시작합니다(13절).

♦ 마태복음 8장 성경칼럼

13절 | 예수께서 백부장에게 이르시되 가라 네 믿은 대로 될지어다 하시니 그 즉시 하인이 나으니라

22절 | 예수께서 이르시되 죽은 자들이 그들의 죽은 자들을 장사하게 하고 너는 나를 따르라 하시니라

"기적 속의 비밀"

글은 행간을 읽어야 하고 말은 의도를 살펴야 합니다. 누가 호의를 베풀면 동기를 알아야 하고 인간관계는 감정의 여운을 느껴야 합니다. 첫 번째 강화인 산상수훈을 마치신 주님께서 산 아래에 내려오셔서 전도와 치유 사역을 시작하십니다. 마태는 다른 복음서와 비교해 볼 때 시간 순서에 크게 구애받지 않고 의도를 가지고 기록합니다.

8장에는 질병과 자연을 다스리는 왕으로서의 주님을 부각시키고 있습니

다. 나병환자(2-4절)와 백부장의 하인인 중풍병자(5-13절)와 베드로 장모의 열병을 치유합니다(14-17절). 거친 바다를 잠잠케 하시고(23-27절) 가다라 지방의 귀신들린 자를 온전하게 하십니다(28-34절). 이 기적은 예수님의 하나님 되심을 나타내는 표적(sign)의 의미가 있습니다. 이를 신학 용어로는 '예수의 자기 계시(self revelation)'라고 합니다. 주님의 주님 되심과 함께 인간 고난과 한계 상황을 해결하십니다. 여기까지만 보면 주님은 전 인류 중에 누구도 견줄 수 없는 인기 스타입니다. 실제적으로 기적을 베푸실 때 군중이 구름 떼처럼 몰려든 것을 목격할 수 있습니다(18절).

마태가 8장의 질병과 자연을 다스리는 기사의 중간에 제자와의 대화를 삽입합니다. 기적 속에 있는 한 가지 의도적 비밀을 드러내는데 바로 제자도입니다. 기적의 주님을 보고 감격한 제자 중에 두 사람의 새로운 결단이 나옵니다. 서기관 출신의 제자는 주님이 어디를 가든지 따르겠다고 큰 결단을 하는데 기뻐하셔야 할 주님의 반응이 냉정합니다(19절). 짐승과 새는 둥지가 있지만 주님은 머리 둘 곳이 없다는 것입니다(20절). 재산이 없고 안전도 보장 안 된 고생길을 따를 수 있느냐는 것입니다.

더 충격적인 장면은 부친 장례 후에 주님을 따르겠다는 제자를 향한 말씀입니다(21절). 인간 세계에서는 전혀 납득이 안 되는 말씀으로 이를 거절합니다. 죽은 자들은 죽은 자들에게 맡기고 지금 바로 나를 따라야 한다는 것입니다(22절). 인간의 가장 큰 도리인 부모와의 관계보다 더 큰 것이 주님을 따르는 것이라고 말씀합니다. 여기서 우리는 심각한 고민이 발생합니다. 주님의 제자가 되기 위해서는 모든 것을 다 버려야 하고 그 과정도 고난뿐이라면 누가 갈 수 있겠습니까?

주님께서 말씀하산 제자도는 모든 것을 희생하라는 것에 초점을 맞춘 것이 아닙니다. 제자의 길을 이익을 위해서 하거나 세상 할 일 다 하면서 갈 수 없음을 강조한 것입니다(마 16:24). 제자로서의 초대는 세상의 메리트와 비교할 수 없는 영광이 있음을 속히 눈치 채야 하는 것입니다. 제자들의 천국 위치는 하나님 앞의 자기 보좌라고 선명하게 밝히고 있습니다.

(계 11:16) "하나님 앞에서 자기 보좌에 앉아 있던 이십사 장로가 엎드려 얼굴을 땅에 대고 하나님께 경배하여"

♦ 마태복음 9장 성경칼럼

21절 | 이는 제 마음에 그 겉옷만 만져도 구원을 받겠다 함이라
36절 | 무리를 보시고 불쌍히 여기시니 이는 그들이 목자 없는 양과 같이 고생하며 기진함이라

"말씀과 치유, 그 속에.."

정상적인 한 사람은 자기 역할이 있습니다. 생업과 가정의 역할이 생활인으로서 기본이라면 사회에서 부여한 의무도 잘 해야 합니다. 주님께서 이 땅에 오신 가장 큰 이유는 메시야로서 대속주가 되시는 것입니다(마 20:28, 딤전 2:6). 그러나 주님께서 십자가 대속의 한 가지 사역만 짧게 하고 가셨다면 어떻게 되겠습니까? 주님을 메시야로 알리는 것과 제자 양성의 시스템은 미비하였을 것으로 추측됩니다. 주님께서 공생애 3년 동안 하신 일을 삼중 사역이라고 합니다(35절, 마 4:23). 정리하면 전파하심, 가르치심, 치유하심 입니다

복음서의 대속 사건 전의 기사들은 이 삼중 사역과 연결하여 해석하면 됩니다. 삼중 사역을 두 가지로 압축하면 말씀 사역과 치유 사역입니다. 8장에 이어 9장에서도 주님의 사역을 7가지 단편적 기사로 기록하고 있습니

다. 말씀 사역과 치유 사역이 교차하는 가운데 중간에 대적자들과의 논쟁(10-17절)이 들어가 있습니다. 저들은 기득권을 위협 당한다는 생각에 빠져 결국 메시야를 죽이는 데까지 치달아 갑니다. 제사보다 긍휼을 원하시고(10-13절) 외적 금식보다 관계를 주목(14-17절)하시는 주님을 배웠다면 비극은 피할 수 있었을 것입니다.

예수님의 사역은 후대 교회 사역의 모델입니다. 교회는 다른 것은 안 해도 말씀 사역(전도와 양육)과 치유 사역은 필히 해야 합니다. 현대적 치유 사역은 육적 치유에 국한되지 않고 고난에 대한 광역적 사역으로 확대되었습니다. 주님의 치유 사역은 혈루 병을 고치시고 죽은 소녀를 살리십니다(18-26절). 두 소경을 눈을 뜨게 하고 귀신들려 벙어리가 된 자에게서 귀신을 쫓아냅니다(27-33절).

교회가 이 사역을 알고 행하려 하는데 잘 안 되는 이유가 무엇일까요? 36절에 나타난 주님의 마음이 우리에게는 없기 때문입니다. 백성들은 생활고와 질병과 잔혹한 약탈에 시달리고 있는데 영적 지도자는 씨가 말랐습니다. 비참하게 방황하는 영혼들을 '불쌍히 여기시는(헬:에스플랑크니스테, 창자가 끊어지는)' 주님의 마음이 드러납니다. 주님의 말씀과 치유사역은 이 불쌍히 여기는 마음에서 나왔습니다.

기독교 시각으로 볼 때 혈루 병 앓는 여인의 행동은 주술적이지만 주님은 중심을 보시고 편을 들어주십니다(18-22절). 이 여인을 향하여 애통하며 연민으로 보시는 주님이 나를 그렇게 보고 계시다는 깨달음에 깜짝 놀라게 됩니다. 그 시선이 뼛속까지 와 닿아 눈시울을 감당할 수 없습니다. 나는 주님 앞에 젖 뗀 아이였습니다,

(시 131:2) "실로 내가 내 영혼으로 고요하고 평온하게 하기를 젖 뗀 아

이가 그의 어머니 품에 있음 같게 하였나니 내 영혼이 젖 뗀 아이와 같도다"

♦ 마태복음 10장 성경칼럼

28절 | 몸은 죽여도 영혼은 능히 죽이지 못하는 자들을 두려워하지 말고 오직 몸과 영혼을 능히 지옥에 멸하실 수 있는 이를 두려워하라

34절 | 내가 세상에 화평을 주러 온 줄로 생각하지 말라 화평이 아니요 검을 주러 왔노라

"그 어려운 일을.."

다음에 나오는 말이 '..결국 해 냈군요'이면 성공과 영광이 따라 옵니다. 그러나 현실적으로 '..결국 실패 했군요'가 압도적으로 많습니다. 어려운 일일수록 메리트와 명예가 크도록 되어 있습니다. 세상의 어려운 일들은 뛰어난 사람만이 할 수 있습니다. 탁월한 사람이 되기 위한 과정은 자질부터 좋아야 하고 치열함이 있어야 합니다. 무엇보다 중요한 요소는 훌륭한 멘토와 시대와 환경적 천운도 따라야 합니다.

이런 세상 적 기준이 영적 사역자의 영역에서는 어떻게 작용할까요? 10장은 예수님께서 제자들을 세우시고 훈련시켜 쓰시는 과정을 기술합니다. 세상의 일군 양성과 주님의 제자 훈련은 닮은 점은 있지만 다른 점이 훨씬 많습니다. 일단 어렵고 고되고 성공 가능성이 희박하다는 점은 동일합니다. 소수로서 뽑혀야 하고 자신을 절제하는 근본자세가 없으면 시작 자체가 안 됩니다. 멘토의 선택으로 시작된다는 점도 비슷합니다(1절).

성공과 영광의 보상이 있는 것은 같지만 그 내용은 판이합니다. 주님께서는 밤이 새도록 기도 후에 제자들을 세우신 것(눅 6:12)은 매우 중요하다

마태복음

는 의미입니다. 아무나 자원한다고 제자가 될 수 있는 것이 아닙니다. 학자와 부자와 권력자와 종교인이 한 명도 없었다는 것은 순전한 사람만이 이 반열에 들어올 수 있음을 보여 줍니다. 12제자는 주님의 부름에 자기 것을 버려두고 좇은 자들입니다(마 4:20, 9절). 이런 결단에도 수없이 흔들리는 모습 때문에 주님은 계속 제자도를 강조하셨습니다.

(눅 9:48) "그들에게 이르시되 누구든지 내 이름으로 이런 어린 아이를 영접하면 곧 나를 영접함이요 또 누구든지 나를 영접하면 곧 나를 보내신 이를 영접함이라 너희 모든 사람 중에 가장 작은 그가 큰 자니라"

주님의 제자는 사명이 어려운 만큼 넘치는 능력이 임합니다. 핍박을 이길 수 있도록 심판주이신 하나님이 함께 하시고(28절) 완벽한 보호도 약속하십니다(29절). 머리털까지 세시고(30절) 눈동자처럼 지키시는 배려는 의심할 필요가 없습니다(신 32:10). 이 약속을 믿는 제자는 장사하듯 일하지 않고 꼿꼿한 선비로 영적 헤게모니를 잡을 수 있습니다(8, 14, 32, 40절).

가정에 검(불, 눅 12:49)을 던지러 오셨다는 주님의 말씀은 기존 틀을 깨지 않으면 제자의 길을 갈 수 없다는 가르침입니다(34-39절). 자기를 베어야 하고 안일함을 부숴야 하고 인간적인 정을 끊어내야 한다는 것입니다. 세상에서는 물론 기독교인도 감당 못할 자기 십자가를 지는 일이 제자의 길입니다(38절). 나와 상관이 없다고 생각되면 얼른 잊겠지만 계속 생각이 떠오른다면 제자로 초대되었을 가능성이 있습니다. 이 어려운 일을 해낸 자는 주님이 주시는 생명과 상을 얻습니다(39-42절).

♦ 마태복음 11장 성경칼럼

17절 | 이르되 우리가 너희를 향하여 피리를 불어도 너희가 춤추지 않고 우리가 슬

피 울어도 너희가 가슴을 치지 아니하였다 함과 같도다

27절 | 내 아버지께서 모든 것을 내게 주셨으니 아버지 외에는 아들을 아는 자가 없고 아들과 또 아들의 소원대로 계시를 받는 자 외에는 아버지를 아는 자가 없느니라

"무지, 의혹, 배척, 핍박, 영접"

메시야로 오신 예수님에 대한 사람들의 반응입니다. 예수에 대해 무관심한 사람들은 무지할 수밖에 없고 자기 관점으로 보는 자는 오해하며 의혹에 휩싸입니다. 자기의 기득권에 기준을 두면 배척하게 되고 위협이 진단되면 핍박에 들어가게 됩니다. 예수님을 영접한 우리의 시각으로 볼 때 답답한 마음이지만 이 현상은 실제입니다. 대부분의 인간은 자기의 방을 짓고 듣고 싶은 것만 듣고 다른 정보가 오면 받기를 거부합니다.

이를 '반향실 효과(echo chamber effect)'라고 하며 한 방에 갇혀 계속 같은 성향의 소리를 듣는 것을 말합니다. 다른 정보를 거부한 대가는 확증편향과 진영 논리로 나타나 공동체에 피해를 끼치게 됩니다. 전도할 때 비신자가 그토록 예수님을 영접하지 않는 이유는 그 마음에 다른 것이 가득하기 때문입니다. 이 현상을 너무나 잘 아시는 주님께서 탄식하며 하신 말씀이 16-17절입니다. 11장과 12장은 증거 된 천국 복음에 대한 당시 사람들의 반응이 적시됩니다.

11장은 세례 요한과 갈릴리 여러 성읍 거민들의 반응이 나오고 이에 대한 주님의 대처를 보여줍니다. 세례 요한이 감옥에 갇힌 지(4:12) 약 1년여 쯤 되었을 때 예수님에 대한 의문이 들었습니다. 주님을 메시야로 믿는 마음에는 변함이 없었지만 기대한 즉각적 심판은 오지 않았습니다. 세례 요한이 보낸 제자들에게 처방한 주님의 말씀은 '내가 한 일을 전하라입니다.

메시야 구원 사역의 본질과 과정에 대한 정보를 보고 판단하라는 것입니다(4-6절). 죄인의 친구로서 군림하지 않고 온유하게 섬기며 하나님만이 하실 수 있는 권능을 행하신 것입니다. 세례 요한 사건은 후대에 예수님의 사역을 오해하는 자에게 답변하시는 것입니다.

두 번째는 기적을 가장 많이 체험했지만 냉담하고 완악하게 반응한 고을 거민에 대한 책망입니다(20절). 고라신과 벳새다와 가버나움은 주님의 선교 중심지로서 메시지와 권능을 가장 많이 목격하였습니다(20, 23절). 그럼에도 저들이 열매가 없고 패역함으로 이방인들보다 더 큰 책임과 심판이 있을 것을 선언합니다(22, 24절). 이 선언은 진전된 밝은 계시를 받은 자일수록 축복과 저주의 폭도 커진다는 원리입니다(행 14:16-17, 롬 2:14-15).

구약 시대와 주님 당시와 성령강림 이후와 성경 완성 이후가 다 다르게 정상 참작으로 심판한다는 것입니다. 이 시대의 사람들, 특히 한국인과 그리스도인은 최고로 은혜에 노출된 것이 틀림없으므로 그 책임은 중대할 것입니다. 주님을 영접하는 반응은 하나님의 불가항력적 은혜로 이루어짐을 명시합니다(25-27절). 이 교리는 이해하기 힘든 교리이지만 우리는 그 혜택을 받아 예수를 주님이라 부르고 있습니다(고전 12:3). 인생의 수고와 짐을 맡아 주시는 주님이 너무 좋습니다(28절). 주님과 함께 지는 멍에는 행복의 징표(sign)입니다(29-30절).

♦ 마태복음 12장 성경칼럼

2절 | 바리새인들이 보고 예수께 말하되 보시오 당신의 제자들이 안식일에 하지 못할 일을 하나이다

6절 | 내가 너희에게 이르노니 성전보다 더 큰 이가 여기 있느니라

"Thank you, 바리새인?"

끝에 물음표(?)가 붙은 것은 일반적 감사가 아닌 독특한 감사라는 뜻입니다. 조롱이 담긴 감사는 아니며 바리새인 '역할에 대한 감사'의 의미로 쓴 것입니다. 영화의 주연 배우가 조연 배우의 훌륭한 악역 연기로 도움을 받았다는 설정과 비슷합니다. 바리새인들이 그들의 어떤 역할로 주님과 하나님의 사람들에게 결국은 유익을 주었다는 뜻입니다. 신약의 바리새인은 예수님을 배척하다가 핍박하고 죽이는 데까지 나아갑니다. 외식 신앙의 대표자로서 율법 고수를 통해 정치와 경제와 종교의 기득권 유지가 목표입니다.

주님께 단단히 책망 받은 바리새신앙은 신실한 그리스도인이 경계로 삼아야 할 것이 분명합니다(34-36절, 마 23:26-28). 그러면 바리새인들의 어떤 역설적 역할이 하나님 나라에 유익이 되었을까요? 유대교는 성경의 재해석서로서 생활 규범 역할을 하는 '할라카(Halakah)'를 가지고 있었습니다. 그곳에 나오는 '칼 와호메르(qal wahomer)'가 있는데 모호한 논리에 더 분명한 논리를 제시하는 논쟁법입니다. 바로 이 논증 절차가 12장에 주님과 바리새인 사이에 벌어진 것입니다.

처음에는 안식일에 배가 고파 이삭을 먹은 제자들을 바리새인들이 시비하는 것으로 시작되었습니다(2절). 이것이 안식일 노동에 대한 논쟁으로 이어지고 주님께서 안식일에 병자를 치유하신 것으로 확대됩니다. 바리새인들이 시비를 걸지 않았으면 나오지 않을 수도 있었던 중요한 영적 원리가 펼쳐집니다. 주님께서는 어느 것이 가볍고 무거우냐의 논쟁법으로 안식일보다 성전법이 우위에 있음을 구약성경에 근거하여 확립합니다. 안식일에 제사장들이 성전 일을 위해 사역했고 다윗 일행이 진설병을 먹은 것이 정죄되지 않았음을 예로 듭니다(3-5절).

이 모든 논쟁을 정리할 수 있는 주님의 자기 계시가 '성전보다 더 큰 이(6절)'와 "안식일의 주인(8절)'입니다. 안식일에 치유하는 것은 안식일을 지키는 것보다 상위에 있는 하나님의 자비의 법 때문입니다(7, 9-13절). 이 자비(헤세드)는 히브리어 자궁과 태에서 유래한 용어로서 하나님의 부모되심을 계시합니다.

(사 66:13) "어머니가 자식을 위로함 같이 내가 너희를 위로할 것인즉 너희가 예루살렘에서 위로를 받으리니"

바리새인들이 더욱 악해져 주님을 죽일 모략에 들어가지만(14절) 주님의 자기 계시는 계속됩니다. 알려 주지 않으면 결코 깨닫지 못할 '고난의 종(17-21절)'과 부활을 예표 한 '요나보다 더 큰 이(40-41절)'가 계시됩니다. '솔로몬보다 더 큰 이'라는 말씀은 구약을 해석하는 열쇠가 됩니다(42절). 하나님의 아들이라는 계시는 진정한 영적 가족이라는 지평을 열어 줍니다(46-50절). 세상이 감당하지 못할 말씀을 하시지만 제자들에게는 때가 이르기 전까지는 함구령을 내립니다(16절). 이는 제자들이 당할 피해를 감안한 것과 함께 구속주로서의 사역에 오해가 없도록 하신 것입니다. 주님의 말씀을 알아듣고 섬기는 영광은 갈수록 놀랍습니다.

♦ 마태복음 13장 성경칼럼

23절 | 좋은 땅에 뿌려졌다는 것은 말씀을 듣고 깨닫는 자니 결실하여 어떤 것은 백 배, 어떤 것은 육십 배, 어떤 것은 삼십 배가 되느니라 하시더라

31절 | 또 비유를 들어 이르시되 천국은 마치 사람이 자기 밭에 갖다 심은 겨자씨 한 알 같으니

"핵전쟁, 씨 전쟁"

두 전쟁을 읽는 순간 핵전쟁은 무섭고 씨 전쟁은 잘 모르겠다는 생각이 드실 것입니다. 그러나 13장을 정독묵상하면 씨 전쟁의 결과에 비해 핵전쟁은 아무 것도 아님을 깨닫게 됩니다. 이 씨가 '천국 말씀'을 비유한 것이기 때문입니다(19절). 비유(파라볼레)란 '곁에 던지다'라는 뜻으로 사물 옆에 다른 사물을 대조시켜 나란히 놓는다는 뜻입니다. 주님의 비유는 땅의 이야기를 통해 하늘의 의미를 아는 것입니다. 전장에서 대적자와의 논쟁을 통해 하늘의 비밀을 알려 주었지만 그들은 회개하기는커녕 더욱 악해져 갔습니다. 돼지에게 진주를 주어도 소용없듯이(7:6) 저들이 알지 못하도록 비유로 말씀하셨고 이는 이미 예언된 것입니다(13-15, 34-35절, 시 78:2).

13장에는 7가지의 비유가 나오는데 특징은 들을 귀가 있는 자는 간명하게 알아듣고 오래 기억할 수 있다는 사실입니다. 씨 뿌리는 자의 비유는 씨(말씀, 복음)는 변함없는데 네 종류의 밭의 상태가 결과를 좌우함을 가르칩니다. 이 밭을 잘 분석하면 나의 신앙에 큰 유익이 되고 하나님 나라의 사역에 통찰력을 갖게 됩니다. 말씀을 자리 잡지 못하게 하려는 원수들의 치열한 공작을 꿰뚫어 볼 수 있습니다. 이른바 핵전쟁보다 무서운 씨와 밭의 영적 전쟁이 일어나고 있음을 목도합니다. 길가 밭은 사람이 많이 다녀 반질반질한 땅으로서 말씀에 대하여 원천적으로 거부합니다(19절). 악한 자를 상징하는 새들이 얼른 먹어 치우는데 말씀을 거부한 자들의 신속한 처리가 이루어지고 있습니다.

길가 밭의 사람은 복음을 대수롭지 않게 생각하고 거부했지만 천국과 지옥이 결정되었습니다. 흙이 얕은 돌밭은 말씀을 받았지만 소중함을 모르고 방치한 천박한 마음을 가리킵니다(20-21절). 단회적으로 뿌려진 씨는 계속되는 에너지의 공급이 없으면 말라 죽게 됩니다. 돌을 성실히 거두어 내는 작업이 있을 때 이 돌밭은 소망이 있습니다. 가시떨기 밭은 복음에 장

애가 되는 기운이 왕성한 땅입니다(22절). 세상 염려와 재물의 욕심은 생장력이 강한 가시떨기 나무 같아서 이 내적 에너지를 제거하지 않으면 신앙 정착이 어렵습니다.

좋은 밭은 모든 자연 조건이 잘 갖춰진 땅을 말하는데 심지가 깊고 성실하며 진리에 대한 순박함이 있는 심령입니다(23절). 이 밭의 결실은 30배, 60배, 100배인데 최고의 수확을 의미합니다. 앞선 땅들의 실패를 뒤집는 하나님 나라의 능력과 소망을 드러냅니다. 변덕이 많은 나의 마음 상태를 늘 점검해야 좋은 땅을 유지하고 실족을 예방할 수 있습니다(히 3:13, 4:16).

가라지 비유는 전투하는 지상 교회의 불순분자에 대한 안목을 갖게 합니다(24-30절). 부정적인 비유를 이길 수 있는 하나님 나라의 능력은 겨자씨와 누룩 비유를 통해 나타납니다(31-33절). 겨자씨처럼 작고 누룩같이 안 보여도 말씀의 능력은 우리 신앙의 확장과 변화를 이루게 할 것입니다. 말씀을 소유하느냐, 빼앗기느냐의 씨 전투는 핵전쟁보다 무섭습니다(58절).

♦ 마태복음 14장 성경칼럼

16절 | 예수께서 이르시되 갈 것 없다 너희가 먹을 것을 주라
18절 | 이르시되 그것을 내게 가져오라 하시고

"기적 중의 기적"

기적이 의미를 가질 때 표적(sign)이라고 합니다. 요한복음에는 예수님의 자기 계시의 의미를 가진 7가지 표적이 나옵니다. 다른 복음서보다 한참 늦게 저작(A.D.85-90년)된 요한복음이기에 그 정리는 가치가 있습니

다. 그렇다면 가장 큰 기적은 요한복음의 7가지 표적 중에 있을 것이 분명합니다. 일단 요한복음에 정리된 7가지 표적을 들어 보겠습니다. 가나 혼인 잔치, 가버나움 왕의 신하의 아들을 고치심, 베데스다 연못의 38된 병자를 고치심, 오병이어, 바다 물 위를 걸으심, 날 때부터 맹인 된 자를 고치심, 나사로를 살리심입니다.

이 표적 속에 예수의 자기 계시인 전지전능성, 편재성, 주권성, 사랑의 성품이 드러납니다. 여기서 가장 큰 기적을 뽑으라면 사람의 처지와 판단에 따라 다르게 선택될 것입니다. 그렇다면 성경적 증거에 의하여 뽑아 볼 필요가 있습니다. 결론적으로 가장 큰 기적은 오병이어의 표적인데 그 이유는 4가지입니다. 첫째, 성경학자들이 정리한 사복음서 대조표를 꼼꼼히 보면 오병이어의 표적만이 사복음서에 모두 기록되었습니다. 마태복음 14장에 오병이어의 기적에 이어 나오는 바다 물 위를 걷는 기사는 누가복음에는 없습니다. 사복음서의 모두 나오는 기사는 주님 생애의 결정적 장면은 많지만 표적은 오병이어 기적뿐입니다.

둘째, 오병이어의 기적은 육적 양식, 즉 경제적 기적으로 그치지 않았다는 점입니다. 요한 사도는 아주 길게 오병이어의 영적 의미를 해석하고 있습니다(요 6:26-68). 육적으로도 가장 큰 비중인 경제 해결이 하늘에서 내려 온 생명의 떡으로 연결된 것입니다. 이 해석이 없었다면 오병이어 기적은 한 끼 식사를 해결한 주님의 능력 표시로 그칠 수도 있습니다.

셋째, 오병이어에 이은 같은 성격의 칠병이어의 기적으로 중요성이 증명된 점입니다(마 15:32-39). 성경에서 2라는 숫자는 증인의 숫자로 실화임을 증명합니다. 칠병이어의 기적이 이방 땅을 상징하는 데가볼리에서 행하심으로 세계 만민의 구원을 증거합니다.

(요 6:51) "나는 하늘에서 내려온 살아 있는 떡이니 사람이 이 떡을 먹으면 영생하리라 내가 줄 떡은 곧 세상의 생명을 위한 내 살이니라 하시니라"

넷째, 엄청난 오병이어의 표적은 이 기적에 동참한 자들을 포착함으로 극적인 의미가 드러납니다. 한 끼 도시락을 내 놓은 소년이 보이고(요 6:9) 제자들이 목양의 훈련을 받으며 백성들을 섬깁니다(16, 19절). 주님의 주님 되심의 표적에 주님을 따르는 자들의 참여가 있다는 것은 신비한 영광을 맛보게 합니다. 우리의 작은 헌신이 하나님 나라에 어떻게 사용될 것인지에 대한 기대를 마음껏 해도 좋을 것입니다. 고맙습니다 주님. Sola gratia!(오직 하나님께 영광을!)

♦ 마태복음 15장 성경칼럼

2절 | 당신의 제자들이 어찌하여 장로들의 전통을 범하나이까 떡 먹을 때에 손을 씻지 아니하나이다

6절 | 그 부모를 공경할 것이 없다 하여 너희의 전통으로 하나님의 말씀을 폐하는도다

"교통법과 헌법"

법 없이도 살 수 있는 사람이란 평가는 착하다는 칭찬입니다. 그러나 다시 생각해 보면 착하게 살기 위해서는 법이 꼭 있어야 한다가 나옵니다. 죄악이 없다면 법은 필요 없지만 현실에는 죄악이 가득하여 법은 필요악이 되어 버렸습니다. 일반인이 법을 의식할 때는 큰 헌법이 아니라 작은 규칙입니다. 운전할 때는 교통법을 지켜야 하고 쓰레기를 버릴 때는 폐기물 관리법에 신경을 써야 합니다. 그러나 이 모든 법의 근원은 헌법과 그 정신과 연결되어 있습니다. 헌법을 생각하며 사는 사람은 드물지만 헌법을 어기면

큰 죄인이 되어 인생이 끝납니다.

15장에 나오는 당시 종교인과 주님과의 소위 '전통 논쟁'은 법의 논리를 도입해야 해석이 수월합니다. 여기서 전통(Tradition)이란 장로들의 유전이며 오랫동안 지켜오던 생활의 관례와 규칙들입니다. 본래는 성문 율법을 해석하고 적용하는 세부 규칙으로 시작하였습니다. 시간이 지나면서 이 내용은 방대해지고 그 안에 인간의 생각이 들어가게 됩니다. 성경에는 613가지의 율법이 있는데 유대인들은 이외에도 많은 것을 만들었습니다.

세부 규정인 미쉬나(반복), 미쉬나를 해석한 게마라(보완)가 있습니다. 문체에 따라 할라카(규범)가 있고 학가다(이야기)가 있으며 구전을 정리한 방대한 탈무드가 등장합니다. 15장의 논쟁 주제인 손에 대한 위생법을 위해 탈무드에서 따온 야다임이라는 소책자도 만들었습니다. 두 손을 씻을 때는 한 손을 씻을 때보다 물을 1/4 더 부어야 정결해진다고 정해 놓을 정도입니다. 이렇게 자세하게 종교인들의 주장을 밝히는 이유는 지금 우리도 이 논쟁에서 자유롭지 않기 때문입니다.

대적을 위해 시비를 거는 저들에 대한 주님의 논박은 단순 명쾌합니다. 율법의 정신을 망각하고 하나님의 뜻을 잃음으로 외식자(꾸미는 자)가 되었다는 것입니다(3절). 교통법은 억지로 지켰는데 헌법을 어긴 경우가 된 것입니다. 율법의 고르반 제도를 악용하여 하나님을 속이고 부모를 욕보이는 저들의 위선을 속속히 드러냅니다(4-6절).

사람의 전통으로 하나님의 계명을 범하는 저들의 모습은 현대교회에도 수없이 발생합니다. 별 중요하지도 않은 규칙을 만들어 놓고 하나님의 형상인 인간을 정죄하는 모습이 흔합니다. 제자들을 따로 불러 음식의 비유를 통해 마음의 중심이 우선임을 가르칩니다(16-17절). 악한 생각과 살인과 간음과 음란과 도둑질과 거짓 증언과 비방이 마음에서 나온다는 것을 말씀하십니다(19절). 손을 안 씻는 것에 꽂혀 가장 귀한 하나님의 형상인 사람을 저주하는 어리석음은 면면히 계속되고 있습니다(20절, 약 3:9). 나를 인격적으로 대우하시는 주님을 알 때 인격적인 그리스도인이 될 수 있습니다(계 3:20).

♦ 마태복음 16장 성경칼럼

16절 | 시몬 베드로가 대답하여 이르되 주는 그리스도시요 살아 계신 하나님의 아들이시니이다

23절 | 예수께서 돌이키시며 베드로에게 이르시되 사탄아 내 뒤로 물러 가라 너는 나를 넘어지게 하는 자로다 네가 하나님의 일을 생각하지 아니하고 도리어 사람의 일을 생각하는도다 하시고

"딱 한 사람"

인간으로 태어나서 꼭 알아야 할 딱 한 사람을 꼽으라면 누구를 뽑으시겠습니까? 그리스도인이라면 당연히 예수님이지만 세상에서는 그 이유를 모릅니다. 하나님께서 예수 그리스도를 비밀로 감추어 놓았기 때문입니다. 비밀이란 주도권을 가진 쪽이 알려 주어야만 알 수 있습니다.

(골 2:2) "..하나님의 비밀인 그리스도를 깨닫게 하려 함이니"

기독교만이 계시 종교라고 할 때의 계시(아포칼류시스)란 '드러내 보인다'는 뜻입니다. 세상 사람들이 예수님의 진정한 정체를 도저히 알 수 없는 이유입니다.

그리스도인이 예수님을 알고 믿은 것은 하나님께서 알려 주신 것이고

인생 최고의 기적이 일어난 것입니다(고전 12:3). 예수님을 꼭 알아야 하는 이유는 성육신하신 하나님이시기 때문입니다(요 1:14).

(요 1:18) "본래 하나님을 본 사람이 없으되 아버지 품속에 있는 독생하신 하나님이 나타내셨느니라"

16장은 예수님 생애에 있어 극적 전환점을 보여 주는 내용입니다. 바리새인과 사두개인이 함께 힘을 합했다는 것은 지금으로 보자면 정적인 여야가 한 팀이 된 것과 같습니다(1절). 이 모습은 세상이 예수와 교회를 압살하기 위해서는 원수일지라도 힘을 합치는 것을 예표 합니다. 주님은 표적을 통한 자기 계시로 메시야임을 알렸지만 이제는 제자들에게도 본격적으로 메시야임을 드러냅니다. 공생애 기간이 3년이 될 때쯤이고 수난의 시기는 2개월 남았습니다. 주님께서 먼저 '너희는 나를 누구라 하느냐'라고 하시는 것은 메시야 계시를 주도하신다는 의미입니다(15절).

베드로의 위대한 신앙고백이 베드로 자신에게서 나오지 않고 하나님께서 주셨음을 분명히 합니다. 이는 후에 베드로의 인간적 생각에서 나온 실책 과정에서 증명됩니다(21-23절). 3년의 농축된 제자훈련을 받은 베드로로서는 실망스런 수준이지만 그는 영광스런 신앙고백의 주인공이 됩니다. 우리가 알아야 할 예수님을 정확히 고백하고 있습니다(16절). 그리스도라는 것은 예수님께서 구세주이심을 고백한 것입니다. 하나님의 아들이라는 것은 주님께서 하나님의 본체임을 고백한 것입니다.

(빌 2:6) "그는 근본 하나님의 본체시나 하나님과 동등 됨을 취할 것으로 여기지 아니하시고"

인간 '베드로(페트로스, 남성 형)'가 아닌 '반석(페트라, 여성 형)'인 신앙고백 위에 교회가 세워집니다(18절). 창립자가 주님인 이 교회는 누구도 건

드릴 수 없고 영적 전권을 가졌습니다(19절). 예수님을 구세주와 하나님으로 알고 믿는 우리는 하나님의 비밀을 맡은 일군입니다(고전 4:1-2). 우리가 고백하는 예수님은 '단 한 분뿐인 나의 주와 그리스도'가 되십니다.

(행 2:36) "그런즉 이스라엘 온 집은 확실히 알지니 너희가 십자가에 못 박은 이 예수를 하나님이 주와 그리스도가 되게 하셨느니라 하니라"

♦ 마태복음 17장 성경칼럼

3절 | 그 때에 모세와 엘리야가 예수와 더불어 말하는 것이 그들에게 보이거늘
8절 | 제자들이 눈을 들고 보매 오직 예수 외에는 아무도 보이지 아니하더라

"변화산상의 체험과 우리"

성도의 유형과 교회의 스타일은 다양합니다. 전통적 신앙을 고수하는 안정형의 신자는 성실한 일군의 길을 갑니다. 지적 탐구를 통해 인격적 성숙의 열정을 지향하는 그룹은 멋집니다. 영적 체험을 갈망하며 감정의 뜨거움을 위하여 신비를 사모하는 신자들은 아름답습니다. 여러 유형의 신앙 양태는 장단점이 있어 나와 다르다고 비평하는 것은 금물입니다. 복음의 확실함과 정통적 교리에 하자가 없다면 서로 격려할 때 유익이 있을 것입니다.

신앙의 스타일은 달라도 17장에 나오는 변화산 사건을 보는 마음은 별로 차이가 없을 것이라고 생각됩니다. 주님의 지상 사역에서 최고의 신비와 영광을 나타낸 사건이기 때문입니다. 주님의 생애 5대 사건 (성육신, 변모, 십자가 수난, 부활, 승천) 중의 하나이며 천국을 잠깐 경험한 상징의 의미가 있습니다. 주님께서 단 3명의 제자만 데리고 높은 산에 오르십니다. 높은 산은 해발 2,850m인 헐몬 산으로 보이고 구약에서는 시온 산으로 불립니다.

베드로와 야고보와 요한은 제자 중의 제1군에 속하며 이후의 복음사역에 특별한 업적을 세웁니다. 베드로는 수제자로서 예루살렘 교회를 이끌고 야고보는 최초의 순교자가 되며 요한은 마리아를 봉양하고 주요 성경을 저술하였습니다. 영광스런 변형은 예수님이 하나님의 본체임을 보여줌으로서 제자들에게 담력을 주려는 의도가 있습니다. 율법과 선지자(구약)의 대표인 모세와 엘리야가 등장함으로서 하나님 구속의 경륜이 구약의 예언대로 이루어질 것을 계시합니다.

변화 산의 사건은 부활이 실화임을 확증하며 이 은혜를 체험한 자에게 사명을 부여합니다. 주님의 세례 장면에서 삼위일체 하나님이 모두 나오는데 변화산상에서 재현된 것은 큰 의미가 있습니다(5절). 베드로는 역시 분별없는 제안을 하여 실수를 하지만(4절) 이 모든 것이 합력하여 선을 이룹니다. 베드로는 변화 산 체험을 그의 말년까지 기억하며 자랑스러워합니다(벧후 1:16-17).

(벧후 1:18) "이 소리는 우리가 그와 함께 거룩한 산에 있을 때에 하늘로부터 난 것을 들은 것이라"

두고두고 기억하여 은혜를 받는 베드로가 부러워집니다.

그러나 베드로는 여기에서 멈추지 않고 나아가는데 대역전이 일어납니다.

(벧후 1:19) "또 우리에게는 더 확실한 예언이 있어 어두운 데를 비추는 등불과 같으니 날이 새어 샛별이 너희 마음에 떠오르기까지 너희가 이것을 주의하는 것이 옳으니라"

변화 산의 영광과 비교할 수 없는 더 확실한 체험이 등장하는데 바로 샛별같이 떠오르는 성경입니다.

(벧후 1:20) "먼저 알 것은 성경의 모든 예언은 사사로이 풀 것이 아니니"

성경이 더 확실한 예언이고 권위가 있음을 정확히 합니다(벧후 1:21).

변화 산 사건은 간접 체험이고 성경과의 만남이 확실한 경험이라는 것은 인생 최대의 발견입니다(시 119:56).

♦ 마태복음 18장 성경칼럼

1절 | 그 때에 제자들이 예수께 나아와 이르되 천국에서는 누가 크니이까
3절 | 이르시되 진실로 너희에게 이르노니 너희가 돌이켜 어린 아이들과 같이 되지 아니하면 결단코 천국에 들어가지 못하리라

"끊이지 않는 전쟁?"

전쟁을 좋아할 사람은 없는데 끊이지 않는다니 심각한 상황입니다. 이 전쟁은 무기로 하는 것이 아니라 마음으로 사람 사이에서 하는 것입니다. 사람 사는 곳에는 끊이지 않는 '누가 크냐'는 전쟁입니다. 누가 크냐가 전투적 모습이라면 중간은 나를 인정해 달라 이고 소극적으로는 나에게 관심을 달라는 것입니다. 만약 사람이 자기 마음을 쓴 모자를 쓰고 다닌다면 이 세 가지 중의 하나일 것입니다. 심리학적으로 보면 이 인정 욕구가 승화를 이루는 에너지가 될 수도 있습니다.

그러나 이 보편적 정서는 천국 시민의 윤리관에서 강한 제동이 걸립니다. 제자들이 주님께 한 '누가 크니이까'라는 질문(1절)은 잠복되어 있다가 변화 산 사건이후에 촉발되었습니다. 변화 산사건 이후인 가버나움으로 오는 도중에 발생하였습니다(막 9:33, 눅 9:46). 정치적 메시야를 기대하는 제자들은 변화 산의 영광 이후 지상 왕국이 이루어지고 권력이 자기들에게 올 것을 예상하였습니다. 선두 3명의 제자들은 꿈에 부풀었을 것이고 후진에 있는 제자들은 선두의 제자들을 맹렬히 시기하게 되었습니다.

3년 동안 자기 부인의 길을 훈련받았지만 인간 심연에 있는 질투심 앞에서는 평정을 잃어버립니다. 과연 이 유치한 제자들에게 내린 주님의 처방은 무엇일까요? 주님께서는 누가 크냐는 문제에 직접적 대답 대신에 누가 천국에 들어갈 수 있는지를 말씀합니다. 천국의 실상을 바로 알고 있었다면 서로 크기 경쟁을 하지 않았을 것이기 때문입니다. 더욱 충격적 메시지는 질투심으로 똘똘 뭉쳐있는 그 모습을 가지고는 천국에 들어갈 수 없다는 것입니다. 돌이켜 어린아이처럼 되지 아니하면 안 된다고 하십니다(3절).

여기의 '돌이켜'는 반성이나 후회가 아닌 참회와 중생에 이르는 전인적인 변화를 의미합니다.

역으로 추적하면 어린아이처럼 되고 질투심을 이기는 방법은 거듭나야 하고 하나님의 은혜를 받아야만 가능하다는 뜻입니다. 어린 아이처럼 되라는 것은 어린아이의 이기적이고 유치한 특징을 닮으라는 것이 아닙니다. 절망적 인생으로서 겸손하게 하나님만 절대 의존하는 것을 말합니다. 젖먹이가 어미의 품을 사모하듯 오직 주님 은혜만 바라는 간절한 심령을 뜻합니다(벧전 2:2, 시 131:2). 이 아이에게 옆 사람이 무슨 상관이 있겠으며 시기심은 생길 수가 없습니다.

성령을 받은 후 사역의 말기에 제자들이 시기심을 극복하고 서로를 낮게 여기는 모습은 제자훈련이 성공하였음을 증명합니다.

(벧후 3:15) "또 우리 주의 오래 참으심이 구원이 될 줄로 여기라 우리가 사랑하는 형제 바울도 그 받은 지혜대로 너희에게 이같이 썼고"

이 주제에 대한 성숙은 주님의 마음을 갖게 되고 작은 자를 향한 목양의 지평을 열게 합니다(5-14절). 세상에서 가장 큰 교회는 빈천한 작은 자들을 품고 사는 교회입니다.

(마 25:40) "임금이 대답하여 이르시되 내가 진실로 너희에게 이르노니

너희가 여기 내 형제 중에 지극히 작은 자 하나에게 한 것이 곧 내게 한 것이니라 하시고"

♦ 마태복음 19장 성경칼럼

22절 | 그 청년이 재물이 많으므로 이 말씀을 듣고 근심하며 가니라
29절 | 또 내 이름을 위하여 집이나 형제나 자매나 부모나 자식이나 전토를 버린 자마다 여러 배를 받고 또 영생을 상속하리라

"나 들으라고 하는 말이지?"

나한테 직접 말하지 않아도 나에게 한 말이라는 것을 알 때가 있습니다. 상대방은 나를 배려해서 사용했는데 알아들어야만 효과가 있습니다. 19장의 부자 청년 이야기는 처음에는 나와 전혀 상관없다고 느꼈는데 묵상 후에 달라졌습니다. 부자 청년 이야기는 성경 전체에서 안타까운 장면 베스트 5에 들어갈 것입니다. 젊고 부자인 것은 가문이 좋다는 것이고 관리(눅 18:18)라는 것은 명석하여 장래가 촉망됨을 나타냅니다. 유대 사회에서 객관적으로 볼 때 종교적 흠이 없는 자로 평가됩니다(20절).

영생에 대한 갈망을 가지고 예수님께 나온 수준까지 칭찬받아 마땅합니다. 그러나 결론적으로 그의 이야기는 해피엔딩이 아닌 새드엔딩(슬픈 결말)입니다. 우리는 그 결정적 이유를 너무나 잘 압니다. 부자로서 하나님보다 재물을 더 사랑했기 때문입니다(21-22절). 부자인 것이 천국 가는데 장애물은 되지만 절대 조건이 되지는 않습니다. 예수님을 만난 부자인 삭개오, 니고데모, 아리마대 요셉, 마가 등은 구원의 백성이 되었습니다.

주님께서 부자 청년에게 감동으로 역사하셨다면 영생을 얻을 수도 있지

않았을까 가정도 해봅니다. 그렇다고 해서 주님께서 무성의로 그를 대했다는 뜻은 아닙니다. 결국 부자 청년의 슬픈 결말은 후대의 수많은 부자에게 지침서가 되었습니다. 주님께서 세밀하게 이 청년을 대하시고 배려하시는 모습은 바로 우리에게 내미시는 손길입니다. 이 청년이 오해하고 있는 구원의 길을 정확하게 교정하고 계십니다(17-19절).

율법을 외식으로 지키는 것과 율법을 주신 하나님의 뜻인 사랑을 행하는 차이를 알게 합니다(20-21절). 재물을 사랑함으로 하나님을 차선으로 제치는 인간의 욕심을 적나라하게 드러냅니다(22절). 우리는 하나님이 없는 힘과 지식과 재물이 얼마나 위험한지를 알고 있습니다. 약자를 폭행하고 가난한 자를 약탈하며 감성은 변태로 치달아가고 권력은 독재가 됩니다. 결정적 우상인 재물 포기의 전환이 없는 입교는 종교라는 포장 하나를 덧입는 꼴입니다. 청년에게 재물이 아킬레스건이었다면 후대의 그리스도인은 하나님보다 마음이 더 가는 그 무엇이 우상입니다.

주님(Lord)을 주인(master)으로 받아들이지 않고 복종하지 못하는 곳에 이 우상이 견고하게 버티고 있습니다. 부자 청년의 새드 스토리(sad story)는 주님의 재해석으로 영적 아름다움으로 반전을 이룹니다. 복음을 위하여 고귀한 것을 희생한 자는 내세와 금생에 상상하지 못할 수준(100배, 막 10:30)의 상급이 있다는 것입니다(27-29절). 이 순서는 정해진 것이 아니라 받은 은혜를 먼저 실천하는 자에게 주어집니다(30절).

♦ 마태복음 20장 성경칼럼

1절 | 천국은 마치 품꾼을 얻어 포도원에 들여보내려고 이른 아침에 나간 집 주인과 같으니

14절 | 네 것이나 가지고 가라 나중 온 이 사람에게 너와 같이 주는 것이 내 뜻이니라

"문화 차이가 납니다"

누가 교회에 와서 이 말을 한다면 좋은 교회일 가능성이 높습니다. 문화란 사는 방식을 말하며 의식주부터 사고에 이르기까지 보편적 관습들이 세월을 입어 정해졌습니다. 교회에 오니 세상과 다르게 사는 사람들을 만났다는 것은 하나님 방식을 느꼈다는 의미입니다. 교회는 하나님 나라의 그림자로서 성경의 원리에 따라 사는 공동체입니다. 그리스도인은 세상 사람과 가치관이 다르니 행동도 차이가 납니다. 교회 문화가 세상에서 볼 때 낯설게 보여도 성경의 원리에 합당하면 보전해야 합니다.

이와 반대인 교회의 세속화는 교인의 열매가 세상과 별로 다름이 없을 때 사용합니다. 교회가 세상과 다른 확실한 문화는 초신자에 대한 대우입니다. 교회 업적이 전혀 없는 초신자가 왕자와 공주처럼 대접을 받습니다. 이 문화는 20장에 나오는 구원의 동일성을 정해주는 포도원 품꾼 비유에 근원을 두고 있습니다. 이 비유는 세상 문화와 너무 달라서 기독교 문화의 긍지를 갖게 합니다.

포도원은 천국, 또는 교회이며 집 주인은 하나님, 혹은 예수님이시고 장터는 세상입니다. 포도원의 품꾼을 구하러 집주인이 일찍 직접 나섭니다. 하나님께서 인간을 구원하시기 위해 친히 행동하신다는 것은 놀라운 은혜입니다.

(롬 5:8) "우리가 아직 죄인 되었을 때에 그리스도께서 우리를 위하여 죽으심으로 하나님께서 우리에 대한 자기의 사랑을 확증하셨느니라"

하루 일당은 1데나리온으로 오전 9시, 정오, 오후 3시, 오후 5시에 포도원에 품꾼이 들어옵니다(3-6절). 오후 6시가 되어 오후 5시에 와서 1시간 일한 품꾼에게 1데나리온을 줍니다(8-9절).

아침 일찍 온 일군은 이것을 보고 자기는 9시간 일했으니 많이 받을 것을 기대합니다(10절). 그러나 똑같은 품삯이 주어지고 항의가 들어옵니다(11-12절). 집주인이 약속을 지켜 행한 것을 항의한다고 달라질 일은 없습니다(13-15절). 세상 문화와 전혀 다른 계산의 이 비유는 품삯에 초점을 맞추면 불합리한 것이 분명합니다. 그러나 포도원에 일할 수 있는 자가 된 것이 핵심이고 이것은 구원 받은 자가 되었다는 뜻입니다. 예를 들자면 모태신앙인 디모데도 구원받고 십자가 우편 강도도 똑같이 구원받은 것입니다.

인생의 마지막(오후 5시)에 구원받은 자의 감격은 대단하지만 현실의 가능성은 희박합니다. 그 때가 안 올 수도 있음을 알고 지금 여기에서 구원의 기회를 붙잡아야 합니다(고후 6:2). 교회 구성원들은 구원받았다는 한 가지 공통점만으로도 누구든지 차별 없이 축복해 주어야 합니다. 세상은 품꾼의 노역으로 계산하지만 하나님의 나라는 교회(포도원)에 들어온 것만으로도 영광스러운 자가 되었습니다. 구원에 기뻐하고 격려하며 감사하는 자로 살겠습니다(살전 5:16-18).

♦ 마태복음 21장 성경칼럼

7절 | 나귀와 나귀 새끼를 끌고 와서 자기들의 겉옷을 그 위에 얹으매 예수께서 그 위에 타시니

12절 | 예수께서 성전에 들어 가사 성전 안에서 매매하는 모든 사람들을 내쫓으시며 돈 바꾸는 사람들의 상과 비둘기파는 사람들의 의자를 둘러엎으시고

"마지막 한 주간(The last week)"

성경의 역사관은 직선적 역사관으로 창조에서 종말을 향해 가는 것입니다. 이와 대조되는 역사관은 순환적 역사관이며 유사한 일들이 반복된다는

것입니다. 불교(윤회설)와 토인비(도전과 응전)와 헤겔(정반합 변증학) 등의 이론이 뒷받침하여 익숙합니다. 기독교 직선적 역사관으로 볼 때 역사에서 가장 중요한 한 주간은 메시야가 고난 받는 주간입니다. 창세부터 종말까지의 주제는 구원인데 이 기간에 구원의 핵심인 대속이 실현되기 때문입니다.

하나님과 전 인류와 천사까지 집중을 다하여서 지켜 볼 사건이 이 한 주간에 일어납니다(벧전 1:10-12). 이 한 주간이 없었다면 우리의 구원도 없을 것이니 그 중요성은 최고입니다. 21장부터 27장까지 주님의 공생애 사역 마지막 주간이 기록됩니다. 21장에는 고난 주간 중 처음 사흘(주일, 월요일, 화요일)동안 일어난 일들이 나옵니다. 특히 화요일 하루 동안의 이야기는 26장 16절까지 계속됩니다.

21장은 지금까지 은밀하게 숨겨왔던 주님의 메시야 되심을 모든 사람에게 행동과 비유로서 나타냅니다. 주님은 예루살렘 입성(1-11절)을 통해 진정한 왕이심을 계시합니다. 힘을 상징하는 말이 아닌 겸손함을 나타내는 나귀를 타심으로 구약의 예언을 성취합니다.

(슥 9:9) "시온의 딸아 크게 기뻐할지어다 예루살렘의 딸아 즐거이 부를지어다 보라 네 왕이 네게 임하시나니 그는 공의로우시며 구원을 베푸시며 겸손하여서 나귀를 타시나니 나귀의 작은 것 곧 나귀 새끼니라"

성전 숙정(12-17절) 사건은 주님께서 성전의 주인임을 선언하시는 것입니다. 공생애 중 두 번째인 이 숙정은 성전을 이익을 위해 사용하고자 하는 인간의 집념이 얼마나 악착같은지를 증명합니다(요 2:13-25). 제사장들이 돈을 벌기 위해 상인들과 결탁했고 이 피해는 백성들에게 임했습니다. 성전 정화는 지상교회가 종교적 상업주의를 끊어내지 못하는 한 계속 이어지는 난제입니다. 무화과 나무의 저주를 통한 이적(18-22절)은 주님이 만물의 주관자이심을 드러냅니다. 유대교의 타락과 형식주의에 대한 저주이며 주님이 공의의 심판자이심을 보여줍니다.

두 아들의 비유(28-32절)를 통하여 악한 맏아들이 유다 지도자임을 분명히 합니다. 둘째 아들은 천시당하는 세리와 창녀 등을 의미하며 그들이 회개할 때 하나님의 나라에 들어간다는 사실을 선언합니다. 악한 농부의 비유(33-41절)는 대적자들의 도전에 맞서 하나님의 아들이심을 증거하는 것입니다. 너희들이 대적하는 내가 바로 하나님의 전권을 가지고 온 하나님의 아들이라고 선언하시는 비유입니다. 눈앞에 있는 메시야를 알아보지도 못하고 대적하고 죽이고자 하는 시도들은 오늘날에도 재현됩니다. 모든 사람은 공생애 마지막 한 주간에 등장하는 여러 인물 군에 각각 속해 있습니다. 메시야를 알아보고 마음을 다하여 따라가는 순종의 무리에 속하기를 원합니다.

♦ 마태복음 22장 성경칼럼

2절 | 천국은 마치 자기 아들을 위하여 혼인 잔치를 베푼 어떤 임금과 같으니
13절 | 임금이 사환들에게 말하되 그 손발을 묶어 바깥 어두운 데에 내던지라 거기서 슬피 울며 이를 갈게 되리라 하니라

"천추의 한, 영원의 한"

천추의 한은 긴 세월 동안 풀리지 않는 응어리진 마음을 표현할 때 사용합니다. 문자적으로 천추는 '천 번의 가을'이니 평생 후회한다는 뜻입니다. 그러나 이보다 더 큰 한과 후회가 있습니다. 천추와는 비교가 안 되는 시간을 초월한 영원세계에서 후회할 일이 있습니다. 굳이 말을 만든다면 '영원의 한'이라고 부를 수 있습니다. 천추의 한은 이 세상뿐이라는 전제로 사용하지만 영원의 한은 지옥에서 한을 품고 후회한다는 의미입니다(눅 16:26-31).

22장에 이 영원의 한을 품고 지옥을 상징하는 어두운 데로 쫓겨나 슬피 울며 이를 가는 자가 나옵니다(13절). 이와 똑같은 선고가 마지막 심판 때에 사명을 다하지 못한 자에게도 떨어집니다.

(마 25:30) "이 무익한 종을 바깥 어두운 데로 내 쫓으라 거기서 슬피 울며 이를 갈리라 하니라"

결론적으로 구원의 기회를 거부한 자와 하나님의 뜻을 거부한 자는 영원히 후회한다는 뜻입니다. 22장의 혼인 잔치 비유는 하나님의 초청을 거부하면 얼마나 절망이 닥치는지를 선포합니다.

여기서 먼저 확인해야 할 것은 혼인 잔치가 상징하는 천국의 실상입니다. 아들을 위하여 잔치를 베푸는 임금은 하나님입니다(2절). 이 잔치를 잠깐 소개하는데 온갖 좋은 것은 다 마련되어 있습니다(4절). 더 중요한 것은 인간을 진정으로 만족하게 해 줄 기쁨의 요소가 다 준비되어 있다는 사실입니다.

(롬 14:17) "하나님의 나라는 먹는 것과 마시는 것이 아니요 오직 성령 안에 있는 의와 평강과 희락이라"

기독교회를 음울한 분위기와 금욕적인 단체로 보는 시각은 잘못된 것입니다. 먼저 초대 받았지만 자기 일에 우선순위를 두어 거절하고 나아가 종(선지자)들까지 죽인 그룹은 이스라엘을 가리킵니다(3-6절). 그들의 선택에 대한 대가는 외적에 의한 진멸이었음을 역사는 증거 합니다(7-8절). 이제 네거리에 나가 사람들을 모집하는데 자격 제한이 없습니다(9절). 이는 천국 복음이 이방인에게 주어진다는 것을 예표하며 우리가 그 대상에 들어왔음을 확인할 수 있습니다. 혼인잔치에 손님이 가득한데 예복을 입지 않은 한 사람이 임금의 눈에 띠입니다(11절). 혼인 잔치에 들어오는 조건은 오직 하나 예복을 입는 것인데 이를 어긴 것입니다.

천국 입성의 조건은 죄인의 더러운 옷(사 64:6)을 벗고 예수 그리스도의 의를 입어야 합니다.

(갈 3:27) "누구든지 그리스도와 합하기 위하여 세례를 받은 자는 그리스도로 옷 입었느니라"

다윗보다 천년 늦게 오신 예수님을 다윗이 주로 불렀다는 것은 주님이 하나님이시라는 것입니다(41-45절). 대적자들이 한 마디도 대답하지 못했듯이(46절) 복음의 초청 앞에 다른 핑계는 없습니다. 영원한 후회를 하지 않도록 예수님을 잘 믿게 해주셔서 고맙습니다.

♦ 마태복음 23장 성경칼럼

11절 | 너희 중에 큰 자는 너희를 섬기는 자가 되어야 하리라

13절 | 화 있을 진저 외식하는 서기관들과 바리새인들이여 너희는 천국 문을 사람들 앞에서 닫고 너희도 들어가지 않고 들어가려 하는 자도 들어가지 못하게 하는도다

"날선 검, 날선 감각"

검은 칼을 말하는데 양면의 도구입니다. 유용한 도구로 쓰이기도 하고 사람을 해치기도 합니다. 공통점은 날이 늘 서 있어야 맡은 역할을 감당할 수 있다는 것입니다. 교회 주방의 칼을 잘 갈아주는 남자 집사님이 인기가 있는 이유입니다. 검은 성경에서 성령의 검으로 비유하고 하나님의 말씀이라고 설명합니다(엡 6:17). 하나님의 말씀인 이 검은 늘 날이 서 있어야 한다고 명시합니다.

(히 4:12) "하나님의 말씀은 살아 있고 활력이 있어 좌우에 날선 어떤 검보다도 예리하여 혼과 영과 및 관절과 골수를 찔러 쪼개기까지 하며 또 마음의 생각과 뜻을 판단하나니"

신앙생활의 성패는 하나님의 말씀에 얼마나 날선 감각을 가지고 있느냐에 달렸습니다. 이 날선 감각을 유지하면 정직할 수 있고 시험을 이길 수 있고 원수를 능히 대적할 수 있습니다(히 4:13, 약 4:7). 23장은 주님께서 종교 지도자들과의 논쟁에 대한 최종 결론으로 살벌한 경고를 하는 내용입니다. '화 있을진저..'라는 저주가 7번 나오면서 종교 지도자들의 악행을 지적합니다.

공생애 초기에 주신 팔복을 접수하지 못하고 외식적인 신앙으로 달려간 행위를 심판합니다. 실천 없이 말로만 하는 신앙과 중요성을 착각하여 오도하는 맹인 신앙을 지적합니다. 사람에게 높임을 받으려 외식하고 심지어 의인들을 핍박하고 죽이려고 합니다(34절). 이 모든 것의 밑바탕에는 재물을 탐하고 세상 영화를 구하는 교만이 자리 잡고 있습니다. 겉은 아름다워 보이지만 속은 더러운 것이 가득 찬 회칠한 무덤이 저들의 주소입니다(27절). 이들에게는 저주와 함께 지옥이 예비 되어 있음을 확실히 합니다(15절).

종교지도자들이 이렇게 된 근본 원인은 무엇일까요? 5절에 대답이 있습니다. 여기 나온 '경문 띠(Tefillin)'는 구약에서 율법을 늘 기억하게 하는 도구였습니다.

(신 6:8) "너는 또 그것을 네 손목에 매어 기호를 삼으며 네 미간에 붙여 표로 삼고"

'옷술(찌찌트)'은 옷단 위에 술을 달아 어디를 가던 말씀을 잊지 않도록 배려하신 것입니다(민 15:37-41).

율법에 늘 날이 서서 지키도록 한 하나님의 의도는 잊어버리고 이 도구를 넓고 길게 하여 자신이 돋보이도록 자랑하고 있습니다. 교만한 외식적인 신앙은 가르침을 받는 백성을 파멸로 인도합니다(13-16절). 한 영혼을 천하보다 귀하게 여기시는 주님의 격노는 당연합니다(33-36절). 멸망이 예정된 예루살렘에 대한 주님의 애도가 이 시대에도 들려옵니다(37-39절). 말씀을 주신 의도를 알고 영적 감각의 날을 세워 영혼을 섬기는 일에 쓰임받기를 소원합니다.

♦ 마태복음 24장 성경칼럼

4절 | 예수께서 대답하여 이르시되 너희가 사람의 미혹을 받지 않도록 주의하라
44절 | 이러므로 너희도 준비하고 있으라 생각하지 않은 때에 인자가 오리라

"노후 준비, 종말 준비"

나이 들어 오랜만에 만난 친구들의 관심사는 노후준비입니다. 대놓고 말하지는 않지만 주제의 중심에 있습니다. 노후 준비는 재정이 기본이고 여기에 정신적인 면과 인간관계의 형성이 따라옵니다. 지혜로운 자는 후계와 명예와 죽음의 준비까지 생각합니다. 그리스도인은 노후 준비보다 훨씬 중요한 것이 종말에 대한 준비입니다. 죽음이 개인적 종말이고 재림이 역사적 종말인데 이 두 가지를 다 잘 준비해야 합니다.

성경은 구약과 신약으로 나뉘는데 여기의 '약'은 약속이란 뜻이며 내용은 종말입니다. 구약에서 '여호와의 날(사 13:6, 욜 1:15, 슥 14:1)'이라고 하는 것은 메시야의 초림과 재림을 통칭하여 부르는 경우가 많습니다. 신약성도의 재림에 대한 준비는 복음서에 나오는 주님의 강화를 잘 배우면 할 수 있습니다.

감람산에서 제자들의 질문에 대답하는 형식인 24-25장의 종말에 대한 가르침은 징조보다 성도의 자세가 핵심입니다. 징조를 잘 알아도 준비하는 자가 되지 않으면 그 지식은 헛것이 되기 때문입니다. 그 때의 제자들처럼

지금도 징조에 대하여 관심이 많은 것은 준비를 약삭빠르게 하겠다는 심산 때문입니다. 주님께서 말세의 징조에 대해 정확히 말씀하십니다. 거짓 그리스도, 난리, 전쟁, 기근, 지진, 핍박, 성도 간의 이간, 그리고 거짓 선지자입니다(4-11절). 특이한 것은 성도들을 타락시키고 멸망의 길로 인도하는 거짓된 미혹의 세력이 처음과 끝에 언급된 것입니다. 주님께서는 이에 대처하는 자세가 성도들의 인내임을 선명하게 가르칩니다(12-13절).

구속사적 종말론은 초림을 통하여 성취된 심판이 재림으로 완성된다는 것입니다. 이 과정에서 성도는 주님의 대속의 승리를 힘입어 인내하며 미래의 완성될 소망을 붙드는 것입니다. 환난과 시험을 주신 것은 믿음으로 승리한 성도에게 상을 주시려는 경륜이 담겨 있습니다. 수십 년보다 사랑이 식어지고 자연 재해가 엄습하고 거짓이 난무하는 현상을 보며 자세를 가다듬게 됩니다. 재림에 대한 자세를 다룬 집주인과 도둑 비유는 항상 준비를 할 수 있도록 격려합니다.

청지기 비유는 맡은 사명에 성실하여 상급을 기대하도록 힘을 줍니다. 충성과 지혜는 주의 일을 맡은 자가 구할 실력이며 주님께서 이런 지도자를 기뻐하며 사용합니다(45절). 때와 징조도 배울 항목이지만 생각하지 않은 날 알지 못하는 시간에 오실 주님을 항상 의식하며 사는 종이 되어야 합니다(50절). 노후 준비보다 억만 배나 중요한 종말 준비에 영안이 열리는 복을 받기를 원합니다. 다시 오실 주님은 나의 신랑입니다.

(아 2:10) "나의 사랑하는 자가 내게 말하여 이르기를 나의 사랑, 내 어여쁜 자야 일어나서 함께 가자"

9절 | 슬기 있는 자들이 대답하여 이르되 우리와 너희가 쓰기에 다 부족할까 하노니 차라리 파는 자들에게 가서 너희 쓸 것을 사라 하니

12절 | 대답하여 이르되 진실로 너희에게 이르노니 내가 너희를 알지 못하노라 하였느니라

"영적 착각"

사람은 살면서 수많은 착각을 합니다. 착각은 실수로 이어지고 실수가 반복되면 실패자가 됩니다. 실패가 되기 전에 착각을 바로잡는 자는 소망이 있습니다. 세상에서 통하는 착각이 영적 세계에서 금물인 항목이 '중도노선'입니다. 세상의 중도는 지혜이고 이 중도가 받쳐줌으로 양 극단의 세력이 견제를 받습니다. 그러나 신앙의 중도는 허락되지 않습니다. 신앙을 수학적으로 풀이하면 플러스는 영생이고 마이너스는 영벌입니다(46절). 중간의 제로(0)는 없고 만약 제로가 있다면 마이너스로 들어갑니다.

세상의 집단 지성으로 쌓인 중도에 대한 선호가 영적 세계에서도 통한다는 선지식은 큰 착각입니다. 25장은 신앙생활에 소극적이고 무사안일하며 무작위인 자들이 얼마나 위험한지를 선포합니다. 본장은 24장의 심화학습으로 재림의 확실성과 돌발성에 대처하는 신자의 자세를 심도 있게 가르칩니다. 불신자의 악행에 대한 심판이 아니라 믿는 자(교회와 신자)를 대상으로 하는 비유입니다.

미련한 다섯 처녀들은 기름을 준비하는 일을 태만히 하다가 신랑을 맞이하지 못했습니다(3절). 항상 깨어 있어야 함과 적극적으로 기름을 준비하는 것에 관심이 없었습니다. 기름이 없는 등불은 밝은 빛을 낼 수 없기에

신랑과 처녀 사이를 알아볼 수 없습니다. 등불의 기름이야 말로 신부가 신랑을 맞을 준비의 전부인 것입니다. 여기서 기름의 정통적 해석은 성령을 가리키며 성령은 신자 구원의 증표입니다.

(엡 1:13) "그 안에서 너희도 진리의 말씀 곧 너희의 구원의 복음을 듣고 그 안에서 또한 믿어 약속의 성령으로 인치심을 받았으니"

말씀과 성령으로 충만한 자세가 등불의 기름을 준비하는 내용입니다. 미련한 다섯 처녀가 허둥지둥하며 기름을 빌리려 하지만 나눌 수 없는 것은 구원은 개인적으로 이루어지는 원리 때문입니다(8절). 기름을 파는 자는 성령 충만한 복음의 일군을 상징하는데 미련한 다섯 처녀는 이미 늦었습니다(9-10절). 혼인 잔치에 문이 닫히는 모습은 노아의 방주가 때가 되어 굳게 닫히는 것이 예표입니다.

(창 7:16) "들어간 것들은 모든 것의 암수라 하나님이 그에게 명하신 대로 들어가매 여호와께서 그를 들여보내고 문을 닫으시니라"

세상에서 가장 비극적인 선포는 주님께서 '너희를 알지 못하노라'입니다(12절). 이 선포는 세상에서 인정하는 빛나는 사역을 한다 할지라도 주님 뜻에 어긋날 때 받게 됩니다.

(마 7:23) "그 때에 내가 그들에게 밝히 말하되 내가 너희를 도무지 알지 못하니 불법을 행하는 자들아 내게서 떠나가라 하리라"

한 달란트 받은 종은 주인의 뜻을 착각하여 아무 일도 안하다가 어두운 데로 쫓겨납니다(24-30절). 염소의 무리에 속하는 자는 믿는 외양은 있지만 적극적 사랑에 실패하여 지옥에 간 자들입니다(41-43절). 칭찬과 축복보다 저주와 멸망의 경고가 영적 착각을 바로잡는데 더 효과가 있었으면 참 좋겠습니다.

♦ 마태복음 26장 성경칼럼

13절 | 내가 진실로 너희에게 이르노니 온 천하에 어디서든지 이 복음이 전파되는 곳에서는 이 여자가 행한 일도 말하여 그를 기억하리라 하시니라

16절 | 그가 그 때부터 예수를 넘겨 줄 기회를 찾더라

"인간 분류법"

인간과 가장 가까운 동물인 개의 품종은 수백 종이 된다고 합니다. 하나님의 창조 세계 특징 중의 하나는 다양성입니다. 만약 동물과 과일과 꽃이 몇 종류만 있었더라면 어떠했을까요? 아무리 귀엽고 맛있고 예뻐도 다양성이 없으면 덜 좋을 것입니다. 하물며 하나님의 걸작 품인 인간이 단순할 리가 없습니다. 책을 많이 읽은 사람이나 인생 경험이 풍부한 사람들은 인간을 다양하고 복잡하다고 진단합니다. 백인백색은 당연하고 일인백색으로 다양한 기질이 어떻게 조합하여 튀어나올지 모릅니다.

그렇다면 성경은 인간을 어떻게 분류하고 있을까요? 26장에 나오는 다양한 인간은 세상 인물군의 압축판이라고 볼 수 있습니다. 마태는 이 다양한 인물들에 대하여 간단한 잣대를 가지고 분류합니다. '예수님을 어떻게 알고 대하느냐'입니다. 더 실감나게 정리하면 '예수님 편이냐 아니냐'로 나누어집니다. 나아가서 26장 이후의 상태까지 조망하며 기록합니다.

변화무쌍한 베드로와 제자들, 적극적 배반자 가룟 유다, 메시야를 죽이려는 그룹이 있습니다. 부화뇌동하는 군중들, 복음에 소극적인 시므온, 옥합을 깨뜨려 주님의 왕 되심과 장사를 기념한 마리아가 등장합니다. 26장은 화요일부터 금요일까지 일어난 사건입니다. 그런데 베다니의 향유 사건과 가룟 유다의 배신 결심은 예루살렘 입성 전날인 안식일(토요일)에 있었

습니다. 이 사건을 수난 주간 중심에 넣어서 기록한 마태의 의도는 주님을 대하는 양 극단의 자세를 부각시키기 위함입니다.

막달라 마리아는 메시야를 향하여 최상의 신앙과 헌신을 하였습니다. 그가 주님의 구속적 죽음을 장사하는 향유 부음의 가치는 값으로 잴 수 없는 헌신입니다. 흔히 1년 치 장정 임금인 삼백 데나리온이라고 하지만 전 인생을 드린 것입니다. 복음이 전파되는 곳에는 어디서든지 이 여인과 이 여인의 행위를 기념하라고 명령하신 이유는 그리스도인의 모델이라는 뜻입니다(13절).

이와 대조되는 가룟 유다의 배신은 주님을 한낱 소에 받혀 죽은 노예로 본 것입니다(16절, 출 21:32). 은 삼십 세겔은 죽은 노예를 보상하는 값이며 이것은 대적자들도 메시야를 그렇게 보았다는 뜻입니다. 놀라운 것은 이 모습을 500여 년 전 선지자인 스가랴가 눈으로 보듯이 정확히 예언한 것입니다.

(슥 11:12) "내가 그들에게 이르되 너희가 좋게 여기거든 내 품삯을 내게 주고 그렇지 아니하거든 그만두라 그들이 곧 은 삼십 개를 달아서 내 품삯을 삼은지라"

주님은 섭리에 따라 대속물이 되지만 주님을 대하는 행동은 그 책임을 지는 것입니다(27:5). 우리는 연약하고 실수도 하지만(35, 43, 51, 56, 75절) 끝까지 주님과 한편이기를 소원합니다.

♦ 마태복음 27장 성경칼럼

46절 | 제 구시쯤에 예수께서 크게 소리 질러 이르시되 엘리 엘리 라마 사박다니 하시니 이는 곧 나의 하나님, 나의 하나님, 어찌하여 나를 버리셨나이까 하는 뜻이라

51절 | 이에 성소 휘장이 위로부터 아래까지 찢어져 둘이 되고 땅이 진동하며 바위가 터지고

"수난일"

고난 주간의 주님이 십자가에 달려 죽으신 금요일을 말합니다. 수난일은 영어로 'Good Friday'라고 쓰며 대문자를 사용하여 구별합니다. 주님께서 고난당한 슬픈 날을 왜 '유일한 좋은 금요일'로 부르는 것일까요? 크고(great)와 거룩한(holy)이라는 뜻보다 최고로 좋은 금요일이라는 이유가 있을 것입니다. 수난일의 예수님 죽음으로 인류의 대속이 이루어지고 구원의 문이 열리고 엄청난 좋은 일이 시작되었기 때문입니다.

구약에서 수천 년 동안 예언되고(사 53:6) 대망하던 죄인의 속량이 십자가에서 치러진 것입니다(요 19:30).

(막 10:45) "인자가 온 것은 섬김을 받으려 함이 아니라 도리어 섬기려 하고 자기 목숨을 많은 사람의 대속물로 주려 함이니라"

죽으러 오신 주님이라는 관점을 가지지 못하면 복음의 첫 문턱을 넘지 못합니다.

27장의 대부분의 사람들이 주님의 죽음의 의미를 모르고 대세에 휩쓸린 이유가 여기에 있습니다. 적극적인 주도 세력인 권력층과 이들의 하수인과 선동에 넘어간 민중들이 예수님을 십자가에 못 박습니다. 사탄은 배후에서 이들을 조종하며 메시야를 죽임으로 승리했다고 개가를 부릅니다. 십자가 사건을 원조 복음에서는 뱀(사탄)이 여자의 후손(예수)의 발꿈치를 상하게 한 것이라고 말씀합니다.

(창 3:15) "내가 너로 여자와 원수가 되게 하고 네 후손도 여자의 후손과

원수가 되게 하리니 여자의 후손은 네 머리를 상하게 할 것이요 너는 그의 발꿈치를 상하게 할 것이니라 하시고"

죄와 사망을 매개로 인간을 조종하던 사탄은 십자가 사건으로 그 머리(권세)가 깨졌습니다. 십자가의 대속의 비밀은 예수님이 온 인류의 죄악을 전가 받아 담당한 것에 있습니다. 하나님을 아버지라고 하지 못하고 '엘리(나의 하나님)'라고 부르는 것은 십자가에서의 예수는 죄인의 대표라는 뜻입니다(46절, 시 22:1). 하나님이 힘이 없어서 죽게 하신 것이 아니라 죄인을 사랑하사 속량하기 위해 독생자를 내어 주셨습니다(요 3:16).

이 대속의 복음이 성취된 주님의 십자가를 조금이라도 변질하는 자는 무조건 이단이라고 보면 틀림이 없습니다. 주님의 고난과 죽음은 대속과 함께 구약시대를 마감하고 새 시대를 엽니다. 주님이 죽으실 때 성소 휘장이 위로부터 찢어지는 것은 우리가 주님의 피의 공로(히 10:19)로 지성소(천국)에 들어가는 시대가 되었다는 선포입니다.

(히 10:20) "그 길은 우리를 위하여 휘장 가운데로 열어 놓으신 새로운 살 길이요 휘장은 곧 그의 육체니라"

바울은 이 구원의 신비를 '그리스도와의 연합 사상'으로 교리를 완성합니다(롬 6:3-5).

땅이 진동하고 바위가 터지며 무덤들이 열리며 부활의 전조가 일어나는 것은 십자가가 하나님의 영광이라는 선언입니다(51-54절). 제자들마저 흩어지는 와중에 신실한 남은 자에 대한 기록은 영적 광채로 빛납니다(19, 55-57절). 우편 강도가 구원의 마지막 기회를 잡는 장면은 여러 뉘앙스를 튀기며 이 시간까지 영향을 끼치고 있습니다(눅 23:39-43). 시몬이 억지로 십자가를 지었지만(32절) 그 대가는 신앙의 명문 가정이었다는 증거는 우리에게 큰 위로가 됩니다.

(막 15:21) "마침 알렉산더와 루포의 아버지인 구레네 사람 시몬이 시골로부터 와서 지나가는데 그들이 그를 억지로 같이 가게 하여 예수의 십자가를 지우고"

(롬 16:13) "주 안에서 택하심을 입은 루포와 그의 어머니에게 문안하라 그의 어머니는 곧 내 어머니니라"

금생이나 내세에 주님 외에는 사모할 이 없습니다(시 73:25).

♦ 마태복음 28장 성경칼럼

9절	예수께서 그들을 만나 이르시되 평안하냐 하시거늘 여자들이 나아가 그 발을 붙잡고 경배하니
20절	내가 너희에게 분부한 모든 것을 가르쳐 지키게 하라 볼지어다 내가 세상 끝날까지 너희와 항상 함께 있으리라 하시니라

"구속사의 증인"

역사적 현장의 증인은 그 내용에 따라 영욕이 갈라집니다. 현대는 현장에 있지 않더라도 사진과 영상을 통해 간접적 증인이 될 수 있습니다. 그리스도인은 역사의 현장보다 훨씬 중요한 구속사의 증인입니다. 성경은 구속사이고 그 증언을 듣고 믿으며 전하는 증인이 그리스도인입니다. 십자가의 대속 죽음으로 복음서가 끝났다면 우리의 구원은 없습니다. 주님의 죽음은 제자들을 심한 좌절과 허무에 빠지게 하였습니다. 두려움에 도망가고 부인하고 저주까지 한 제자들은 잠적하며 옛 생활로 돌아가려 합니다. 식민지 아래의 폭압은 저항세력에게 가혹하여 실정법을 어기면 용서가 없습니다.

제자들의 비겁함을 나무라기보다 무덤을 찾은 여자들의 등장을 고마워해야 할 이유입니다. 여인들이 주님의 무덤을 찾은 이유는 여러 설이 있습니다. 관습에 따라 시체에 향유를 붓기 위한 것과 장사한지 사흘 만에 죽음을 확인하는 전승을 들기도 합니다. 분명한 것은 저들이 새벽 일찍 무덤에 간 것은 주님의 부활에 대한 약속을 잊지 않았을 가능성이 있다는 것입니다. 성경에는 부활하신 주님께서 40일 동안 열 차례에 걸쳐 사람들에게 나타납니다.

그 중 첫 번째 부활의 증인이 여인들이라는 사실은 특별한 의미가 있습니다. 당시 여자는 사람 숫자에도 들어가지 않을 정도로 천하게 취급되었는데 이 개념이 깨어진 것입니다. 첫 범죄자인 여자 하와의 허물이 여자가 부활의 증인이 됨으로 남자와 동등한 인격체가 되었습니다. 성경과 복음이 들어간 곳마다 여성 인권이 향상되는 원인이 여기에 있습니다.

주님의 부활은 성경에 예표 된 부활이 완전히 성취한 것입니다. 죽지 않고 승천한 에녹과 엘리야와 시체가 없이 사라진 멜기세덱과 모세와 죽은 후 다시 살아난 신구약의 인물들(사르밧 과부의 아들, 야이로의 딸, 나사로 등)은 죽음이 끝이 아님을 보여줍니다. 주님의 부활은 완전히 죽었다가 다시 사신 것이며 다시 죽지 않고 승천하신 것은 죽음을 정복한 완전성을 가지고 있습니다.

영원 세계에서 최고의 기쁨을 누리며 부활의 소식을 전하는 여인들의 모습은 영적 아름다움의 극치입니다(8-10절). 무덤을 지켰던 자들과 종교인들은 부활을 경험한 최고의 행운을 돈과 기득권으로 바꾸어 최고의 불행을 선택하였습니다(11-15절). 누가 어떤 기적을 일으켜도 이기심에 불타는 자는 예수를 안 믿는다는 것이 확인되었습니다.

(눅 16:31) "이르되 모세와 선지자들에게 듣지 아니하면 비록 죽은 자 가운데서 살아나는 자가 있을지라도 권함을 받지 아니하리라 하였다 하시니라"

성경을 통하여 부활의 확실한 증인이 된 우리의 능력은 고귀합니다(고전 15:12-19). 갈릴리의 한 산에 모인 오백 여명의 무리에게 내린 주님의 지상명령(Great Commission)은 우리에게도 주어진 것입니다(18-20절). 이 제자사역을 잘하는 자에게 주어지는 축복이 주님 탄생 때에 주어진 임마누엘입니다(마 1:23). 주님의 탄생부터 부활 이후까지 '하나님이 우리와 함께 계심(임마누엘)'이 약속되었습니다.

부록

경건 생활과 영적 열매를 위한 도구(tool)

1. 목적

그리스도인으로서 경건생활에 몸부림친 분들이 많을 것입니다. 열정과 성실을 위한 도구로서 3가지를 만들었습니다. 제자훈련을 할 때 사용한 것입니다. 우등생은 20-30% 정도 되지만 성장과 성숙에 도움을 주는 것은 분명합니다. 사정에 맞게 편집해서 사용하셔도 좋습니다. 각 도구를 매월 한 장씩 사용하도록 되어 있어 실천에 미흡하더라도 새 달에 다시 도전할 수 있는 장점이 있습니다. 멘토와 멘티 관계를 맺거나 영적 교제 권을 형성해서 사용하면 더욱 효과를 볼 수 있습니다.

2. 사용법

① 개인 경건 Ten-step 점검표

학습과 성숙과 실천의 항목을 10가지 단계로 일기처럼 점검하는 것입니다. 다 채우기보다 매일 영적 감각을 위해 씨름한다고 생각하고 시작하면 됩니다. 매월 도전하면서 성숙의 사이클을 높여가면 좋겠습니다.

② 나의 기도세계

은혜의 방편인 기도를 온전하고 규칙적으로 할 수 있는 도구입니다. 기도의 대상과 기도의 내용을 확실히 하여 기도할 수 있습니다. 매일 체크하며 기도하고 1개월 단위로 새로운 전환이 가능합니다. 기도의 응답을 확인함으로 주님과의 깊은 영적 관계를 체험하게 됩니다.

③ 3015 구령운동

신앙생활의 면류관인 전도를 능력 있게 하는 도구입니다. 30은 1달을 의미하고 15는 전도의 실행을 말합니다. 한 달 동안 전도대상자 1명을 향하여 기도하고 전도하는 것입니다. 2명이면 2장을 사용하면 됩니다. 매월의 결과를 보고 다음 달로 연장해 나가면 됩니다.

3. 부언

도구를 만들기 어려운 분은 저자에게 e-메일을 보내 신청하시면 파일로 보내 드리겠습니다.

e-mail : kmj-0245@hanmail.net

202 년 월 성명 :

개인경건 Ten-Steps 점검표

이라 너희 안에서 착한 일을 시작하신 이가 그리스도 예수의 날까지 이루실 줄을 우리는 확신하노라" (빌 1:5-6)

Step / 일자(요일)		학 습			실 천				성 숙		
		①성경읽기 (시간,내용)	②기도,찬양 (시간,장소)	③예배,모임	④교제 (양육,상담)	⑤복음전도	⑥봉사.헌신	⑦생업성실도 (최선,평범,미흡)	⑧희생,인내	⑨약속,신뢰	⑩비전,확인
1											
2											
3											
4											
5											
6											
7											
8											
9											
10											
11											
12											
13											
14											
15											
16											
17											
18											
19											
20											
21											
22											
23											
24											
25											
26											
27											
28											
29											
30											
31											

♦ 나의 비전 ♦

♦ 나의 기도 ♦

♦ 나의 태신자 ♦

♦ HELPER 평가 ♦

나의 기도세계

"우리 가운데서 역사하시는 능력대로 우리가 구하거나 생각하는 모든 것에
더 넘치도록 능히 하실 이에게 교회 안에서와 그리스도 예수 안에서
영광이 대대로 영원무궁하기를 원하노라 아멘" (엡 3:20-21)

구분	이름 or 내용	응답 내용
전도대상자		
연약한자		
사역자		
가족		
영적 목표		
육적 필요		
기타		

일	체크
1	
2	
3	
4	
5	
6	
7	
8	
9	
10	
11	
12	
13	
14	
15	
16	
17	
18	
19	
20	
21	
22	
23	
24	
25	
26	
27	
28	
29	
30	
31	

202 년 월 기도자:

3015 구령운동 (개인전도 카드)

♦ 전도자 : 성명 ( ) 소속 ( )

♦ 태신자 : 성명 ( ) 전화 ( )
주소 ( )

집중 기도 30번

회	월/일	기도 시간	확인
1			
2			
3			
4			
5			
6			
7			
8			
9			
10			
11			
12			
13			
14			
15			
16			
17			
18			
19			
20			
21			
22			
23			
24			
25			
26			
27			
28			
29			
30			

접촉 및 전도 15번

회	월/일	방법 (전화, 문자, 방문)	결과 (예배, 모임, 등록)
1			
2			
3			
4			
5			
6			
7			
8			
9			
10			
11			
12			
13			
14			
15			

"내가 천국 열쇠를 네게 주리니…"(마 16:19)

MEMO

MEMO

MEMO

MEMO

성경과 함께 읽는 성경1장 칼럼 4권 (이사야 2부-마태복음)

1판 1쇄 발행 2023년 12월 31일

지은이 김명제

편집 이새희
마케팅 • 지원 김혜지

펴낸곳 (주)하움출판사 **펴낸이** 문현광

이메일 haum1000@naver.com **홈페이지** haum.kr
블로그 blog.naver.com/haum1000 **인스타** @haum1007

ISBN 979-11-6440-490-2 (94230)

좋은 책을 만들겠습니다.
하움출판사는 독자 여러분의 의견에 항상 귀 기울이고 있습니다.
파본은 구입처에서 교환해 드립니다.